AS LEIS DOS ESPECTÁCULOS
E DIREITOS AUTORAIS

DO TEATRO À INTERNET

ANTÓNIO XAVIER

AS LEIS DOS ESPECTÁCULOS E DIREITOS AUTORAIS

DO TEATRO À INTERNET

ALMEDINA

TÍTULO:	AS LEIS DOS ESPECTÁCULOS E DIREITOS AUTORAIS DO TEATRO À INTERNET
AUTOR:	ANTÓNIO XAVIER
EDITOR:	LIVRARIA ALMEDINA – COIMBRA www.almedina.net
LIVRARIAS:	LIVRARIA ALMEDINA ARCO DE ALMEDINA, 15 TELEF. 239 851900 FAX. 239 851901 3004-509 COIMBRA – PORTUGAL livraria@almedina.net LIVRARIA ALMEDINA ARRÁBIDA SHOPPING, LOJA 158 PRACETA HENRIQUE MOREIRA AFURADA 4400-475 V. N. GAIA – PORTUGAL arrabida@almedina.net LIVRARIA ALMEDINA – PORTO R. DE CEUTA, 79 TELEF. 22 2059773 FAX. 22 2039497 4050-191 PORTO – PORTUGAL porto@almedina.net EDIÇÕES GLOBO, LDA. RUA S. FILIPE NERY, 37-A (AO RATO) TELEF. 21 3857619 FAX: 21 3844661 1250-225 LISBOA – PORTUGAL globo@almedina.net LIVRARIA ALMEDINA ATRIUM SALDANHA LOJAS 71 A 74 PRAÇA DUQUE DE SALDANHA, 1 TELEF. 21 3712690 atrium@almedina.net LIVRARIA ALMEDINA – BRAGA CAMPUS DE GUALTAR UNIVERSIDADE DO MINHO 4700-320 BRAGA TELEF. 253 678 822 braga@almedina.net
EXECUÇÃO GRÁFICA:	G.C. – GRÁFICA DE COIMBRA, LDA. PALHEIRA – ASSAFARGE 3001-453 COIMBRA Email: producao@graficadecoimbra.pt NOVEMBRO, 2002
DEPÓSITO LEGAL:	188346/02

Toda a reprodução desta obra, seja por fotocópia ou outro qualquer processo, sem prévia autorização escrita do Editor, é ilícita e passível de procedimento judicial contra o infractor

ÍNDICE

Índice	3
Prefácio	7
Nota Prévia	9
Abreviaturas	11

1.ª PARTE – ESPECTÁCULOS E DIREITOS AUTORAIS

Cap. I –	**As Bodas de Fígaro**	15
Cap. II –	**Os Espectáculos e a Lei**	19
	II.1. – Regime geral	19
	II.2. – Recintos de espectáculos e divertimentos públicos	22
	II.3. – Protecção às salas de teatro e de cinema	25
	II.4. – Promotores de espectáculos de natureza artística	25
	II.5. – Espectáculos de natureza artística	26
	II.6. – Segurança nos espectáculos	29
	II.7. – Bilhetes	30
	II.8. – Protecção de menores – a classificação dos espectáculos	31
	II.9. – O espectáculo tauromáquico: um caso *sui generis*	35
Cap. III –	**Direitos Autorais**	41
	III.1. – O que se protege	41
	III.2. – Que direitos?	42
	III.3. – O direito de autor esgota-se	44

III.4. – Direitos dos artistas, produtores, radiodifusores e empresários 45

III.5. – A cópia privada 47

III.6. – Gestão colectiva do direito de autor e dos direitos conexos 49

  III.6.1.– *A Sociedade Portuguesa de Autores (SPA)*   52

  III.6.2.– *Outras entidades de gestão colectiva* 53

Cap. IV – **Do Teatro à Internet** 55

IV.1. – Espectáculos de teatro 55

IV.2. – Espectáculos de teatro musicado e ópera 58

IV.3. – Espectáculos de bailado 58

IV.4. – Musica, uma indústria 59

  IV.4.1. – Os espectáculos musicais 59

  IV.4.2. – Os fonogramas 60

  IV.4.3. – Autenticação de cassettes áudio 61

IV.5. – Programas de computador. Informática. 63

IV.6. – O audiovisual 65

  IV.6.1. – A obra audiovisual. Cinema. Vídeo. Interactividade. Jogos de computador ... 65

  IV.6.2. – A produção audiovisual 70

  IV.6.3. – A produção cinematográfica em Portugal   72

  IV.6.4. – O produtor, titular de um direito conexo   75

  IV.6.5. – O espectáculo cinematográfico 76

  IV.6.6. – Exploração sob a forma de videograma, esgotamento, importação paralela 77

  IV.6.7. – O DVD 80

IV.7. – Obras e produtos multimedia 83

IV.8. – A radiodifusão 86

  IV.8.1. – Televisão por satélite e cabo 88

Índice Geral 5

      IV.8.2. – Comunicação pública de programas radiodifundidos 89

      IV.8. – A Internet 91

Cap. V. – **A Pirataria** 97

2.ª PARTE – AS LEIS

1. LEGISLAÇÃO DE ESPECTÁCULOS

    Decreto-Lei n.º 315/95 de 28 de Novembro 103
    Portaria n.º 510/96 de 25 de Setembro 128
    Decreto-Lei n.º 316/95 de 28 de Novembro 131
    Lei n.º 8/71 de 9 de Dezembro 133
    Decreto-Lei n.º 396/82 de 21 de Setembro 136
    Decreto Regulamentar n.º 11/82 de 5 de Março 147
    Portaria n.º 245/83 de 3 de Março 148
    Lei n.º 7/71 de 7 de Dezembro 150
    Decreto-Lei n.º 296/74 de 29 de Junho 151
    Decreto-Lei n.º 350/93 de 7 de Outubro 152
    Decreto-Lei n.º 306/91 de 17 de Agosto 173
    Decreto Regulamentar n.º 62/91 de 29 de Novembro 176
    Portaria n.º 419/92 de 22 de Maio 208
    Portaria n.º 932/94 de 12 de Outubro 209
    Lei n.º 12-B/2000 de 8 de Julho 211
    Decreto-Lei n.º 196/2000 de 23 de Agosto 211
    Lei n.º 92/95 de 12 de Setembro. 215

2. DIREITO DE AUTOR

    Decreto n.º 4114 de 17 de Abril de 1918 217

Código do Direito de Autor e dos Direitos Conexos 226

Decreto-Lei n.º 252/94 de 20 de Outubro 305

Decreto-Lei n.º 332/97 de 27 de Novembro 311

Decreto-Lei n.º 333/97 de 27 de Novembro 315

Decreto-Lei n.º 334/97 de 27 de Novembro 319

Lei n.º 62/98 de 1 de Setembro 321

Decreto-Lei n.º 122/2000 de 4 de Julho 326

Lei n.º 83/2001 de 3 de Agosto 335

Directiva 2001/29/CE 347

3. LEGISLAÇÃO COMPLEMENTAR

Decreto-Lei n.º 150/82 de 29 de Abril 375

Decreto-Lei n.º 39/88 de 6 de Fevereiro 377

Portaria n.º 531/90 de 10 de Julho 383

Portaria n.º 32-A/98 de 19 de Janeiro 383

Despacho n.º 5564/99 (2.ª série), de 18 de Março 384

Decreto-Lei n.º 227/89 de 8 de Julho 385

Portaria n.º 801/94 de 10 de Setembro 390

Portaria n.º 58/98 de 6 de Fevereiro 390

Lei n.º 109/91 de 17 de Agosto 391

4. ORGANISMOS

Decreto-Lei n.º 106-B/92 de 1 de Junho 401

Decreto-Lei n.º 80/97 de 8 de Abril 404

Decreto Lei n.º 57/97 de 18 de Março 411

5. ÍNDICE REMISSIVO 415

PREFÁCIO

Ser autor é, por definição, "ser a causa primária ou principal de alguma coisa".

Saber distinguir o talento e a criatividade desses senhores da novidade assinada resulta, assim, num imperativo ético elementar a que nenhuma sociedade civilizada se pode esquivar. Também o quadro legal acompanha esse reconhecimento, e adequação às novas tecnologias da informação, das "causas principais" dos nossos espectáculos.

Por isso em boa hora a "Almedina" editou "As Leis dos Espectáculos e Direitos Autorais – do Teatro à Internet" de António Xavier. Um trabalho útil, meritório e de apurada qualidade.

Útil, porque, numa só obra, dissipa as dúvidas legais que, no nosso País, tantas vezes acompanham o simples exercício de atribuir "o seu a seu dono". Este livro é, sem dúvida, um instrumento precioso para juristas, autores, empresários e legisladores que lidam com o complexo mundo da subjectividade criativa.

Meritório, porque o autor trabalha nesta temática há muitos anos, tem sobre ela uma ideia clara, experiente e comparada sem perder de vista outros enquadramentos legais.

Mas esta obra recomenda-se, também, pela apurada qualidade técnica do autor. António Xavier trabalhou comigo durante cinco anos na Secretaria de Estado da Cultura e sou testemunha do brio profissional e da dedicação que põe em todos os assuntos a que se dedica. Também os seus atributos pessoais de moderação e equilíbrio dão garantias a quem consulta "As Leis dos Espectáculos e Direitos Autorais – do Teatro à Internet" de que está perante um autor que é "causa primária e principal" de uma obra de referência nesta matéria.

Pedro Santana Lopes

NOTA PRÉVIA

A minha experiência profissional fez-me convencer da utilidade de um trabalho que pudesse servir de apoio a todos os que, de uma forma ou de outra, têm de aplicar as leis relativas aos espectáculos e aos direitos autorais. Promotores de espectáculos, produtores cinematográficos e teatrais, distribuidores de cinema, editores de vídeo, artistas, autores, produtores de fonogramas e de multimédia, autoridades policiais, funcionários administrativos e mesmo alguns juristas e magistrados sentem-se por vezes, perdidos num emaranhado de leis cuja tradução prática nem sempre é linear ou de que desconhecem mesmo a existência.

Não sendo jurista e, por isso mesmo, não entrando em campos de discussão teórica da técnica jurídica, tentei realizar um trabalho com linguagem perceptível pelo leitor interessado nestas matérias e com uma visão essencialmente prática.

A presente obra está dividida em duas partes. Na primeira pode-se encontrar uma tentativa de análise das leis, resultado de reflexões e experiências de quem as teve de cumprir e fazer cumprir. A segunda parte contém a compilação da legislação relativa a espectáculos e direitos autorais, nesta expressão englobando os direitos de autor e conexos, e o correspondente índice remissivo. Embora na primeira parte não faça qualquer referência a aspectos não directamente relacionadas com o âmbito deste trabalho, como é o caso da edição literária ou o registo da propriedade literária e artística, não deixam de estar transcritas as respectivas normas legais , no sentido de a presente compilação ser o mais completa possível. Os diplomas também são todos transcritos na íntegra, com excepção daqueles, poucos, que estão devidamente assinalados.

Finalmente, não posso deixar de aqui exprimir os meus agradecimentos:

ao Dr. Pedro Santana Lopes, que me deu a honra de prefaciar este livro e a quem devo, pelas funções profissionais que me atribuiu enquanto

Secretário de Estado da Cultura, muito do que fui aprendendo e agora tento transmitir;

ao Dr. Mário Braga, meu amigo, colega e ilustre escritor, pelo apoio que me deu;

à Inspecção-Geral das Actividades Culturais, minha "casa" profissional, pelo incentivo à feitura deste livro;

à "Almedina", pela prontidão e eficiência com que abraçou este projecto.

António Xavier

ABREVIATURAS

REDP – Recintos de Espectáculos e Divertimentos Públicos

IGAC – Inspecção – Geral das Actividades Culturais

CCE – Comissão de Classificação de Espectáculos

RET – Regulamento do Espectáculo Tauromáquico

CDADC – Código do Direito de Autor e dos Direitos Conexos

ICAM – Instituto do Cinema, Audiovisual e Multimedia

SPA – Sociedade Portuguesa de Autores

L – Lei transcrita na compilação

D – Decreto, transcrito na compilação.

DL – Decreto-Lei transcrito na compilação

DR – Decreto Regulamentar transcrito na compilação

Dir. – Directiva transcrita na compilação

Desp. – Despacho transcrito na compilação

P – Portaria transcrita na compilação

1.ª PARTE

ESPECTÁCULOS E DIREITOS AUTORAIS

CAPITULO I

As Bodas de Fígaro

Em 1 de Maio de 1786 estreava-se em Viena, no Burgtheater, a ópera "Le Nozze de Figaro", de Mozart, com libreto de Lorenzo da Ponte. Este fascinara-se com a peça de Beaumarchais, "Le Mariage de Figaro", propondo a Mozart realizar a adaptação. O entusiasmo do mestre de Salzburg foi enorme, mas era ainda necessário obter a autorização do imperador José II (irmão da rainha de França, Maria Antonieta), uma vez que a peça se encontrava proibida. Da Ponte convence o imperador de que o libreto não conteria qualquer elemento "subversivo" cortadas que seriam as passagens ofensivas da religião, da monarquia, da ordem pública e dos bons costumes. Mozart compõe então uma das suas obras primas.

Se Da Ponte pediu autorização ao imperador – a censura económica e política –, não consta que tenha feito o mesmo com Beaumarchais, nem a isso era obrigado....

Beaumarchais vinha-se batendo, há anos, pelo reconhecimento legal da protecção aos criadores intelectuais. Principalmente em França, as suas peças mais famosas, como "O Barbeiro de Sevilha" e "O Casamento de Figaro", eram representadas em inúmeros teatros do país, sem qualquer compensação ao autor.

Os ventos da revolução francesa, responsáveis pela decapitação da irmã e do cunhado do imperador José II, conduziram às primeiras leis de protecção dos autores de 1791 e 1793. É também em 1791 que Mozart morre na miséria, deixando-nos uma vasta e genial obra para cuja fruição hoje contribuem muitos titulares de direitos de autor e conexos e é geradora de grande volume de negócios e de emprego na indústria dos espectáculos, dos fonogramas, dos videogramas, da radiodifusão, do multimedia...

Em Portugal, a primeira lei da propriedade intelectual deve-se à iniciativa de Almeida Garrett, que a propôs ao Parlamento, sendo aprovada em 1841, embora, devido às vicissitudes da política, só entrasse em vigor dez anos mais tarde.

Os povos sempre tiveram uma grande necessidade de comunicar. Tambores, sinais de fumo e luminosos, pombos correio, mala posta. No século XIX, enfim, uma invenção espantosa: o telégrafo eléctrico. A partir daí e a um ritmo sempre crescente até à evolução tecnológica exponencial dos nossos dias, foi o deslumbramento: telegrafia sem fios, telefone, transmissões por cabo submarino, radiofonia, radiodifusão, telex, televisão, comunicação por satélite geostacionário, fax, correio electrónico, telefones móveis, Internet e... Que se seguirá?

Os suportes de fixação da informação, em geral, e das obras literárias e artísticas, em particular, foram também evoluindo, embora a um ritmo mais lento. Durante anos e anos foi o monopólio do papel, pela imprensa e nos livros. Depois apareceram os primeiros dispositivos de fixação de obras musicais por rolos de papel perfurado nas pianolas – antecipação do que seria muito mais tarde utilizado nos computadores, para transcrição do código binário – os rolos metálicos dos primeiros gramofones, os discos de 78 rotações, as bandas magnéticas, discos de vinil, as cassetes áudio e vídeo, as DAT (digital áudio tape), o CD, os CD-ROM, DVD e DVD-ROM. Os equipamentos e os processos de gravação acompanharam esta evolução, a par e passo.

E foi assim que "As Bodas de Fígaro", limitadas a ser fruídas apenas pelas poucas pessoas que podiam assistir aos espectáculos ao vivo, chegou a um público mais vasto através do disco, da rádio e, depois, da televisão. E, tal como a obra prima de Mozart, milhares de outras obras começaram a chegar ao conhecimento de um número crescente de pessoas. O cinema dominava os espectáculos públicos, mas cada vez se estreavam mais peças de teatro e musicais. Os artistas tornados conhecidos pelo disco e pela televisão empreendiam grandes digressões, onde milhares de fãs obrigaram os empresários a escolher espaços cada vez mais vastos para a realização dos concertos. Desenvolveu-se uma enorme indústria do espectáculo, nas suas variadas facetas. Criaram-se empresas de produção específicas: para o cinema, para os discos, para os concertos, para a televisão. A pressão do consumidor sobre estes produtos lúdicos e culturais fazia aumentar a produção, com grandes benefícios para os criadores primários – os autores –, para os artistas que interpretavam ou executavam as suas obras e para os empresários. E o maior beneficiado foi, certamente, o público que pode, hoje, usufruir desta informação e diversão através de um simples premir de botão.

Com a Internet, atingiu-se o máximo da capacidade de comunicação e de intercâmbio de informação. Com ela podemos ter acesso a todo o tipo de informações, da descoberta científica à anedota mais corriqueira, do mais recente sucesso da nossa cantora favorita a uma notícia de última hora. Podemos enviar mensagens quase instantâneas para qualquer ponto do mundo, podemos falar e ver a imagem da pessoa com quem falamos,[1] podemos procurar e descarregar para o nosso computador a nossa área preferida das "Bodas de Fígaro"...

E Garrett, se fosse vivo, ficaria abismado com a quantidade de páginas na Internet relacionadas com o seu Frei Luís de Sousa...

Mas esta espantosa evolução das indústrias culturais também criou problemas. Muitos promotores de espectáculos, uns por ignorância, outros de má fé, fugiam à autorização dos autores, sendo remunerados através da utilização de obras intelectuais, mas esquecendo-se que os autores, para viverem e continuarem a criar, necessitavam também de ser remunerados. À medida que evoluíam os equipamentos de cópia, foi-se também desenvolvendo uma indústria paralela, ilegal, a que se convencionou chamar de "pirataria".

A pirataria, como actividade económica ilícita, prejudica autores, artistas, produtores, empresas de televisão e rádio, mas também o Estado, que deixa de cobrar os impostos devidos. Ela desenvolve-se, neste momento da era digital, de forma altamente sofisticada, sendo muito preocupante o panorama de violação dos direitos dos criadores intelectuais pela Internet.

Todo este fenómeno obrigou os Estados a aprovarem leis nacionais e convenções internacionais que protegessem os seus criadores – base fundamental da identidade cultural das nações –, as quais têm vindo a ser aperfeiçoadas, no entanto, num processo infelizmente mais lento que a evolução tecnológica.

A legislação portuguesa sobre espectáculos cruza-se, inevitavelmente, com a do direito de autor e é desse cruzamento que falaremos nos próximos capítulos, tentando utilizar uma linguagem prática, acessível aos não juristas que, por força das suas actividades profissionais devem conhecer e actuar em conformidade com a lei: empresários e promotores de espectáculos, autores, artistas, produtores, empresas de rádio, televisão e multimedia, e ainda os funcionários e autoridades que a aplicam e fiscalizam o seu cumprimento.

---

[1] Em concretização da espantosa premonição de Stanley Kubrick em "2001 Odisseia no Espaço"

CAPITULO II

Os Espectáculos e a Lei

II.1. – Regime Geral

O regime jurídico dos espectáculos é estabelecido pelo Decreto-Lei n.º 315/95. Antes de analisar o que nele se dispõe, convém fazer uma pequena análise histórica. O diploma acima referido veio revogar um bloco de diplomas de 1959,[2] nos quais se estabelecia o regime geral dos espectáculos e divertimentos públicos, se regulamentavam as condições de segurança dos recintos de espectáculos e divertimentos públicos e se estabelecia a orgânica, atribuições e competências específicas do organismo de tutela, a Inspecção dos Espectáculos. Constituíam um corpo legal competente, harmónico, naturalmente com uma forte componente política de controle de todas as manifestações culturais ou, simplesmente, lúdicas que pudessem perturbar o regime político de então. A censura actuava impiedosamente sobre o cinema, o teatro ou os concertos musicais, mutilando as obras ou interditando o seu contacto com o público. Os diplomas referidos serviam perfeitamente os objectivos de controle.

Mas esse lote legislativo continha em si um conjunto de normas correctas de defesa dos interesses de todos os intervenientes nos espectáculos e divertimentos: o público, através da garantia das condições de segurança das salas e da protecção de menores (naturalmente pelos critérios então vigentes), os autores, através de um mecanismo de protecção administrativa, e o Estado, para fins fiscais. A abolição da censura, em 25 de Abril de 1974, não afectou o conjunto dos diplomas na sua estrutura básica. Apenas o tempo e a evolução sociocultural lhes foram provocando

---

[2] Decreto-Lei n.º 42660, Decreto n.º 42661, Decreto n.º 42662, Decret-Lei n.º 42663 e Decreto n.º 42664, todos de 20 de Novembro de 1959.

a natural erosão. Em 1985, alguns preceitos foram actualizados [3]. Já então se manifestava a intenção de rever toda a legislação, mas as dificuldades eram, manifestamente, grandes. O diploma base estava desactualizado, bem como o regulamento de segurança. Importava elaborar qualquer coisa de verdadeiramente inovador e desburocratizado ou, então, mais valia manter tudo na mesma.

Basicamente, a legislação incidia sobre todos os espectáculos ao vivo e ainda sobre diversões mecanizadas de feira, como os carrosséis, montanhas russas, discotecas e similares e todas as salas de baile ou de espectáculos das associações recreativas e culturais (o que era nitidamente um exagero, mas correspondia aos interesses de controle político). A lei dava, então, resposta a três questões referentes a qualquer espectáculo ou divertimento:

- Onde? – obrigando ao licenciamento do recinto
- Por quem? – obrigando ao registo e constituição do empresário promotor do espectáculo
- O quê? – garantindo o correspondente pagamento de direitos de autor, quando exigível, e também a classificação etária.

Este esquema de garantias legais assentava, no entanto, no que poderemos chamar uma burocracia muito centralizada ou falsamente descentralizada. Nos municípios, não era o poder local que fazia a execução da lei, mas sim um funcionário municipal que exercia funções com poderes de delegado da Direcção-Geral dos Espectáculos. A conflitualidade hierárquica era latente e a falta de meios técnicos, humanos e logísticos, uma evidência.

Importava descentralizar de facto as decisões, principalmente as relativas às condições de segurança dos recintos. Não fazia sentido que, tendo os municípios que intervir no licenciamento dos recintos, quer se tratasse de obra nova, alteração de preexistente ou simples instalação de um ambulante (circo, redondel taurino ou diversão de feira) no seu território, não fosse também o município a zelar pelo cumprimento do regulamento das condições de segurança específicas. Mas as autorizações administrativas (vistos) também podiam ser concedidas pelos municípios. Apenas a classificação etária deveria ser centralizada, a fim de garantir a aplicação de um critério uniforme a nível nacional.

---

[3] Pelo Dec-Lei n.º 456/85 de 29 de Outubro.

O poder, no entanto, só gosta de descentralizar as competências que lhe são desagradáveis. É da própria essência do poder não perder o seu peso próprio.

Os acontecimentos e polémica públicas originados pelos casos da "pala" do Estádio de Alvalade [4] e pelo lamentável acidente no Aquaparque [5] desencadearam então a urgência legislativa.

Elaborou-se um novo regulamento das condições técnicas e de segurança dos recintos de espectáculos e divertimentos públicos, que já vinha a ser trabalhado há anos, e fez-se publicar um "novo" regime jurídico, chamando-lhe, agora, dos espectáculos de natureza artística.

No respectivo preâmbulo poderemos encontrar a justificação do mesmo com a defesa dos direitos de autor e direitos conexos o que, por um lado, não é verdade, e por outro, não seria indispensável. Não é verdade, porque o diploma consagra também uma grande importância às questões das condições técnicas e de segurança dos recintos de espectáculos e à protecção de menores através da classificação de espectáculos. E não seria imprescindível, embora útil, em matéria de direito de autor, porque é meramente suplectivo relativamente ao CDADC [6] que garante uma protecção muito abrangente. Do preâmbulo resulta ainda que uma das preocupações do diploma é "garantir que os direitos dos autores, artistas, intérpretes e executantes, produtores de fonogramas e de videogramas e das entidades de radiodifusão sejam assegurados". Quanto a estes últimos não se vislumbra como.

Para além das medidas descentralizadoras, pode ler-se também, no preâmbulo, que uma das reformas introduzidas pelo diploma seria a substituição do "visto". [7]

E diz o preâmbulo que o "visto" seria indevidamente ligado à ideia de censura, uma vez que esse instituto, embora vindo dos primórdios da Inspecção de Teatros criada por Garrett, teria uma carga negativa e burocrática que importaria suprimir. No entanto, mudou-se-lhe o nome, para "licença de representação" e apenas se deixou de cobrar uma taxa. De resto, as mesmas exigências, prévias à concessão.

---

[4] Em 1992, foi determinada a interdição ao público dos sectores do estádio do Sporting Club de Portugal sob a cobertura, considerada insegura.

[5] Em 1993, morreram duas crianças no parque aquático Aquaparque, em Lisboa. Na época, não existia regulamentação específica para parques aquáticos.

[6] Código do Direito de Autor e dos Direitos Conexos.

[7] "Visto" era a licença ou autorização administrativa indispensável para o espectáculo ou divertimento se poder realizar e dependia do licenciamento do recinto, da classificação do espectáculo e da autorização dos autores.

Analisemos então o diploma. Está o mesmo dividido em três grandes temas: recintos, promotores de espectáculos e o espectáculo propriamente dito. No final, contém disposições sancionatórias e normas relativas aos serviços.

II.2. – Recintos de espectáculos e divertimentos públicos

Tentaremos, de seguida, sintetizar as linhas mestras a que devem obedecer a instalação e funcionamento dos recintos de espectáculos e divertimentos públicos(REDP).

1. A *todos* os REDP aplica-se o Regulamento das Condições Técnicas e de Segurança de Recintos de Espectáculos e Divertimentos Públicos, aprovado pelo Decreto Regulamentar n.º 34/95 de 16 de Dezembro [8].

2. A *instalação* e *funcionamento* de REDP obedecem ao regime jurídico da urbanização e da edificação [9], com as excepções definidas no Dec-Lei n.º 315/95. Ora, como as excepções se referem apenas a recintos de espectáculos de natureza artística, isto significa que todos os recintos de diversão, como as discotecas e outras salas de baile [10], salas de jogos, recintos de diversões ao ar livre ou fechados como carrocéis, montanhas russas e similares, dependem apenas do licenciamento municipal e, contrariamente ao regime legal revogado, não carecem de comprovação administrativa do pagamento dos direitos de autor, nem da confirmação da classificação etária [11].

3. Para os recintos destinados a *espectáculos de natureza artística*, verificam-se as seguintes condicionantes:

   a) A aprovação do projecto de arquitectura pela Câmara Municipal depende de parecer favorável da IGAC. [12]

---

[8] Para parques aquáticos aplica-se o Decreto-Lei 65/97 de 31 de Março e, para recintos desportivos o Decreto-Lei 317/97 de 25 de Novembro.

[9] O regime jurídico da urbanização e edificação, aprovado pelo Decreto-Lei n.º 555/99 de 16 de Dezembro e alterado pelo Decreto-Lei n.º 177/2001 de 4 de Junho, substitui o anterior regulamento de licenciamento municipal de obras particulares constante do Decreto-Lei n.º 445/91 de 20 de Novembro, alterado pelo Decreto-Lei n.º 250/94, de 15 de Outubro.

[10] Desde que não tenham música ao vivo ou outra actividade artística.

[11] Embora a frequência de menores a esses locais continue condicionada de acordo com o DL 396/82 de 21 de Setembro.

[12] Art.º 4.º, 1 DL 315/95.

b) O seu funcionamento carece de *licença de recinto* [13], a emitir pela IGAC, precedida de vistoria favorável. A vistoria destina-se a verificar a adequação do recinto, do ponto de vista funcional, ao uso previsto, e a observância das normas legais, essencialmente no que se refere às condições técnicas e de segurança [14]. Compete também à comissão de vistoria fixar a lotação do recinto. Para além das normas constantes do Código do Procedimento Administrativo, o diploma estabelece também mecanismos de defesa dos interessados face à Administração Pública central ou local, através do estabelecimento de prazos para a realização da vistoria [15] e para a emissão da licença de recinto, podendo o requerente recorrer à intimação judicial [16] pelo tribunal administrativo de círculo, no caso de recusa injustificada ou falta de emissão do alvará da licença de recinto.

c) A licença de recinto é válida pelo período de três anos [17], e a sua renovação depende de nova vistoria a efectuar pela IGAC, após audição de outras entidades públicas envolvidas no licenciamento.

d) Quaisquer obras a efectuar em recintos de espectáculos, e que não estejam sujeitas a licenciamento municipal, carecem de autorização da IGAC [18]

e) Se o recinto resultar de obras não sujeitas a licenciamento municipal, [19] o respectivo projecto (bem como eventuais alterações ao mesmo) carece de parecer da IGAC e o seu funcionamento depende de *licença de recinto* a emitir após *vistoria*.

f) A IGAC pode autorizar [20], excepcionalmente, a realização de actividades diversas. É o caso, por exemplo, de se pretender realizar um concerto musical, ou até um comício político, num teatro licenciado apenas para a actividade teatral ou numa praça de touros.

---

[13] Art.º 6.º DL 315/95.
[14] Decreto Regulamentar n.º 34/95 de 16 de Dezembro.
[15] Art.º 8.º, 4 e Art.º 9.º, 1 e 2 DL 315/95.
[16] Art.º 11.º DL 315/95.
[17] Art.º 12.º DL 315/95.
[18] Art.º 13.º DL 315/95. Trata-se de pequenas alterações à sala de espectáculos, como modificação da disposição dos lugares destinados ao público ou outras similares.
[19] São as obras de conservação, as de alteração que não impliquem modificações da estrutura resistente, as realizadas pela Administração Pública, etc. Ver Decreto-Lei n.º 555/99 de 16 de Dezembro e alterado pelo Decreto-Lei n.º 177/2001 de 4 de Junho.
[20] Art.º 17.º DL 315/95.

g) A IGAC pode, a todo o momento, determinar a realização de vistorias extraordinárias [21]. Como resultado destas, sempre que se tenham verificado violações das condições técnicas e de segurança, a IGAC pode dar um prazo para a sua correcção, sob pena de encerramento, o qual será determinado também sempre que se verifique que o funcionamento do recinto possa pôr em perigo a segurança ou a saúde dos espectadores, artistas e demais pessoal de sala. Se a falta de condições de segurança resultar de obras a decorrer pode a IGAC solicitar o embargo [22] da obra à Câmara Municipal ou decretar ela mesmo o embargo, se a obra não carecer de licenciamento municipal.

4. De acordo com o artigo 20.º do Decreto-Lei n.º 315/95, a instalação e funcionamento de REDP *itinerantes* ou *improvisados* estão apenas dependentes de licença de recinto a emitir, nestes casos, pela Câmara Municipal. Estão abrangidos por esta situação os circos, praças de touros desmontáveis, as estruturas de apoio (bancadas, palcos) de espectáculos musicais ao ar livre, etc. Este artigo pode, no entanto, induzir em erro, uma vez que, como se verá adiante, o funcionamento depende da *licença de representação* [23].

5. A realização de espectáculos de natureza artística em recintos de espectáculos não licenciados para o efeito depende de *licença acidental de recinto* [24], a emitir pelas Câmara Municipal. É o caso, por exemplo, da realização de espectáculos musicais em estádios de futebol ou em pavilhões desportivos. A lei não determina a obrigatoriedade de vistoria prévia à emissão da licença mas, na maioria dos casos, ela será indispensável para verificação, nomeadamente, das estruturas de palco instaladas e fixação da lotação. Efectivamente, é para evitar excessos de lotação que a lei permite, nestes casos, que a Câmara Municipal obrigue à autenticação dos bilhetes [25].

---

[21] Art.º 18.º DL 315/95.
[22] Art.º 19.º DL 315/95.
[23] Art.º 26.º DL 315/95.
[24] Art.º 22.º DL 315/95.
[25] Art.º 23.º DL 315/95.

II.3. – Protecção às salas de teatro e de cinema

Nos anos 50 foram construídos por todo o país vários cine-teatros. Uma lei da época impunha que as salas de cinema a construir dispusessem de palco e camarins, de forma a ficarem dotadas de valência teatral.

Com o intuito de preservar essas salas de teatro, a lei do teatro de 1971[26] determina que a sua demolição ou desafectação ao fim a que se destinam fique dependente de autorização do membro do Governo.[27] Se este mecanismo legal permitiu preservar algumas salas de teatro, não impediu algumas desafectações de facto, umas por ruína física, outras por cedência do poder político.

O movimento de encerramento de cine-teatros, por não serem rentáveis como cinemas – sua actividade principal –, estendeu-se às salas de cinema.[28]

Para tentar conter essa tendência, a lei impõe[29], actualmente, que a demolição de recintos de cinema ou a sua afectação para fins diferentes, depende de autorização do Ministro da Cultura, que a poderá recusar, nomeadamente, se se tratar duma perda cultural grave para a localidade ou região.

II.4. – Promotores de espectáculos de natureza artística

Os *promotores* são os empresários do espectáculo, que se devem registar[30] na IGAC, para o efeito apresentando o documento comprovativo da declaração de início de actividade e fotocópia do cartão de identificação de pessoa colectiva ou equiparada.

Estão isentos do registo apenas as entidades promotoras de espectáculos cuja receita se destina a fins culturais ou humanitários. O Estado e demais pessoas colectivas públicas[31] são também promotores de espec-

---

[26] L 8/71.
[27] Na época, o Secretário de Estado da Informação e Turismo. Hoje, o Ministro da Cultura. Base XXIII L 8/71.
[28] A título meramente exemplificativo, só em Lisboa encerraram, entre outros, o Tivoli, Monumental, Império, Eden, Condes, Alvalade.
[29] Art.º 21.º DL 350/93.
[30] Art.º 24.º DL 315/95.
[31] Pessoas colectivas públicas são o Estado, as Regiões Autónomas, as autarquias locais, os institutos públicos e as associações públicas de tipo associativo. Cfr. José Tavares in "Administração Pública e Direito Administrativo", Livraria Almedina, Coimbra, 1992".

táculos (p.ex: os Teatros Nacionais de S.Carlos, de D. Maria II, de S.João, Orquestra Nacional do Porto, etc), não estando isentos de registo, mas apenas da respectiva taxa. Estão também isentos da taxa de registo as associações recreativas, culturais ou desportivas, e os salões ou centros paroquiais e as instituições de beneficência.[32]

II.5. – Espectáculos de natureza artística

De acordo com a lei, são de natureza artística, designadamente, *o canto, a dança, a música, o teatro, a literatura,*[33] *o cinema, a tauromaquia e o circo*. Trata-se de uma enumeração não exaustiva, mas discutível. Não se especifica a ópera, podendo-se argumentar que está englobada na música. Mas também o canto é música. Por outro lado, omitem-se espectáculos de natureza audiovisual de tecnologia mais recente, como a exibição por meios vídeo ou multimedia. Teria sido preferível que o legislador seguisse as designações já constantes do Dec-Lei n.º 396/82, relativo à classificação de espectáculos, o qual refere o cinema e as exibições públicas por meio vídeo, o teatro, os concertos musicais e similares, a ópera, o bailado, o circo e a tauromaquia

A realização de espectáculos de natureza artística depende de *licença de representação*[34], a emitir pela IGAC. A lei impõe mesmo que o espectáculo não possa ser anunciado antes da emissão da licença. É uma regra destinada a ser "letra morta", uma vez que a licença é requerida na véspera ou no próprio dia do espectáculo (não se impõe qualquer prazo para apresentação do requerimento) e, obviamente, para ter público, qualquer espectáculo precisa de ser anunciado com antecedência. Diz ainda a lei que a licença de representação tem por finalidade "garantir a tutela dos direitos de autor e conexos devidos pela representação ou execução". Como já se disse, no que respeita ao preâmbulo do diploma, permitimo-nos discordar. Ao exigir a indicação, no requerimento, do programa, da classificação etária, do local da realização do espectáculo,

---

[32] P 510/96.

[33] A literatura pode ser considerada a arte da escrita, o conjunto da produção literária de um país ou de uma época, o conhecimento das letras e regras literárias, mas não é um espectáculo. Espectáculo será a leitura, a recitação ou declamação da obra literária.

[34] Art.º 26.º, 2 DL 315/95.

do promotor do espectáculo e da autorização dos titulares dos direitos de autor e conexos ou seus representantes, e, como se presume, naturalmente, que a licença só será concedida se o recinto estiver licenciado e o promotor registado, então a *licença de representação* visará:

- A defesa dos interesses do público, pela garantia das condições de segurança do recinto e pela classificação etária do espectáculo.
- A defesa dos interesses do Estado, pelo registo do promotor.
- A defesa dos autores e dos titulares de direitos conexos.

Quanto a esta última, convém observar que, com raras excepções [35], no espectáculo ao vivo não estão em causa direitos conexos. Os artistas intérpretes ou executantes são objecto de contrato de prestação de serviços, só estando em causa os seus direitos conexos em caso de fixação, reprodução ou radiodifusão das suas actuações.

A lei dispõe ainda que *"Não constitui fundamento de indeferimento a mera falta de pagamento antecipado dos direitos devidos"* [36]. Não se trata de excepcionar a apresentação da autorização dos autores que deriva do próprio CDADC, mas de autorizar, sempre que a questão se centre no montante a pagar e a decisão esteja entregue ao tribunal ou em sede de arbitragem. Pode ainda dar-se o caso de o promotor do espectáculo não conseguir sequer a autorização dos autores por estarem encerrados os serviços da entidade de gestão colectiva.[37]

Os interesses do público, nos espectáculos de natureza artística, são os mais acautelados na lei, com um conjunto de normas que constituem um verdadeiro código de defesa do consumidor de espectáculos, a quais poderemos discriminar da seguinte forma:

1. *Direito a ser informado*

   a) Afixações obrigatórias [38], em local bem visível, da licença de recinto, da licença de representação, da lotação do recinto e da classificação do espectáculo [39].

---

[35] Caso em que, em cena, se reproduzem fonogramas e videogramas editados comercialmente, sendo necessária a autorização dos respectivos produtores e devida uma remuneração equitativa a produtores e artistas de acordo com o Art.º 184.º CDADC.
[36] Art.º 27.º, 2 DL 315/95.
[37] O que pode acontecer em períodos de feriados com pontes alargadas.
[38] Art.º 28.º,1 DL 315/95.
[39] Esta, por força do DL 396/82.

b) Cartaz [40], bem visível, onde conste o programa, a classificação do espectáculo e o promotor respectivo.
c) Afixação, junto das bilheteiras [41], do preço dos bilhetes e da planta do recinto e, quando houver lugares marcados, a indicação das diversas categorias e números.
d) Afixação do letreiro "Lotação Esgotada" [42], quando for caso disso.
e) Indicação, nos bilhetes [43], do preço, nome do recinto, data e horas do espectáculo e numeração do lugar, quando aplicável.
f) Conformidade da publicidade ao espectáculo com os elementos constantes da licença de representação. [44]
g) Proibição de publicidade sonora durante o espectáculo ou no intervalo do mesmo, com excepção dos espectáculos tauromáquicos e de circo e da publicidade por meio de "videogramas musicais e discos". [45]

2. *Direito à segurança*

a) Proibição de venda de bilhetes além da lotação.[46]
b) Proibição de pessoas nas coxias, excepto as que se encontrem no desempenho de funções profissionais. [47]
c) Presença do piquete de bombeiros, quando for caso disso. [48]
d) Presença de força policial, quando for caso disso, ou responsabilização do promotor do espectáculo pela manutenção da ordem. [49]

---

[40] Art.º 28.º,2 DL 315/95.
[41] Art.º 28.º,3 DL 315/95.
[42] Art.º 30.º,4 DL 315/95.
[43] Art.º 30.º,1 DL 315/95.
[44] Art.º 29.º,1 DL 315/95.
[45] Art.º 29.º, 2 e 3 DL 315/95. Apenas no intervalo e se não ocupar mais de metade do mesmo. Apesar da confusão terminológica relativa a filmes, videogramas etc., a que nos referiremos adiante, aqui teria sido preferível usar a fórmula: *filmes publicitários em qualquer suporte e fonogramas*.
[46] Art.º 30.º,3 DL 315/95.
[47] Art.º 34.º,6 DL 315/95.
[48] Art.º 37.º,1 DL 315/95.
[49] Art.º 38.º,1 DL 315/95.

3. Direito à fruição do espectáculo

a) Obrigação dos espectadores se manterem nos seus lugares durante as representações ou execuções, nomeadamente nos espectáculos de cinema, teatro, bailado, concertos, óperas, a fim de não perturbar os artistas e o público.[50]
b) Proibição de levar animais ou objectos que possam sujar ou deteriorar o recinto ou incomodar os outros espectadores.[51]
c) Proibição de fumar nos recintos fechados, excepto em locais predeterminados.[52]
d) Proibição de entrada na sala durante as actuações, nos espectáculos de teatro, ópera, bailado ou concertos de musica clássica.[53]
e) Obrigação de restituição do preço dos bilhetes se o espectáculo não se puder realizar no local, data e hora marcados, se houver substituição do programa ou dos artistas principais ou se o espectáculo for interrompido [54].

II.6. – Segurança nos espectáculos

Já referimos a segurança como um dos direitos fundamentais do espectador e, assim, uma das obrigações do promotor de espectáculos. A segurança entende-se em sentido lato: quer a manutenção das condições de segurança do recinto e prevenção de ocorrências, no que respeita a incêndios ou outros acidentes, quer no que respeita à manutenção da ordem pública.

De facto, não basta que o recinto esteja licenciado e que a última vistoria tenha aprovado o recinto. É necessário, por parte do responsável da sala de espectáculos, uma vigilância permanente no sentido de evitar que quaisquer saídas possam estar fechadas ou bloqueadas, de garantir que os extintores estão operacionais e o pessoal de sala habilitado a utilizá-los, que a instalação eléctrica possa ser cortada em caso de emergência por pessoa habilitado etc.

---

[50] Art.º 34.º,1 DL 315/95.
[51] Art.º 34.º,3 DL 315/95.
[52] Art.º 34.º,4 DL 315/95.
[53] Art.º 34.º,5 DL 315/95.
[54] Art.º 31.º DL 315/95. Excepto se a substituição ou interrupção forem derivadas de força maior verificada depois do início do espectáculo.

Também as condições de utilização, nomeadamente para espectáculos de palco, são fundamentais para garantir a segurança. Durante a montagem dos espectáculos, a utilização de extensões eléctricas remendadas, de aparelhos como maçaricos, soldadores ou aquecedores eléctricos ou a gás, etc., são geradores de perigo de incêndio que o responsável da sala de espectáculos deve evitar. Também nas salas de teatro, as companhias que as utilizam têm tendência – natural, por motivos económicos – a acumular "lixos" cénicos que podem servir para espectáculos futuros. Esses "lixos" são um perigo, se não guardados em local adequado, graças à sua elevadíssima carga calorífica.

É no sentido de proporcionar a máxima garantia de segurança no decorrer do espectáculo que a lei determina que a IGAC pode impor a presença de um piquete de bombeiros [55] e que o chefe do piquete tem o poder de decidir se o recinto está em condições de ser aberto ao público.[56] Finalmente, no que se refere à ordem pública, o promotor do espectáculo é o responsável pela manutenção da ordem no recinto, podendo requisitar, sempre que o julgue necessário, uma força policial da respectiva zona.

II.7. – Bilhetes

Já vimos quais as normas a que devem obedecer os bilhetes para os espectáculos e a sua venda no local do espectáculo. Mas os bilhetes podem ser vendidos noutros locais.

Há alguns anos atrás, na cidade de Lisboa podia-se comprar bilhetes em diversas agências, localizadas por vezes bem perto das salas de espectáculos, com um acréscimo de 10% no preço. Por vezes, para se obter bilhetes para uma sessão esgotada do cinema Tivoli, bastava descer a Av. da Liberdade pouco mais de cem metros, onde uma agência, devidamente legalizada pelo Governo Civil, vendia os preciosos ingressos. Para jogos de futebol as agências montavam mesmo pequenos quiosques de venda junto aos estádios.

---

[55] Esta imposição legal, aplicando-se a todos os espectáculos de natureza artística, resvala para o absurdo. Se pode ser eventualmente necessária a presença do piquete de bombeiros numa sala de teatro, já parece dispensável numa casa de fados ou num bar onde actua um conjunto musical...

[56] Art.º 37.º, 2 DL 315/95.

Entretanto, as condições de vida alteraram-se substancialmente e a variedade da oferta de espectáculos também. Para certos espectáculos de grande afluência de público, os bilhetes são vendidos também em estabelecimentos comerciais ou aos balcões de bancos patrocinadores, sem aumento de preço. Surgiram novas formas de servir o público. Agências que funcionam por telefone e entregam os bilhetes no domicílio. Pode-se também adquirir os bilhetes pela Internet, através do "site" da própria sala de espectáculos, sem encargos adicionais, ou através de uma agência de entrega domiciliária.

Da lei em vigor [57] relativa à venda de bilhetes em agências (a qual não faz qualquer referência explícita à venda por telefone ou pela Internet), importa reter que é proibido cobrar quantia superior a 10% sobre o preço de venda ao público de bilhetes ou de 20% no caso de entrega ao domicílio [58].

II.8. – Protecção de menores – A Classificação de Espectáculos

A **classificação de espectáculos**, regulada pelo Dec-Lei n.º 396/82, visa essencialmente a protecção dos menores, condicionando a sua frequência a espectáculos ou locais públicos de diversão. Na prática, a classificação funciona como uma informação ao público e um aconselhamento às famílias, responsáveis pela educação dos menores. E isto porque a lei determina que os menores só podem assistir aos espectáculos de escalão etário superior, quando acompanhados pelos pais. Trata-se de um princípio correcto, segundo o qual a educação e as escolhas culturais são uma decisão de competência das famílias.

Mas a lei consagra, em reforço dos princípios constitucionais, duas directrizes fundamentais: primeiro, a independência da classificação de

---

[57] Regulamento anexo ao DL 316/95 de 28 de Novembro. Porque o humor (neste caso amargo) é um elemento fundamental da vida, não resistimos a relatar o seguinte: o DL 315/95 altera, pelo seu art.º 48.º, a redacção dos artigos 1.º e 3.º do Decreto-Lei n.º 37534 de 30 de Agosto de 1949, diploma que regulava a venda de bilhetes em agências. No mesmo dia, duas páginas adiante, do mesmo Diário da República, é publicado o DL 316/95 o qual aprova o regime jurídico de várias actividades dependentes de licenciamento pelos Governos Civis, entre as quais a de venda de bilhetes para espectáculos, revogando tacitamente o citado diploma de 1949. Assim se vai legislando....

[58] Sobre esta importância acresce ainda o IVA.

quaisquer juízos de carácter ideológico [59]; segundo, a impossibilidade da classificação ser denegada. [60]

O diploma consagra escalões etários explicados como correspondentes a estádios de desenvolvimento do indivíduo justificados por critérios psicogenéticos: 3 (4) [61], 6, 12, 16 e 18 e ainda as classificações especiais de "Pornográfico" e de "Qualidade".

Os sistemas europeus são similares nos escalões existindo variações 3/4, 6/7, 11/12, 15/16, e em alguns não existe sequer o escalão 18. Também em alguns países existe possibilidade de censura, com cortes ou proibição dos filmes (casos da Grã- Bretanha ou Alemanha, entre outros). Em alguns casos, o organismo que procede à classificação é estatal (Portugal, Espanha, França, Suécia, p. ex.) e noutros é privado, em sistema de auto regulação da indústria (Alemanha). Em certos países só se classifica o cinema, noutros também os videogramas, incluindo ou não os jogos de computador. Em Portugal, são objecto de classificação, pela Comissão de Classificação de Espectáculos (CCE), os filmes para exibição cinematográfica, os videogramas [62], incluindo os jogos de computador e, caso único, pelo menos na Europa, os espectáculos teatrais. Outros espectáculos, caso dos musicais, circo, bailado, ópera e tauromáquicos, são objecto de classificação administrativa, por a mesma estar estabelecida na lei, embora o promotor do espectáculo possa solicitar outra classificação à CCE, sempre que a natureza do espectáculo o justifique.

O Dec-Lei n.º 39/88 veio a regulamentar a classificação de videogramas e impor certas regras de informação ao público, designadamente a menção da classificação na etiqueta (selo) e na capa do videograma e ainda a obrigatoriedade de os videogramas classificados de pornográficos não conterem nas respectivas capas mais que o título respectivo, classificação e identificação do distribuidor.

---

[59] Art.º 1.º,1 DL 396/82

[60] Art.º 1.º,2 DL 396/82. Assim, a CCE está impedida de negar a classificação, mesmo que, por exemplo, o conteúdo a classificar seja criminalmente condenável,. qualquer decisão sobre esse assunto sendo da competência do poder judicial.

[61] Impera no DL 396/82 uma grande confusão sobre este escalão etário. Determina-se que menores de 3 anos não podem assistir a qualquer espectáculo, classificam-se administrativamente para maiores de 3 anos os espectáculos desportivos e de circo, os concertos musicais, a ópera e o bailado; para o cinema, vídeo e teatro, estabelece-se para maiores de 4 anos o escalão mais baixo.

[62] Cfr. DL 39/88.

Para além da classificação etária, a lei dá à Comissão de Classificação de Espectáculos a possibilidade de atribuir dois tipos de classificações especiais: uma de "Pornográficos", e outra de "Qualidade" sendo os primeiros sobretaxados e os segundos isentos de taxa. Se a classificação de Pornográfico deriva de critérios específicos, a classificação de Qualidade envolve juízos de carácter altamente subjectivos.

Das decisões da CCE é possível interpor recurso [63], o que permite, nos casos mais polémicos, que a decisão final venha a resultar da opinião de um número mais vasto de classificadores. O recurso pode ser interposto pelo promotor do espectáculo ou distribuidor do filme ou do videograma, antes da respectiva estreia ou lançamento no mercado, e, a qualquer momento, por três membros da CCE que não tenham votado a classificação recorrida ou ainda por, pelo menos, cem cidadãos devidamente identificados. O recurso é então analisado por uma subcomissão de recurso constituída no interior da própria CCE, e da sua decisão cabe ainda recurso para o Ministro da Cultura, que decidirá, após audição da CCE reunida em plenário. [64]

Os *critérios* de classificação são aprovados por Portaria do Ministro da Cultura, estando em vigor os publicados em 1983, [65] que se mantêm válidos no essencial. A sua redacção, sendo genérica, tem podido ser adaptada à realidade social do momento e acompanhar a evolução dos costumes e da forma de pensar da sociedade, sendo dados enfoques especiais à exploração da violência e da sexualidade, como factores de agravamento do escalão etário.

Como se viu, são sujeitos à classificação os espectáculos de cinema e de teatro e a comercialização de videogramas, incluindo os jogos de computador. Correspondem, quaisquer deles, a actos voluntários do público, que recebe uma informação que o pode ajudar na decisão de compra do produto no que respeita à protecção de menores.

E que se passa relativamente ao espectáculo de maior impacto em número de espectadores, e que, na maioria dos casos, corresponde a um acto involuntário, entrando pelas nossas casas quase sem "pedir licença"? Referimo-nos, obviamente, à televisão.

O mesmo diploma legal acima referido determina [66] que *"A classificação dos espectáculos de radiodifusão visual será regulada por diploma*

---

[63] DR 11/82.
[64] Sobre a constituição e funcionamento da CCE veja-se o DL 106-B/92.
[65] P 243/83
[66] Art.º 1.º, 3 DL396/82

próprio", imperativo que nunca viria a ser concretizado. No entanto, é generalizada em todo o Mundo a preocupação relativamente aos conteúdos de programação que possam causar dano ao público mais jovem, seja pela violência, seja pela pornografia.[67]

A Lei da Televisão [68] tenta responder a estas questões. Nela se determina que " *As emissões susceptíveis de influir de modo negativo na formação da personalidade das crianças ou adolescentes ou de afectar outros públicos mais vulneráveis, designadamente pela exibição de imagens particularmente violentas ou chocantes, devem ser precedidas de advertência expressa, acompanhadas da difusão permanente de um identificativo apropriado e apenas ter lugar em horário subsequente às 22 horas"*, e que *"A difusão televisiva de obras que tenham sido objecto de classificação etária, para efeitos da sua distribuição cinematográfica ou videográfica, deve ser precedida da menção que lhes tiver sido atribuída pela comissão competente, ficando obrigatoriamente sujeita às demais exigências a que se refere o n.º 2 sempre que a classificação em causa considerar desaconselhável o acesso a tais obras por menores de 16 anos"* e ainda *"Integram o conceito de emissão, para efeitos do presente diploma, quaisquer elementos da programação, incluindo a publicidade ou os extractos com vista à promoção de programas"* e, finalmente, que *"O anúncio da programação prevista para os canais de televisão é obrigatoriamente acompanhado da advertência e da menção de classificação..."*.

Quer isto dizer que os filmes previamente classificados pela CCE para maiores de 16 anos ou para maiores de 18 anos só podem ser emitidos na televisão a partir das 22h e com menção especial para essa classificação, o mesmo se aplicando para a promoção desses filmes (os trailers) e para os anúncios da programação no que se refere à menção de classificação.[69]

Toda a restante programação, incluindo os inúmeros filmes não comercializados em Portugal, não é obrigada a classificação, ficando sujeita à auto regulação voluntária.

---

[67] Sobre este tema, veja-se "Direito da Comunicação Social" de Luís Brito Correia, ed. Almedina.

[68] Lei n.º 31-A/98 de 14 de Julho

[69] O cumprimento destas normas pelos canais públicos e privados tem sido muito irregular. A fiscalização compete ao Instituto da Comunicação Social e o processamento das contra-ordenações e aplicação das coimas à Alta Autoridade para a Comunicação Social.

Quanto à televisão por cabo, a lei [70] obriga a *"Não retransmitir emissões televisivas que incluam elementos susceptíveis de prejudicar gravemente o desenvolvimento físico ou mental ou influir negativamente na formação da personalidade das crianças ou adolescentes, ou ainda de impressionar outros telespectadores particularmente vulneráveis, designadamente pela emissão de cenas particularmente violentas ou chocantes,....., excepto quando, pela escolha da hora de emissão primária ou por quaisquer medidas técnicas, se assegure a protecção dos segmentos do público em causa".*

Já no domínio da Internet a problemática da protecção de menores se coloca de forma muito mais complexa. Indiscutível é que, mais que aos governos, compete às famílias e às escolas uma sensibilização muito grande, o que dificilmente acontece considerando a desadequação das gerações mais velhas face às novas tecnologias. Face à gigantesca e maravilhosa realidade que é a Internet, os governos nada têm feito relativamente aos seus conteúdos nocivos. E são muitos, embora quase sempre só se refira a pornografia. "Sites" de instigação à violência, racismo ou outro tipo de discriminações, inundam a rede sem qualquer controle. Mas esse controle, a ser viável, traria consequências censórias inaceitáveis. [71]

Entretanto, enquanto a Comissão Europeia desenvolve estudos sobre este tema, deve-se realçar o esforço de algumas organizações particulares como a ICRA [72] ou o ESRB [73] que classificam e descrevem o conteúdo de muitos "sites", proporcionando, assim, alguma informação às famílias. Mas a tarefa é ciclópica...

II.9. – O espectáculo tauromáquico: um caso *sui-generis*

Imagine o leitor que o Governo decidia regulamentar a ópera, ou o teatro, ou o circo. Definia nesses regulamentos o número de actos que uma peça de teatro poderia ter, a duração de uma ária de ópera, proibiria

---

[70] Decreto-Lei n.º 241/97 de 18 de Setembro.

[71] Existem filtros (software) capazes de detectar e bloquear, por exemplo, todos os "sites" com palavra chave "sex". Pois bem: não só são bloqueados os pornográficos como também todos os "sites" científicos ou sobre educação sexual ou, até, um eventual "site" *sexagenários*.

[72] Internet Content Rating System (www.icra.org)

[73] Entertainment Software Rating Board (www.esrb.com)

um adolescente de cantar fado ou de actuar com a sua "troupe" familiar no circo, por ainda não ter concluído a escolaridade obrigatória, ou definia o conjunto de provas indispensáveis para se ser considerado actor.

Está a sorrir?

Pois é o que se passa com o espectáculo tauromáquico, regulamentado pelo Estado ao mais ínfimo pormenor, incluindo mesmo normas relativas à carreira profissional dos artistas.

Fomos, na prática, um dos impulsionadores da publicação e do cumprimento rigoroso do Regulamento do Espectáculo Tauromáquico (RET) aprovado em 1991. Nunca deixámos, no entanto, de ser extremamente críticos quanto aos excessos regulamentadores.

Dir-se-á que os espectáculos desportivos são também objecto de regulamentos apertados, incluindo as questões disciplinares. A grande diferença está em que a regulamentação dos espectáculos desportivos é definida pelos próprios agentes desportivos que também a aplicam e sancionam os infractores. O Estado não intervém. No espectáculo tauromáquico chega-se ao extremo de o "árbitro" – o director de corrida – estar investido de poderes de autoridade do Estado.

Independentemente da questão política da permissão, ou não, dos touros de morte, o RET contém uma série de normas em que seria dispensável, senão mesmo desejável, que o Estado não interviesse. Referimo-nos à direcção do espectáculo, à caracterização dos vários tipos de espectáculos e às carreiras profissionais. À lei ficariam remetidas as questões fundamentais de interesse público relativas às condições técnicas e de segurança dos recintos, em defesa do público e dos intervenientes do espectáculo, bem como algumas normas limitativas do sofrimento dos animais, nomeadamente respeitantes às bandarilhas e outras ferragens.

No entanto, não é isso que acontece. A lei regulamenta quase tudo, tendo em vista a "dignificação do espectáculo", e que essa dignificação passa pela "disciplina do próprio espectáculo"[74]. E essa disciplina passa pela colocação do espectáculo tauromáquico sob a superintendência do Inspector-Geral das Actividades Culturais do Ministério da Cultura.[75]

O espectáculo tauromáquico é aquele que tem por finalidade a lide de reses bravas em recintos licenciados para o efeito.[76] Assim, algumas

---

[74] Cfr. Preâmbulo do DL 306/91 e do RET.
[75] Art.º 1.º DL 306/91.
[76] Art.º 1.º RET. De acordo com o DL 315/95, o licenciamento é efectuado pela IGAC e, para praças desmontáveis, pela Câmara Municipal.

festas tradicionais portuguesas, que incluem manifestações tauromáquicas, com é o caso das festas de Barrancos [77], não se podem considerar espectáculos tauromáquicos, para efeitos da lei, uma vez que se realizam em recintos *ad-hoc,* improvisados, sem as condições técnicas e de segurança exigidas.

A caracterização dos vários tipos de espectáculos tauromáquicos – corridas de toiros, novilhadas, corridas mistas, novilhadas populares e variedades taurinas – é feita pelo cruzamento das características de idade e peso dos animais a lidar, com a categoria profissional dos artistas. É assim que, numa corrida de toiros, as reses terão pelo menos 3 anos e peso mínimo de 420kg [78], e só poderão actuar "matadores" e cavaleiros. Esta é a suprema originalidade do espectáculo tauromáquico português: *nas corridas de toiros, os toiros podem não o ser e os "matadores" não o podem ser.*

Já nas novilhadas, a idade mínima das reses é também de 3 anos e o peso mínimo de 360kg, podendo actuar novilheiros e ainda cavaleiros.

A principal medida do regulamento é a de obrigar a lide de reses puras, [79] isto é, aquelas que nunca foram "corridas" em qualquer outro espectáculo. Isto por razões de segurança, já que as reses corridas têm tendência a, por estarem avisadas, procurar a figura do artista, e também por razões económicas, protegendo-se a indústria de criação de reses bravas que tem uma importante participação na economia nacional.

Relativamente a espectáculos que apresentem aspectos não previstos nos tipos acima referidos (corridas, novilhadas, etc.) deverão ser autorizados pela IGAC em condições a estabelecer para cada caso. [80] Esta era a disposição invocada para serem autorizados picadores em alguns espectáculos. A intervenção de picadores levanta sempre polémica. De um lado, os que se opõem entendem que é uma prática bárbara e que faz parte das corridas de morte, proibidas em Portugal. Os que defendem a participação de picadores nas corridas apeadas argumentam que, apesar da lide não ser integral, por não terminar com a morte do toiro em praça, os picadores permitem avaliar a bravura do animal e "suavizá-lo", permitindo um

---

[77] Objecto de uma lei à medida, que permita a morte dos toiros – Lei n.º 19/2002 de 31 de Julho.

[78] Muitos especialistas dizem que animais com estas características, não são toiros, mas sim novilhos.

[79] Exceptuam-se as destinadas à lide a cavalo nas variedades taurinas, art.º 24.º, 3 RET.

[80] Art.º 2.º, 2 RET.

maior brilho artístico na actuação do "matador". Este é um caso típico em que a lei deveria dar liberdade ás populações locais de decidir, através dos seus órgãos autárquicos, de acordo com as tradições locais e com as características das reses a lidar e dos artistas em praça. No entanto, não foi esse o entendimento da Assembleia da República que ao mesmo tempo que autorizava excepcionalmente, em condições especiais, a morte do toiro, proibia explicitamente a sorte de varas.[81]

A tradição é assegurada pelo RET através da obrigação dos artistas usarem os trajes tradicionais,[82] pela obrigação de uma banda de música[83] e pela presença obrigatória de forcados[84], sempre que a lide seja a cavalo em corridas de toiros.

O público é defendido por normas relativas à publicidade[85] e às eventuais alterações ao espectáculo[86] – equivalentes às constantes na lei geral dos espectáculos, o Dec-Lei nº 315/95 – e ainda pela obrigação de ser informado das características da rês a lidar.[87]

No que respeita propriamente aos espectáculos, ou seja, à lide, o RET define o tempo da lide a cavalo e a pé, o número de tentativas de pega por parte dos forcados, o número máximo de pessoas entre barreiras, cujo excesso pode perturbar a lide, a proibição de acesso do público bem como da actividade de vendedores durante a lide, também para evitar perturbações.

Quanto aos artistas tauromáquicos obriga-se à sua inscrição na IGAC, sem o que não podem actuar, definem-se as diversas categorias profissionais[88], estabelecem-se quotas de participação de bandarilheiros[89] e estabelecem-se as regras de acesso à profissão, sendo os júris das respectivas provas nomeados pelo IGAC. Esta intromissão regulamentadora do Estado na profissão artística é um perfeito absurdo. As questões laborais devem ser exclusivamente resolvidas pelos sindicatos e pelas empresas apenas no cumprimento da lei geral. Acresce, como corolário do absurdo,

---

[81] Art.º 3.º L 92/95 com a redacção que lhe foi conferida pela Lei n.º 19/2002 de 31 de Julho.
[82] Art.º 2.º, 3 RET.
[83] Art.º 12.º RET.
[84] Art.º 3.º, 2 RET.
[85] Art.º 8.º RET.
[86] Art.º 9.º RET.
[87] Art.º 47.º RET.
[88] Art.º 49.º RET.
[89] Art.º 52.º RET.

que ao se obrigar que a inscrição na IGAC se limite a indivíduos habilitados com a escolaridade obrigatória [90], se impede a participação nos espectáculos de amadores jovens ainda sem terem concluído os seus estudos mínimos. O que não se passa em mais nenhuma actividade artística!

Pelo contrário, outras normas constantes do RET justificam-se plenamente. É o caso das que asseguram a prestação de socorros médicos em caso de acidente. Todas as praças devem ter um posto de socorros devidamente equipado e fiscalizado por uma equipa médica obrigatória [91], constituída por um médico cirurgião e um enfermeiro.

No que se refere à segurança física dos intervenientes no espectáculo, impõe-se aqui uma palavra para os forcados. Independentemente dos primeiros socorros prestados na praça, os profissionais têm acesso ao regime geral da Segurança Social e ainda podem ter acesso ás regalias do Fundo de Assistência aos Toureiros. [92] Como amadores, os forcados não têm qualquer protecção em caso de acidente. Daí a obrigação legal de o empresário constituir um seguro de acidentes pessoais a favor dos forcados. [93] Foi, infelizmente, uma norma sem aplicação prática porque, esta sim, carecia de regulamentação, inexistente até hoje.

Finalmente, a autoridade do Estado, representada pelos delegados técnicos tauromáquicos da IGAC, que são o director de corrida e o médico veterinário, [94] os quais gozam, no exercício de funções, dos poderes do pessoal de inspecção da IGAC. O director de corrida é quem tem o poder exclusivo de determinar a não realização ou a suspensão do espectáculo, devendo inspeccionar as reses, as farpas, as bandarilhas, verificar o bom estado do piso da arena, etc. etc. [95]

Para além das formalidades relativas à solicitação à IGAC da nomeação dos delegados técnicos, o empresário deverá cumprir as determinações da lei geral, requerendo a respectiva *licença de representação*. A classificação etária será para "maiores de 6 anos" [96] e só haverá direitos de autor em causa se forem executadas obras musicais protegidas (o que normalmente acontece), caso em que deverão apresentar na IGAC a prova da autorização dos autores, concedida através da SPA.

---

[90] Art.º 54.º RET.
[91] Art.º 23.º RET.
[92] Ao qual ficará indissociavelmente ligada a figura de Diamantino Viseu.
[93] Art.º 5.º DL 306/91.
[94] Art.º 2.º DL 306/91.
[95] Art.º 14.º a 19.º RET.
[96] Art.º 4.º, 1 b) DL 396/82.

CAPÍTULO III

Direitos Autorais

III.1. – O que se protege

Os direitos dos criadores intelectuais encontram-se consagrados na Constituição da República, no Código Civil, no Código do Direito de Autor e dos Direitos Conexos (CDADC), nos decretos de adesão a convenções internacionais e em vários diplomas avulso, sendo alguns complementares do CDADC e resultantes da aplicação, em Portugal, de directivas comunitárias.

O objecto da protecção legal são as *obras intelectuais de natureza literária ou artística* [97] e essa protecção concretiza-se pela atribuição de direitos aos autores.

A lei discrimina vários tipos de obras protegidas [98] das quais citaremos, a título exemplificativo, as obras dramáticas (vulgo teatro), dramático musicais (o teatro musicado, cuja forma suprema é a ópera), as coreografias e as pantomimas, as composições musicais, com ou sem palavras, as obras cinematográficas, televisivas, fonográficas, videográficas e radiofónicas, os desenhos e pinturas. Por outro lado, equiparam-se a obras originais as transformações de uma obra, mesmo que esta não seja protegida (por exemplo, uma tradução para português de uma peça de Shakespeare). Neste caso incluem-se traduções, arranjos, instrumentações, dramatizações e cinematizações.

Também os programas de computador com carácter criativo passaram a ter uma protecção análoga à conferida às obras literárias. [99]

---

[97] Art.º 1.º CDADC.
[98] Art.º. 2.º CDADC.
[99] Pelo DL 252/94.

Curiosa é a inclusão da *encenação* das obras dramáticas e dramático-musicais como protegida pelo direito de autor. Especialistas prestigiados como Luiz Francisco Rebello [100] e Oliveira Ascensão [101] divergem nesta matéria, defendendo o segundo que o encenador seria equiparável ao director do conjunto de actores, devendo como tal ser protegido pelos direitos conexos. [102]

De qualquer forma, a prática é a da protecção da encenação pelo direito de autor, mas não deixa de ser estranho que o legislador tenha exigido que as coreografias, como quaisquer outras obras, sejam expressas por escrito ou por qualquer outro meio [103], e não tenha feito igual condicionante à encenação. Não se percebe como se pode concretizar a protecção em caso de simples reposição de um espectáculo, sem ter existido previamente uma gravação ou um registo escrito da encenação. Adiante falaremos de novo neste assunto.

Merece também um comentário a referência feita no mesmo artigo às obras fonográficas e videográficas, o que parece ser também uma grande confusão. Fonogramas e videogramas são registos de obras literário-musicais e audiovisuais, ou seja, são *suportes* [104] cujos produtores são protegidos pelos direitos conexos. As obras neles registadas são protegidas de *per si,* independentemente das características técnicas do registo.

Também existe uma enorme confusão relativamente às obras cinematográficas, obras televisivas, obras por processos análogos à cinematografia, videogramas. O ideal seria falar-se simplesmente em o*bra audiovisual*, como veremos adiante.

III.2. – Que direitos?

A protecção das obras concede aos autores **direitos patrimoniais** e **direitos morais**. Os primeiros são alienáveis e transmissíveis e constituem

---

[100] In "Código do Direito de Autor e dos Direitos Conexos" ed. Livraria Petrony, 1985.
[101] In "Direito Civil – Direito de Autor e Direitos Conexos", ed. Coimbra Editora, 1992.
[102] De acordo com o art.º 181.º CDADC.
[103] Art.º 2.º, d) CDADC.
[104] Cfr. Oliveira Ascensão, obra citada. No mesmo sentido, Luiz Francisco Rebello in "Código do Direito de autor e dos Direitos Conexos" ed. Âncora, no comentário ao art.º 24.º CDADC.

o verdadeiro objecto do direito de autor, ao garantir aos autores uma remuneração pela utilização das suas obras. Os direitos morais são inalienáveis, imprescritíveis e irrenunciáveis, assegurando que o autor se possa opor a qualquer modificação que desvirtue o obra e a reivindicar a sua paternidade e genuinidade.

Para garantir os seus direitos, o autor goza do *direito exclusivo* de autorizar directamente, ou por seus representantes – normalmente entidades de *gestão colectiva do direito de autor* –, as diversas formas [105], quaisquer que sejam, da utilização da obra, nomeadamente a representação, execução e exibição públicas da obra; a sua fixação e reprodução; a difusão por qualquer meio [106]; as suas transformações, como a tradução ou arranjos; a adaptação ao cinema e distribuição da obra cinematográfica; qualquer forma de distribuição do original ou cópias da obra, incluindo a venda ou o aluguer; o direito de colocar à disposição do público. [107]

Relativamente às obras estrangeiras, a lei garante a sua protecção sob reserva de reciprocidade, nos termos das convenções internacionais.

A protecção das obras é assegurada até 70 anos após a morte do autor, [108] período findo o qual as obras caem no *domínio público*, podendo ser utilizadas livremente.

Como se viu, a atribuição pela lei de um direito exclusivo ao autor visa dotar este dos mecanismos de controle de todas as formas de utilização das suas obras e garantir, assim, a devida e justa remuneração. Mas este direito, sendo exclusivo, não é absoluto. É limitado pelas outras leis e também pelo próprio CDADC. Uma das limitações é a duração da protecção, outras são as *utilizações livres*.[109] Também existem casos em que o próprio direito exclusivo se esgota.

---

[105] Embora o Art.º 68.º CDADC seja exaustivo na discriminação das várias formas de utilização das obras, devemos tomá-las apenas a título exemplificativo. O direito exclusivo do autor deve ser entendido como aplicável a qualquer forma de utilização, mesmo que ainda desconhecida pelo legislador. Veja-se adiante, no título dedicado à Internet, o "direito de colocar á disposição do público"

[106] Pela sua actualidade, citaremos a utilização de melodias conhecidas nos toques dos telemóveis.

[107] De que falaremos adiante e que resulta dos novos tratados da OMPI e da Directiva Comunitária "Sociedade de Informação"-

[108] Art.º 31.º CDADC.

[109] Art.º 75.º a 82.º CDADC.

III.3. – O direito de autor esgota-se

Embora o CDADC, na sua versão de 1985, não falasse de esgotamento do direito de autor na fase de colocação à disposição do público da obra ou exemplares da mesma, esse esgotamento estava implícito. Não fazia sentido que, colocado um livro à venda com a autorização do autor, o comprador de um exemplar não o pudesse revender sem nova autorização. O direito exclusivo do autor tinha-se esgotado no acto da primeira venda. Já o mesmo não se passaria se o comprador pretendesse alugar esse exemplar. Tratar-se-ia de uma outra forma, autónoma, de exploração da obra, carecida de autorização do autor.[110] Se era assim na ordem interna, a nível comunitário o problema colocou-se de forma mais premente e o princípio do esgotamento do direito ficou consagrado numa das primeiras decisões do Tribunal Europeu. O direito de autor não poderia ser alegado após a venda de exemplares da obra, constituindo um entrave à livre circulação de mercadorias, mesmo que, neste caso, essas mercadorias contivessem bens culturais. Pretendia-se, a nível comunitário, assegurar o mercado único e, bem assim, incentivar os intercâmbios culturais. Este princípio foi expresso em jurisprudência comunitária e, por as legislações nacionais serem divergentes, implicou a aprovação de uma directiva comunitária aplicada em Portugal através do Dec-Lei N.º 332/97, o qual garante aos autores, e também a artistas e produtores, um direito exclusivo relativamente ao aluguer e empréstimo público da obras ou de seus exemplares, mesmo após a venda.

Em resumo: os direitos de autor e conexos esgotam-se, na União Europeia, com a entrada em circulação pela transferência de propriedade da cópia da obra, e mantém-se quando, não efectuada essa transferência de propriedade, se pretender explorar a obra de outra forma, como o aluguer, empréstimo ou a exibição pública.

Já não podemos dizer que exista um esgotamento internacional dos direitos relativamente a importações e exportações, designadamente de fonogramas e videogramas, relativamente ao espaço exterior à União Europeia.

Vários argumentos apontam para a defesa do esgotamento internacional. Por um lado, o facto de o não esgotamento impedir a criação do mercado global a que se aspira; por outro, a defesa do acesso à

---

[110] Mesmo este princípio tinha excepção no caso de revenda de obras de artes plásticas, com o estabelecimento do direito de sequência, Art.º 54.º CDADC.

cultura, principalmente dos países menos desenvolvidos, uma vez que a criação desses monopólios dos autores e produtores pode impedir o acesso dos cidadãos a certos produtos culturais estrangeiros. No entanto, a continuidade do não esgotamento facilita a criação de indústrias culturais nacionais mais fortes. Facto é que, relativamente a fonogramas e videogramas, a lei portuguesa [111] mantém a capacidade de os autores impedirem a revenda para fins comerciais e de os produtores respectivos controlarem a respectiva importação e exportação.

Também, a nível internacional, os recentes acordos do GATT-TRIPS [112], embora estabelecendo normas globais de protecção dos autores e dos titulares de direitos conexos, não vieram a consagrar a tese do esgotamento internacional. Da mesma forma procede a directiva comunitária "Sociedade de Informação" [113] que reforça o não esgotamento internacional.

III.4. – Direitos dos artistas, produtores, radiodifusores e empresários

Sem actores, músicos, cantores ou bailarinos, as obras dramáticas e dramático-musicais, as composições musicais, as coreografias, não passariam do papel. Sem produtores de fonogramas e de videogramas não poderíamos ter essas obras em nossa casa e chamá-las "nossas" (obviamente, não são nossas as obras mas sim o suporte, ou seja, o disco, a videocassete, o CD-ROM, o DVD, e a propriedade desse suporte não nos atribui qualquer poder compreendido no direito de autor[114]). Também sem organismos de radiodifusão[115], autores e artistas não seriam conhecidos universalmente. Artistas intérpretes ou executantes contribuem com uma mais valia criativa inegável para a divulgação da obra e do nome do autor.

---

[111] Art.º 141.º, 4 e 184.º, 1 CDADC.
[112] Agreement on Trade-Related aspects of intellectual property rights, including trade on counterfeit goods.
[113] Directiva n.º 2001/29/CE do Parlamento Europeu e do Conselho de 22 de Maio de 2001 relativa à harmonização de certos aspectos do direito de autor e dos direitos conexos na sociedade da informação.
[114] Art.º 10.º CDADC.
[115] Ver, mais adiante, "A radiodifusão"

A lei atribui-lhes mesmo direitos de carácter pessoal, similares aos direitos morais de autor através do direito à identificação e também ao considerar ilícitas as utilizações de uma prestação do artista que a desfigure, a desvirtue nos seus propósitos ou atinjam a honra ou reputação do artista. [116]

Produtores de fonogramas e de videogramas e organismos de radiodifusão são os empresários que tornam possível a difusão ao público das obras dos autores e das prestações dos artistas, sendo que, muitas vezes, contribuem artisticamente através dos meios técnicos postos à disposição. Por outro lado, as estações de televisão são, certamente, as empresas de espectáculos com as maiores plateias do mundo.

A estes intervenientes no processo da criação intelectual e artística e sua divulgação, a lei protege atribuindo-lhes direitos chamados *conexos* (vizinhos ou afins do direito de autor).

Também seria da mais elementar justiça e coerência enquadrar os empresários de espectáculos como titulares de direitos conexos. A lei não reconhece explicitamente o *direito ao espectáculo* e, no entanto, todos o aceitamos implicitamente [117]. É óbvio que, mesmo que autores e artistas o autorizem, ninguém admite possível que se efectue a fixação ou transmissão radiodifundida de um espectáculo sem autorização do empresário, o qual reuniu os meios humanos, técnicos e financeiros que o tornaram possível e que é, assim, o seu "proprietário", embora efémero. E o mesmo se passa se o espectáculo em causa não tiver qualquer intervenção de criadores intelectuais ou artísticos, como, por exemplo, um espectáculo tauromáquico ou um jogo de futebol.

A lei portuguesa reconhece o direito do empresário, o direito ao espectáculo, apenas *en passant,* no caso da representação cénica [118] e pela lei que regulamenta o livre acesso a recintos desportivos, [119] onde, a certo passo, se refere a "protecção do direito ao espectáculo". Isto é, a lei portuguesa reconhece a existência do direito ao espectáculo, mas não o regulamenta.

Carecem da autorização dos artistas a radiodifusão ou comunicação ao público das suas prestações, bem como a sua fixação e reprodução. [120]

---

[116] Art.º 177.º e 182.º CDADC.
[117] Sobre este assunto leia-se a claríssima exposição de Oliveira Ascensão in "Direito de Autor e Direitos Conexos" cap.VI - Direito ao Espectáculo.
[118] Art.º 117.º CDADC.
[119] Lei n.º 1/90 de 13 de Janeiro.
[120] Art.º 178.º CDADC.

A protecção aos artistas caduca 50 anos após a prestação,[121] gozando ainda os artistas do direito a uma remuneração equitativa, paga pelo utilizador e dividida em partes iguais com o produtor do fonograma ou do videograma editados comercialmente e usados em comunicação pública. Por sua vez, a reprodução de fonogramas e de videogramas, a distribuição (incluindo a venda, o aluguer e o empréstimo) ao público de cópias, a respectiva importação e exportação e a sua difusão públicas, carecem de autorização dos produtores respectivos,[122] cuja protecção dura 50 anos[123] após a fixação. Nos mesmos termos que já referimos para os autores, os artistas intérpretes ou executantes gozam ainda do direito de colocação à disposição do público da suas prestações, como veremos adiante ao tratar da Internet.

E quais as condições de protecção de artistas intérpretes e executantes? Pode ser uma de três: que seja de nacionalidade de país da União Europeia; que a prestação tenha ocorrido em Portugal ou que tenha sido fixada ou radiodifundida pela primeira vez em Portugal.

Quanto aos produtores de fonogramas e videogramas, é garantida a protecção no caso de serem de nacionalidade de país da União Europeia ou a sua sede esteja localizada em qualquer desses países. Também serão protegidos os produtores se a fixação tiver sido feita licitamente em Portugal ou a primeira publicação tiver ocorrido pela primeira vez, ou simultaneamente, em Portugal.

Em consequência da adesão à Convenção de Roma[124] e ao acordo GATT-TRIPS[125], Portugal protege também os titulares de direitos conexos dos países signatários desses acordos internacionais, embora o nível da protecção seja diferenciado, devendo ser analisado caso a caso.

III.5. – A cópia privada

Como excepção ao direito exclusivo do autor, a lei[126] consente a reprodução para uso exclusivamente privado, desde que essa prática não

---

[121] Art.º 183.º CDADC.
[122] Art.º 184.º CDADC.
[123] Art.º 183.º CDADC.
[124] Convenção Internacional para Protecção dos artistas Intérpretes ou Executantes, dos produtores de fonogramas e dos Organismos de Radiodifusão. A adesão de Portugal foi ratificada pelo Decreto do Presidente da República n.º 168/99 de 22 de Julho.
[125] Ver nota 98.
[126] Art.º 81.º, b) CDADC.

atinja a exploração normal da obra e não cause prejuízo injustificado dos interesses legítimos do autor, não podendo ser utilizada essa reprodução para quaisquer fins de comunicação pública ou comercialização.

O desenvolvimento das tecnologias de cópia de fonogramas, de videogramas e de programas de computador, bem como a proliferação dos centros de fotocopiagem (reprografia) de obras literárias (principalmente as obras científicas em escolas e universidades ou estabelecimentos comerciais adjacentes) tornaram de tal maneira fácil a prática de cópias que o prejuízo aos titulares dos direitos é evidente.

Quando, entre amigos, emprestamos uns aos outros CDs, cassetes ou programas a partir dos quais fazemos cópias para uso privado, são CDs, vídeos ou programas que não são vendidos, lesando-se os titulares dos direitos.

Não nos referiremos aqui, sequer, à comercialização ou comunicação pública através dessas cópias, porque isso configura uma violação clara da lei.

Importa dizer que seria perfeitamente utópica a proibição da cópia para fins privados, pelo que a solução encontrada foi a de tentar, por outra via, compensar os titulares dos direitos. É o que se faz no Art.º 82º do CDADC, que institui a cobrança de determinada importância sobre o preço da venda ao público de aparelhos e suportes materiais que permitam a realização de cópias e destinada a compensar autores, artistas intérpretes ou executantes, editores, e produtores fonográficos e videográficos.

Este dispositivo legal só veio a ser regulamentado pela Lei n.º 62/ /98 de 1 de Setembro, e, mesmo assim, só se aplicando aos equipamentos e suportes analógicos. Por força da Directiva comunitária "Sociedade da Informação", de que falaremos adiante, será inevitável a extensão da lei aos equipamentos e suportes digitais, tendo-se também em consideração o crescimento exponencial da prática da cópias privada de programas de computador, de fonogramas e de videogramas.

A Lei obriga à constituição de uma pessoa colectiva congregando as entidades representantes dos titulares acima referidos, pessoa colectiva [127] essa que tem por missão essencial a arrecadação das importâncias devidas e a sua distribuição. Até agora ainda não se conseguiu implementar o sistema, que vem funcionando satisfatoriamente noutros países europeus, nomeadamente em Espanha e França.

---

[127] Já constituída, a AGECOP.

III.6. – Gestão colectiva do direito de autor e dos direitos conexos

Como se viu, pode-se dizer que o direito de autor nasceu, com o impulso de Beaumarchais, tendo como finalidade o autor poder ser remunerado pela utilização das suas obras dramáticas. Neste caso, o autor podia, como ainda hoje pode, controlar individualmente essas utilizações..

Só mais tarde foram criadas sociedades de autores que representavam colectivamente vários autores e que se destinavam à cobrança dos "direitos" relativos à execução pública das obras musicais e literário-musicais. Os autores não tinham capacidade de controlar a utilização das suas obras, considerando o número elevado de locais onde se verificavam as utilizações.

Na gíria do direito de autor, os direitos controlados individualmente pelo autor foram chamados "grandes direitos" e os controlados colectivamente de "pequenos direitos". "Grandes", por terem sido os primeiros, ou por serem mais dignos (!), embora os "pequenos" sejam os mais importantes do ponto de vista económico, gerando em todo o mundo receitas de muitos milhões, para benefício também de milhões de autores.

A massificação e globalização das utilizações das obras por todos os meios imagináveis faz-nos pensar como poderia ser exercido o direito dos autores sem mecanismos colectivos.

Imagine o leitor que, no momento em que lê este texto, se estão a realizar espectáculos de música e canto em Portugal, com obras de autores nacionais e estrangeiros, e que, na mesma ocasião, em Paris, Londres, Toronto, por exemplo, se realizam espectáculos com artistas portugueses tocando e cantando autores portugueses.

Para controlar a utilização das obras de autores portugueses existe, em Portugal, uma entidade de gestão colectiva, a Sociedade de Portuguesa de Autores (de que falaremos adiante). Identicamente, existem em França, no Reino Unido, no Canadá, sociedades de autores que representam os autores dos respectivos países, para efeitos de execução musical. Como todos estes países aderiram à Convenção de Berna, em cada um deles os autores estrangeiros são protegidos como nacionais, sob reserva de reciprocidade [128]. Este dispositivo legal levou a que as sociedades de autores constituíssem a CISAC[129] – Confederação Internacional das Sociedades de Autores e Compositores e, sob a égide desta, celebrassem contratos de representação recíproca.

---

[128] Art.º 64.º CDADC.
[129] A CISAC (www.cisac.org) representa mais de 2 milhões de autores através de cerca de 200 sociedades membros.

Mas o que é a gestão colectiva do direito de autor? De acordo com o estudo "Gestion collective du droit d'auteur et des droits voisins" realizado pela Organização Mundial da Propriedade Intelectual, sob a orientação de Mihály Ficsor, *"...os titulares dos direitos autorizam a organização de gestão colectiva a gerir os seus direitos, isto é, a vigiar a utilização das suas obras, a negociar com os utilizadores eventuais, a conceder-lhes, mediante pagamento de uma remuneração apropriada, autorizações em condições determinadas, a receber pagamentos e a reparti-los entre os titulares dos direitos. É assim que se pode definir a gestão colectiva".*

No exemplo acima citado, os empresários dos espectáculos em Portugal pagam à Sociedade Portuguesa de Autores as importâncias convencionadas, o mesmo fazendo os empresários dos espectáculos de Paris, Londres e Toronto junto das sociedades de autores locais e estas repartem entre si as importâncias proporcionais à execução das obras dos autores por si representados. Por sua vez, cada sociedade reparte pelos autores do seu país.

Nem só os "pequenos direitos" de execução de obras musicais ou literário-musicais são objecto de gestão colectiva. Também os direitos de reprodução a pagar pelos produtores de fonogramas e videogramas relativos à fixação e duplicação de fonogramas e videogramas são geridos por sociedades de autores. O mesmo se aplicando a outros tipos de direitos como o direito de sequência, a remuneração por reprografia ou cópia privada etc.

Igualmente, os direitos conexos são em muitas situações geridos por entidades de gestão colectiva, nomeadamente os direitos dos produtores de fonogramas e de videogramas e dos artistas.

A constituição de entidades de gestão colectiva é fruto da iniciativa voluntária dos titulares dos direitos mas casos há em que a lei a impõe expressamente. É o caso da entidade de gestão colectiva constituída para a cobrança e distribuição da remunerações devidas pela cópia privada.[130] Noutra situação, por força de directiva comunitária, a lei impõe que o direito dos titulares de autorizar ou proibir só possa ser exercido através de uma entidade de gestão colectiva. É o caso da retransmissão por cabo.[131]

---

[130] Art.º 6.º L 62/98.
[131] Artigos 7.º e 8.º DL 334/97.

A lei portuguesa consagra que as entidades de gestão colectiva desempenham essa função como representantes dos titulares dos direitos, resultando a representação da simples qualidade de sócio ou aderente ou inscrição como beneficiário dos respectivos serviços, e ainda lhes concede capacidade judiciária para intervir civil e criminalmente em defesa dos interesses e direitos dos seus representados [132]. Por outro lado, faz depender o exercício da representação do registo na Inspecção – Geral das Actividades Culturais. [133] Este registo é regulado pelo Decreto-Lei n.º 433/78, já bastante desactualizado na sua redacção, importando reter que as entidades de gestão colectiva devem entregar na IGAC o documento comprovativo da representação, bem como as listas dos seus sócios ou beneficiários.

Existindo este registo, qualquer utilizador poderá informar-se junto da IGAC se determinado autor ou titular de direito conexo tem assegurada a sua representação por uma entidade de gestão colectiva e, em caso afirmativo, para que tipo de direitos.

Finalmente, nesta matéria, o CDADC consigna que [134] "O regime das entidades de gestão colectiva do direito de autor será regulamentado por lei".

De facto, as entidades de gestão colectiva funcionam em regime de monopólio de facto, estabelecem tarifas unilateralmente, movimentam verbas elevadíssimas, pelo que o Estado, tendo em consideração os interesses dos titulares dos direitos, dos utilizadores e mesmo do público em geral, no sentido de garantir a transparência, a informação, a ausência de situações de abuso de posição dominante, deve regulamentar criteriosamente as entidades de gestão. O Estado tem a obrigação de garantir que a entidade de gestão pratica tarifas razoáveis, que exerce o direito de igualdade para com todos os utilizadores, que não nega a autorização sem motivos perfeitamente justificáveis, que não recusa discricionariamente o direito a um titular de se tornar beneficiário, etc. E deve o Estado também prever a criação de um mecanismo de arbitragem eficaz e rápido que derima os eventuais conflitos entre entidades de gestão e os utilizadores. A constituição, nos últimos anos, de um número crescente de entidades de gestão colectiva mais razão dava à necessidade de regulamentação, que se veio a concretizar pela Lei n.º 81/2000, a qual consagra, no essencial,

---

[132] Art.º 73.º CDADC.
[133] Art.º 74.º CDADC.
[134] Art.º 218.º CDADC.

os princípios acima referidos. De acordo com a lei, as entidades de gestão colectiva registadas adquirem automaticamente o estatuto de pessoas colectivas de utilidade pública e ficam sujeitas à tutela inspectiva do Ministério da Cultura, exercida pela IGAC.

III.6.1. – A Sociedade Portuguesa de Autores (SPA) [135]

A Sociedade Portuguesa de Autores, nasceu em 1927 como "Sociedade de Escritores e Compositores Teatrais Portugueses", tratando-se de uma cooperativa que visa, sem fins lucrativos, a defesa dos interesses materiais, culturais e sociais dos seus membros.

A SPA é uma entidade de gestão colectiva generalista, já que gere vários tipos de direitos. Em certos casos, administra mesmo os direitos de empresas, por serem elas as titulares dos direitos autorais, caso de agências de publicidade e certos editores musicais, podendo até gerir direitos conexos. A SPA concede autorizações casuísticas para os espectáculos musicais, locais de diversão, como as discotecas e similares, todos os locais públicos onde exista difusão de música gravada, e concede licenças globais de utilização de todo o seu repertório, às estações emissoras de radiodifusão sonora ou visual.

Membro do BIEM [136], a SPA gere os direitos de reprodução do repertório mundial, celebrando acordos com os produtores de fonogramas nacionais, em conformidade com o contrato tipo BIEM/IFPI, [137] no qual se estabelecem as remunerações e formas de arrecadação.

No que se refere aos "grandes direitos", a SPA funciona, a maioria das vezes, como simples mandatário do autor, fazendo a intermediação com o empresário na elaboração do contrato e cobrando as remunerações devidas.

Autores de obras cinematográficas e audiovisuais em geral, escritores, publicitários (agências), pintores, editores musicais e outros, são também beneficiários da SPA.

---

[135] www.spautores.pt
[136] "Bureau International des societés gerant les droits d'Enregistrement e de reproduction Mécaniques", organização não governamental que agrupa as sociedades de direitos mecânicos. – www.biem.org
[137] IFPI – International Federation of Phonografic Industry. – www.ifpi.org

Para além da sua missão de gestora dos direitos [138], a SPA desenvolve uma notável obra de índole social para com os seus cooperantes necessitados, bem como promove acções culturais relevantes como colóquios, conferências, edições de obras especializadas em direito de autor ou colectâneas de teatro português.

Com uma rede de agentes espalhada pelo país, que concretizam a cobrança de direitos não só em salas de espectáculos, mas em todos os locais onde de se verifica a difusão pública de obras (discotecas, bares, hotéis, até supermercados ou bancos), a SPA desempenha forçosamente um papel pouco simpático [139] para quem tem que pagar e que, por força da sua ignorância relativa ao direito de autor, assimila o pagamento a "mais um imposto".

O largo prestígio nacional e internacional da Sociedade Portuguesa de Autores é indissociável da figura do seu Presidente, desde 1973, o Dr. Luís Francisco Rebello, não podendo esquecer-se o prestígio dos seus presidentes mais notáveis como Júlio Dantas, José Galhardo ou Carlos Selvagem.

III.6.2. – *Outras entidades de gestão colectiva*

A partir da década de 90, foram criadas em Portugal diversas entidades de gestão colectiva, como resposta aos novos desafios dos direitos de autor e conexos e como forma eficaz de defesa dos direitos e cobrança das importâncias devidas, de acordo com a lei:

AGECOP – Associação para a Gestão da Cópia Privada
APEL – Associação Portuguesa de Editores e Livreiros (www.apel.pt)
ASSOFT– Asociação Portuguesa de Software, (www.assoft.pt), que representa autores de programas de computador
AFI – Associação Fonográfica Independente, representando produtores de fonogramas

---

[138] Para se ter uma ideia da importância económica e cultural da SPA basta dizer que, segundo dados referentes a 30 de Junho de 2001, a SPA contava com 569 cooperadores e 17247 beneficiários, representava 156 sociedades homólogas estrangeiras, tendo cobrado em 2000 cerca de 34,5 milhões de euros. (6,9 milhões de contos).

[139] Extracto do balanço de actividades da SPA, inserido no seu site: *"Incompreendida muitas vezes, hostilizada ou até caluniada outras, a SPA mantém-se contudo intransigentemente fiel aos objectivos que levaram, há 76 anos, à sua fundação: promover a união de todos os autores, defender os seus direitos, preservar os valores culturais"*.

AFP – Associação Fonográfica Portuguesa, representando produtores de fonogramas
AUDIOGESTE – Gestão e Distribuição de Direitos, que representa produtores de fonogramas
DAP – Cooperativa de Gestão dos Artistas em Portugal
GDA – Cooperativa de Gestão dos Artistas Intérpretes ou Executantes
GEDIPE – Associação para a Gestão dos Direitos dos Autores, Produtores e Editores, para obras audiovisuais
GESDIREITOS – Associação para a Gestão de Direitos de Autor e Conexos, representando editores de livros e multimedia
GESTAUTOR – Associação para a Gestão Colectiva de Direito de Autor, vocacionada para os direitos reprográficos

CAPITULO IV

Do Teatro à Internet

IV.1. – Espectáculos de teatro

Um espectáculo de teatro sobe à cena por decisão do empresário (promotor do espectáculo), o qual ou produz o espectáculo de raiz ou contrata uma produção preexistente, nacional ou estrangeira. Em qualquer dos casos, o espectáculo apresentar-se-á na sala própria do empresário, ou noutra obtida para o efeito, devendo assegurar-se que a sala tem *licença de recinto,* a qual assegura as respectivas condições técnicas e de segurança.

a) Produção de raiz

Escolhida a peça que se pretende apresentar ao público, e no caso de ser obra protegida, importa garantir a autorização do autor, a qual deverá ser obtida em negociação directa ou com um seu representante. Normalmente, o autor fará depender a autorização de uma série de factores, como o nome do encenador e o elenco artístico pensado, para além, naturalmente, das condições financeiras. Estas podem ser determinadas por uma quantia fixa, uma percentagem da receita de bilheteira ou uma conjugação das duas.

Todas as condições acordadas entre o autor e o empresário devem constar do *contrato de representação,* celebrado por escrito, o qual poderá ainda impor outras condições, nomeadamente as relativas à reposição do espectáculo e digressões.

O CDADC concede ao autor dramático que celebrou um contrato de representação uma série de direitos de natureza pessoal,[140] os quais lhe

---

[140] Art.º 113.º CDADC.

permitem garantir que, quer a encenação, quer a interpretação, não prejudicam a obra. Assim, deve o autor ser ouvido sobre a distribuição dos papéis e colaboradores artísticos, de assistir aos ensaios, podendo dar indicações sobre a encenação e interpretação e mesmo opor-se à exibição por considerar o espectáculo pouco ensaiado, etc. Destes direitos, derivam para o empresário obrigações equivalentes.[141]

Obtida a autorização do autor, o empresário deverá celebrar contratos, também escritos, com os demais colaboradores artísticos que a lei considera autores. Em primeiro lugar, o encenador. Já vimos como o CDADC considera a *encenação* como protegida [142]. E, nada mais se dizendo na lei sobre a encenação, fica para o contrato a definição dos direitos e deveres do encenador. É normal que as condições financeiras constem de uma quantia fixa e de uma percentagem de bilheteira. A escolha dos outros colaboradores artísticos também pode constar do contrato. Quanto a reposições e digressões, tivemos conhecimento de contratos em que se estipulavam, *ab initio,* as condições de remuneração do encenador pela supervisão das reposições. Se a encenação estivesse expressa por escrito, ou por qualquer outro meio, o encenador só poderia "exigir" o que a lei lhe confere como autor: o poder de "fiscalização" sobre a montagem, para verificar se a sua encenação inicial não foi, porventura, desvirtuada.

Quanto às restantes contribuições artísticas, o encenador pode pretender que certas cenas de dança sejam objecto de *coreografia* especialmente concebida e que o espectáculo deva ter música original, também expressamente composta para o efeito. Todo o espectáculo se desenvolve em ambiente cénico criado em desenho e maqueta por um *cenógrafo*. O empresário contrata então, em termos semelhantes ao contrato do encenador, um cenógrafo e um compositor musical.. No caso da obra ser estrangeira e carecer de *tradução,* contrata também um tradutor. Todos estes contratos têm características de encomenda [143], pelo que devem ser explícitos quanto à titularidade das obras e as respectivas utilizações futuras.

Pode ainda dar-se outra situação. A incorporação de obras preexistentes como, por exemplo, uma música que o personagem ouve na rádio ou põe a tocar em disco, fazendo parte da "acção" do espectáculo. Nesse caso, é ainda necessária a autorização dos respectivos autores, obtida

---

[141] Art.º 115.º CDADC.
[142] Art.º 2.º, c) CDADC.
[143] Art.º 14.º CDADC.

normalmente na entidade de gestão colectiva dos autores, e se se tratar de música gravada e for caso disso, também a autorização dos produtores fonográficos através das correspondentes entidades de gestão colectiva [144], tendo artistas e produtores direito a uma remuneração equitativa.

Importa referir ainda a hipótese, comum, de a obra dramática a encenar não estar protegida por ter caído no <u>domínio público</u>, por exemplo, o "Frei Luís de Sousa", de Almeida Garrett. Nesta situação, o empresário só terá que se preocupar com os contratos do encenador e outros autores intervenientes no espectáculo, devendo ainda assegurar a integridade e genuinidade da obra, de que o Ministério da Cultura é garante nos termos do Dec-Lei n.º 150/82.

b) Produção pré-existente

Se o empresário decidir contratar uma produção preexistente, nacional ou estrangeira, tem a sua função teoricamente facilitada, já que lhe basta celebrar um contrato com o empresário da produção referida, o qual fará repercutir nesse contrato as condições que lhe foram impostas pelos autores.

Em qualquer dos casos referidos em a) ou b), e uma vez o espectáculo pronto para estrear, o empresário deverá submetê-lo à classificação da Comissão de Classificação de Espectáculos, através da IGAC, e obter desta a <u>licença de representação</u>.

c) Utilizações futuras

Resta falar das utilizações futuras.

O espectáculo foi um enorme sucesso e vários canais de televisão disputam a sua gravação para emissão e o empresário pensa mesmo editar o espectáculo, fixando-o em videograma destinado à venda ou aluguer. Se não salvaguardou esta hipótese nos contratos iniciais, vai ter que obter novas autorizações, presumivelmente onerosas, de todos os autores e, agora, também dos actores, músicos e bailarinos intervenientes (*direitos conexos*)

---

[144] Art.º 184.º, 3 CDADC.

IV.2. – Espectáculos de teatro musicado e ópera

Aos espectáculos de teatro musicado, de que a revista à portuguesa é um exemplo típico, aplica-se tudo o que se referiu para os espectáculos de teatro, devendo o empresário estabelecer contratos com o ou os autores da parte literária, com o compositor musical, o cenógrafo e o coreógrafo, e cumprir as demais formalidades legais, nomeadamente classificação do espectáculo pela CCE e licença de representação a requerer à IGAC.

Na ópera, tudo se passa de forma semelhante. A maioria das óperas levadas à cena são do *domínio público*, pelo que só deverão ser elaborados contratos com o encenador, o cenógrafo e, eventualmente, o coreógrafo. Se a ópera ainda estiver protegida deverá garantir-se a autorização dos autores da música e do libreto, obtida em negociação directa com os autores ou com os seus representantes, que são empresas [145] ou, raramente, entidades de gestão colectiva. O empresário deverá solicitar à IGAC a licença de representação sendo a classificação, neste caso, estabelecida por lei, "para maiores de 3 anos", e só em condições excepcionais será necessária a intervenção da CCE.

IV.3. – Espectáculos de bailado

Também os espectáculos de bailado pouco diferem dos teatrais no que respeita a direitos autorais. Os autores em causa são o compositor musical e o coreógrafo.

Se a coreografia é preexistente e protegida – o que implica que esteja expressa por escrito ou fixada por qualquer outro meio[146] –, deverá ser obtida autorização contratual do autor directamente ou através de seu representante. No que se refere à música, o "grande direito", que é o dessa música ser coreografada, pode ser exercido directamente ou por um representante, enquanto o "pequeno direito" da execução pública dessa mesma música ser exercido pela entidade de gestão colectiva. Ainda se for utilizada música gravada, é necessária autorização do produtor do fonograma, e este e os artistas e executantes terão direito a uma remuneração equitativa.[147]

---

[145] Normalmente editores musicais.
[146] Art.º 2.º, 1d) CDADC.
[147] Art.º 184.º, 3 CDADC.

Tal como na ópera a classificação etária é predefinida na lei, para maiores de 3 anos, pelo que resta ao empresário requerer à IGAC a necessária *licença de representação*.

IV.4. – Música, uma indústria

IV.4.1. – Os espectáculos musicais

Como se viu, o Dec-Lei n.º 315/95, que estabelece o regime jurídico dos espectáculos de natureza artística, engloba nas actividades artísticas, entre outras, a literatura [148] juntamente com a música e o canto. Por outro lado, o CDADC enquadra esses quase desaparecidos espectáculos de expressão literária com os de "execução musical com instrumentos, acompanhada ou não por cantores", sob o título "Da recitação e execução". E equipara a recitação e execução à representação, aplicando-se as mesmas regras relativas ao contrato. O empresário obriga-se a afixar no local do espectáculo o respectivo programa, do qual deve constar a designação da(s) obra(s) e a identificação dos seus autores.

Na prática, a maioria dos espectáculos musicais compreende diversas obras de autores variados, pelo que será extremamente difícil ao empresário celebrar contratos individuais com esses autores, e a situação ainda seria mais complicada se os autores forem estrangeiros (o que acontece maioritariamente). Tratando-se, como se viu sobre a gestão colectiva, de "pequenos" direitos, o empresário deve obter a autorização dos autores junto da Sociedade Portuguesa de Autores, mediante a exibição do programa do espectáculo e o respectivo pagamento.

Quando se trata dos concertos da chamada música clássica (que pode ser contemporânea...), a situação quanto a direitos autorais é por vezes mais complexa. As pautas de cada naipe da orquestra são alugadas ao editor musical ou seu representante, o qual, mesmo para obras do domínio público, pode deter direitos sobre a "edição crítica" [149], se for caso disso. E também podem ser esses editores os titulares dos direitos de exploração de algumas obras e não uma sociedade de gestão colectiva. Assim, o organizador dos concertos, em conjunto com a direcção da

---

[148] Art.º 4.º, 2 DL 315/95.
[149] Art.º 39.º, 2 CDADC.

orquestra, devem atempadamente assegurar os direitos de execução musical.[150]

A lei estabelece também para estes espectáculos a classificação de "para maiores de 3 anos", não sendo necessária a intervenção da CCE, pelo que, de posse destes elementos pode o empresário requerer à IGAC a licença de representação.

Uma ultima palavra relativa ao recinto onde se realiza o espectáculo. Como se viu antes, o recinto deve estar devidamente licenciado para o efeito, isto é, do alvará da licença de recinto devem constar as modalidades de espectáculos literários ou musicais. Mas, muitas vezes, estes espectáculos realizam-se em recintos improvisados, noutros não especificamente destinados a esse fim (p.ex. estádios de futebol., pavilhões gimnodesportivos), ao ar livre, em recintos de feiras, etc.

Nestes casos, e a fim de licenciar o recinto, o empresário deverá dirigir-se à respectiva Câmara Municipal e seguir o disposto no Dec-Lei n.º 315/95.

IV.4.2. – Os fonogramas

A música foi, desde sempre, uma forma de arte utilizada pelo homem como instrumento de prazer, realização pessoal e de comunicação. Com utilização religiosa ou laica, a música esteve sempre ligada aos grandes acontecimentos da humanidade.

A importância social da música era tal que, nos últimos séculos, o clero e a nobreza distinguiam-se pelos seus músicos privativos. No entanto, as obras dos músicos eram conhecidas de um número restrito de pessoas que acediam aos espectáculos. Até que Thomas Edison inventa, em 1877, o fonógrafo de cilindro, no qual se podiam gravar sons. Os suportes de gravação foram evoluindo desde os finais do século XIX até às actuais cassetes, Compact Disc CD, os CD-R etc.

Com o advento do disco, os artistas e compositores tornaram-se conhecidos e apreciados a uma escala cada vez maior, criando uma clientela crescente de frequentadores dos seus espectáculos, com o contributo decisivo da rádio e da televisão.. Criou-se uma indústria, a fonográfica,

---

[150] O que aqui se disse sobre concertos musicais é também aplicável à ópera e outras formas de teatro musical e ainda ao bailado.

que é hoje uma das maiores indústrias globais do mundo. Estima-se [151] que, no ano 2000, terão sido vendidos mais de 2,5 biliões de CD em todo o mundo. A facilidade de realização de cópias ilícitas e o seu baixo preço de produção, bem como, actualmente, a espantosa facilidade com que a música circula na Internet, tornou indispensável o estabelecimento de medidas legais que protejam os intervenientes nesta indústria da cultura e do lazer: autores, artistas e aqueles que investem e arriscam, os produtores de fonogramas.

Fonograma [152] é o registo em suporte material de sons provenientes de uma execução, ou quaisquer outros. Fonograma é, assim, um suporte (disco, fita magnética, CD, CD-R, qualquer outro dispositivo onde se armazenem ficheiros de som). Os sons nele registados ou fixados podem constituir uma obra protegida ou não, ou nem sequer constituirem uma obra (por exemplo, um relato de futebol). A fixação corresponde à incorporação dos sons num suporte material suficientemente estável e duradouro que permita a sua percepção, reprodução ou comunicação de qualquer modo em período não efémero.

Como se viu, os autores têm o direito exclusivo de autorizar a fixação e reprodução das suas obras [153]. Esta autorização deve ser dada por escrito, constando do contrato de fixação fonográfica. [154] No entanto, se a obra já tiver sido objecto de fixação sem oposição do autor, este já não pode impedir nova fixação, tendo apenas direito a uma remuneração equitativa. [155]

Os artistas intérpretes e os executantes têm o direito de autorizar as fixações e reproduções das suas prestações, controlando o fim a que as mesmas se destinam.

IV.4.3. – Autenticação de cassetes áudio

Já vimos como o CDADC protege os fonogramas. A reprodução, venda, exportação ou qualquer forma de distribuição de cópia não autorizada de fonograma é considerada crime punível com prisão até 3anos.

---

[151] Dados da IFPI, federação internacional da indústria fonográfica – www.ifpi.org.
[152] Art.º 176.º, 4 CDADC.
[153] Art.º 68.º CDADC.
[154] Art.º 141.º CDADC.
[155] Art.º 144.º CDADC.

No entanto, nos finais da década de 80, a preponderância de pirataria no mercado das cassetes audio levou o Governo a intervir, aprovando um diploma semelhante ao que já vigorava desde 1985 para os videogramas [156].

Apesar de, também desde 1985, já se poder aplicar o CDADC, as entidades com competência fiscalizadora tinham enorme dificuldade em distinguir a cassete audio legal da pirata. As modernas técnicas tipográficas permitiam fabricar capas quase iguais ao original. Assim, as cassetes, que proliferavam em feiras e zonas de venda ambulante, não eram apreendidas em número significativo e os processos não chegavam aos tribunais. Tudo aliado à habitual lentidão da justiça, que fazia perder eficácia às medidas legais.

O mercado de CD, já em crescimento na época, não era ainda alvo da pirataria, por falta de equipamentos de reprodução, pelo que a indústria sensibilizou o Governo para aplicação do diploma apenas às chamadas *cassetes audio*.

Nos termos do Decreto-Lei n.º 227/89 de 8 de Julho, aprovado nessas circunstâncias, sujeitam-se à fiscalização da IGAC as actividades de importação, fabrico, produção, edição, distribuição e exportação de fonogramas, e até mesmo a impressão das respectivas capas, sendo essas empresas obrigadas a registo na IGAC, idêntico ao exigido para os promotores de espectáculos.

No essencial, sujeitam-se as cassetes fabricadas em Portugal ou importadas à autenticação pela IGAC, conferida por selo apropriado fabricado pela Imprensa Nacional- Casa da Moeda. A autenticação deve ser solicitada pelos titulares dos direitos de exploração: autores, produtores e artistas intérpretes ou executantes. O fabricante das cassetes só poderá exercer a sua actividade munido de cópia do correspondente requerimento deferido pela IGAC. Esse mesmo documento deve acompanhar as cassetes destinadas à exportação [157], uma vez que estas não carecem de selo e assim se permite às autoridades a correspondente fiscalização, para que Portugal não exporte material ilícito.

Poderão surgir objecções de fundo aos procedimentos resultantes da aplicação do diploma. Uma, ao exigir-se a autorização dos autores e produtores para exportações de fonogramas no interior da União Europeia,

---

[156] Era o Decreto-Lei n.º 306/85 de 29 de Julho, depois substituído pelo DL 39//88. Cfr. Classificação de videogramas.

[157] Empresas estrangeiras encomendam a empresas portuguesas o fabrico de cassetes a distribuir nos seus países.

uma vez que vigora o princípio do esgotamento. No entanto, as autorizações exigidas reportam-se à reprodução e não à exportação. Outra objecção [158] seria a de que o Estado português fazia depender a protecção das obras inseridas em fonogramas de uma formalidade – a autenticação –, contrariando o disposto no CDADC [159] e na Convenção de Berna, segundo o qual o gozo e o exercício dos direitos não estão sujeitos a qualquer formalidade. E, na verdade, não estão. A protecção da obra literário musical é garantida pelo código. A formalidade diz respeito aos fonogramas – suportes onde se reproduz a obra [160]. Ainda a Convenção de Berna estipula no seu art.º 17.º que "As disposições da presente Convenção não podem prejudicar, no que quer que seja, o direito que cabe ao Governo de cada país da União [161] de permitir, vigiar ou proibir, por medidas legais ou de polícia interna, a circulação, representação e exposição de qualquer obra ou produção em relação às quais a autoridade competente devesse exercer esse direito". A situação de pirataria maioritária nas cassetes áudio, como desprestigio inerente para o país, justifica plenamente a medida, da qual os titulares dos direitos foram os principais beneficiados.

Como resultado da autenticação, reduziu-se drasticamente o comércio ilegal de cassetes em Portugal. O mesmo não se pode dizer da pirataria de CD que, entretanto, cresceu exponencialmente.

IV.5. – Programas de computador. Informática.

O desenvolvimento da informática e das telecomunicações simplificou de tal forma a vida a todos nós que nem imaginamos poder passar sem o trabalho dos computadores. Nas organizações, a gestão da informação tornou-se vital. Qualquer falha no sistema informático é uma verdadeira catástrofe. Nas pessoas, o reflexo de dependência face aos computadores é também muito grande: o sistema informático de controle dos semáforos na via pública que se avaria, ou o multibanco que não funciona, deixam-nos sem alternativas e com um sentimento de insegurança.

---

[158] Cfr. Oliveira Ascensão, obra citada.
[159] Art.º 12.º CDADC.
[160] Cfr. Luiz Francisco Rebello, obra citada, comentários ao art.º 12.º CDADC.
[161] União de Berna: países aderentes à Convenção de Berna.

A par da evolução tecnológica desenvolveu-se o "génio" dos que, com intuitos criminosos, ou por pura diversão, copiam ou danificam programas, acedem a sistemas informáticos e às informações neles contidas, cometem burlas ou fraudes, elaboram os terríveis "vírus" capazes de destruir toda a preciosa informação contida nos nossos computadores.

A estas práticas a lei portuguesa dá resposta através da Lei n.º 109/91 de 17 de Agosto, conhecida como "Lei da Criminalidade Informática"[162].

O programa de computador é, indiscutivelmente, uma criação intelectual. Durante alguns anos arrastaram-se as discussões sobre qual a forma de proteger os programas de computador que, com o aumento do acesso das pessoas à informática, eram alvo de práticas que causavam sérios prejuízos aos seus criadores.

A forma encontrada para a protecção foi considerar, para esse efeito, o programa de computador equiparado a uma obra literária e, como tal, protegido pelo direito de autor.

O Decreto-Lei n.º 252/94 de 20 de Outubro transpõe para a ordem jurídica portuguesa uma directiva comunitária e consagra uma protecção análoga à conferida às obras literárias a todos os programas de computador que tiverem carácter criativo[163]. As regras quanto à autoria são essencialmente as mesmas do direito de autor em geral, incidindo a protecção sobre a expressão do programa sob qualquer forma[164]. No entanto, se o programa for realizado no âmbito de uma empresa[165], presume-se como obra colectiva, e se realizado por conta de outrém ou por encomenda[166], presume-se que o titular é o destinatário, salvo convenção em contrário (invertendo assim a regra estipulada pelo CDADC para a generalidade das obras)[167].

Quanto ao utilizador[168], a lei permite apenas a realização de uma cópia de apoio autorizando-o também a observar, estudar ou ensaiar o programa quando efectuar qualquer operação de carregamento, visualização, execução, transmissão ou armazenamento.

---

[162] Veja-se "Direito da Informática nos Tribunais Portugueses" de Manuel Lopes Rocha, ed.Centroatlântico.
[163] Art.º 1.º, 2 DL 252/94.
[164] Art.º 2.º, 1 DL 252/94.
[165] Art.º 3.º, 1 DL 252/94.
[166] Art.º 3.º, 3 DL 252/94.
[167] Art.º 14.º CDADC.
[168] Art.º 6.º DL 252/94.

A maior originalidade destas normas tem a ver com a permissão ao utilizador de realizar apenas uma cópia de apoio, contrariando o princípio da utilização livre para uso privado. Compreende-se que assim seja, tais os interesses económicos em causa. Não se compreende é a necessidade deste dispositivo legal destinado ao fracasso. É perfeitamente utópico proibir o que quer que seja que o utilizador possa fazer no seu lar e para uso exclusivamente privado.

A directiva comunitária "Sociedade da Informação" acaba por reconhecer a necessidade de os autores se precaverem contra uma prática desmedida de cópias "privadas", através da utilização de mecanismos anti-cópia ao penalizar todas as acções tendentes a neutralizar esses mecanismos.

IV.6. – O audiovisual

IV.6.1. – A obra audiovisual. Cinema. Vídeo. Interactividade. Jogos de computador.

Chegados ao audiovisual, vamos propor ao leitor o seguinte exercício: leia com atenção e paciência as seguintes citações de diplomas legais oriundos da Assembleia da República, do Governo, de Convenções Internacionais nacionalmente ratificadas (caso da Convenção de Berna).

- CDADC – Art.º 2º -1.- *As criações intelectuais do domínio literário, científico e artístico, quaisquer que sejam o género, a forma de expressão, o mérito, o modo de comunicação e objectivo, compreendem, nomeadamente:*
....
  f) Obras cinematográficas, televisivas,......., videográficas,....

- Convenção de Berna – Art.º 2/1 – ..." *obras cinematográficas, às quais são assimiladas as obras* **expressas** [169] *por um processo análogo à cinematografia....."*

- CDADC –*Secção IV – Obras cinematográficas – Art.º 140º – As disposições da presente secção são aplicáveis às obras* **produ-zidas** [170] *por qualquer processo análogo à cinematografia".*

---
[169] Sublinhado nosso
[170] id.

- Dec-Lei n.º 350/93 – *Art.º 2º – (com a ressalva "para os efeitos do presente diploma) – "Obra cinematográfica – Criação intelectual de imagens em movimento, destinada prioritariamente à projecção comercial em salas de espectáculos especialmente preparadas para essa finalidade." "Obra audiovisual – Criação intelectual de imagens em movimento, acompanhadas ou não de sons, destinada prioritariamente a ser difundida pela televisão ou por meios de reprodução, visando essencialmente o visionamento doméstico.. " "Filme – O suporte material, conforme à cópia standard, de uma obra cinematográfica destinada à projecção pública ou privada e ao qual se referem o conjunto de direitos que permitem a sua exploração comercial".*
- Dec-Lei n.º 332/97- (para efeitos do direito de distribuição) *"Filme: A obra cinematográfica, a obra audiovisual e toda a sequência de imagens animadas, acompanhadas ou não de sons."*
- CDADC- Art.º 183º (com a redacção que lhe foi conferida pelo Decreto-Lei nº 334/97, que transpõe a Directiva comunitária n.º 93/100/CEE). *"Filme: Obra cinematográfica ou audiovisual e toda e qualquer sequência de imagens em movimento, acompanhadas ou não de som."*
- CDADC e Dec-Lei n.º 39/88 – *"Videograma – Registo resultante da fixação em suporte material, de imagens, acompanhadas ou não de sons, bem como a cópia de obras cinematográficas ou audiovisuais*
- Dec-Lei n.º 350/93- *"Videograma – Registo resultante da fixação em suporte material estável, por processos electrónicos, de imagens acompanhadas ou não de sons, destinados à exibição pública ou privada e à difusão por operadores de televisão, incluindo a cópia de obras cinematográficas ou audiovisuais."*

Ficou baralhado? É natural...é o resultado do que, benevolamente, chamaremos de desleixo legislativo...[171]

Vamos reflectir um pouco para ver se se conseguem arrumar as ideias, depois de tamanha confusão.

Quanto à obra cinematográfica, parece não haver dúvidas. A partir de uma obra preexistente, ou de uma sua ideia original, o argumentista

---

[171] Sobre este assunto veja-se o comentário ao art.º 24.º do CDADC de Luiz Francisco Rebello, in "Código do Direito de Autor e dos Direitos Conexos", ed. Âncora.

escreve o guião do filme. O realizador, a partir do guião, o qual contém os diálogos e a descrição das cenas, efectua uma planificação, isto é, visualiza as cenas desdobrando-as em planos, movimentos de câmara, sequências. Esses planos serão filmados segundo a sua orientação e do director de fotografia. Pode fazer as filmagens utilizando câmara e película de 35mm (ou 16mm, nos mais económicos) ou em vídeo e depois efectuar a transposição laboratorial desses planos para película. Tem hoje à sua disposição meios técnicos que lhe permitem efeitos especiais outrora inimagináveis. A tecnologia digital, o uso de computadores, permitem produzir efeitos impossíveis de captar directamente com uma câmara de cinema. As imagens de personagens e cenários podem ser gerados por computador e posteriormente transferidas para película. Efectuadas as filmagens, o realizador vai integrar a banda sonora, constituída por obra composta especialmente para esse fim e por obras musicais já objecto de gravação comercial. Finalmente, supervisionando a montagem de imagem e som, o realizador dá unidade à obra.

Esta é a obra cinematográfica, independente do processo pelo qual vai chegar ao conhecimento do público. O suporte fílmico original é constituído por um conjunto de fotografias sucessivas – fotogramas – com perfuração lateral e incorporação de banda sonora óptica. Ao passar por um projector, através de um processo mecânico e óptico, a sua projecção em écran dá ao espectador a ilusão do movimento.

Normalmente, o filme estreará em salas de cinema. Mas se, por decisão inicial ou por outras vicissitudes, a sua estreia for através da televisão, chegando ao público por processo electrónico e radioeléctrico, esse filme ("movie", "motion picture") passará a ser uma obra televisiva? Evidentemente que não.

E se a mesma obra, por motivos idênticos, chegar pela primeira vez ao público através de cópias em formatos VHS ou DVD colocadas no mercado de aluguer ou de venda, passa a ser uma obra videográfica? Também não. Em qualquer dos casos não perde a sua natureza de obra cinematográfica.

Uma breve referência, ainda, ao termo "filme". Quando, em linguagem corrente, falamos de "filme" ("motion picture" em inglês, "film" em francês, "película" em espanhol), referimo-nos sempre à obra e não ao seu suporte ou cópias, e o legislador não deveria contrariar a terminologia da indústria que se tornou popular.

O que será então uma obra televisiva? A lei, mais uma vez, confunde o processo de feitura da obra com o meio de difusão. Tomemos como exemplo uma telenovela. A partir de uma obra preexistente ou de uma ideia original, o argumentista elabora um guião de forma semelhante ao do cinema, os planos são captados e gravados por câmaras de vídeo sob a direcção do realizador, o qual supervisiona a montagem final com incorporação da banda sonora. Esta telenovela foi uma obra *produzida* de forma distinta da obra cinematográfica, mas *expressa* de forma análoga [172]. Tal como o filme, esta telenovela é uma obra audiovisual. O suporte vídeo onde se encontra gravada (fixada), que é a matriz ou "master", é um *videograma*.

E ainda falando de televisão, todos os programas são obras audiovisuais (o que o código chama impropriamente obra televisiva)? Seguramente que não. Como vimos, obra é uma criação intelectual do domínio literário científico ou artístico pelo que, por exemplo, a gravação de um jogo de futebol constitui apenas um videograma, protegido pelos direitos conexos.

E haverá outras obras audiovisuais?

Alguns produtos informáticos há em que podemos considerar que o resultado visualizado pelo utilizador no écran do seu computador é *expresso* por forma análoga à cinematografia. Utilizando imagens de obras audiovisuais preexistentes ou geradas por computador, essas obras apresentam um conjunto de imagens em movimento com acompanhamento de banda sonora, de forma a ilustrar uma narrativa documental ou ficcional com um resultado em tudo semelhante ao cinema. Acresce-lhe a interactividade. O argumentista pode criar vários percursos para a sua narrativa e são esses e só esses que o programa informático subjacente permite ao utilizador seguir. São, indiscutivelmente, obras audiovisuais.

Identicamente para ***jogos de computador***. Há jogos de computador que não têm nada de obra audiovisual. Um jogo de paciências com cartas de jogar virtuais, um labirinto, certos jogos de perícia interactiva não são obras audiovisuais. Nem terão sequer características de originalidade e criatividade para poderem ser consideradas obras [173]. Mas, na maioria dos jogos actualmente comercializados existe um argumento, uma banda sonora, imagens geradas por computador que concretizam o argumento. O jogador pode intervir no desenvolvimento da acção através de decisões que o fazem progredir no jogo ou perdê-lo. No entanto, o jogador só pode

---

[172] Cfr. Oliveira Ascensão, obra citada.

[173] O que não quer dizer que o programa subjacente não seja protegido, devendo ser avaliado o grau de originalidade para merecer essa protecção de acordo com o DL 252/94.

tomar as decisões predeterminadas no programa. O resultado é um conjunto de imagens e sons, expressos no écran do computador de forma análoga à cinematografia. Estes jogos de computador são *obras audiovisuais*. [174] Os suportes que têm o jogo fixado, seja em cartucho para consola, seja em CD-ROM para computador ou consola, são *videogramas*.

Voltemos agora à confusão terminológica. A fim de transcrever a Directiva comunitária n.º 93/98/CEE relativa à duração dos prazos de protecção dos titulares de direitos, o governo alterou o art.º 34.º do CDADC, o qual passou a ter a seguinte redacção: "O direito de autor sobre obra cinematográfica ou qualquer outra obra audiovisual caduca....". Aqui, sim, temos uma terminologia correcta, hierarquizando a obra cinematográfica no âmbito mais vasto das obras audiovisuais e citando-a em primeiro lugar por uma questão de "nobreza". Podemos assim, tentar definir a **obra audiovisual** como *a criação intelectual expressa por um conjunto de imagens em movimento, acompanhadas ou não por sons, com ou sem interactividade, sendo independentes do tipo de suportes materiais* [175] *onde podem ser fixadas e do meio de comunicação ao público* [176].

Chegados a este ponto, coloca-se a questão de saber quem são os autores das obras audiovisuais. Passando por cima da negligente redacção do Art.º 24º do CDADC que atribui a autoria da "obra videográfica" ao realizador e aos autores do texto e da música, a nova redacção do art.º 34.º faz a síntese da autoria das obras audiovisuais, atribuindo-a ao realizador, ao autor do argumento ou da adaptação, ao autor dos diálogos e ao autor da musica especialmente criada par ao efeito. Como vimos no caso de ser um produto informático, o papel do realizador apaga-se, dando lugar, caso se enquadre nos critérios de originalidade e criatividade, ao programador.

---

[174] Cfr., Sibylle Schlatter *in* "La présentación Visual de programas de ordenador", comunicação apresentada ao II Congresso Ibero Americano de Direito de Autor e Direitos Conexos, publicada em "Num Novo Mundo do Direito de Autor", ed. Cosmos, DGESP e Livraria Arco-Iris.

[175] Da mesma forma, um livro é sempre uma obra literária, quer esteja impresso em papel, gravado em CD-ROM ou disponível na *Internet (e-book)*.

[176] A lei espanhola de propriedade intelectual, define as obras audiovisuais como "as criações expressas mediante uma série de imagens associadas, com ou sem sonorização incorporada, que sejam destinadas essencialmente a ser mostradas através de aparelhos de projecção ou qualquer outro meio de comunicação pública da imagem e do som, com independência da natureza dos suportes materiais das referidas obras".

IV.6.2. – A produção audiovisual

A realização de uma obra cinematográfica não se concretiza sem a figura do produtor. O produtor é o empresário do filme que reúne os meios financeiros, humanos e técnicos que permitem a sua realização. No que se refere a direitos, existem dois sistemas em confronto. O sistema europeu de "direito de autor" e o americano de "copyright". No sistema americano, o produtor, além de empresário, assume o papel, e a lei confere-lhe o direito, de autor do filme. Escolhe o argumento a cinematizar, o "screenwriter", o compositor musical bem como a plêiade de técnicos que participam na preparação e feitura do filme. Ficaram na história do cinema os filmes produzidos por Thalberg, Selznick, Zanuck, ou, mais recentemente, Coppola. Ainda hoje, os filmes produzidos por Steven Spielberg têm a sua marca indelével, mesmo quando não realizados por ele.

Na Europa, os autores [177] são o realizador, o argumentista e o compositor musical, cabendo ao produtor a exploração económica da obra.

A produção de um filme envolve verbas elevadíssimas. Os direitos a pagar, os salários de técnicos especializados (de filmagem, iluminadores, sonoplastas, electricistas pessoal de produção, tradutores, cabeleireiros, maquilhadores, cenografistas, figurinistas, motoristas, costureiras, etc.,etc.), os custos de deslocações, alojamentos, alugueres de estúdios e espaços públicos e privados para filmagens, laboratórios, e tantas outras despesas, como a publicidade, a promoção e relações públicas, tornam a produção de cinema um negócio de alto risco. A exploração económica do filme envolve, devidamente faseados, a exploração em sala de cinema; em vídeo VHS ou DVD para venda ou aluguer; em televisão e, nesta, subdividida em canal aberto ou por cabo e em "pay per view". Quando se decide pela produção de um filme, o produtor precisa de encontrar os financiamentos necessários pelo que, além do crédito bancário, avalizado pela sua credibilidade e pela dos autores do filme, deve efectuar uma

---

[177] A lei discrimina o realizador, o autor do argumento, dos diálogos, se for pessoa diferente, e o autor da banda musical e ainda se se tratar de adaptação de obra não criada especialmente para o cinema, o autor da adaptação e diálogos. Como o argumento adaptado é uma obra e o argumentista é na maioria dos casos o autor dos diálogos, fiquemo-nos por referir, por comodidade, apenas os três: realizador, argumentista e compositor musical.

série de pré vendas, fazendo participar adiantadamente na produção aqueles que vão proporcionar a sua difusão pública. Para esse efeito se realizam os grandes mercados do filme onde os produtores, com base no guião do filme e da respectiva ficha técnica e artística, tentam vender antecipadamente, aos distribuidores ou editores, os direitos de exploração em sala de cinema, os direitos de edição videográfica para aluguer e venda (vídeo doméstico ou "homevideo") e outros direitos específicos como o da exibição pública em aviões, comboios, barcos. Às estações de televisão hertziana, por satélite ou por cabo, procuram vender os direitos de emissão.

A exploração da obra cinematográfica, para além da cronologia referida ("windows", "janelas", "délai"), assenta também na repartição territorial dos direitos, correspondendo cada território à respectiva versão linguística do filme.

Alguns países consagraram mesmo na lei o faseamento da exploração ou janela de protecção [178]. É o caso de Portugal, em que o Dec-Lei nº 350/93[179] estabelece que:

a) O filme só pode ser transmitido pela televisão dois anos após a sua estreia no País. Se a estação emissora for co-produtora do filme o prazo reduz-se a um ano, o mesmo acontecendo em caso de acordo entre a estação de televisão e os titulares dos direitos sobre a obra.

b) A exploração do filme sob a forma de videograma só pode ter lugar um ano após a data da sua exploração em sala. Este prazo pode reduzir-se a metade se houver acordo entre o editor videográfico e os titulares dos direitos sobre a obra.

Este sistema de "janelas", de inspiração francesa, merece alguns comentários. Criado com o advento, um pouco "selvagem", do mercado de vídeo, pretendia-se proteger o mercado cinematográfico da distribuição e exibição da concorrência, considerada desleal, dos novos produtos em comercialização. De facto, o aparecimento de um filme para aluguer, nos videoclubes, ou transmitido pela televisão, podia ser um rude golpe nesta fase crucial da economia cinematográfica, enquanto a sua exploração em salas, através de um número reduzido de cópias, não estava ainda completa.

---

[178] A lei francesa estabelece as janelas ("délai") relativamente ao filme, qualquer que seja a sua versão linguística.
[179] Art.º 25.º DL 350/93.

Os tempos evoluíram e os produtores passaram a ter, eles próprios, as suas "janelas", protegendo as várias fases de exploração económica da obra cinematográfica. Por outro lado, a exploração em salas de cinema é, actualmente, feita de forma intensiva, com grande número de cópias, permitindo esgotar muito depressa a fase de exploração em salas, cobrindo todo o País. Se, por acaso (frequente) o filme se revela um fracasso de bilheteira, aguardar-se pelo menos seis meses pelo seu lançamento em vídeo pode ser muito negativo para a economia do sector, desaproveitando as sinergias criadas pela estreia nas salas e adiando a recuperação de verbas.

Assim sendo, a lei portuguesa, a querer manter-se a influencia francesa, poderia ir mais longe na cópia do sistema, criando a possibilidade de derrogação dos prazos, decidida caso a caso, pelo organismo protector, o ICAM [180].

IV.6.3. – A produção cinematográfica em Portugal

Em Portugal, para poder exercer a sua actividade profissional, o produtor cinematográfico ou audiovisual, incluindo os publicitários, deve inscrever-se [181] no ICAM

Normalmente o financiamento tem por base essencial os apoios públicos, nomeadamente do ICAM [182], e a eventual participação em co-produção de um canal de televisão.

A cronologia de exploração do filme e garantias de financiamento não podem ser postas em risco por qualquer falha do produtor relativa aos titulares dos direitos de autor e conexos, isto é, o produtor, ao negociar a exploração do filme, tem que ter a segurança absoluta de ser o detentor de todos os direitos, sem prejuízo de eventuais remunerações futuras aos titulares originais.

Assim, o produtor deve assegurar prioritariamente a autorização dos autores. Analisemos então essa questão. Ao obter do autor autorização para a produção cinematográfica [183], através da remuneração acordada, o

---

[180] Instituto do Cinema Audiovisual e Multimedia – www.icam.pt
[181] Art.º 8.º DL 350/93.
[182] Os artigos 12.º e 13.º do DL 350/93 definem os sistemas de apoio à produção e os seus beneficiários. Os regulamentos e calendários de concursos devem ser obtidos no ICAM estando disponíveis no respectivo "site"
[183] Art.º 127.º,2 CDADC.

produtor adquire os direitos de exploração económica do filme para distribuição e exibição em salas de cinema. Com os artistas intérpretes e executantes, nomeadamente com os actores, a relação é meramente de prestação de serviços, já que a lei não lhes atribui qualquer direito específico relativamente à produção cinematográfica e à fixação devidamente autorizada das suas prestações.

Portanto, o produtor deve efectuar, em primeiro lugar, o(s) contrato(s) relativos ao argumento. Se este for baseado em obra preexistente e esta não estiver no *domínio público*, deve o produtor celebrar um contrato com o autor dessa obra, tal como na *representação cénica*. Trata-se de um "grande direito" e é, normalmente, objecto de negociação directa. Com o argumentista adaptador será celebrado um contrato idêntico. Se o argumento for original será feito um contrato apenas com o argumentista.

Os contratos com o realizador e com o compositor da banda musical serão semelhantes, embora o do realizador possa conter cláusulas laborais específicas, contemplando a natureza assalariada do trabalho do realizador. Dos contratos devem constar as condições de remuneração que podem consistir em quantia fixa, em percentagem sobre a bilheteira, um valor fixo por cada exibição ou por qualquer outra forma consignada. Se a componente da bilheteira for considerada, a cobrança da remuneração é efectuada pela entidade de gestão colectiva, no caso português, a SPA.[184]

Dispõe a lei que, da autorização dada pelos autores para a produção cinematográfica implica[185] a concessão de exclusivo (salvo convenção em contrário), o qual caduca 25 anos após o contrato, podendo o produtor continuar a reproduzir, distribuir e projectar o filme.[186] E este exclusivo que significa? Em relação a quê e a quem? Se se referir ao autor da música, significa que o compositor não pode autorizar a utilização daquela música a outro produtor para incorporar noutro filme. Hipótese pouco provável.

Refere-se o exclusivo ao realizador? Só se o realizador pretender realizar novo filme com o mesmo argumento, o que também é pouco

---

[184] Por exemplo, em Espanha, França e Reino Unido, as sociedades de autores, SGAE, SACEM e PRS cobram dos exibidores as percentagens destinadas aos autores. A cobrança, em Espanha, é obrigatória, irrenunciável por parte dos autores e está fixada em 2%.

[185] Art.º 128.º CDADC.

[186] O CDADC, art.º 128.º,2 diz: "...projectá-lo, reproduzi-lo e distribui-lo", o que constitui uma inversão da sequência normal. Primeiro reproduz-se, depois distribui-se e, finalmente, projecta-se.

provável. O exclusivo refere-se, naturalmente, à obra original (seja argumento original seja obra original mais argumento adaptado). Esta só pode ser cedida a outro produtor 25 anos depois da primeira cedência (salvo acordo em contrário). Quer isto dizer que a lei portuguesa só permite um "remake" passados 25 anos!

Mas a problemática dos direitos autorais não está ainda esgotada quanto à produção cinematográfica. Se a banda sonora do filme integrar músicas já editadas comercialmente em fonogramas, os respectivos autores não o poderão impedir, tendo direito a uma remuneração negociada, em regra, com a SPA e relativamente a direitos conexos, o produtor do fonograma tem de autorizar também esta utilização [187], tendo direito a uma remuneração equitativa pela comunicação pública. Todos estes aspectos devem ser assegurados pelas respectivas entidades de gestão colectiva.

Obtidas as autorizações e efectuados os contratos, o produtor pode reunir a sua equipa técnica, [188] mas antes de iniciar a rodagem em território português, deve informar esse facto ao ICAM [189]. A lei [190] impõe ainda ao produtor regras a cumprir quanto à protecção de pessoas e bens durante as filmagens.

Mas, como vimos, a exploração económica do filme não se limita às salas de cinema. Carece de autorização dos autores a transmissão televisiva do filme e a sua exploração sobre a forma de videograma, que se efectua por aluguer ou venda. [191] Assim, para não pôr em risco a exploração económica do filme, o produtor deve assegurar, no contrato inicial e mediante remuneração adequada, a cedência, por parte dos autores, dos direitos para televisão [192] e para venda e aluguer. A remuneração devida aos autores pelo aluguer é irrenunciável [193] e, na falta de acordo com o produtor, será fixada em *arbitragem*.

---

[187] Art.º 184.º, 3 CDADC.

[188] O Art.º 9.º do DL 350/93 obriga a que as actividades ligadas á produção cinematográfica devam ser exercidas por pessoas credenciadas por certificado de aptidão profissional. A lei discrimina mesmo as áreas da produção, realização, fotografia, cenografia, iluminação, sonoplastia e montagem.

[189] Art.º 10.º DL 350/93.

[190] Art.º 12.º DL 350/93.

[191] Art.º 127.º, 3 CDADC.

[192] Se o produtor for um organismo de radiodifusão, não carece de autorização dos autores a difusão da obra pelos canais televisivos próprios do produtor.

[193] Art.º 5.º DL 332/97.

Relativamente aos actores e músicos que celebraram contratos com o produtor, presume-se, salvo disposição em contrário, a cedência do direito de aluguer ao produtor mas, tal como para o autor, é irrenunciável o direito à respectiva remuneração equitativa.

IV.6.4. – O produtor, titular de um direito conexo

Na sua versão de 1985, o CDADC não considerava o produtor cinematográfico (e, recorde-se, das obras expressas por processo análogo à cinematografia), nem como titular de um direito de autor, nem como detentor de um direito conexo. O produtor seria o mero empresário, detentor dos direitos de exploração cedidos por autores e artistas, e proprietário da matriz que lhe permite continuar a exploração da obra, sem qualquer limite de tempo, podendo transmitir esse direito. Mas, se pretendesse explorar o filme através de aluguer ou venda de videogramas, carecia da autorização dos autores. Entretanto, a transcrição da Directiva n.º 92/100/CEE, através do Decreto-Lei n.º 332/97, veio introduzir na legislação nacional a figura do produtor cinematográfico (audiovisual) como titular de um direito conexo. E havia, já no CDADC, na sua versão de 1985, a figura do produtor de videogramas, definido como *"aquele que fixa pela primeira vez as imagens de qualquer proveniência, acompanhadas ou não por sons",* sendo videograma *"o registo resultante da fixação em suporte material de imagens, acompanhadas ou não por sons, bem como a cópia de obras cinematográficas ou audiovisuais".* Quem leia a primeira definição, pode pensar que o cinema está lá abrangido. Já a parte final da segunda retira qualquer dúvida (para além da confusão terminológica acima referida). Relativamente ao cinema, videograma é a cópia transcrita e não o suporte fílmico inicial. Donde, o produtor cinematográfico, definitivamente, não tinha qualquer protecção legal para além da derivada do contrato de produção. Protecção essa que já beneficiava o produtor de videograma, mesmo que a protecção abrangesse fixações de imagens que não constituíam obras ou fossem a transcrição do filme do próprio produtor cinematográfico!

O Dec-Lei 332/97 atribui, assim, ao produtor cinematográfico e, lato senso, ao produtor audiovisual, um direito de reprodução e um direito de distribuição.[194] Qual o seu significado? Suponhamos [195] (embora possa

---

[194] Art.º 7.º DL 332/97.
[195] Tratou-se de um caso real que motivos éticos me impedem de concretizar.

parecer um absurdo) que alguém, na posse de uma cópia do filme, obtém autorização dos autores, transcreve o filme para vídeo e reproduz com vista ao aluguer. Esse alguém fazia o negócio, os autores eram remunerados e o produtor cinematográfico nada podia fazer, excepto se a utilização da cópia tivesse sido ilegítima o que, para o caso, nada tinha a ver com direito de autor. Actualmente, tal já não seria possível, sendo justíssima e justificadíssima a protecção ao produtor.

Em resumo: estão protegidos todos os produtores, relativamente à reprodução e distribuição dos seus produtos: a obra cinematográfica, qualquer que seja a sua forma de divulgação, as obras expressas por processo análogo à cinematografia (p.ex: telenovelas), as suas transcrições para suporte videográfico ou as simples fixações de imagens que não constituam obra (provas desportivas, debates televisivos, etc.)

IV.6.5. – O espectáculo cinematográfico

Os distribuidores portugueses contratam com os produtores a exibição comercial de determinado filme. De acordo com a lei, é obrigatória [196] a legendagem ou a dobragem em português dos filmes destinados à exibição comercial, falados originalmente noutras línguas, devendo a legendagem ser obrigatoriamente [197] feita em laboratório português ou de Estado membro da Comunidade Europeia. Antes da exibição, o distribuidor tem de obter a *licença de distribuição* [198], submetendo previamente o filme à classificação pela Comissão de Classificação de Espectáculos através da IGAC. Após a classificação, deve proceder ao pagamento da respectiva *taxa de distribuição*.[199]

Finalmente, cabe ao exibidor a obtenção da *licença de representação*.[200]

---

[196] Art.º 24.º DL 350/93.
[197] Art.º 15.º, 1 c) DL 350/93. Na ponto 1a) do mesmo artigo impõe-se também que se efectuem em estabelecimento sediado em país da União Europeia a tiragem de cópias de filmes estrangeiros em número excedente ao que for fixado em portaria do Ministro da Cultura. Essa portaria nunca foi publicada.
[198] Art.º 19.º DL 350/93.
[199] O montante da taxa é o estabelecido pelo DL 363/83 de 28 de Setembro sendo de 149,64 €. Para filmes pornográficos a taxa é de 299,28 € e os filmes classificados de "Qualidade" estão isentos.
[200] Art.º 26.º DL 315/95.

IV.6.6. – Exploração sob a forma de videograma, esgotamento, importação paralela

Como vimos, o processo de exploração da obra cinematográfica desenvolve-se por várias fases com cronologia prédefinida [201]: primeiro em salas de cinema, depois no circuito de aluguer de videogramas para visionamento doméstico ("homevideo") e em venda directa (normalmente posterior ao aluguer, mas em certos casos em simultâneo) e, posteriormente, para emissão em televisão. Outras formas de exploração existem, tendo em conta os locais onde o videograma pode ser exibido. É o caso da exibição pública em aviões, barcos de recreio, hotéis, escolas, prisões, hospitais, e que são objecto de autorizações específicas.

Outra prática corrente é a da compartimentação territorial das exploração, através da concessão de licenças de exclusividade a empresas sediadas em cada país. Estas licenças correspondem, no fundo, a cada uma das versões linguísticas.

Em Portugal, no ano em que foi aprovado o CDADC, vigorava já legislação protectora dos videogramas [202], mas pode-se dizer que muitas poucas cópias de videogramas existentes no comércio de aluguer seriam legais. Imperava a prática desenfreada da pirataria, à qual importava pôr cobro. Por outro lado, não faria sentido obrigar os filmes em distribuição comercial nas salas de cinema à classificação etária e permitir a sua circulação em videocassete sem a correspondente informação ao público, para efeito de protecção de menores.

Foi nesse sentido que o Governo de então fez publicar um diploma,[203] sujeitando todos os videogramas a classificação pela Comissão de Classificação de Espectáculos. E como a situação de pirataria era corrente, determinou que apenas poderiam requerer a classificação os titulares dos respectivos direitos de exploração ou seus representantes. No preâmbulo desse diploma se pode ler que "O objectivo do presente diploma não é, contudo, legislar sobre direitos de autor ou conexos relativos a videogramas. Essa é matéria que tem a sua sede no Código respectivo, sobre o qual se

---

[201] É esta a prática do cinema norte americano que aqui é tomada como exemplificava por lhe pertencer a maioria esmagadora do mercado.
[202] Lei n.º 41/80 de 12 de Agosto, aplicada aos videogramas por força do Decreto-Lei n.º 291/82 de 12 de Agosto, ambas revogados pela entrada em vigor do CDADC.
[203] DL n.º 306/85 de 29 de Julho.

debruçam o Governo e a Assembleia da República".[204] Aquele diploma foi entretanto substituído pelo Dec-Lei nº 39/88 que o actualizou em alguns procedimentos, mas manteve a exigência de serem os titulares do direito de exploração a requerer a classificação. Poder-se-á objectar que se sujeita a protecção dos autores a uma formalidade, o que contraria os princípios da convenção de Berna. Não é essa a realidade. A protecção é garantida pelo CDADC. O que não seria admissível era a Administração Pública conceder a classificação a uma entidade ilegítima. As sanções aplicadas decorrem do regime das contra-ordenações, aplicando-se coimas e sanções acessórias tais como a apreensão dos materiais envolvidos, o que pode parecer exagerado, mas tem paralelo na intervenção do Estado em outras actividades económicas.

Quem são então os titulares dos direitos de exploração?

Já vimos que, para o cinema norte americano, são os produtores os detentores de todos os direitos relativos à obra cinematográfica. No cinema europeu, com ou sem presunção de cessão dos direitos dos autores da obra cinematográfica ao produtor, este tem a capacidade de explorar a obra sob a forma de videograma. No caso do aluguer, os autores têm o direito a uma remuneração equitativa, se tiverem cedido os direitos ao produtor. Em Portugal, mantêm o direito exclusivo de autorizar a exploração para aluguer e venda.

Os grandes produtores norte americanos ("majors") estabelecem contratos de licenciamento[205], directamente com uma empresa portuguesa ou sediada em Portugal. Este licenciamento abrange a versão portuguesa do filme e estabelece o destino das cópias editadas em Portugal[206] (aluguer, venda, exibição pública, televisão, etc.), território de exploração, prazo do contrato, cláusulas financeiras, etc.

Todos os outros produtores, nomeadamente os chamados "produtores independentes", efectuam um contrato com uma distribuidora internacional e são estes distribuidores que contratam com as empresas editoras ou

---

[204] O Código tinha sido aprovado pelo DL n.º 63/85 de 14 de Março e tinha sido suscitada a sua ratificação na Assembleia, onde viria a ser alterado pela Lei n.º 45/85 de 17 de Setembro.

[205] Sobre este assunto cf. Paulo Santos *in* "Contratos de fixação videográfica", comunicação apresentada ao II Congresso Ibero Americano de Direito de Autor e Direitos Conexos, publicada em "Num Novo Mundo do Direito de Autor", ed. Cosmos, DGESP e Livraria Arco-Iris.

[206] Paulo Santos, na obra citada, considera mesmo o contrato de fixação videográfica como equiparado ao contrato de edição.

distribuidoras portuguesas, em moldes semelhantes aos acima referidos. E o mesmo se passa com a maioria do cinema europeu. A comercialização dos direitos processa-se também através de distribuidores internacionais.

Os editores ou distribuidores devem apresentar na IGAC a prova de que são os titulares dos direitos de exploração em Portugal, nomeadamente através de um certificado de origem do filme passado por entidade pública ou privada idónea e o contrato ou contratos de licenciamento.

Falámos de videogramas que são cópia de obra audiovisual. Como já foi referido, os videogramas que não sejam registo de obra protegida pelo direito de autor, têm garantida a sua protecção em Portugal nas condições definidas no CDADC [207], isto é, desde que o produtor seja de nacionalidade portuguesa ou de um Estado da União Europeia, ou que a fixação dos sons e imagens tenha sido feita licitamente em Portugal ou que o videograma tenha sido publicado pela primeira vez em Portugal. O Dec-Lei nº 39/88 acrescentou ainda mais uma faculdade de protecção ao considerar-se equivalente à primeira fixação a reprodução feita em Portugal de matrizes ou originais, mesmo que importados temporariamente. Com este dispositivo, os editores de videogramas portugueses gozam de uma protecção alargada, como titulares, em Portugal, dos direitos de exploração dos videogramas que comercializam.

Como se viu, os autores ou seus representantes, incluindo aqueles que actuam sob licença, controlam as diversas formas de utilização das obras. No caso dos videogramas, podem definir que certos suportes se destinam exclusivamente à venda, sendo interdito o aluguer respectivo. A esta forma de exploração dá resposta o Decreto-Lei n.º 39/88, através de uma etiqueta (selo) a apensar nos videogramas com a inscrição "Interdito o Aluguer". Com a primeira venda destes suportes, o direito de autor esgota-se no interior da União Europeia, nada obstando à sua revenda no interior do mercado único.

E os suportes que se destinam ao aluguer podem ter outras utilizações?

Para um número reduzido de situações, em que a IGAC inscreverá a letra E no número de registo do videograma, será autorizada a exibição pública, sem prejuízo da autorização de outros autores eventualmente necessárias para a exibição pública, caso dos autores de obras musicais incorporadas, normalmente concedidas através da Sociedade Portuguesa de Autores. É preciso esclarecer que essa autorização é necessária mas

---

[207] Art.º 190.º CDADC.

não suficiente. Se o produtor não autorizou a exibição pública através de certos suportes, ela não será possível, mesmo com a autorização dos autores, quaisquer que eles sejam.

Os editores ou distribuidores de videogramas, no que respeita ao aluguer, "vendem" os exemplares aos videoclubes por um preço muito superior ao da venda directa ao público. O diferencial de preço corresponde aos direitos de aluguer. Poderiam estabelecer um preço muito mais baixo e cobrar posteriormente os direitos de aluguer proporcionais ao número efectivo de alugueres, e essa cobrança seria feira directamente ou através de uma entidade de gestão colectiva. Mas é mais seguro, para as empresas, cobrar esses direitos à cabeça, seja a obra de sucesso garantido ou seja um "fundo de catálogo". Com essa prática comercial, os videoclubes compram um número de exemplares muito menor do que poderiam comprar se o risco da exploração fosse partilhado [208]. E, para os títulos de maior procura, a tentação da pirataria é estimulada.

Os exemplares entregues para aluguer ao videoclube poderão ser vendidos por este no termo do período normal de exploração? Depende do contrato com o editor. Este pode ter definido que os suportes, finda a exploração, devam ser devolvidos ao editor, ou que só podem ser utilizados para efeito de aluguer, sendo vedada qualquer outro destino ao suporte. Ou nada estabelecer. Neste último caso, os exemplares (mercadorias) poderão ser vendidos, mas o comprador não poderá explorar de novo pelo aluguer sem autorização dos autores, representados pelo editor.

O que nos leva a concluir que a relação comercial dos editores com os retalhistas deveria ser contratualmente definida, delimitando-se com clareza qual o objecto da exploração autorizada.

IV.6.7. – O DVD

Resultado do avanço tecnológico, apareceu um novo formato vídeo, agora digital, o "Digital Versatile Disk", DVD. Aliada à altíssima qualidade de imagem e de som, o DVD permite, no mesmo suporte, entre outras capacidades, a coexistência de múltiplas versões linguísticas, seja dobradas ou legendadas.

---

[208] Numa prática comercial denominada de "share revenue" que começa a ser actualmente bem acolhida.

A fim de manter a cronologia territorial de exploração dos seus filmes ("janelas"), os produtores norte americanos, de acordo com os fabricantes dos equipamentos leitores, utilizaram a possibilidade de introduzir códigos de leitura nos discos e dividiram o mundo em regiões.[209] Assim, os discos editados na zona 1 só seriam legíveis em aparelhos comercializados na zona 1 e identicamente para as restantes zonas.[210] Este procedimento corresponde à aplicação, por via tecnológica, *do direito exclusivo que os autores têm de controlarem a exploração económica das suas obras, definindo calendários, territórios e tipos de suportes.*

Por outro lado, e a fim de minorar custos, já que o processo de fabrico dos DVD era muito dispendioso, acumulavam-se na matriz várias versões linguísticas. E isso criou um problema. Os editores, que tinham assegurado um licenciamento de exploração no seu território de determinado filme em suporte DVD, viam-se confrontados com a *importação paralela* de suportes idênticos provenientes de outro país da União Europeia, sendo prejudicados na sua exclusividade territorial.

É preciso dizer que a importação paralela não constitui "pirataria", na acepção generalizada do termo, mas sim a importação de produtos legitimamente produzidos para países onde existe um exclusivo de comercialização.

A solução do problema na União Europeia, onde é livre a circulação de mercadorias, passa, se os produtores quiserem manter os licenciamentos territoriais, por incluir em cada disco apenas a versão linguística desse território, como o faziam e fazem com o formato analógico VHS.

A questão tem contornos diferentes quando se verifica uma importação do exterior à União Europeia, nomeadamente da zona 1, região em que, por estratégia dos autores[211], os filmes são comercializados em

---

[209] Zona 1: EUA e Canadá; Zona 2: Europa e ainda Turquia, Egipto, Arábia e África do Sul; Zona 3: Coreia, Tailândia, Vietname, Bornéo e Indonésia; Zona 4: Austrália e Nova Zelândia, México, Caraíbas e América do Sul; Zona 5: Índia, África, Rússia e antigas repúblicas soviéticas; Zona 6: China.

[210] Actualmente, existem no mercado leitores de DVD universais; também a descodificação de um aparelho leitor para o tornar universal é um processo ao alcance de qualquer adolescente.

[211] Continuamos a referir-nos ao cinema norte americano, que ocupa a maioria do mercado e dita as regras respectivas. A apetência do consumidor pelos DVD da zona 1, justifica-se pelo "prazer" do visionamento do filme em primeira mão e pelo facto de, nos EUA, segundo dados de 1999 da British Video Association, existirem 2200 títulos em DVD no mercado, contra apenas 250 títulos no Reino Unido, por exemplo.

DVD em primeiro lugar. Como acima se disse, a importação paralela de DVD da Zona 1 para a Zona 2 só é legal com a autorização expressa dos autores.[212]

No entanto, nem todos os países têm aplicado, na prática, esse princípio, pelo que entram no território da União Europeia cópias de DVD da Zona 1, e a partir daí, podem circular livremente nesse território. Vale a pena referir algumas situações europeias.

Na Grã-Bretanha[213], os DVD importados paralelamente da Zona 1 entram no país de duas formas: ou através de empresas de remessa postal com "site" na Internet ou anunciada de qualquer outra forma mas actuando fora do país, ou através de fornecedores retalhistas sediados no país. Os primeiros não violam a lei, mas os segundos contrariam o "Copyright Designs and Patent Act", uma vez que não têm licença dos titulares dos direitos para vender títulos da zona 1 na Grã-Bretanha. Por outro lado, violam a lei[214] ao fornecerem produtos não classificados pelo BBFC,[215] sujeitando-se a uma pena máxima de seis meses e a uma multa de valor ilimitado.

Em França, os editores consideram-se prejudicados pela importação paralela da Zona 1, por os DVD desta zona se destinarem também ao mercado do Canadá e conterem a versão francesa do filme, dobrada ou legendada. Pela lei de 1982, foi estabelecida em França o esquema proteccionista das salas de cinema, definindo-se "janelas" de exploração relativamente à data de estreia dos filmes nas salas de cinema. Aquela lei de 1982 foi alterada em 2000, tornando as suas disposições aplicáveis quaisquer que fossem as versões linguísticas da obra fixada nos suportes.[216] As autoridades, assim, actuam sobre os estabelecimentos que comercializam as importações paralelas ilícitas, considerando como tais os suportes

---

[212] E identicamente para as outras Zonas. A compartimentação dos mercados, embora discutível, é uma prerrogativa dos autores que podem definir onde, quando e com que suportes as suas obras são exploradas. Assim, se por determinação dos detentores dos direitos, o DVD é da Zona 1, ele só poderá ser comercializado nos EUA e no Canadá.

[213] De acordo com um memorando da British Video Association, submetido ao Trade and Industry Select Committee em 1999 e disponível na Internet

[214] O "Video Recordings Act"

[215] "British Board of Film Classification", equivalente à nossa Comissão de Classificação de Espectáculos.

[216] Esta decisão do Governo francês provocou naturais reacções negativas das empresas que importavam esses DVD da Zona 1, nomeadamente o grupo FNAC.

de obras em violação dos contratos de exclusividade territorial dos editores franceses.

Na Bélgica restringe-se a importação paralela, sendo excepcionada, por lei, a importação destinada a determinadas instituições educacionais que se destinam ao empréstimo público, mas, mesmo assim, num máximo de cinco exemplares.

E em Portugal? Haverá outros dispositivos legais que impeçam a importação paralela?

Em primeiro lugar, importa referir que os DVD Zona 1, não contendo a versão portuguesa, não constituem uma grande atracção para o público, sendo os exemplares importados em número pouco significativo e destinados a coleccionadores e curiosos.

Mas seria possível aplicar, como em França, a norma legal sobre "janelas" de exploração já acima citada?[217] Nela se dispõe que "A distribuição ou exibição pública de videogramas que sejam cópia de obra cinematográfica só pode ter lugar decorrido um ano após a data do início de exploração em sala"?. Por se tratar de uma medida de carácter proteccionista às salas de cinema presume-se que o início da exploração em sala se reporta à estreia do filme em Portugal e não à sua estreia mundial. Assim, pelo menos no que se refere à versão portuguesa do filme, os titulares dos direitos de exploração em sala de cinema poderão invocar o dispositivo legal acima referido para impedir a exploração de qualquer videograma contendo cópia do mesmo filme, antes do prazo estabelecido.

IV.7. – Obras e produtos multimedia

Encontra-se no mercado uma grande variedade de *produtos multimedia* em suportes digitais (CD-ROM, DVD-ROM, CD-I): enciclopédias, contos infantis, guias culturais e turísticos de países, cidades, museus, bases de dados de filmes, bases de dados jurídicas, catálogos de artes ou literários, obras completas de determinados escritores acompanhadas de imagens e sons, etc., etc.

Esses produtos têm características comuns: o seu meio é o mesmo, o digital, mas congregam elementos usualmente difundidos por outros meios, como filmes, fonogramas, fotografias, textos, etc. Daí a sua designação de *multimedia*. Outra característica comum é a possibilidade

---

[217] Art.º 25.º. DL 350/93.

de interactividade, pela qual o utilizador pode escolher, a todo o momento, qual dos elementos pretende ter acessível para visionar no écran do computador. O utilizador "navega" pelo "menu" do multimedia.

Aos elementos integrantes do produto, a gíria encarregou-se de designar por *conteúdos*.[218]

Esses conteúdos podem também ser incorporados em suporte não tangível. Isso acontece quando o produto é disponibilizado em serviços em linha ("on-line") ou na Internet.

Encontramos na Internet produtos (páginas ou "sites") onde se podem consultar notícias, informações diversas, como a lista das farmácias de serviço ou o boletim metereológico, os filmes em cartaz nas salas do país, onde se podem ouvir ou descarregar ("download") músicas, ver filmes, ler textos, consultar bases de dados, etc., etc. Através da interactividade subjacente, o utilizador pode navegar entre conteúdos, escolhendo aquele que pretende visionar no écran ou descarregar, se possível, para o disco duro do seu computador. Quantos mais conteúdos a página puder disponibilizar, maior o número de visitantes poderá ter, potenciando a publicidade inserida no "site" através de "banners", aumentando as receitas do ISP[219] e da empresa que fornece o serviço de telecomunicações.[220] Por isso se fala de uma indústria de conteúdos.

Os elementos agregados no produto multimedia, isto é, os tais conteúdos, podem ser obras protegidas pelo direito de autor e materiais[221] protegidos pelos direitos conexos ou não gozarem de qualquer protecção (como é o caso, a título exemplificativo, da lista das farmácias de serviço).

A fixação das obras e materiais protegidos em suporte digital, incorporadas no produto multimédia, carece de autorização dos autores e titulares de direitos conexos, como em qualquer outra fixação. Se o suporte não for tangível (Internet, serviço em linha), a colocação à disposição do

---

[218] O ICAM – Instituto do Cinema Audiovisual e Multimedia, tem mesmo um "Departamento de Fomento da Indústria de Conteúdos Culturais".

[219] Internet Service Provider – aquele que possibilita a ligação à Internet.

[220] O interesse da interligação das empresas de telecomunicações com os produtores ou detentores de direitos de conteúdos ficou bem exemplificada em Portugal, através da aquisição da Lusomundo pela Portugal Telecom. A Lusomundo, além de detentora de direitos de inúmeras obras audiovisuais, incluindo jogos de computador, era proprietária de órgãos de comunicação social como a TSF Rádio Jornal, o Diário de Notícias e o Jornal de Notícias, entre outros.

[221] Fonogramas, fixações de prestações de artistas, gravações de emissões de radiodifusão.

público dessas obras e materiais também carece de autorização dos respectivos titulares de direitos, de acordo com os tratados da OMPI [222] e da Directiva Comunitária "Sociedade da Informação", como veremos adiante com mais detalhe.

Vejamos agora a natureza do produto multimedia.

A escolha, disponibilidade e ordenação dos conteúdos no produto multimedia, ou seja, a sua concepção, são originadas pelo trabalho criativo de uma pessoa ou conjunto de pessoas, trabalho esse equivalente ao do argumentista cinematográfico.

A apresentação visual dos vários menus de interactividade é o resultado da criação do autor gráfico. O trabalho final resulta da contribuição fundamental do programador informático, que desempenha aqui um papel equivalente ao do realizador de cinema. O produto multimedia, fruto complexo e criativo da interligação de vários autores de obras pré-existentes ou originais incorporadas com o programa informático, constitui uma *obra multimedia* dotada de uma estrutura formal tal que a podemos considerar uma obra intelectual autónoma.[223]

O produtor da obra multimedia deve realizar contratos com os co-autores e assegurar as autorizações dos titulares dos direitos sobre as obras e materiais preexistentes. A determinação de quem são os co-autores da obra multimedia deve ser feita caso a caso, mas o "argumentista", o autor gráfico e o programador, são-no em qualquer caso.

A diversidade de autorizações a obter dos diversos autores e titulares de direitos conexos relativos às obras e materiais préexistentes tem despoletado o debate sobre a eventual necessidade de se ter um "guichet único" para obtenção dessas autorizações, o que seria aconselhável porque, embora a Sociedade Portuguesa de Autores represente quase todo o repertório mundial para direitos de fixação, os produtores de multimedia terão ainda de obter autorizações junto das diversas entidades de gestão colectiva dos direitos conexos.

---

[222] Conhecidos como os tratados da Internet.
[223] Cfr. Alberto Sá e Mello in "Os Multimedia- Regime Jurídico" publicado em "Direito da Sociedade da Informação", Coimbra Editora.

IV.8. – A radiodifusão [224]

O início do século XX marca o advento da radiodifusão sonora. A primeira emissão de rádio é atribuída ao engenheiro norte americano Lee De Forest, em 1907, tendo sido responsável pela emissão em directo da Metropolitan Opera de Nova Iorque, da ópera *Cavalleria Rusticana* de Mascagni com o grande tenor Enrico Caruso. A qualidade sonora era, no entanto, bastante pobre. A primeira estação de rádio foi oficializada nos EUA em 1920. Em Portugal, após experiências pioneiras do Rádio Clube Português, a Emissora Nacional inicia as suas emissões experimentais em 1932. No início foram as onda média e curta. Nos nossos dias, com a utilização da tecnologia digital, são as transmissões em FM estéreo com alta fidelidade.

Em 1922, Charles Jenkins consegue a primeira transmissão síncrona de imagens e sons, usando 48 linhas e um sistema mecânico. Em 1927, Philo Farnsworth faz uma demonstração de televisão, em S. Francisco, por meios electrónicos. A empresa General Electric é a responsável pelo início de emissões regulares, três vezes por semana, em 1928. Nos nossos dias, centenas de estações de televisão emitem para qualquer ponto do globo graças às tecnologias desenvolvidas com utilização dos satélites de telecomunicações e das redes de cabo.

O papel fulcral desenvolvido pela radiodifusão sonora e visual no que respeita à informação, ao entretenimento e ao intercâmbio de culturas, constituem um dos marcos fundamentais do século XX. Graças à radiodifusão, autores, artistas e produtores viram as suas actividades compensadas e estimuladas.

Na lei portuguesa, radiodifusão é definida como *"...a difusão dos sons ou de imagens, separada ou cumulativamente, por fios ou sem fios, nomeadamente por ondas hertzianas,, fibras ópticas, cabo ou satélite, destinada à recepção pelo público."* [225]

Como forma, óbvia, de comunicação ao público, a actividade de radiodifusão (ou retransmissão de...) [226] carece da autorização dos autores

---

[224] Sobre este tema, ver: Lei n.º 4/2001 de 23 de Fevereiro (Lei da Rádio); Lei n.º31-A/98 de 14 de Julho, alterada pela Lei n.º 8/2002 de 11 de Fevereiro (Lei da Televisão); Decreto-Lei n.º 241/97 de18 de Setembro (televisão por cabo); Decreto-Lei n.º 287/2001 de 8 de Novembro (normas para a transmissão de sinais de televisão e protecção jurídica de serviços de acesso condicional)

[225] Art.º 176.º, n.º 9 CDADC.

[226] Art.º 149.º, n.º 1 CDADC.

das obras difundidas, sejam elas quais forem: textos literários, músicas com ou sem palavras, bailados, peças de teatro, fotografias, filmes, etc.[227] Os organismos de radiodifusão asseguram essas autorizações (leia-se: *devem* assegurar) através de acordos globais celebrados com as entidades de gestão colectiva, no caso português, a SPA. No caso de novas transmissões, a lei não confere ao autor o poder de se opor, sem prejuízo de remuneração[228], mas se a nova transmissão for efectuada por entidade diferente daquela a quem foi primitivamente concedida a autorização e se destinar a satélite ou cabo, então torna-se necessária nova autorização e remuneração, de acordo, aliás, com o princípio de independência das várias formas de utilização das obras.[229]

Para além dos direitos dos autores, os organismos de radiodifusão devem assegurar os direitos dos titulares de direitos conexos. Assim, devem estabelecer relações contratuais com os artistas participantes nas suas produções ou em produções externas a radiodifundir, garantindo a correspondentes autorizações. É de salientar que os artistas[230] têm direito a uma remuneração irrenunciável por cada nova transmissão das suas prestações. Finalmente, no que respeita a autorizações, os organismos de radiodifusão devem obter um acordo global com os produtores de fonogramas, através da respectiva entidade de gestão colectiva, relativamente à difusão dos fonogramas editados comercialmente e radiodifundidos.[231] O mesmo se diga para videogramas, embora, neste caso, os acordos raramente passem por entidades de gestão colectiva, sendo objecto de contratos individualizados.

Mas, para além de utilizadores de obras, de prestações de artistas e fonogramas e videogramas, os emissores de radiodifusão são também titulares de direitos conexos, sendo as suas emissões protegidas.[232] Os organismos de radiodifusão têm, assim, o direito de autorizar ou proibir a retransmissão hertziana das suas emissões, bem como as respectivas fixação e reprodução.[233] Já quanto à comunicação pública das suas emis-

---

[227] Art.º 68.º, n.º 2, e) CDADC.
[228] Art.º 153.º, n.º 1
[229] Art.º 68.º, n.º 4 CDADC.
[230] Art.º 179.º CDADC
[231] Art.º 184.º CDADC, o qual confere também aos artistas o direito a uma remuneração equitativa.
[232] Art.º 176.º, n.º 1 CDADC
[233] Art.º 187.º, a), b) e c) CDADC.

sões, só a podem proibir se ela for feita em lugar público com entradas pagas.[234]

De notar ainda que os organismos de radiodifusão, para além dos seus direitos próprios, gozam ainda dos direitos específicos dos produtores de fonogramas e de videogramas, relativamente aos fonogramas e videogramas por si produzidos.

IV.8.1. – Televisão por satélite e cabo

A proliferação de emissões de radiodifusão visual por satélite e as retransmissões por cabo levaram a União Europeia, no prosseguimento da criação de um mercado comum e dum espaço sem fronteiras internas, a criar mecanismos que garantam, por um lado, os direitos dos criadores a serem remunerados pela utilização das suas obras e, por outro lado, a evitar que, no caso da retransmissão por cabo, titulares individuais (não representados pela entidade de gestão colectiva) possam criar, isoladamente, obstáculos à livre circulação de programas na comunidade. Nesse sentido, foi aprovada a Directiva n.º 93/83 de 27 de Setembro de 1993.[235]

Na generalidade, dispõe-se que as normas do CDADC relativas aos direitos dos autores, artistas intérpretes ou executantes e produtores de fonogramas e videogramas, se aplicam também à radiodifusão por satélite e à retransmissão por cabo das suas obras ou prestações.

Especificamente, determina-se que a comunicação pública por satélite só se verifica no país onde os sinais portadores do programa são introduzidos, sob responsabilidade do organismo de radiodifusão, numa cadeia ininterrupta de transmissão direccionada ao satélite e deste para terra, a fim de ser captada pelo público[236]. No caso da comunicação ao público ter origem em país terceiro que não assegure a protecção exigida nos países da comunidade europeia, considera-se que essa comunicação ocorreu no país membro em que os sinais portadores do programa foram transmitidos ao satélite através de uma estação de ligação ascendente aí localizada.[237] Tanto num caso como noutro é nesses países que devem ser

---

[234] Art.º 187.º, d) CDADC
[235] Transcrita para a ordem jurídica portuguesa pelo DL 333/97
[236] Art.º 4.º n.º 1 DL 333/97.
[237] Art.º 5.º n.º 1 DL 333/97.

celebrados os acordos individuais ou colectivos consubstanciando a autorização dos autores.[238]

Quanto à retransmissão por cabo, e a fim de evitar o referido bloqueio da retransmissão por um titular individual, a lei determina[239] a obrigatoriedade de exercício do direito através de uma entidade de gestão colectiva, mesmo para autores que não sejam seus membros o que, sendo embora uma medida eficaz, não deixa de ser de constitucionalidade duvidosa. Aquilo que aqui se disse sobre direitos dos autores é extensivo aos diversos titulares de direitos conexos, quando aplicável.

IV.8.2. – Comunicação pública de programas radiodifundidos

Tem suscitado acesa polémica a interpretação da lei relativa à comunicação pública de programas radiodifundidos. Sustentam os autores, nomeadamente através da SPA, que têm o direito de autorizar essa comunicação, obrigando a um pagamento por parte dos estabelecimentos onde se verifica essa comunicação pública. Alegam os utilizadores, individualmente ou através das suas associações empresariais, que os direitos foram exercidos no acto da emissão pelo organismo de radiodifusão, nada tendo a pagar. Esta questão tornou-se mais premente quando coincidiu no tempo com a extinção da taxa de televisão[240].

"Então o Governo acaba com a taxa e continuamos a pagar?" – interrogavam-se os proprietários de cafés, pastelarias, tabernas e outros locais públicos semelhantes onde mantinham o televisor ou o rádio ligados enquanto serviam os clientes...

Perante recusas de pagamento, a SPA recorria às autoridades que chegavam a proceder à apreensão dos equipamentos e iniciavam um processo judicial por crime de usurpação.[241] Perante a insensibilidade de uns e a ignorância de outros, o Governo solicita um parecer à Procuradoria Geral da República, o qual veio a ser publicado em 1993, concluindo-se nesse parecer contra as pretensões da SPA. Isto é, segundo a PGR, a comunicação de programas radiodifundidos em lugares públicos não carecia

---

[238] No caso português, as entidades de gestão colectiva não intervêm no que respeita às emissões por satélite, oriundas do estrangeiro, mas devem fazê-lo, por exemplo, no caso das emissões da RTP Internacional.
[239] Art.º 7.º DL 333/97.
[240] Em 1991.
[241] Art.º 195.º CDADC.

de autorização dos autores, que já tinham, previamente, autorizado a emissão. Entretanto, até hoje e apesar do parecer citado, vários foram os acórdãos de tribunais, decidindo quer num sentido quer noutro.

Vejamos a questão pela lógica. O direito de autor aponta sempre no mesmo sentido: o uso privado é livre, o uso público carece de autorização. É assim para fonogramas, é assim para videogramas. Os respectivos autores autorizaram a fixação e a reprodução mas para que possam ser executados em público é necessária nova autorização. É esse o espírito do artigo 68º do CDADC, dispositivo legal basilar e definidor da independência das diversas formas de utilização das obras.

Pela análise da lei, verifica-se que depende de autorização do autor a radiodifusão da obra tanto directa como por retransmissão[242] e que depende *igualmente*[243] de autorização a comunicação da obra em qualquer lugar público[244], por qualquer meio que sirva para difundir sinais, sons ou imagens[245]. A dúvida instala-se quando se lê, mais adiante que *é devida igualmente remuneração ao autor pela comunicação pública da obra radiodifundida, por altifalante ou por qualquer outro instrumento análogo transmissor de sinais, sons e imagens.*[246]. Pode ser-se levado a pensar que a remuneração é devida apenas quando existe uma nova transmissão, ou amplificação, ou difusão múltipla, a partir do aparelho receptor. Em nossa opinião este art.º 155.º é inútil, por redundante face ao art.º 149.º, muito mais claro, e por outro lado, pode confundir quem não saiba que um aparelho receptor é também difusor através de altifalantes e écran incorporados. Pode-se dizer que o nosso raciocínio é demasiadamente simplista, face, por exemplo, ao parecer da PGR que ocupa quase dez páginas no Diário da República, mas é o que nos parece resultar da simples leitura da lei.

Finalmente, abordemos o assunto do ponto de vista político.

É sabido que os conflitos gerados por estas interpretações divergentes da lei tiveram e têm mais impacto em zonas populacionais mais modestas

---

[242] Art.º 149.º n.º1 CDADC
[243] Sublinhado nosso. No mesmo sentido, cfr. Luiz Francisco Rebello, Código do Direito de Autor e dos Direitos Conexos, ed. Âncora.
[244] Entende-se por lugar público todo aquele a que seja oferecido o acesso, implícita ou explicitamente, mediante remuneração ou sem ela, ainda que com reserva declarada do direito de admissão. Cfr. Art.º 149.º n.º 3 CDADC conjugado com o art.º 47.º DL 315/95 no que se refere ao uso privado.
[245] Art.º 149.º, n.º 2 CDADC.
[246] Art.º 155.º CDADC.

onde a deslocação ao café para tomar um copo e ver a TV é um hábito antigo de convívio social que agora cresce de novo com a existência de canais codificados. Perante o panorama sociocultural português, seria importante que a SPA, sem abdicar da sua interpretação da lei, que nos parece a correcta, mostrasse mais sensibilidade para o meio e flexibilidade nas suas decisões. Da mesma forma seria também importante que a Assembleia da República encarasse de novo o problema e eliminasse o artigo 155.º.

IV.9. – A Internet [247]

Todos usamos o telefone sem nos preocuparmos com o seu suporte tecnológico. A facilidade de manejo do aparelho é tão grande que nem pensamos na complexidade de estruturas técnicas que permitem uma ligação automática para qualquer ponto do planeta com telefones fixos ou móveis. No entanto, a ligação telefónica só é possível graças a uma rede imensa de centrais interligadas por cabos, feixes hertzianos, satélites de comunicação.

Também ao ligar o televisor, em casa, não pensamos no aparato técnico subjacente à recepção de programas.

Assim é também com a Internet. O manejo do computador é acessível a qualquer criança e a navegação na net é qualquer coisa que se aprende muito depressa. Ao fim de pouco tempo, "sites", "browsers", "frames", "banners", "links", etc., são palavras com que lidamos com a maior familiaridade.

Mas vale a pena analisar um pouco o que é a Internet.

Internet á uma rede gigante de computadores ligados entre si. Milhares de computadores ligam-se a um computador potente, intermédio. E os computadores intermédios estão todos ligados entre si e assim sucessivamente constituindo uma verdadeira teia (net).

---

[247] Questões técnicas baseadas em "Internet" de Dorling Kindersley, editado em 1996 por PÚBLICO Comunicação Social AS. Sobre este assunto veja-se, entre outros,"Estudos Sobre Direito da Internet e da Sociedade da Informação" de José de Oliveira Ascensão, ed. Almedina, e "101 Perguntas e Respostas do Direito da Internet e da Informática" de Ana Margarida Marques, Mafalda Anjos e Sónia Queiróz Vaz, "Guia Jurídico da Internet em Portugal" de Paula Rainha e Sónia Queiróz Vaz e "As Leis do Comércio Electrónico" de Manuel Lopes Rocha, Miguel Pupo Correia, Marta Felino Rodrigues, Miguel Almeida Andrade, Henrique José Carreiro, todas editadas pelo Centroatlântico.

Para se efectuar uma ligação à Internet é necessário estabelecer um contrato com uma empresa de serviços que proporciona a ligação telefónica à rede de computadores mundial. Essas empresas são os ISP [248] (Internet Service Provider) que, além de proporcionarem a ligação, que pode ser gratuita ou paga [249], oferecem ainda serviços de correio electrónico (*e-mail*) e um limite de memória para cada utilizador poder alojar a sua página pessoal no servidor [250] dessa empresa e, assim, disponibilizá-la na Internet.

E, para que nos possamos conectar à rede, é necessário, para além de um computador, dispor-se de uma linha telefónica para efectuar a chamada e um aparelho, o "modem", o qual efectua a transcrição dos sinais digitais do computador em sinais analógicos transportáveis pela linha telefónica [251].

E que nos proporciona a Internet?

- Conversar com alguém (e visioná-la, se se dispuser de uma "webcam") em directo
- Participar em grupos de conversa (chat) em tempo real
- Transferir ficheiros de um computador para outro
- Jogar com outros utilizadores em tempo real
- Utilizar correio electrónico (*e-mail*)
- Utilizar a World Wide Web – www

A World Wide Web é a parte mais fascinante da Internet, permitindo-nos navegar de página para página, consultar ficheiros alojados num qualquer computador, procurar o que nos interessa através de motores de busca, ouvir música, ver filmes, saber as últimas notícias, etc., etc.

Através de programas específicos podemos elaborar um sítio (*site*) pessoal e colocá-lo na rede.

---

[248] Em Portugal e, passe a publicidade, todos conhecemos o Sapo (da PT), o Clix, o IOL, etc.(nomes comerciais, sendo as empresas com actividade de ISP, registadas e autorizadas pela ANACOM, Autoridade Nacional de Comunicações – www.anacom.pt)

[249] As ligações pagas proporcionam, normalmente, uma maior qualidade técnica e maior velocidade de transmissão dos dados.

[250] Computador ao qual se ligam outros computadores.

[251] Esta é a situação maioritária de ligações à Internet. Mas, se o pretendermos, poderemos utilizar ligações telefónicas digitais, mais caras, ou a rede de fibra óptica da televisão por cabo, e aceder à Internet através do próprio televisor. A ligação à Internet é ainda possível através de telemóveis com WAP.

E esse sítio pode ter uma só página ou ter muitas. Pode ser tão simples como uma página de texto ou ter muitas, cada uma delas com acesso a ficheiros de música, de fotografias, de filmes, de texto. No fundo, são produtos multimedia.

E essas obras terão sido colocadas na Internet legitimamente? Isto é, os seus autores terão autorizado? Em muitos casos sim, em muitos outros não.

Criou-se a imagem de que a Internet era um meio de divulgação, de tudo, de forma totalmente livre. E isso não é verdade. Aquilo que não é permitido *off-line*, em princípio, não deve ser permitido *on-line*. Os Estados levaram algum tempo a aperceberem-se desta realidade e da necessidade de legislar sobre a matéria, pelo que a reacção negativa dos utilizadores, habituados (mal) a um meio totalmente desregrado, não pode deixar de ser negativa. Para não falar, naturalmente, dos infractores conscientes.

Assim, os titulares dos direitos de autor e conexos mantêm os seus direitos na Internet. Mas de que forma? A tradicional? A colocação de uma obra na rede é uma comunicação ao público ou uma publicação? A armazenagem temporária ("caching"), que permite a simples visualização no écran, é uma reprodução? E será permitida a sua fixação no disco rígido do computador?

E, do ponto de vista legal, onde se enquadraria a Internet como forma de utilização?

Pensamos que do ponto de vista dos direitos dos autores, a lei portuguesa permite enquadrar a Internet ao definir que *"A exploração e, em geral, a utilização da obra podem fazer-se, segundo a sua espécie e natureza, por qualquer dos modos actualmente conhecidos ou que de futuro o venham a ser"* e *"Assiste ao autor, entre outros, o direito exclusivo de autorizar..."* [252]. Já não encontramos previsão semelhante para os titulares de direitos conexos.

Daí o justificar-se nova legislação que clarificasse a protecção necessária e se adaptasse às possibilidades técnicas de protecção e de violação dessas protecções.

O primeiro passo foi dado ao nível da OMPI, com dois tratados de que Portugal é signatário. Outro é a recém aprovada Directiva 2001/29//CE do Parlamento Europeu e do Conselho, de 22 de Maio de 2001 relativa à harmonização de certos aspectos do direito de autor e dos

---

[252] Sublinhados nossos.

direitos conexos". Esta directiva visa a aplicação aos Estados membros das normas essenciais dos tratados OMPI, devendo ser transcrita para legislação nacional até final de 2002. Por constituir já lei europeia, referiremos o essencial:

1. *Titulares e seus direitos*

a) Os titulares dos direitos são os autores, para as suas obras; os artistas intérpretes ou executantes para as fixações das suas prestações; os produtores de fonogramas, para os seus fonogramas; os produtores das primeiras fixações de filmes, para o original e cópias dos seus filmes; os organismos de radiodifusão, para as fixações das suas radiodifusões, independentemente de estas serem transmitidas por fio ou sem fio, incluindo o cabo e o satélite.

b) Aos titulares referidos em a) é garantido o direito exclusivo de autorizar ou proibir reproduções, *directas* ou *indirectas*, *temporárias* ou *permanentes* por quaisquer meios e sob qualquer forma, no todo ou em parte, e

c) O direito exclusivo de autorizar ou proibir qualquer comunicação ao público das suas obras, por fio ou sem fio, incluindo a sua *colocação à disposição do público por forma a torná-las acessíveis a qualquer pessoa a partir do local e no momento por ela escolhido*[253]. Estes direitos não se esgotam pelo acto de comunicação ao público ou de colocação à disposição do público.

d) Os autores têm o direito exclusivo de autorizar ou proibir qualquer forma de distribuição ao público das suas obras ou respectivas cópias, através da venda ou qualquer outro meio. Esse direito de distribuição só se esgota quando a primeira venda ou qualquer outra forma de primeira transferência de propriedade for realizada na Comunidade Europeia pelo titular do direito ou com o seu consentimento.

2. *Medidas de caracter tecnológico*

a) A lei deverá prever medidas de protecção jurídica contra a neutralização de medidas de caracter tecnológico. Quer isto dizer que a lei sancionará todos aqueles que violem os dispositivos

---

[253] Definição que se aplica directamente à Internet.

técnicos de protecção das obras e outros materiais protegidos colocados na rede.
b) Serão sancionados também o fabrico, distribuição, venda, aluguer de dispositivos técnicos, produtos ou prestações de serviços destinados á neutralização da protecção por via tecnológica.
c) Identicamente, serão tomadas medidas sancionatórias adequadas relativamente a quem suprimir ou alterar informações electrónicas para a gestão dos direitos ou promover a distribuição, radiodifusão ou comunicação ao público de obras ou materiais protegidos aos quais tenham sido suprimidas as informações electrónicas para a gestão dos direitos.
d) Deverá ser garantido aos titulares dos direitos a capacidade de agir contra intermediários (os ISP),cujos serviços sejam utilizados para violar direitos de autor ou conexos.

A transcrição da Directiva "Sociedade da Informação" para a lei portuguesa é uma tarefa complexa dado o grande número de excepções aos direitos exclusivos que ela prevê como possíveis, de tal forma que os detentores dos direitos tentarão reduzi-las ao mínimo. Nomeadamente, no que se refere à cópia privada e aos prejuízos provocados por esta aos detentores dos direitos, é natural, ou mesmo inevitável, que se venha a tornar extensiva ao meio digital a lei [254] em vigor sobre remuneração compensatória pela cópia privada, através da aplicação de uma taxa sobre os suportes digitais virgens.

Por outro lado, é indispensável articular a referida transcrição com a de outra directiva, conhecida como "Directiva sobre comércio electrónico" [255] a qual determina que nenhum Estado- Membro pode responsabilizar, regra geral, os ISP, pelos conteúdos veiculados.

Finalmente, também a gestão colectiva do direitos de autor e conexos se viu na necessidade de se adaptar rapidamente a este meio de comunicação [256], criando códigos standard num sistema comum (CIS [257]) que permite a identificação, única, das obras e dos seus autores.

---

[254] L 62/98.
[255] Directiva 31/CE/2000 do Parlamento Europeu e do conselho, de 8 de Junho de 2000.
[256] Sobre este assunto veja-se Pedro Cordeiro em "A gestão colectiva na Sociedade da Informação", texto publicado em "Direito da Sociedade da Informação, Vol.II, Coimbra Editora.
[257] Common Information System, tarefa desenvolvida pela CISAC. Cfr. www.cisac.org

CAPITULO V

A Pirataria [258]

As violações dos direitos autorais constituem, em primeiro lugar, um problema cultural. Não existe na sociedade uma consciência de que, de cada vez que se não pagam os direitos de autor ou se compra uma cassete ou um disco pirata, se está a pôr em causa parte do salário do autor, como trabalhador intelectual. E se, infelizmente, existe essa insensibilidade social para com a remuneração dos autores, o problema agrava-se se o lesado nos seus direitos é uma empresa..

- Alunos universitários que compram, por baixo preço, exemplares fotocopiados de um livro científico, pensam apenas no dinheiro que pouparam, não se preocupando com o facto de a generalização dessa prática conduzir à diminuição das edições disponíveis, por falta de remuneração dos autores e editores.
- Empresários de espectáculos que contratam conjuntos musicais famosos, aceitando todas as suas exigências financeiras e outras eventualmente extravagantes, reservam pisos inteiros de um hotel de luxo para os músicos e comitiva, pagam o aluguer da sala, assumem os custos elevados da publicidade, mas negligenciam ao máximo ou discutem ao cêntimo os direitos de autor a pagar.
- Professores que utilizam nas escolas cópias ilícitas de obras intelectuais ou pactuam com as actividades dos alunos nesta área, sem os esclarecerem devidamente.
- Juizes que nunca aplicam a pena de prisão efectiva aos que praticam os crimes de contrafacção ou usurpação.

---

[258] Fontes: Fontes: IFPI – www.ifpi.org; MPA – Motion Pictute of America – www.mpa.org; Assoft – www.assoft.pt.

Estes, são meros exemplos reais demonstrativos de que a medida mais eficaz em defesa do direito de autor é a informação. Informação aos utilizadores sobre a essência do direito de autor. Informação sobre as acções de aplicação da lei e sanções aplicadas aos infractores como medida desincentivadora das práticas ilícitas.

O termo pirataria é geralmente utilizado para descrever infracções aos direitos de autor e conexos para fins comerciais. Mas podem não existir fins comerciais imediatos para se configurar a prática de pirataria. A colocação de ficheiros musicais na Internet para "download" gratuito, sem fins comerciais e por simples prazer do proprietário do "site", ou a cópia doméstica de um programa de computador para oferecer a um amigo que o vai instalar no seu computador, evitando a compra, são práticas de pirataria.

Em larga escala é na indústrias musical, do audiovisual e do "software" que se manifesta em todo o mundo o fenómeno da pirataria, muitas vezes ligado ao crime organizado, droga, pornografia e branqueamento de capitais.

No que respeita à indústria da música, estima-se que no ano 2000 a pirataria musical atingiu 1,8 biliões de unidades, num mercado em que a música legal representou 64% do total. Dos 36% de pirataria terão sido 65% em cassetes, 26% em CD e 9% em CD-R. Devido à facilidade de manejo e proliferação dos equipamentos de cópia, a pirataria em CD-R é a que maior taxa de crescimento apresenta.

A pirataria musical pode apresentar características diversas: a pirataria simples, pela duplicação não autorizada das gravações originais, normalmente sob a forma de compilações de *greatest hits*; a contrafacção, em que os piratas efectuam cópias que pretendem ser iguais aos originais, copiando capas, marcas, logos do produtor, com vista a enganar o consumidor, convencendo-o de que se trata do produto original; os "bootlegs", que são gravações das prestações dos artistas em espectáculos ao vivo ou radiodifundidas e posteriormente vendidas sem as devidas autorizações; pirataria na Internet.

Na Internet, os piratas colocam à disposição do público bases de dados de ficheiros musicais em "sites" ou FTP [259] para "download" instantâneo; ou carregamentos ("uploads") e descarregamentos ("downloads") em série através de "newsgroups", ou canais de IRC: ou as compilações

---

[259] File Transfer Protocol.

de links para produtos ilegais ou ainda a oferta de programas de "hacking" e códigos de acesso não autorizados. A industria considera que a maior ameaça vem de serviços organizados de "ponto a ponto"[260], permitindo a transferência não autorizada de obras ou materiais protegidos.

A resposta a estas ameaças, por parte dos titulares dos direitos, é variada: a utilização do ISRC,[261] identificador único e permanente para cada gravação e que está permanentemente fixado como uma impressão digital; a detecção dos sites ilegais e o seu bloqueamento com a cooperação dos ISP e utilizando, para o efeito, um "software" como o "Songbird", que permite aos titulares verificar onde as suas obras ou prestações se encontram disponíveis sem autorização.

No que respeita ao audiovisual, já vimos a estratégia utilizada pelos detentores dos direitos para amortizar o enorme investimento[262] efectuado e que se traduz pela chamada "cronologia dos meios" ou janelas de distribuição, começando pela exploração em sala, passando depois para vídeo doméstico e posteriormente para televisão, nas suas variadas formas de comercialização. De facto, esta estratégia tem que ser rigorosamente cumprida e qualquer surto de pirataria abala perigosamente a estrutura produtiva.

A pirataria no audiovisual manifesta-se hoje sob diversas formas, estimando a indústria em cerca de 3 biliões de dólares o valor das suas perdas anuais, devidas a essa prática criminosa.

No formato analógico VHS, a partir de uma cópia original e um conjunto de videogravadores interligados, podem-se produzir diariamente centenas de cópias ilegais. A situação agravou-se com o aparecimento dos discos ópticos, nos quais se incluem os Laser Discs(LD), os Video Compact Discs(VCD) e os Digital Versatile Discs(DVD). Os discos ópticos são de fabrico barato e fáceis de distribuir. Se com, por exemplo, 100 videogravadores, em dez horas, se podem produzir cerca de 400 cassetes piratas, com um equipamento adequado de prensagem, podem produzir-se milhares de VCD ou DVD diariamente. Ao contrário do VHS, as

---

[260] P2P, *peer to peer*, em que o *software* utilizado faz-nos actuar simultaneamente como clientes e servidores, permitindo a troca de ficheiros directamente com outros utilizadores. Era o caso do famoso Napster, que foi desactivado pela justiça americana, embora outros, até mais sofisticados, funcionem livremente na *net*.

[261] International identification system for sound recordings and video recordings.

[262] Em 2000, o custo médio, incluindo promoção, de um filme de um estúdio "major", nos EUA, foi de 80 milhões de dólares e 4 em cada 10 filmes nunca recuperam o investimento inicial.

cópias digitais são de altíssima qualidade e, embaladas em caixas com capas iguais aos originais, constituem uma contrafacção que engana facilmente o consumidor.

Outra forma de pirataria é a "filmagem" do filme durante a sua projecção em sala com uma videocâmara e depois multiplicar essa cópia, distribuí-la e colocá-la na Internet. A violação dos dispositivos anti cópia colocados nos discos é também uma prática corrente, sendo frequente a utilização pelos piratas de um software especial (DeCSS) que permite realizar cópias a partir de um DVD original.

Com o desenvolvimento das tecnologias de compressão de ficheiros, também a Internet se tornou um meio de colocação ilegal de filmes e sua distribuição para download, ou ponto a ponto. A partir da cópia descarregada para o disco duro do computador, podem posteriormente realizar-se cópias em formato digital em grande número para venda e aluguer.

A indústria do "software" é outra das indústrias protegidas pelo direito de autor altamente prejudicada pela pirataria. De acordo com a Business Software Alliance, as percentagens de pirataria de "software" em 1999, variaram dos 25% nos EUA e 26% no Reino Unido até aos 98%(!) no Vietname. A estimativa para Portugal era de 47%, apenas suplantado na Europa pela Irlanda (51%), Espanha (53%) e Grécia (71%).

As formas de pirataria mais comuns são a realização de cópias em CD-R, a partir de originais, muitas vezes após violação de dispositivos de protecção; a utilização da Internet para distribuir ilicitamente o "software" bem como os "cracks" que permitem violar as protecções; a utilização em múltiplos computadores de "software", cuja licença era apenas para um posto de trabalho, etc.

Os organismos que, em Portugal, desempenham um papel fundamental na luta anti-pirataria são a Sociedade Portuguesa de Autores(SPA); a Associação Fonográfica Portuguesa (AFP), representante em Portugal do IFPI; a Federação dos Editores de Videogramas (FEVIP), que representa o Motion Picture of America (MPA); a Assoft- Associação Portuguesa de Software, membro da Business Software Alliance (BSA). Para essa luta, em defesa dos seus representados, têm como aliados naturais a Inspecção – Geral das Actividades Culturais(IGAC), a Inspecção – Geral das Actividades Económicas (IGAE), a Polícia Judiciária, a PSP e a GNR.

2.ª PARTE – AS LEIS

1. LEGISLAÇÃO DE ESPECTÁCULOS

Decreto – Lei n.º 315/95 [263]
de 28 de Novembro

Os diplomas que regulam as atribuições do Estado prosseguidas através da Direcção-Geral dos Espectáculos, em matéria de licenciamento de recintos de espectáculos e de divertimentos públicos e de outras licenças e autorizações a obter para efeitos de realização de espectáculos têm vindo a suceder-se ao longo dos anos, encontrando-se em vigor alguns desde a década de 50 e vários que suscitam dúvidas ao intérprete sobre a sua efectiva vigência.

Por outro lado, a política de descentralização implica que o Estado não deva concentrar em si competências que mais eficazmente podem ser exercidas pelos municípios, sob pena de os seus serviços não poderem exercê-las com a proficiência e a qualidade que são repto de uma Administração moderna.

Obviar ao primeiro inconveniente e realizar o segundo desiderato foram as duas grandes linhas mestras que orientaram a elaboração do presente diploma.

Em matéria de transferência de competências, a ideia orientadora foi a de manter na tutela do Estado, através da Direcção-Geral de Espectáculos, aqueles recintos cujo controlo é necessário para efeitos de assegurar os direitos de autor e conexos – os destinados à realização de espectáculos artísticos – e transferir a tutela dos demais para os municípios.

A transferência verifica-se sem criação de encargos funcionais para os municípios em matéria de licenciamento, uma vez que o controlo dos

---

[263] Rectificado pela Declaração de Rectificação n.º1-B/96 de 31 de Janeiro de 1996

projectos de recintos de espectáculos e divertimentos públicos se verificará no decurso do próprio processo de licenciamento municipal.

Em matéria de obrigações que manteve ou veio gerar, nomeadamente para os promotores de espectáculos, delegados municipais da Direcção-Geral dos Espectáculos e câmaras municipais, constituiu preocupação do presente diploma assegurar à Direcção-Geral dos Espectáculos informação suficiente e credível em matéria de espectáculos que lhe permita, por um lado, melhor assessorar a tutela e responder aos pedidos de informações necessários sobre esta área e, por outro, garantir que os direitos dos autores, artistas interpretes e executantes, produtores de fonogramas e videogramas e das entidades de radiodifusão e equiparadas sejam assegurados.

De entre as reformas introduzidas pelo diploma, a que talvez mereça explicação mais detalhada é a substituição do «visto» para efeito de realização de espectáculos.

Se bem que indevidamente ligado à ideia de «censura» que caracterizou o Estado Novo – porquanto a verdade é que se trata de um instituto que vem já dos primórdios da Inspecção dos Teatros, criada por Almeida Garrett, e antecessora da actual Direcção-Geral dos Espectáculos – o certo é que o «visto» vinha tendo uma carga negativa e burocrática que importava suprimir.

Havia, porém, que garantir a tutela dos direitos de autor e conexos, que o instituto vinha permitindo, única finalidade, quase, que num Estado de direito se pode compreender que prossiga.

Com efeito, sem a intervenção do Estado dificilmente os direitos de autor e conexos se poderão realizar, atenta a sua incidência sobre uma realidade imaterial, bem diferente daquela sobre que incidem normalmente os direitos reais.

No demais, as precauções do diploma cingiram-se à sempre difícil conjugação da eliminação de burocracias com a garantia da segurança.

Foi ouvida a Associação Nacional de Municípios Portugueses.
Assim:
No uso da autorização legislativa concedida pelo artigo 13.º da Lei n.º 39-B/94, de 27 de Dezembro, e nos termos das alíneas *a*) e *b*) do n.º 1 do artigo 201.º da Constituição, o Governo decreta o seguinte:

CAPÍTULO I
Âmbito

Artigo 1.º

Âmbito

O presente diploma regula a instalação e o funcionamento dos recintos de espectáculos e divertimentos públicos e estabelece o regime jurídico dos espectáculos de natureza artística.

CAPÍTULO II
Instalação e funcionamento de recintos de espectáculos e divertimentos públicos

SECÇÃO I
Regime Geral

Artigo 2.º

Regulamentação

Aos recintos de espectáculos e divertimentos públicos são aplicáveis as normas previstas no Regulamento das Condições Técnicas e de Segurança de Recintos de Espectáculos e Divertimentos Públicos, a aprovar por decreto regulamentar.[264]

Artigo 3.º

Regime aplicável à instalação e ao funcionamento

1 – A instalação de recintos de espectáculos e divertimentos públicos, obedece ao regime jurídico do licenciamento municipal de obras particulares com as especificidades estabelecidas no presente diploma.

2 – Os pedidos de licenciamento relativos à instalação dos recintos de espectáculos e divertimentos públicos devem ser instruídos nos termos

---

[264] Decreto Regulamentar n.º 34/95 de 16 de Dezembro

da legislação referida no número anterior e ainda com os elementos constantes de portaria conjunta [265] dos membros do Governo responsáveis pelas áreas da cultura ou do desporto, consoante o caso, e do planeamento e administração do território.

3 – Ressalvadas as excepções previstas no presente diploma, o funcionamento dos recintos de espectáculos e divertimentos públicos depende apenas da emissão da licença de utilização e do respectivo alvará.

SECÇÃO II

Recintos destinados a espectáculos de natureza artística

Artigo 4.º

Aprovação do projecto de arquitectura

1 – A aprovação, pela câmara municipal, do projecto de arquitectura relativo a recintos de espectáculos que tenham por finalidade principal a actividade artística carece de parecer favorável da Direcção-Geral dos Espectáculos (DGESP). [266]

2 – Consideram-se actividades artísticas, designadamente:

a) Canto;
b) Dança;
c) Música;
d) Teatro;
e) Literatura;
f) Cinema;
g) Tauromaquia
h) Circo

Artigo 5.º

Parecer da DGESP

1 – O parecer da DGESP destina-se a verificar a adequação, do ponto de vista funcional, do recinto projectado ao uso pretendido, bem

---

[265] Não publicada
[266] Todas as referências feitas neste diploma a DGESP devem entender-se feitas a IGAC

como a observância das normas estabelecidas no presente diploma e legislação complementar.

2 – Quando o recinto se situe em área abrangida por plano de pormenor ou alvará de loteamento, aplica-se, com as necessárias adaptações, o disposto no artigo 35.º do Decreto-Lei n.º 445/91, de 20 de Novembro, com as alterações introduzidas pelo Decreto-Lei n.º 250/94, de 15 de Outubro.[267]

ARTIGO 6.º [268]

Início das actividades

O funcionamento dos recintos de espectáculos que tenham por finalidade principal a actividade artística carece de licença de recinto a emitir pela DGESP.

ARTIGO 7.º

Requerimento

1 – Concluída a obra, o interessado deve requerer a emissão de licença de recinto ao director-geral dos Espectáculos.

2 – A emissão da licença de recinto é sempre precedida de vistoria a efectuar pela DGESP nos termos do artigo seguinte.

ARTIGO 8.º

Vistoria

1 – A vistoria a realizar pela DGESP para a emissão de licença de recinto destina-se a verificar a adequação do recinto, do ponto de vista funcional, ao uso previsto, bem como a observância das normas estabelecidas no presente diploma e legislação complementar.

2 – Pela vistoria é devida a taxa constante da tabela a aprovar por portaria do membro do Governo responsável pela área da cultura.[269]

---

[267] O regime jurídico da urbanização e edificação, aprovado pelo Decreto-Lei n.º 555/99 de 16 de Dezembro e alterado pelo Decreto-Lei n.º 177/2001 de 4 de Junho, substitui o anterior regulamento de licenciamento municipal de obras particulares constante do Decreto-Lei n.º 445/91 de 20 de Novembro, alterado pelo Decreto-Lei n.º 250/94, de 15 de Outubro

[268] Vide art.º 43.º, a)

[269] P 510/96

3 – A taxa referida no número anterior deve ser depositada nos cinco dias subsequentes à apresentação do requerimento previsto no n.º 1 do artigo anterior.

4 – A vistoria deve realizar-se no prazo de 45 dias a contar da data do depósito referido no número anterior e, sempre que possível, em data a acordar com o interessado.

5 – A vistoria é efectuada por uma comissão composta por um representante da DGESP, que preside, por um representante da câmara municipal, pelo delegado concelhio de saúde e por um engenheiro civil ou arquitecto nomeado pelo director-geral dos Espectáculos, quando o representante da DGESP não tiver essa formação.

6 – A comissão, depois de proceder à vistoria, elabora o respectivo auto, do qual fará menção no livro de obra, devendo entregar uma cópia daquele ao requerente.

7 – Não pode ser emitida a licença de recinto quando o auto de vistoria conclua em sentido desfavorável.

Artigo 9.º
Licença de recinto

1 – A licença de recinto e o respectivo alvará são emitidos pelo director-geral dos Espectáculos no prazo de 10 dias a contar da data da realização da vistoria ou, não tendo havido vistoria, do termo do prazo para a sua realização e, em qualquer caso, mediante a exibição do alvará de licença de utilização emitido pela câmara municipal.

2 – A não realização da vistoria no prazo fixado no n.º 4 do artigo 8.º ou a falta de decisão final no prazo referido no número anterior valem como deferimento tácito do pedido de licença de recinto, conferindo ao particular o direito de requerer que lhe seja passado, no prazo de 10 dias, o respectivo alvará.

3 – A emissão de alvará em prazo mais curto que o referido no n.º. 1 depende do pagamento de uma taxa suplementar de montante a fixar pelo membro do Governo responsável pela área da cultura. [270]

4 – Do alvará de licença de recinto devem constar as seguintes indicações:

a) A identificação do recinto;
b) O nome da entidade exploradora do recinto;

---

[270] P 510/96

c) A actividade ou actividades a que o recinto se destina;
d) A lotação do recinto para cada uma das actividades referidas na alínea anterior
e) A data da sua emissão e o prazo de validade da licença.

Artigo 10.º [271]

Averbamentos

Devem ser comunicadas à DGESP, no prazo de 10 dias, para averbamento no alvará da licença de recinto:

a) A mudança do nome que identifica publicamente o recinto.
b) A mudança da entidade exploradora do recinto.

Artigo 11.º

Intimação judicial

Nos casos de deferimento expresso ou tácito do pedido de licença de recinto e perante recusa injustificada ou falta de emissão do alvará respectivo nos prazos previstos nos n.ºs 1 e 2 do artigo 9.º, pode o interessado pedir ao tribunal administrativo de círculo a intimação do director-geral dos Espectáculos para proceder à referida emissão, nos termos do artigo 62.º do Decreto – Lei n.º. 445/91, de 20 de Novembro, com as alterações introduzidas pelo Decreto – Lei n.º 250/94, de 15 de Outubro.[272]

Artigo 12.º

Prazo de validade

1 – A licença de recinto é válida por um prazo de três anos.[273]

2 – A renovação da licença de recinto deve ser requerida com, pelo menos, 60 dias de antecedência em relação ao termo do seu prazo de validade.[274]

3 – A concessão de nova licença de recinto ou a sua renovação implicam a realização de nova vistoria, devendo a DGESP promover

---

[271] Vide art.º 43.º, d)
[272] Ver nota ao art.º 5.º
[273] Vide art.º 43.º, b)
[274] id.

simultaneamente, no prazo de oito dias a contar da data da apresentação do requerimento, a consulta das entidades com responsabilidades nas áreas dos serviços, equipamentos e infra-estruturas instalados no recinto.

Artigo 13.º [275]

Obras não sujeitas a licenciamento municipal

1 – As obras no interior dos recintos de espectáculos, quando não estejam sujeitas a licenciamento municipal, carecem de autorização da DGESP.

2 – Para os efeitos previstos no número anterior, o particular deve dirigir à DGESP um requerimento instruído com a documentação a que alude o n.º 6 do artigo 3.º do Decreto-Lei n.º 445/91, de 20 de Novembro, com as alterações introduzidos pelo Decreto-Lei n.º 250/94, de 15 de Outubro, podendo a DGESP, no prazo de 10 dias, solicitar esclarecimentos complementares ou outros elementos, se aqueles se revelarem insuficientes. [276]

3 – A autorização a que se refere o n.º 1 deve ser emitida no prazo de 20 dias a contar da recepção do requerimento sob pena de este se entender como tacitamente deferido.

Artigo 14.º

Recintos resultantes de obras dispensadas de licenciamento municipal

1 – Os projectos de arquitectura de recintos cujas obras estejam dispensadas de licenciamento municipal, nos termos das alíneas b) a f) do n.º 1 do artigo 3.º do Decreto-Lei n.º 445/91, [277] de 20 de Novembro, com as alterações introduzidos pelo Decreto-Lei n.º 250/94, de 15 de Outubro, devem ser entregues na DGESP para parecer.

---

[275] id.

[276] Ver nota ao art.º 5.º.Estas obras podem realizar-se decorrido o prazo de 30 dias sobre a apresentação de comunicação prévia dirigida ao presidente da câmara municipal, a qual deve conter a identificação do interessado e é acompanhada das peças escritas e desenhadas indispensáveis à identificação das obras ou trabalhos a realizar e da respectiva localização, assinadas por técnico legalmente habilitado e acompanhadas de termo de responsabilidade.

[277] Ver nota ao art.º 5.º. Neste caso trata-se de obras promovidas pela Administração Pública, incluindo autarquias locais, Institutos Públicos etc.

2 – Os projectos devem ser acompanhados dos elementos constantes dos diplomas referidos no n.º 2 do artigo 3.º.

3 – No prazo de 5 dias a contar da recepção do projecto, a DGESP pode solicitar, por uma única vez, a apresentação de outros elementos que considere indispensáveis à sua apreciação.

4 – A DGESP deve pronunciar-se no prazo de 25 dias a contar da data da recepção do processo ou dos elementos pedidos nos termos do número anterior.

Artigo 15.º

Alterações

Qualquer alteração aos projectos referidos no número anterior, quer na fase de execução, quer posteriormente à emissão da licença de recinto, está sujeita a parecer da DGESP, aplicando-se, com as necessárias adaptações, o disposto no artigo 13.º.

Artigo 16.º

Funcionamento

Ao funcionamento dos recintos a que se refere o artigo 14.º aplica-se o disposto nos artigos 6.º a 10.º, à excepção da comissão de vistoria, a qual é composta por um representante da DGESP, que preside, por um representante do dono da obra, pelo delegado ou subdelegado de saúde por um engenheiro civil ou arquitecto nomeado pelo director-geral dos Espectáculos, quando o representante da DGESP não tiver essa formação.

Artigo 17.º [278]

Autorização de actividades diversas das constantes da licença de recinto

Excepcionalmente, a DGESP pode autorizar, num recinto de espectáculos que tenha por finalidade principal a actividade artística, a realização de actividades diversas daquelas a que o recinto se destina.

---

[278] Vide art.º 43.º, d)

Artigo 18.º

Vistorias extraordinárias

1 – A DGESP pode determinar a realização das vistorias extraordinárias que entender convenientes.

2 – A composição da comissão da vistoria extraordinária é a que for determinada pela DGESP.

3 – Quando da vistoria resultar que se encontram desrespeitadas as condições técnicas e de segurança, sem prejuízo da coima que for aplicável, a entidade responsável pela exploração será notificada para proceder às necessárias alterações em prazo a fixar pela DGESP, sob pena de o recinto ser encerrado. [279]

4 – O recinto será imediatamente encerrado quando não esteja em condições de se manter aberto ao público, em virtude de oferecer perigo para a segurança ou saúde dos espectadores ou das pessoas que realizam o espectáculo.

5 – Pela realização das vistorias extraordinárias não é devida qualquer taxa.

Artigo 19.º

Embargo

1 – Caso o desrespeito das condições técnicas e de segurança a que deve obedecer o recinto resulte de obra a decorrer, será o facto notificado à câmara municipal para efeitos de ser decretado o embargo, se a obra estiver sujeita a licenciamento municipal mas este não tiver sido requerido, ou, se a obra estiver ou tiver sido dispensada daquele licenciamento, o embargo será determinado pelo director-geral dos Espectáculos.

2 – Ao embargo referido na parte final do n.º 1 aplica-se, com as devidas aplicações, o disposto no artigo 57.º do Decreto-Lei n.º 445/91, de 20 de Novembro, com as alterações introduzidas pelo Decreto-Lei n.º 250/94, de 15 de Outubro. [280]

---

[279] Vide art.º 43.º, b) e d)
[280] Ver nota ao art.º 5.º

SECÇÃO III

Recinto itinerantes ou improvisados

ARTIGO 20.º [281]

Licença de funcionamento de recintos itinerantes ou improvisados

Os recintos de espectáculos e divertimentos públicos que não envolvam a realização de obras de construção civil nem impliquem a alteração da topografia local só podem ser abertos ao público e funcionar mediante licença de recinto a emitir pela câmara municipal.

ARTIGO 21.º

Procedimento

1 – O procedimento para a emissão da licença referida no artigo anterior obedece ao disposto no respectivo regulamento municipal e, supletivamente, ao disposto nos números seguintes.

2 – O requerimento deve ser acompanhado de memória descritiva e justificativa do recinto, podendo a câmara municipal, no prazo de três dias, solicitar outros elementos se aqueles se mostrarem insuficientes.

3 – A câmara municipal deve pronunciar-se no prazo de cinco dias a contar da data da apresentação do requerimento ou dos elementos complementares solicitados nos termos do número anterior.

4 – A competência para a emissão da licença de recinto é do presidente da câmara, com faculdade de delegação nos vereadores e directores de serviço.

5 – Caso a câmara municipal entenda necessária a realização de vistoria, a mesma deve efectuar-se no decurso do prazo referido no n.º 3.

6 – A licença de recinto é válida pelo período que for fixado, pela câmara municipal.

---

[281] Vide art.º 43.º, c)

CAPITULO III

Licença acidental de recinto para espectáculos de natureza artística

Artigo 22.º [282]

Licença acidental de recinto para espectáculos de natureza artística

1 – É necessária licença para a realização acidental de espectáculos de natureza artística em qualquer recinto cujo funcionamento não esteja sujeito a licença de recinto, sendo aquela válida apenas para as sessões para que foi concedida.

2 – Compete à câmara municipal emitir a licença acidental de recinto, podendo ser consultada a DGESP, caso se entenda necessário.

3 – A licença acidental de recinto deve ser requerida com, pelo menos, oito dias de antecedência, devendo ser deferida até seis horas antes da marcada para o início do espectáculo.

Artigo 23.º [283]

Autenticação de bilhetes

Os bilhetes para espectáculos de natureza artística a realizar em recintos acidentalmente licenciados para o efeito devem ser apresentados para autenticação à câmara municipal, se esta assim o determinar e nas condições que fixar.

CAPÍTULO IV

Promotores de espectáculos de natureza artística

Artigo 24.º

Registo

1 – Os promotores de espectáculos de natureza artística devem, no prazo de cinco dias sobre a data do início da actividade, registar-se na DGESP. [284]

---

[282] Vide art.º 43.º, b) e d)
[283] Vide art.º 43.º, b)
[284] Vide art.º 43.º, b) e d)

2 – O pedido de registo deve ser instruído com os seguintes elementos:

a) Documento comprovativo da declaração do início da actividade;
b) Fotocópia do cartão de identificação de pessoa colectiva ou equiparada.

3 – O registo é válido por três anos.[285]

4 – Por cada registo e suas renovações são devidas as taxas de montante a fixar por portaria do membro do Governo responsável pela área da cultura.[286]

5 – Não carecem de registo de promotor de espectáculo as entidades que realizem espectáculos ocasionais cuja receita se destine a fins culturais ou humanitários.

Artigo 25.º

Obrigações dos promotores de espectáculos

Os promotores de espectáculos devem remeter à DGESP, nos primeiros 15 dias do mês de Janeiro e nos primeiros 15 dias do mês de Julho, a lista dos espectáculos realizados no semestre anterior, da qual deverá constar, nomeadamente, o nome do espectáculo, o local e a data da sua realização e o número de espectadores.

CAPÍTULO V

Espectáculos de natureza artística

SECÇÃO I

Licença de representação

Artigo 26.º [287]

Licença de representação

1 – Os espectáculos de natureza artística só podem ser anunciados ou realizados após a emissão pela DGESP de licença de representação.

---
[285] Vide art.º 43.º, d)
[286] P 510/96
[287] Vide art.º 43.º, c)

2 – A licença de representação tem por finalidade garantir a tutela dos direitos de autor e conexos devidos pela representação ou execução.

3 – A licença de representação pode abranger várias sessões.

Artigo 27.º
Procedimento para emissão da Licença de representação

1 – O requerimento da licença de representação deve indicar:

a) O programa do espectáculo e a sua classificação etária;[288]
b) O número de sessões do espectáculo e o dia, hora e local da sua realização;
c) O promotor do espectáculo;[289]
d) A autorização dos detentores de direitos de autor e conexos ou do seu representante.[290]

2 – Não constitui fundamento de indeferimento a mera falta de pagamento antecipado dos direitos devidos.

SECÇÃO II
Afixações obrigatórias e publicidade

Artigo 28.º [291]
Afixações obrigatórias

1 – No decurso dos espectáculos de natureza artística é obrigatória a afixação, em local bem visível, dos originais ou fotocópias do alvará da licença de recinto, da cópia da licença de representação e ainda da lotação do recinto.

2 – Todos os espectáculos, onde haja entradas pagas ou seja exigida qualquer outra forma de pagamento, ainda que indirecta, devem ser anunciados por meio de cartazes afixados na entrada principal do recinto contendo os elementos de informação constantes das alíneas a) a d) do n.º 1 do artigo anterior.

---

[288] Cfr. DL 396/82
[289] Vide art. 24.º
[290] Vide art.º 111.º CDADC
[291] Vide art.º 43.º, d)

3 – Junto das bilheteiras são sempre afixados de forma bem visível:

a) O preço dos bilhetes;
b) A planta do recinto e, quando houver lugares numerados, a indicação das diversas categorias e números.

Artigo 29.º
Publicidade

1 – A publicidade dos espectáculos públicos de natureza artística deve conformar-se com os elementos constantes da licença de representação emitida.[292]

2 – É proibida a publicidade sonora durante a realização ou nos intervalos dos espectáculos referidos no n.º 2 do artigo anterior.[293]

3 – Exceptuam-se do disposto no número anterior:

a) Os espectáculos tauromáquicos e circenses;
b) A publicidade por meio de videogramas musicais e discos, apenas durante os intervalos e sem que ocupe mais de metade dos mesmos.

SECÇÃO III

Bilhetes, reserva de lugares e livre trânsito

Artigo 30.º
Bilhetes

1 – Dos bilhetes de ingresso em espectáculos deve constar a indicação do preço, do recinto onde aqueles se realizam, do dia e da hora do espectáculo e, havendo numeração de lugares, o correspondente a cada bilhete.

2 – Não havendo lugares numerados, os bilhetes emitidos devem ter uma numeração sequencial correspondente, no máximo, à lotação do recinto.

3 – É proibido vender bilhetes para além da lotação atribuída ao recinto.

---

[292] Vide art. 43.º, c) e d)
[293] Vide art.º 43.º, d)

4 – Esgotados os bilhetes, será afixada, junto das bilheteiras, a indicação de «lotação esgotada».

Artigo 31.º
Restituição do preço dos bilhetes

1 – O promotor do espectáculo é obrigado a restituir aos espectadores que o exigirem a importância das respectivas entradas sempre que:

a) Não puder efectuar-se o espectáculo no local e na data e hora marcados;
b) Houver substituição do programa ou de artistas principais;
c) O espectáculo for interrompido.

2 – Nos casos das, alíneas b) e c) do número anterior, a restituição não será devida se a substituição ou interrupção forem determinadas por caso de força maior verificado depois do início do espectáculo.

Artigo 32.º
Reserva de lugares

1 – Em todos os recintos de espectáculos onde existam camarotes deve ser permanentemente reservado um para as entidades que exercem funções de superintendência e fiscalização.

2 – Se no recinto não existirem camarotes, deve ser reservada uma frisa ou, se não existirem camarotes nem frisas, reservado um número de lugares não inferior a dois nem superior a seis.

3 – Os bilhetes correspondentes aos lugares reservados nos termos do presente artigo podem ser colocados à venda se, até uma hora antes do início do espectáculo, não forem requisitados pelas entidades a que se destinam.

Artigo 33.º
Livre trânsito

1 – Os titulares de cartão ou título oficial que dê direito a livre entrada nos recintos de espectáculos deverão requisitar o respectivo bilhete com antecedência mínima de vinte e quatro horas, o que apenas será satisfeito se a lotação não estiver esgotada.[294]

---

[294] Vide art.º 43.º, d)

2 – Os funcionários ou agentes que, em serviço, devam entrar em recintos de espectáculos têm acesso aos locais em que as actividades ou situações a fiscalizar ou a controlar se verifiquem, sem direito a ocupação de qualquer lugar ou à permanência nos recintos para além do tempo estritamente indispensável ao exercício das suas funções.[295]

SECÇÃO IV

Espectadores

ARTIGO 34.º [296]

Espectadores

1 – Nas sessões de cinema, teatro, bailado, concertos, óperas ou quaisquer outros espectáculos que se realizem nas salas a estes destinados, os espectadores são obrigados a manter-se nos seus lugares durante as representações e execuções, de modo a não perturbarem os artistas e o público.

2 – Se o espectador, depois de advertido quanto ao seu comportamento, persistir na sua atitude ou se desde logo esta perturbar a realização do espectáculo, será obrigado a sair do recinto, sem direito a qualquer reembolso e sem prejuízo da coima aplicável.

3 – Nos recintos referidos no n.º 1 é proibido aos espectadores levar para o seu lugar:

a) Animais;
b) Quaisquer objectos que possam deteriorar ou sujar o recinto ou incomodar os demais espectadores.

4 – É proibido fumar dentro dos recintos fechados onde se realizem espectáculos, a não ser nos locais para esse fim indicados nas vistorias.

5 – Nos espectáculos de declamação, de ópera ou de bailado e nos concertos de música clássica é proibida a entrada, durante a actuação, para quaisquer lugares que não sejam frisas ou camarotes, devendo conservar-se fechadas as portas de acesso a tais lugares.

---

[295] Vide art.º 43.º, b)
[296] Vide art.º 43.º, d)

6 – Durante os espectáculos, apenas os arrumadores, os elementos da força policial ou do piquete dos bombeiros e os funcionários da fiscalização da DGESP, quando em exercício de funções, podem permanecer de pé nas coxias.

CAPÍTULO VI
Segurança e fiscalização

Artigo 35.º
Fiscalização do disposto no presente diploma

1 – A fiscalização do cumprimento do disposto no presente diploma e na respectiva legislação complementar incumbe à DGESP e às câmaras municipais, bem como às autoridades policiais e administrativas, no âmbito das respectivas competências.

2 – As autoridades policiais e administrativas que verificarem infracções ao disposto no presente diploma levantarão os competentes autos de notícia, que remeterão à DGESP ou à câmara municipal, conforme o caso, no prazo máximo de vinte e quatro horas.

3 – Para efeitos do cumprimento das funções a que se refere o presente artigo, deve ser prestada à DGESP e às câmaras municipais pelas entidades sujeitas à fiscalização toda a colaboração necessária que lhes for solicitada. [297]

Artigo 36.º [298]
Representação do promotor

O promotor do espectáculo deve fazer-se representar durante as sessões, a fim de receber qualquer aviso ou notificação e garantir o cumprimento das disposições legais e regulamentares constantes do presente diploma.

---

[297] Vide art.º 43.º, d)
[298] id.

Artigo 37.º
Piquete de bombeiros

1 – Nenhum espectáculo de natureza artística ao vivo poderá realizar-se sem comunicação à DGESP, com a antecedência mínima de vinte e quatro horas, para efeitos de verificação da necessidade da presença de piquete de bombeiros.[299]

2 – Se a DGESP considerar necessária a presença do piquete de bombeiros, este deverá comparecer no local pelo menos uma hora antes do início do espectáculo, salvo se o promotor ou qualquer agente de fiscalização considerar necessária uma maior antecipação.[300]

3 – Sendo necessária a presença do piquete de bombeiros, deverão ser entregues ao respectivo chefe as chaves dos compartimentos, onde estiverem os contadores de electricidade e gás, bem como dos compartimentos de material inflamável.[301]

4 – O chefe do piquete de bombeiros comunicará ao promotor do espectáculo se o recinto está ou não em condições de funcionamento e se as portas devem ser abertas ao público.

5 – Quando o recinto não deva ser aberto ao público, a comunicação referida no número anterior deve ser escrita e fundamentada.

6 – Quando o recinto, não obstante as faltas detectadas, puder ser aberto ao público, o chefe do piquete de bombeiros comunicará no dia seguinte a ocorrência à entidade fiscalizadora e ao titular da licença de recinto, a fim de serem tomadas com urgência as necessárias providências.

7 – No final do espectáculo, o piquete dos bombeiros inspeccionará todo o recinto para prevenir qualquer causa de incêndio.

Artigo 38.º
Força policial

1 – O promotor do espectáculo pode requisitar, sempre que o julgar necessário para a manutenção da ordem pública, uma força policial da zona onde se situa o recinto.

2 – A força policial prevista no número anterior terá a composição que vier a ser fixada pelo respectivo comandante.

---

[299] Vide art.º 43.º b) e c)
[300] id.
[301] id.

3 – O promotor do espectáculo, quando não solicitar a presença da força policial, fica responsável pela manutenção da ordem no respectivo recinto.

CAPÍTULO VII
Isenção de taxas

Artigo 39.º
Isenção de taxas

1 – Estão isentos das taxas a que se refere o presente diploma:

a) Estado e as demais pessoas colectivas públicas;
b) As instituições particulares de solidariedade social.

2 – O disposto no número anterior não se aplica à taxa devida pela vistoria prevista no artigo 8.º.

CAPÍTULO VIII
Colaboração entre a DGESP e as câmaras municipais

Artigo 40.º
Colaboração entre a DGESP e as câmaras municipais

A DGESP e as câmaras municipais devem prestar mútua colaboração na matéria a que se refere o presente diploma e, nomeadamente:

a) A DGESP deve remeter às câmaras municipais, até ao dia 10 de cada mês, informação completa das licenças de recintos e de representação emitidas na área do respectivo município no mês imediatamente anterior;
b) As câmaras municipais devem remeter à DGESP, até ao dia 10 de cada mês, informação completa das licenças relativas a recintos de espectáculos e divertimentos públicos emitidas no mês imediatamente anterior.

CAPÍTULO IX

Delegados municipais da DGESP

Artigo 41.º [302]

Delegados municipais da DGESP

1 – São delegados da DGESP:

a) Nos municípios sede de distrito, o secretário do governo civil ou outro funcionário que o governador civil designar;
b) Nos restantes municípios, o funcionário da câmara municipal designado para o efeito pelo respectivo presidente.

2 – As funções de delegado municipal consideram-se exercidas por inerência do cargo exercido no governo civil ou na câmara municipal e conferem o direito à percepção de uma gratificação a fixar por despacho conjunto do membro do Governo responsável pela área da cultura e do Ministro das Finanças.

3 – O cargo de delegado municipal da DGESP é exercido em regime de comissão de serviço anual renovável.

4 – A comissão renova-se automaticamente se o nomeante não tiver manifestado intenção contrária até 10 dias antes do seu termo.

5 – Não pode ser renovada a comissão do delegado que tiver merecido parecer desfavorável do director-geral dos Espectáculos, comunicada ao governador civil ou ao presidente da câmara respectivamente, com a antecedência de dois meses sobre a data da renovação.

6 – O delegado cuja comissão não for renovada mantém-se em exercício de funções até à nomeação do novo delegado.

Artigo 42.º

Competência dos delegados municipais da DGESP

Compete aos delegados municipais da DGESP:

a) Integrar as comissões de vistorias, sempre que determinado pelo Director-Geral dos Espectáculos;
b) Receber requerimentos de registo de promotores de espectáculos de natureza artística e conceder licenças de representação na área

---

[302] Vide art.º 18.º DL 80/97

do respectivo município, mediante delegação, do Director-Geral dos Espectáculos;
c) Fiscalizar, na área do respectivo município, o cumprimento das disposições relativas a espectáculos de natureza artística e levantar autos de notícia das infracções cometidas;
d) Manter informada a DGESP, de todos os elementos que se revelem necessários à sua actividade;
e) Enviar à DGESP, nos primeiros cinco dias de cada mês, toda a informação referente à actividade realizada no mês imediatamente anterior;
f) Exercer as competências que lhes sejam delegadas pelo Director-Geral dos Espectáculos.

CAPITULO X
Contra-ordenações

Artigo 43.º
Contra-ordenações

Constituem contra-ordenações, puníveis com as seguintes coimas:
a) De 50 000$ a 750 000$ e de 500 000$ a 9 000 000$, conforme seja praticada por pessoa singular ou colectiva, respectivamente, a violação do disposto no artigo 6.º;
b) De 50 000$ a 600 000$ e de 250 000$ a 9 000 000$, conforme seja praticada por pessoa singular ou colectiva, respectivamente, a violação do disposto nos artigos 12.º, n.ºs 1 e 2, 13.º, 18.º, n.º 3, 22.º, 23.º, 24.º, n.º 1, 33.º, n.º 2, e 37.º n.ºs 1 a 3;
c) De 10 000$ a 600 000$ e de 50 000$ a 6 750 000$, conforme seja praticada por pessoa singular ou colectiva, respectivamente, a violação do disposto nos artigos 20.º, 26.º, n.º 1, e 29.º, n.º 1, e, bem assim, do disposto no artigo 37.º, n.ºs 1, 2 e 3, quando relativa a recintos referidos no artigo 20.º ou com menos de 200 lugares;
d) De 10 000$ a 450 000$ e de 30 000$ a 4 500 000$, conforme seja praticada por pessoa singular ou colectiva, respectivamente, a violação do disposto nos artigos 10.º, 17.º, 24.º, n.º 3, 25.º,

28.º, n.ºˢ 1 a 3, 29.º, n.º 2, 30.º, n.ºˢ 1 a 4, 32.º, n.º 4, 33.º, n.º 1, 34.º, n.ºˢ 1 a 6, 35.º, n.º 3 e 36.º e, bem assim, 18.º, n.º 3, 22.º, 24.º, n.º 1, e 29.º, n.º 1, quando relativa a recintos referidos no artigo 20.º ou com menos de 200 lugares.[303]

Artigo 44.º
Negligência e tentativa

1 – Nas contra-ordenações referidas no artigo anterior a negligência é punível.

2 – A tentativa é punível nas contra-ordenações decorrentes da violação do disposto nos artigos 6.º, 17.º, 20.º, 22.º, 24.º, n.º 1, e 26.º, n.º 1.

Artigo 45.º
Sanções acessórias

1 – Para além da coima, podem ser aplicadas ao infractor as seguintes sanções acessórias, nos termos da lei geral:

a) Interdição do exercício da actividade de promotor de espectáculos;
b) Encerramento do recinto;
c) Revogação total ou parcial da licença de recinto.

2 – As sanções referidas no número anterior têm a duração máxima de dois anos.

Artigo 46.º
Competência para a instrução e aplicação das sanções

1 – A instrução do procedimento de contra-ordenação incumbe à DGESP ou às câmaras municipais, relativamente à violação das normas do presente diploma cujo cumprimento lhes caiba assegurar.

2 – A aplicação da coima e das eventuais sanções acessórias compete ao director-geral dos Espectáculos ou ao presidente da câmara municipal, cabendo o montante da coima ao Fundo de Fomento Cultural, no primeiro caso, e à câmara municipal, no segundo.

---

[303] O n.º 4 do art.º 32.º DL 315/95 não existe.

CAPÍTULO XI

Disposições finais e transitórias

ARTIGO 47.º

Espectáculos de âmbito familiar

Para efeitos do presente diploma, não são considerados espectáculos e divertimentos públicos os que, sendo de natureza familiar, se realizem sem fins lucrativos, para recreio dos membros da família e convidados, quer tenham lugar no próprio lar familiar, quer em recinto obtido para o efeito.[304]

ARTIGO 48.º

Alterações

1 – ....[305]

2 – O artigo 7.º do Decreto-Lei n.º 517/80, de 31 de Outubro, passa a ter a seguinte redacção:

Art. 7.º – 1 – ....
2 – ....
3 – No caso de instalações de 1ª, 2ª e 4ª categorias, o distribuidor público, após apreciação sumária, remeterá os exemplares selados para apreciação pelos serviços exteriores da Direcção-Geral de Energia.
4 – Se tratar de instalações de 3ª e 5ª categorias, o distribuidor, procederá à sua apreciação, ficando com um dos exemplares não selados do projecto.
5 – ....
6 – ....
7 – ....
8 – ....
9 – ....
10 – ....
11 – ....

3 – O artigo 2.º do Decreto-Lei n.º 39/88, de 6 de Fevereiro, passa a ter a seguinte redacção:..................[306]

---

[304] Vide art.º 108.º, n.º 2 e art.º 149.º, n.º 3 CDADC.
[305] Este número referia-se a agências de bilhetes. Foi revogado pelo DL 316/95
[306] Redacção já inserida, mais adiante, no DL 39/88

4 – O artigo 1.º do Decreto-Lei n.º 227/89, de 8 de Julho, passa a ter a seguinte redacção:...................[307]

2 – ....

Artigo 49.º
Normas transitórias

1 – Os processos relativos aos projectos de construção de recintos de espectáculos e divertimentos públicos que à data de entrada em vigor do presente diploma se encontrem para apreciação na DGESP serão arquivados, sendo o interessado disso notificado no prazo de cinco dias sobre a referida data.

2 – No caso referido no número anterior, se a respectiva taxa se encontrar paga, será a mesma devolvida ao interessado.

3 – Os processos de transgressão e contra – ordenação pendentes de apreciação e decisão à data da entrada em vigor do presente diploma continuam a reger-se pela legislação que lhes era aplicável ao tempo da abertura, salvo no respeitante à sanção, que será a mais favorável ao arguido.

4 – O disposto no n.º 1 do artigo 24.º aplica-se aos promotores de espectáculos que já tenham iniciado a actividade ao tempo da entrada em vigor do presente diploma, devendo o requerimento de registo ser apresentado no prazo de três meses sobre aquela data.

5 – Em caso de incumprimento do disposto no número anterior, são aplicáveis ao promotor de espectáculos as sanções previstas no presente diploma para a falta de registo.

6 – Com a entrada em vigor do presente diploma, os actuais delegados da DGESP consideram-se providos em comissão de serviço, cessando essas comissões no prazo de três meses, se não forem confirmadas expressamente pelo nomeante, aplicando-se o disposto no n.º 6 do artigo 41.º.

Artigo 50.º
Regulamentos especiais

Os recintos de espectáculos e divertimentos públicos que careçam de normas específicas relativamente às constantes do decreto regulamentar

---

[307] Redacção já inserida, mais adiante, no DL 227/89

a aprovar nos termos do artigo 2.º serão dotados de regulamentos especiais, a aprovar igualmente por decreto regulamentar.

Artigo 51.º
Revogação

São revogados:

a) O artigo 10.º da Lei n.º 2041, de 16 de Junho de 1950;
b) O Decreto-Lei n.º 42 660, de 20 de Novembro de 1959;
c) O Decreto-Lei n.º 42 661, de 20 de Novembro de 1959;
d) O Decreto-Lei n.º 42 663, de 20 de Novembro de 1959;
e) O Decreto-Lei n.º 42 664, de 20 de Novembro de 1959;
f) Os artigos 40.º e 41.º do Decreto-Lei n.º 184/73, de 25 de Abril;
g) A Portaria n.º 366/77, de 20 de Junho;
h) A Portaria n.º 165/78, de 28 de Março;
i) O Decreto-Lei n.º 94/79, de 20 de Abril;
j) O Decreto-Lei n.º 456/85, de 29 de Outubro;
k) O artigo 26.º do Decreto-Lei n.º 106-B/92, de 1 de Junho.

Artigo 52.º
Entrada em vigor

O presente diploma, com excepção do disposto nos seus artigos 2.º e 50.º, entra em vigor no dia 1 de Janeiro de 1996.

Portaria n.º 510/96
de 25 de Setembro

O Decreto-Lei n.º 315/95, de 28 de Novembro, alterou a filosofia dos diplomas que o precederam no respeitante às taxas devidas pelas vistorias feitas pela Direcção Geral dos Espectáculos (DGESP) para efeitos de emissão de licença de recinto de que carecem os recintos destinados principalmente a espectáculos de natureza artística. Nos termos do referido diploma, as receitas das vistorias constituirão receitas consignadas ao funcionamento do sistema, o que veio a ser facilitado pela recente alteração da lei orgânica da DGESP, operada pelo Decreto-Lei n.º 58/96, de 22 de Maio, permitindo o trânsito dos saldos.

Por outro lado, têm os utentes, ao longo dos anos, vindo a reclamar contra a variação da taxa em razão do número de peritos utilizados nas vistorias, pelo que há muito se vinha sentindo a necessidade de as taxas passarem a ter um valor fixo.

Igualmente a filosofia anterior, no respeitante às taxas devidas pelo registo das actividades de promotor de espectáculo, de edição, reprodução, distribuição, venda, aluguer ou troca de videogramas e de importações, exportação, fabrico, produção, edição e distribuição de fonogramas, foi alterada pelo Decreto-Lei n.º 315/95, de 28 de Novembro, tendo deixado de ser devidas por cada modalidade de actividade registada para passarem a constituir uma taxa única (Artigo 24.º).

Estipulou também o Decreto-Lei n.º 315/95, de 28 de Novembro, uma taxa suplementar, que importa fixar, devida pela emissão do alvará de licença de recinto em prazo mais curto que o de 10 dias a contar da data da realização da vistoria.

Neste termos, ao abrigo do disposto no n.º 2 do artigo 8.º, no n.º 3 do artigo 9.º, no n.º 4 do artigo 24.º e na alínea j) do artigo 51.º do Decreto-Lei n.º 315/95, de 28 de Novembro, no artigo 2.º do Decreto-Lei n.º 39/88, de 6 de Fevereiro, e no artigo 1.º do Decreto-Lei n.º 227/89, de 8 de Julho:

Manda o Governo, pelo Ministro da Cultura o seguinte:

1.º Pelas vistorias a realizar ao abrigo do n.º 1 do artigo 8.º e do n.º 3 do artigo 12.º do Decreto-Lei n.º 315/95, de 28 de Novembro, são devidas as seguintes taxas em conformidade com a classificação dos recintos feita no n.º 2 do artigo 3.º do Regulamento das Condições Técnicas e de Segurança dos Recintos de Espectáculos e Divertimentos Públicos, aprovado pelo Decreto Regulamentar n.º 34/95, de 16 de Dezembro:

a) Recintos de 1ª categoria – 110 000$;
b) Recintos de 2ª categoria – 90 000$;
c) Recintos de 3ª categoria – 70 000$
d) Recintos de 4ª categoria – 50 000$
e) Recintos de 5ª categoria – 35 000$.

2.º São as seguintes as remunerações devidas a cada um dos membros das comissões de vistoria previstas nos artigos 8.º, 12.º e 18.º do Decreto-Lei n.º 315/95, de 28 de Novembro:

a) Vistorias de recintos de 1ª categoria – 13 000$;
b) Vistorias de recintos de 2ª categoria – 11 000$;
c) Vistorias de recintos de 3ª categoria – 9 000$;
d) Vistorias de recintos de 4ª categoria – 7 000$;
e) Vistorias de recintos de 5ª categoria – 6 000$;

3.º O valor da taxa suplementar devida pela passagem do alvará da licença de recinto em prazo mais curto do que o fixado no n.º1 do artigo 9.º do Decreto-Lei n.º 315/95, de 28 de Novembro, é o seguinte

a) Emissão em prazo de vinte e quatro horas – 20 000$;
b) Emissão em prazo inferior a 10 dias mais superior a 1 – 10 000$.

4.º O valor da taxa devida pelo registo da actividade de promotor de espectáculos, da actividade de edição, reprodução, distribuição, venda, aluguer ou troca de videogramas e da actividade de importação, exportação, fabrico, produção, edição e distribuição de fonogramas e suas renovações é de 30 000$.

5.º Estão isentas da taxa referida no n.º 4 da presente portaria:

a) As associações recreativas, culturais ou desportivos
b) Os salões ou centros paroquiais e as instituições de beneficência.

6.º As instituições referidas no n.º 5 da presente portaria pagarão apenas o valor de dois terços das taxas referidas no n.º1, arredondado para a centena de escudos mais próxima.

7.º Os valores fixados no n.º 2 da presente portaria apenas se aplicam aos membros das comissões de vistorias extraordinárias determinadas após a sua entrada em vigor e às ordinárias que já tiveram pago os valores fixados nos seus n.ᵒˢ 1.º e 6.º.

8.º A presente portaria entra em vigor em 1 de Outubro de 1996.

Decreto-Lei n.º 316/95 [308]
de 28 de Novembro

Artigo 1.º

É aprovado,, em anexo ao presente diploma, que dele faz parte integrante, o regime jurídico do licenciamento das seguintes actividades:

....

g) Venda de bilhetes para espectáculos ou divertimentos públicos em agências ou postos de venda;

....

ANEXO

....

SECÇÃO VII

Agências de venda de bilhetes para espectáculos públicos

Artigo 33.º

Licenciamento

1– A venda de bilhetes para espectáculos ou divertimentos públicos em agências ou postos de venda está sujeita à obtenção de licença a emitir pelo governador civil do distrito.

2 – Para obtenção da licença devem os interessados apresentar requerimento em que indiquem o nome, a idade, o estado civil, a residência, o número de identificação fiscal e a localização da agência ou posto, juntando cópia do bilhete de identidade.

---

[308] Diploma parcialmente transcrito

Artigo 34.º

Requisitos

1 – As licenças só podem ser concedidas quando a instalação da agência ou posto de venda tenha lugar em estabelecimento privativo, com boas condições de apresentação e de higiene e ao qual o público tenha acesso, ou em secções de estabelecimentos de qualquer ramo de comércio que satisfaçam aqueles requisitos.

2 – Não podem funcionar agências ou postos de venda a menos de 100 m das bilheteiras de qualquer casa ou recinto de espectáculos ou divertimentos públicos.

3 – É obrigatória a afixação nas agências ou postos de venda, em lugar bem visível, das tabelas de preços de cada casa ou recinto cujos bilhetes comercializem, autenticadas com o carimbo das respectivas empresas.

Artigo 35.º

Requerimentos

1 – Os requerimentos das licenças são entregues acompanhados de:

a) Certificado do registo criminal, quando se trate do primeiro requerimento e, posteriormente, sempre que for exigido;
b) Documento comprovativo da autorização concedida pelo respectivo proprietário, no caso de a instalação ter lugar em estabelecimento de outro ramo de actividade não pertencente ao requerente.

2 – Tratando-se de pedido de licenciamento a favor de sociedades comerciais, os elementos de identificação mencionados no n.º 2 do artigo 33.º devem respeitar aos titulares da gerência ou administração das mesmas.

3 – A licença para instalar postos de venda só pode ser concedida às agências.

4 – A licença é intransmissível e tem validade anual, não sendo devida qualquer taxa pela respectiva concessão.

5 – A apresentação do requerimento e o seu deferimento obedecem ao disposto no artigo 29.º

Artigo 36.º

Proibições

Nas agências e postos de venda é proibido:

a) Cobrar quantia superior em 10% à do preço de venda ao público dos bilhetes;
b) Cobrar importância superior em 20% à do preço de venda ao público dos bilhetes, no caso de entrega ao domicílio;
c) Fazer propaganda em viva voz em qualquer lugar e, por qualquer meio, dentro de um raio de 100 m em torno das bilheteiras;
d) Recusar a venda de qualquer bilhete em seu poder

Lei n.º 8/71 [309]
de 9 de Dezembro

BASE XIX

Nenhum recinto de teatro poderá deixar de ser explorado, em cada ano teatral, por período superior a cento e vinte dias, salvo motivo justificado.

BASE XX

1. Os teatros ou casas de espectáculos com palco que não estejam a ser explorados, poderão ser requisitados por despacho do Conselho de Ministros, mediante justa indemnização, aplicando-se, com as necessárias adaptações, e sem prejuízo do disposto nos números seguintes, a legislação especial sobre requisição de edifícios públicos.

2. A indemnização será fixada por acordo e, na falta deste, pelo Governo, mediante parecer fundamentado do Conselho de Teatro.

3. Da decisão do Governo cabe recurso para os tribunais competentes, mas o recorrente não fica impedido de receber desde logo a indemnização fixada.

---

[309] Diploma parcialmente transcrito

4. O teatro requisitado poderá ser cedido para exploração nos termos da base seguinte.

BASE XXI

1. Os recintos de teatro de que o Estado seja proprietário ou de cuja exploração seja titular poderão ser cedidos, mediante decisão do Governo, a empresas que se proponham explorá-los.
2. Os departamentos públicos interessados deverão promover o funcionamento dos teatros do Estado durante todo o ano, ainda que se torne necessário ceder a sua exploração a mais de uma entidade.

BASE XXII

1. As empresas exploradoras de cine-teatros e outras casas de espectáculos com palco são obrigadas a ceder, para espectáculos de teatro, os seus recintos às companhias itinerantes e a outros agrupamentos teatrais, profissionais ou de amadores, desde que o interesse das populações o justifique. Este interesse, que se presume, poderá, no entanto, a requerimento do interessado, ser considerado não atendível, por decisão do Director-Geral da Cultura Popular e Espectáculos.
2. As empresas não poderão ser obrigadas, contudo, a ceder o recinto por períodos superiores a oito dias consecutivos nem por mais de quarenta e cinco dias durante o ano teatral.
3. Na falta de acordo, o preço da cedência será fixado pelo Director-Geral da Cultura Popular e Espectáculos, ouvidos os interessados.

BASE XXIII

1. Os recintos de teatro e de cine-teatro não serão demolidos nem desafectados do fim a que se destinam sem prévia autorização do Secretário de Estado da Informação e Turismo, que a poderá recusar quando o imponha o interesse da actividade teatral.
2. Durante os dez anos seguintes à construção ou remodelação total dos referidos recintos, a sua demolição ou utilização para fins diversos só será permitida desde que, na mesma localidade, seja construído ou adaptado outro recinto nas condições aprovadas pela Direcção-Geral da Cultura Popular e Espectáculos e que satisfaça às necessidades do tempo e do lugar.

3. Estando em causa recintos cuja construção ou remodelação total se tenha feito com a assistência financeira do Fundo de Teatro, a sua demolição ou desafectação não será permitida antes de decorrido o prazo previsto no número anterior e enquanto não estiverem cumpridas as obrigações emergentes do contrato com o Fundo.

4. Se o recinto se inutilizar, por caso fortuito ou de força maior, cessa a afectação prevista nesta base.

BASE XXIV

1. São nulos os actos ou contratos celebrados com inobservância do disposto na base anterior.

2. Não poderão ser lavradas escrituras relativas a actos ou contratos sobre imóveis onde se encontrem instalados teatros e cine-teatros quando importem a desvinculação destes dos seus fins próprios, sem que seja exibida certidão da Direcção-Geral da Cultura Popular e Espectáculos comprovativa da desafectação autorizada nos termos da base XXIII.

BASE XXX

1. As infracções ao disposto nesta lei e seus regulamentos serão punidas administrativamente com as seguintes sanções:

   a) Advertência;
   b) Multa até 100 000$;[310]
   c) Suspensão temporária do exercício da actividade até seis meses.

2. O limite da multa será aumentado para o dobro em caso de reincidência.

3. A aplicação das sanções previstas nos números anteriores pertence ao Director-Geral da Cultura Popular e Espectáculos, exceptuadas as multas de montante superior a 50 000$ e a sanção da alínea c), que são da competência do Secretário de Estado da Informação e Turismo.

4. As sanções serão fixadas dentro dos limites estabelecidos, tendo em atenção a natureza, gravidade e circunstâncias da infracção os antecedentes do infractor e ainda, quando se trate de multa, a sua capacidade económica.

---

[310] O Decreto-Lei n.º 131/82 de 23 de Abril actualiza o montante destas multas por aplicação do coeficiente 6.

Decreto-Lei n.º 396/82
de 21 de Setembro

Com a abolição da censura e a criação de uma nova realidade social e política, posterior ao 25 de Abril de 1974, ficou tacitamente revogado, na sua maior parte, o Decreto-Lei n.º 263/71, que regulava a classificação dos espectáculos e divertimentos públicos.

Pretende-se com a nova legislação, por um lado, regular a frequência de espectáculos e divertimentos públicos por menores e, por outro lado, criar mecanismos de defesa do público espectador, dando-lhe a conhecer previamente a classificação do espectáculo e atribuindo-lhe o direito a recorrer da classificação atribuída. A sistematização legal que se pretendeu conseguir inclui o alargamento e a fixação de normas de classificação para outros tipos de espectáculo além do cinematográfico, nomeadamente o teatral, e visa reforçar as formas de garantia, de responsabilidade e de certeza num domínio onde o rigor e a objectividade, expurgando margens de subjectivismo e juízo ideológico, são exigências fundamentais.

O presente diploma consagra escalões de classificação etária que correspondem a estádios de desenvolvimento do indivíduo definidos por critérios psicogenéticos. Estes escalões, similares aos consagrados em legislação estrangeira, respondem, por outro lado, a exigências de ordem prática, em termos de efectivo controle do cumprimento da lei.

À Comissão de Classificação de Espectáculos, criada como unidade orgânica do Ministério da Cultura e Coordenação Científica pelo Decreto-Lei n.º 59/80, competirá essencialmente a classificação dos espectáculos cinematográficos e teatrais. O presente diploma atribui, ainda, à Comissão de Classificação de Espectáculos a competência de classificar os espectáculos exibidos por meios de vídeo, cuja proliferação começa já a fazer-se sentir.

Por outro lado, e a fim de simplificar e dar maior rapidez ao processo classificativo, estabelecem-se os escalões por que serão classificados os espectáculos que, pela sua natureza, não careçam de visionamento prévio. Estão neste caso incluídos, entre outros, os espectáculos desportivos e de circo, os concertos musicais, a ópera, o bailado. Por sua vez, só será admitida a presença de menores em clubes nocturnos e similares após requerimento fundamentado do interessado e parecer das autoridades locais. Pretende-se com este normativo ter em consideração, nomeadamente as características do estabelecimento, o horário e a época de funcionamento

Finalmente, estabelece-se que, nos termos da legislação de espectáculos, compete à Direcção-Geral dos Espectáculos e do Direito de Autor todo o procedimento administrativo relativo ao processo de classificação e legislação de todos os espectáculos e divertimentos públicos, funcionando como elo de ligação entre o promotor do espectáculo e a Comissão de Classificação de Espectáculos, sempre que for caso disso.

Assim o Governo decreta, nos termos da alínea *a)* do n.º 1 do artigo 201.º da Constituição, o seguinte:

CAPÍTULO I
Da classificação de espectáculos

Artigo 1.º

1 – A classificação dos espectáculos e divertimentos públicos obedece ao disposto no presente diploma e a outras normas legais aplicáveis, não podendo, em caso algum, a classificação atribuída depender de juízos de carácter ideológico.
2 – A realização de qualquer espectáculo ou divertimento público carece da atribuição da respectiva classificação, a qual, no entanto, nunca poderá ser denegada. [311]
3 – A classificação dos espectáculos de radiodifusão visual será regulada por diploma próprio.

Artigo 2.º

1 – Os espectáculos ou divertimentos públicos serão classificados nos seguintes escalões etários:

>Para maiores de 4 anos;
>Para maiores de 6 anos;
>Para maiores de 12 anos;
>Para maiores de 16 anos;
>Para maiores de 18 anos.

---

[311] Vide art.º 23.º

2 – Os espectáculos e divertimentos públicos serão ainda classificados sempre que for caso disso, «De Qualidade» ou «Pornográficos» e estes em escalões, de acordo com as disposições aplicáveis.

3 – Devem ser publicados no *Diário da República* os critérios gerais de classificação propostos pela Comissão de Classificação de Espectáculos e homologados por portaria [312] do Ministério da Cultura e Coordenação Científica.

4 – .... [313]

Artigo 3.º [314]

A frequência de espectáculos ou divertimentos públicos por menores rege-se pelas seguintes normas:

a) Os menores de 3 anos não podem assistir a quaisquer espectáculos ou divertimentos públicos caracterizados pela legislação em vigor;

b) Sempre que se suscitem dúvidas sobre a idade de menores, avaliada pelos critérios comuns de aparência, deverão as empresas ou entidades promotoras dos espectáculos ou divertimentos públicos, as autoridades policiais e administrativas e os agentes encarregados da fiscalização negar a entrada desses menores, desde que não seja apresentado elemento comprovativo da idade invocada ou os menores não sejam acompanhados pelos pais ou outros educadores, devidamente identificados, que por eles se responsabilizem.

Artigo 4.º

1 – Salvo parecer em contrário da Comissão de Classificação de Espectáculos, produzido em harmonia com o previsto no n.º 2 deste artigo, serão classificados:

a) «Para maiores de 3 anos», os espectáculos desportivos e de circo, os concertos musicais e similares e os espectáculos de ópera e bailado;

b) «Para maiores de 6 anos», os espectáculos tauromáquicos [315]

---

[312] P 245/83
[313] Revogado pelo Decreto-Lei n.º 456/85 de 29 de Outubro
[314] Redacção conferida pelo Decreto-Lei n.º 116/83 de 24 de Fevereiro
[315] id.

2 – Os espectáculos referidos no número anterior poderão ser classificados em diferente escalão etário pela Comissão de Classificação de Espectáculos quando, por sua iniciativa ou após requerimento fundamentado do promotor do espectáculo a solicitar novo visionamento, se conclua que as características do espectáculo o aconselham.

3 – Será «Para maiores de 12 anos» a frequência de lugares públicos destinados a bailes populares.

4 – Será «Para maiores de 16 anos» a frequência de discotecas e similares.

5 – Será «Para maiores de 18 anos» a frequência de clubes nocturnos e similares.

6 – Nos casos referidos nos n.os 3, 4 e 5, poderá a Direcção-Geral dos Espectáculos e do Direito de Autor estabelecer, a requerimento fundamentado do interessado e tendo em consideração também o parecer das autoridades locais, um escalão classificativo inferior.

Artigo 5.º [316]

1 – Quando do mesmo espectáculo façam parte elementos classificados em escalões diferentes, a classificação global do espectáculo será determinada pela classificação do elemento de escalão mais elevado.

2 – Aplica-se o disposto no número anterior quando, em diversos locais do mesmo edifício, decorrerem simultaneamente espectáculos não classificados para o mesmo grupo etário, se não for possível impedir eficazmente o trânsito dos espectadores de uns locais para os outros no interior do mesmo edifício.

CAPÍTULO II

Da classificação de filmes

Artigo 6.º

Compete à Comissão de Classificação de Espectáculos a classificação de todos os filmes destinados a exibição pública.

---

[316] Vide art.º 25.º

Artigo 7.º

1 – O material fílmico a submeter à Comissão de Classificação de Espectáculos será apresentado na Direcção-Geral dos Espectáculos e do Direito de Autor [317] acompanhado por requerimento dos interessados.

2 – O requerimento é feito em papel selado e será instruído com os seguintes elementos:

    a) Título original e em português, ficha técnica e artística, resumo de argumentos e texto dos diálogos em português:

    b) Prova documental do cumprimento das obrigações fiscais, ou outras, a cargo do interessado.

3 – A falta de qualquer dos elementos referidos no número anterior impedirá que se proceda ao visionamento e classificação, determinando, no respeitante a qualquer dos documentos referidos na alínea *a)*, a devolução do material fílmico, se a falta não for suprida pelos interessados no prazo que lhes for fixado.

4 – Será também devolvido ao requerente o material fílmico que se presuma, ou se verifique após visionamento pela Comissão de Classificação, não ser apresentado em versão integral ou que apresentar lacunas ou erros na legendagem salvo, quanto a esta, se o material tiver sido legendado antes de 25 de Abril de 1974 e se se comprovar a inviabilidade económica ou técnica da eliminação dessas faltas.

Artigo 8.º [318]

1 – Qualquer alteração ao material fílmico já classificado, designadamente da montagem ou legendagem, e efectuada sob a responsabilidade da entidade produtora ou distribuidora do filme, implica nova classificação pela Comissão de Classificação de Espectáculos.

2 – Após a classificação, o processo com os elementos a que se refere o n.º 2 do artigo 7.º é registado na Direcção-Geral dos Espectáculos e do Direito de Autor, não podendo o título em português do material fílmico respectivo vir a sofrer qualquer alteração.

---

[317] As referências feitas neste diploma à Direcção-Geral dos Espectáculos e do Direito de Autor devem entender-se como feitas à IGAC

[318] Vide art.º 25.º

Artigo 9.º

.... [319]

Artigo 10.º

1 – A exibição de filmes-anúncio não depende da classificação do filme anunciado mas apenas da classificação que ao próprio anúncio for dada.

2 – .... [320]

3 – Aos filmes importados temporariamente para exibição em festivais pode ser dispensada a classificação pela Comissão de Classificação de Espectáculos, sendo nesse caso considerados como «Para maiores de 12 anos», estando porém, sempre salvaguardada a possibilidade de a Comissão de Classificação de Espectáculos, por sua iniciativa ou a requerimento dos interessados determinar outra classificação, tendo em conta as características dos filmes e do festival e a classificação que tiver sido provavelmente atribuída aos referidos filmes no país de origem.

CAPÍTULO III

Da classificação de espectáculos de teatro

Artigo 11.º

1 – A classificação dos espectáculos de teatro compete à Comissão de Classificação de Espectáculos, de acordo com as normas aplicáveis.

2 – A classificação será requerida à Direcção-Geral dos Espectáculos e do Direito de Autor:

a) Através dos seus serviços em Lisboa, para espectáculos a efectuar no concelho de Lisboa;

b) Através do seu Serviço Regional do Porto, para os espectáculos a efectuar no concelho do Porto;

c) Através dos seus delegados concelhios, para os espectáculos a efectuar nos restantes concelhos.

---

[319] Revogado pelo Decreto-Lei n.º 456/85 de 29 de Outubro
[320] id.

3 – Para efeito de visionamento a classificação de espectáculos a realizar fora do concelho de Lisboa e que não tenham ainda sido classificados, a Comissão de Classificação de Espectáculos constituirá grupos de classificação com um máximo de 3 vogais.

4 – O requerimento a que se refere o n.º 2 deste artigo é feito em papel selado e instruído com o texto, em português, da peça a representar e prova documental do cumprimento das obrigações fiscais, ou outras, a cargo do interessado.

Artigo 12.º

Quando se verifique a impossibilidade do visionamento, pela Comissão de Classificação de Espectáculos, de espectáculos de teatro realizados por companhias estrangeiras, serão estes classificados «Para maiores de 12 anos», salvo se o promotor do espectáculo fizer prova de que se trata de espectáculo aconselhável para nível etário inferior, nomeadamente, através de prova documental sobre a respectiva classificação no país de origem.

Artigo 13.º

1 – Os promotores do espectáculo a classificar nos termos do artigo 11.º comunicarão aos serviços da Direcção-Geral dos Espectáculos e do Direito de Autor, com a antecedência mínima de 15 dias, a data e a hora a que se poderá proceder ao visionamento do espectáculo.

2 – Quando, por imprevistos de última hora, o espectáculo não estiver completo na data aprazada ou antes da estreia, serão facultadas à Comissão de Classificação de Espectáculos as maquetas dos cenários ou figurinos ou outros elementos em falta, podendo porém, a referida Comissão marcar novo visionamento sempre que os elementos do espectáculo que lhe foram presentes não sejam suficientes para o cumprimento das suas atribuições.

Artigo 14.º [321]

Qualquer alteração aos elementos do espectáculo já classificado deve ser comunicada à Comissão de Classificação de Espectáculo, que decidirá sobre a sua eventual reclassificação.

---

[321] Vide art.º 25.º

CAPÍTULO IV

Disposições gerais

Artigo 15.º

1 – Das deliberações da Comissão de Classificação de Espectáculos cabe recurso nos termos do disposto no Decreto Regulamentar n.º 11/82, de 5 de Março.

2 – O novo visionamento terá lugar no prazo máximo de 15 dias, após a interposição do recurso sendo, a sua data marcada pela Comissão referida e comunicada pela Direcção-Geral dos Espectáculos e do Direito de Autor ao distribuidor ou promotor do espectáculo.

3 – Se, por motivos imputáveis ao distribuidor ou promotor do espectáculo, não for possível à Comissão de Classificação de Espectáculos proceder, para efeitos de recurso, ao novo visionamento considera-se o espectáculo sem classificação findo o prazo a que se refere o número anterior.

4 – Salvo o disposto no número anterior, a classificação recorrida mantém-se até decisão da Comissão de Classificação de Espectáculos, após o visionamento a que se refere o n.º 2 deste artigo.

Artigo 16.º

A classificação atribuída pela Comissão de Classificação aos espectáculos visionados constará de impresso próprio, a passar pela Direcção-Geral dos Espectáculos e do Direito de Autor, o qual servirá de meio de prova a utilizar pelos interessados ao requererem a concessão do respectivo visto.

Artigo 17.º

A exibição em locais públicos por sistemas de vídeo carece de classificação pela comissão de Classificação de Espectáculos, nos termos do disposto para espectáculos cinematográficos, com as necessárias adaptações.

Artigo 18.º

Quaisquer outros espectáculos cuja natureza não seja abrangida pelo disposto nos artigos anteriores deverão ser classificados pela Comissão de Classificação de Espectáculos, nos termos do disposto para os espectáculos de teatro, com as necessárias adaptações.

ARTIGO 19.º [322]

A classificação e demais especificações dos espectáculos e divertimentos públicos deverão ser afixadas em letreiros bem visíveis junto das bilheteiras e portas de entrada dos recintos onde os espectáculos se realizem.

ARTIGO 20.º [323]

Os cartazes, prospectos e quaisquer outros meios de publicidade relativos a espectáculos e divertimentos públicos em curso, ou a algum dos seus elementos abrangido pelo presente diploma, não deverão ser diversos do programa a visar e deles constarão obrigatoriamente as classificações e demais especificações que tenham sido atribuídas.

ARTIGO 21.º

Os espectáculos ou divertimentos públicos devem começar às horas que foram indicadas, as quais apenas poderão ser alteradas em caso de força maior, devidamente justificado.

CAPÍTULO V

Das infracções e sua sanção

ARTIGO 22.º

A fiscalização do cumprimento das disposições constantes no presente diploma compete à Direcção-Geral dos Espectáculos e do Direito de Autor e às autoridades policiais e administrativas.

ARTIGO 23.º

As infracções ao disposto no n.º 2 do artigo 1.º serão punidas com coima de 50.000$ a 100.000$.

ARTIGO 24.º

A exibição de filmes e filmes-anúncios em mau estado de conservação, nas condições que vierem a ser definidas por despacho do Ministro

---

[322] Vide art.º 26.º. Para espectáculos tauromáquicos, vide art.º 66.º RET, n.º 1 f).
[323] id.

da Cultura e Coordenação Científica, será punida com coima de 5.000$ a 25.000$.

Artigo 25.º

As infracções ao disposto nos artigos 5.º, 8.º, 9.º e 14.º deste diploma serão punidas com coima de 50.000$.

Artigo 26.º

As infracções ao disposto nos artigos 19.º e 20.º deste diploma serão punidas com coima de 25.000$.

Artigo 27.º

Os responsáveis pela organização do espectáculo ou divertimento público que permitirem ou facilitarem o acesso de menores ao espectáculo, em contravenção do disposto nas disposições legais aplicáveis, incorrerão na coima de 10.000$ a 25.000$ por cada menor.

Artigo 28.º

Às infracções para que se não tenha estabelecido outra pena, caberá a coima de 5.000$ a 25.000$.

Artigo 29.º

No caso de reincidência, todas as coimas são elevadas ao dobro, devendo elevar-se ao triplo na segunda e ulteriores reincidências.

Artigo 30.º

Para efeitos do presente diploma, considera-se que há reincidência sempre que tenha sido praticada outra infracção da mesma natureza antes de decorridos 6 meses sobre a punição da primeira.

Artigo 31.º

A instrução dos processos relativos às infracções previstas neste diploma e a aplicação das respectivas coimas competem à Direcção-Geral dos Espectáculos e Direito de Autor, sendo observado, para o efeito, o disposto na parte aplicável do Decreto Lei n.º 42660 e respectivas disposições regulamentares.

CAPÍTULO VI
Disposições finais e transitórias

Artigo 32.º

Os espectáculos já classificados à data da entrada em vigor deste diploma mantêm a sua classificação, excepto se os interessados pedirem a sua reclassificação.

Artigo 33.º

....

Artigo 34.º

As dúvidas suscitadas na execução do presente diploma serão resolvidas por despacho do Ministro da Cultura e Coordenação Científica

Artigo 35.º

O presente diploma revoga toda a legislação em contrário e prevalece sobre quaisquer disposições especiais ou regulamentares que o contrariem.

Decreto Regulamentar n.º 11/82
de 5 de Março

....

Artigo 13.º

1. Das deliberações dos grupos de classificação cabe recurso para a subcomissão de recursos.
2. Têm legitimidade para interpor recursos:
   a) O exibidor, o distribuidor ou o produtor do espectáculo
   b) 3 vogais que não tenham votado a classificação ou que tenham votado vencidos;
   c) Qualquer grupo de pessoas, devidamente identificadas, em número não inferior a 100
3. O recurso pode ser interposto nos seguintes prazos:
   a) No prazo de 10 dias a contar da notificação da deliberação do grupo de classificação, no caso da alínea a) do número anterior;
   b) No prazo de 10 dias a contar da deliberação, no caso da alínea b);
   c) A todo tempo, no caso da alínea c) do número anterior.
4. A estreia do espectáculo no decurso do prazo referido na alínea a) do número anterior preclude o direito de recorrer.
5. As deliberações da subcomissão de recurso devem ser fundamentadas.

Artigo 14.º

1. Das deliberações da subcomissão de recurso cabe recurso para o Ministro da Cultura e Coordenação Científica, que decidirá depois de ouvida a Comissão [324] reunida para o efeito em sessão plenária.
2. O recurso pode ser interposto pelo exibidor, distribuidor ou promotor do espectáculo no prazo de 20 dias a contar da notificação da

---

[324] A Comissão de Classificação de Espectáculos – CCE

deliberação da subcomissão de recurso ou, a todo o momento, na hipótese prevista na alínea c) do n.º 2 do artigo 13.º.

3. A interposição do recurso fica sujeita ao pagamento da taxa de 1000$00, quantia que será devolvida em caso de procedência.

4. A estreia do espectáculo no decurso do prazo referido no n.º 2 preclude o direito de recorrer.

....

Portaria n.º 245/83
de 3 de Março

Os escalões etários fixados pelo Decreto-Lei n.º 396/82, de 21 de Setembro, visam finalidades pedagógicas que, respeitando a dinâmica cultural, proporcionem maior flexibilidade de classificação e permitam a um leque etário mais amplo o acesso aos espectáculos.

Considerando que o n.º 1 do artigo 33.º do decreto-lei citado compete à Comissão de Classificação de Espectáculos a elaboração dos critérios de classificação dos espectáculos para efeitos do estabelecido no n.º 3 do artigo 2.º do mesmo diploma

Manda o Governo da República Portuguesa, pelo Ministro da Cultura e Coordenação Científica, conforme proposta da Comissão de Classificação de Espectáculos, que passem a ser utilizados na classificação dos espectáculos os critérios gerais que se publicam em anexo a esta portaria.

ANEXO

Critérios gerais de classificação dos espectáculos

CAPÍTULO I

Classificação etária

Art. 1.º Serão classificados para maiores de 18 anos os espectáculos pornográficos e os espectáculos que explorem formas patológicas de violência física e ou psíquica.

Art. 2.º Serão classificados para maiores de 16 anos os espectáculos que explorem, em termos excessivos, aspectos da sexualidade e a violência física e ou psíquica.

Art. 3.º Serão classificados para maiores de 12 anos os espectáculos que, pela sua extensão ou complexidade, possam provocar nos espectadores de nível etário inferior fadiga excessiva e ou traumatismo psíquico.

Art. 4.º Serão classificados para maiores de 6 anos os espectáculos que, pela sua temática e ou extensão, não sejam abrangidos pelos critérios fixados para os níveis etários superiores.

Art. 5.º Serão classificadas para maiores de 4 anos os espectáculos de curta duração e de fácil compreensão que não provoquem reacções de pavor e que não colidam com a fantasia e com o sentido lúdico deste nível etário.

CAPÍTULO II

Espectáculos pornográficos

Art. 6.º Caracterização genérica:

Serão considerados pornográficos os espectáculos que apresentem, cumulativamente:

a) Exploração de situações e de actos sexuais com o objectivo primordial de excitar o espectador;
b) Baixa qualidade estética.

Art. 7.º Caracterização específica:

1) Serão classificados no 1.º escalão (*hard – core*) os espectáculos que apresentem uma descrição ostensiva e insistente de actos sexuais realmente praticados, com exibição dos órgãos genitais;

2) Serão classificados no 2.º escalão (*soft – core*) os espectáculos que apresentem uma descrição ostensiva e insistente de actos sexuais simulados.

CAPÍTULO III
Espectáculos de qualidade

Art. 8.º Serão classificados de qualidade os espectáculos que pelos seus aspectos artístico, temático, pedagógico e técnico mereçam esse atributo.

Lei n.º 7/71 [325]
de 7 de Dezembro

Secção II

BASE XLVII

A projecção de filmes publicitários em recintos de cinema ou pela televisão fica sujeita a uma taxa de exibição [326], com base nos preços cobrados, que constituirá encargo do anunciante.

---

[325] Diploma parcialmente transcrito

[326] O montante da taxa de exibição é de 4%, de acordo como Decreto-Lei n.º 143/90 de 5 de Maio. A forma de cobrança da taxa encontra-se regulamentada no Decreto-Lei n.º 184/73 de 25 de Abril

BASE XLVIII

O Governo poderá vir a estabelecer taxas de distribuição ou de exibição para filmes cinematográficos e telefilmes transmitidos pela televisão, quando as condições de exploração desta o consentirem.

BASE XLIX

O montante das taxas a que se refere esta secção e as formas de liquidação, cobrança e fiscalização, incluindo a das bilheteiras dos cinemas, serão estabelecidos no diploma referido na base XLVI.

Decreto-Lei n.º 296/74
de 29 de Junho

Artigo 1.º

1 – Conjuntamente com o adicional [327] previsto no n.º 1 da base XLVI da Lei n.º 7/71 de 7 de Dezembro, devem os exibidores retirar da importância do preço de venda ao público dos bilhetes de cinema a percentagem de 7,5% destinada a constituir um fundo empresarial de fomento da exibição cinematográfica, a gerir pela respectiva empresa.

2 – Esta percentagem só será considerada em relação aos bilhetes efectivamente vendidos

Artigo 2.º

A percentagem estabelecida no artigo anterior não poderá ser em qualquer caso considerada para o cômputo das receitas resultantes da exibição de filmes, salvo para efeitos tributários nos termos da respectiva legislação.

---

[327] O adicional foi abolido pelo Decreto-Lei n.º 143/90 de 5 de Maio

Decreto-Lei n.º 350/93
de 7 de Outubro

Ao longo das duas décadas em que vigorou, a Lei n.º 7/71, de 7 de Dezembro, constituiu a base essencial de todo o travejamento jurídico enformador das actividades cinematográficas nacionais.

A sua vigência prolongada num sector onde são constantes as inovações tecnológicas é sinal do ajustamento do seu normativo ao contexto do sector para que foi criada.

É justo reconhecê-lo, neste momento. Todavia, as mudanças políticas entretanto ocorridas na sociedade portuguesa, a evolução dos condicionalismos próprios das relações internacionais – nomeadamente a integração europeia – e, bem assim, a já referida inovação tecnológica justificam a sua substituição por um novo diploma regulador dos princípios básicos e regras gerais aplicáveis ao sector.

Assim, por um lado, procede-se pelo presente diploma à supressão do regime do visto, com algumas conotações censórias, e à sua substituição por uma simples comunicação, de efeitos meramente declarativos e mais conforme ao clima de inteira liberdade que se pretende sedimentar nestes domínios da criação artística, sem deixar de assegurar o controlo estatístico e o acompanhamento económico da actividade.

Por outro, a adesão de Portugal à Comunidade Europeia acarretou, findo o período transitório então acordado, a eliminação das restrições impostas no sector do cinema em matéria de direito de estabelecimento e de livre prestação de serviços por parte dos cidadãos nacionais dos Estados membros.

Em consequência, procede o presente diploma à adequação do direito interno português ao conjunto de directivas comunitárias aplicáveis a este sector: 63/607/CEE, atinente à livre circulação dos filmes entre os Estados membros, 65/264/CEE, sobre a suspensão das restrições à importação e projecção de filmes, 68/369/CEE, respeitante às actividades não assalariadas da distribuição de filmes, e 70/451/CEE, relativa às actividades não assalariadas de produção de filmes.

Por último, também a profunda revolução operada pelo vídeo e as alterações que se verificaram no domínio da produção televisiva, postulando que fossem reguladas as relações entre o cinema, a televisão e o vídeo, não podiam deixar de ser consideradas na definição das regras e mecanismos aplicáveis à produção, distribuição e exibição de filmes. Neste particular, mais se não fez que adequar o normativo do sector à Directiva n.º 89/552/CEE, que regula as referidas relações. Inovações relevantes do presente diploma serão, decerto, a introdução do registo público das obras, enquanto medida propiciadora de uma maior segurança no seu tráfego jurídico, aspecto em que foi tida em devida conta a intervenção pedagógica e padronizada das instâncias internacionais, como o Conselho da Europa, a consagração do depósito obrigatório das produções nacionais do sector, que permitirão constituir um repositório desse património cultural no futuro arquivo nacional das imagens em movimento, e, bem assim, a instituição de um sistema de apoios tendencialmente baseados na modalidade do empréstimo sobre as receitas de exploração, a par da introdução progressiva de elementos que atendam marcadamente a critérios objectivos de apreciação, como o sucesso público das obras e a atracção de investimentos externos para a sua produção.

Assim:

Nos termos da alínea a) do n.º 1 do artigo 201.º da Constituição, o Governo decreta o seguinte:

CAPÍTULO I

Disposições gerais

Artigo 1.º

Âmbito

O presente diploma regula a actividade cinematográfica, no seu conjunto, e o apoio à produção audiovisual e à sua comercialização e difusão, bem como as relações entre o cinema e os restantes meios de difusão audiovisual.

Artigo 2.º

Conceitos gerais

1 – Para efeitos do presente diploma, entende-se por:

a) «Obra cinematográfica» a criação intelectual de imagens em movimento, acompanhadas ou não de sons, destinada prioritariamente

à projecção comercial em salas de espectáculos especialmente preparadas para essa finalidade;
b) «Obra audiovisual» a criação intelectual de imagens em movimento, acompanhadas ou não de sons, destinada prioritariamente a ser difundida pela televisão ou por meios de reprodução, visando essencialmente o visionamento doméstico;
c) «Filme» o suporte material, conforme à cópia *standard*, de uma obra cinematográfica destinada à projecção pública ou privada e ao qual se refere o conjunto de direitos que permitem a sua exploração comercial;
d) «Filme de longa metragem» o filme de comprimento igual ou superior a 1600 m, para o formato de 35 mm;
e) «Filme de curta metragem» o filme de comprimento inferior a 1600 m, para o formato de 35 mm;
f) «Filme publicitário» o filme realizado com o objectivo de promover o fornecimento de bens ou serviços no âmbito de uma actividade comercial, industrial, artesanal ou liberal, bem como promover ideias, princípios, iniciativas ou instituições;
g) «Filme comercial» o filme que se destina à exploração com fins lucrativos, independentemente do seu formato e metragem;
h) «Videograma» o registo resultante da fixação em suporte material estável, por processos electrónicos, de imagens, acompanhadas ou não de sons, destinadas à exibição pública ou privada e à difusão por operadores de televisão, incluindo a cópia de obras cinematográficas ou audiovisuais;

2 – Para filmes de formato diferentes do de 35 mm, as metragens mencionadas nas alíneas d) e e) do número anterior devem entender-se como referidas àquelas que assegurem tempos de projecção correspondentes.

3 – Salvo indicação expressa em contrário, as referências do presente diploma a obra ou actividade audiovisual não abrangem as produções dos operadores de televisão.

Artigo 3.º

Filme nacional

1 – Incumbe ao Estado, para efeitos da livre circulação no espaço comunitário das obras cinematográficas e audiovisuais qualificadas como nacionais, a atribuição e certificação de tal qualidade, ao abrigo das normas que vierem a ser adoptadas por decreto regulamentar.

2 – A regulamentação a que se refere o número anterior terá em conta, nomeadamente:

a) A fixação de níveis mínimos de participação de nacionais portugueses no desempenho das tarefas fundamentais das equipas técnica e artística;
b) A possibilidade de extensão da qualificação como filme nacional às obras realizadas em co-produção ou co-participação, desde que a participação técnica e artística nas mesmas de pessoas de nacionalidade portuguesa e de nacionais de outros Estados membros da Comunidade Europeia não seja inferior a 30%.

CAPÍTULO II
Intervenção do Estado

Artigo 4.º
Atribuições

1 – O Estado reconhece a importância cultural, económica e social das actividades cinematográfica e audiovisual e o papel que podem desempenhar como criação artística e como meio de promoção da imagem do País.

2 – São atribuições do Estado conservar o património fílmico e audiovisual nacional, fomentar a actividade cinematográfica e a produção audiovisual, bem como a sua comercialização e difusão, definir o enquadramento legal destas actividades e assegurar o seu cumprimento e coordenar as relações entre o cinema e o audiovisual.

Artigo 5.º
Tarefas do Estado

Incumbe especialmente ao Estado:

a) Apoiar e incentivar a produção cinematográfica e audiovisual, a distribuição e a exibição de filmes, tendo em vista o desenvolvimento da indústria, o aumento da competitividade das obras, o respeito pelo direito dos cidadãos à fruição dos bens culturais e a salvaguarda dos direitos do consumidor cultural;

b) Apoiar a divulgação das obras cinematográfica e audiovisuais portuguesas, dos países de expressão oficial portuguesa e das comunidades de emigrantes portugueses, em especial no âmbito europeu;

c) Fomentar as co-produções e co-participações, nomeadamente com os países de língua oficial portuguesa e com os Estados com os quais Portugal participe em programas ou fundos de apoio à produção cinematográfica e audiovisual;

d) Promover junto do público a divulgação do cinema, enquanto veículo de cultura e de diversão, tendo em vista incrementar a frequência das salas de cinema e aumentar, melhorar e equilibrar o parque de exibição nas várias zonas do País;

e) Fomentar o ensino e a formação profissional no âmbito das actividades cinematográfica e audiovisual;

f) Apoiar a pesquisa, o estudo e a divulgação da actividade cinematográfica e audiovisual, nomeadamente através de publicações especializadas e de manifestações dedicadas ao cinema e à sua história;

g) Garantir a recolha e a organização de dados estatísticos completos e actualizados relativos à actividade cinematográfica e audiovisual e assegurar o acesso do público aos dados obtidos;

h) Promover o depósito, a preservação, o restauro e a valorização do património fílmico e audiovisual nacional e a divulgação desse património, bem como das obras mais representativas do património fílmico e audiovisual internacional;

i) Manter uma colecção que procurará incluir todos os filmes nacionais e equiparados e filmes estrangeiros de reconhecida importância história e artística;

j) Garantir a segurança e transparência dos negócios jurídicos que tenham por objecto a obra cinematográfica e audiovisual, mediante a criação de um registo apropriado;

l) Assegurar a representação internacional do cinema e da produção audiovisual portugueses, em especial nos programas europeus de apoio ao desenvolvimento das respectivas indústrias e junto dos países de língua oficial portuguesa;

m) Cooperar com os restantes países de língua oficial portuguesa no desenvolvimento das respectivas actividades cinematográfica e audiovisual;

n) Coordenar e regulamentar as relações entre o cinema e os restantes meios de produção e difusão audiovisual, garantindo uma equilibrada protecção dos respectivos interesses;

o) Apoiar os estabelecimentos técnicos, de forma que possam garantir as necessidades da produção cinematográfica e audiovisual, assegurando padrões de qualidade adequados;

p) Certificar a nacionalidade portuguesa dos filmes que preencham os requisitos exigidos na lei.

ARTIGO 6.º

Apoio financeiro

1 – O apoio financeiro às actividades cinematográfica e audiovisual previsto no presente diploma consta de portaria conjunta do membro do Governo responsável pela cultura e do que tiver a seu cargo a tutela do audiovisual ou, quando versar apenas a actividade cinematográfica, de portaria daquele membro do Governo, podendo a sua aprovação ser precedida de audição, para cada caso, dos operadores sectoriais relevantes.[328]

2 – O apoio financeiro reveste-se das formas que forem consideradas mais adequadas para o prosseguimento das finalidades que presidem à sua atribuição.

3 – Sempre que o apoio financeiro tiver como objecto obras ou actividades susceptíveis de gerarem receitas, deverá ser preferencialmente atribuído na modalidade de empréstimos, a liquidar a partir das receitas obtidas com a exploração da obra.

ARTIGO 7.º

**Instituto Português de Cinema
e Cinemateca Portuguesa/Museu do Cinema**

1 – Incumbe ao Instituto Português de Cinema [329], doravante IPC, o exercício das atribuições do Estado no apoio à actividade cinematográfica.

2 – O IPC poderá também apoiar outras actividades audiovisuais, com as devidas contrapartidas, dentro do âmbito definido na presente lei e sem prejuízo do disposto em lei especial, nomeadamente nas Leis números 58/90, de 7 de Setembro, e 21/92, de 14 de Agosto.

---

[328] São inúmeras as portarias sobre o apoio financeiro às actividades cinematográfica e audiovisual. As mesmas podem ser consultadas no "site" do ICAM: www.icam.pt

[329] Actualmente, ao ICAM, Instituto do Cinema, Audiovisual e Multimédia, instituído pelo Decreto-Lei n.º 408/98 de 21 de Dezembro

3 – As atribuições do Estado no domínio da conservação e divulgação do património fílmico e audiovisual, dentro do âmbito definido na presente lei e sem prejuízo do disposto em lei especial, nomeadamente nas Leis números 58/90, de 7 de Setembro, e 21/92, de 14 de Agosto, são exercidas pela Cinemateca Portuguesa/Museu do Cinema.

CAPÍTULO III
Produção cinematográfica

Artigo 8.º
Produção cinematográfica

1 – O exercício da actividade de produção cinematográfica ou audiovisual está sujeito a inscrição no IPC.

2 – O disposto no número anterior abrange os produtores de filmes e videogramas publicitários. [330]

3 – Para efeitos da presente lei, as noções de produtor cinematográfico [331] e de produtor de videogramas [332] são as constantes do Código dos Direitos de Autor e Direitos Conexos.

4 – Do disposto no presente artigo encontram-se isentos os operadores de televisão licenciados ao tempo da sua entrada em vigor.

Artigo 9.º
Certificado de aptidão profissional

As actividades técnicas e artísticas ligadas à produção cinematográfica e audiovisual, incluindo a publicitária, nomeadamente nas áreas da produção, realização, fotografia, cenografia, iluminação, sonoplastia e montagem, devem ser exercidas por pessoas credenciadas de certificado de aptidão profissional ou equivalente.

---

[330] Vide art.º 36.º, n.º 1
[331] Art.º 126.º, 1 CDADC
[332] Art.º 176.º, 3 CDADC

Artigo 10.º

Comunicação prévia do início da rodagem

1 – A rodagem de obras cinematográficas ou audiovisuais destinadas a exibição comercial, incluindo os filmes e videogramas publicitários, em território português deve ser sempre precedida de comunicação, a enviar ao IPC pelo respectivo produtor.[333]

2 – A comunicação prevista no número anterior deve ser acompanhada de elementos sobre o produtor, argumento, locais de filmagem, orçamento, equipas técnica e artística, plano de trabalho e seguros, em termos a definir em portaria do membro do Governo responsável pelo sector da cultura.

Artigo 11.º

Protecção de pessoas e bens e do ambiente

1 – Compete ao produtor zelar para que a rodagem se processe sem causar danos ou colocar em risco as pessoas, o património e o ambiente.

2 – Sempre que as necessidades de produção imponham a rodagem de cenas que impliquem situações de perigo, explosões, incêndios, ruídos anormais ou quaisquer outras situações causadoras de risco ou incómodo, o produtor tem o estrito dever de assegurar que são tomadas todas as medidas, nomeadamente junto das autoridades competentes, no sentido de eliminar ou minimizar aqueles danos, riscos ou incómodos.

3 – O produtor responde pelos danos causados durante a rodagem, assim como nas operações preparatórias ou complementares da mesma, nos termos em que os comitentes respondem pelos danos causados pelos seus comissários.

4 – É obrigatória a transferência para seguradora da responsabilidade civil do produtor prevista no n.º 3, em termos a definir na portaria referida no n .º 2 do artigo 10.º

Artigo 12.º

Apoio financeiro à produção

1 – Constituem sistemas de apoio financeiro à produção cinematográfica e audiovisual:

---

[333] Vide art.º 36.º, n.º 1

a) O sistema de apoio financeiro automático, que atende aos rendimentos obtidos com a exploração da obra anterior do mesmo produtor, nomeadamente à venda de bilhetes, durante o período de exibição em sala;
b) O sistema de apoio financeiro directo, que completa os contributos financeiros directamente obtidos pelo produtor para a montagem financeira do projecto;
c) O sistema de apoio financeiro selectivo, que atende ao conteúdo da produção, às suas propostas estéticas, técnicas e artísticas;

2 – Os sistemas de apoio financeiros referidos no número anterior são aplicados predominantemente a produções em suporte filme e que prioritariamente se destinem à exibição em salas de cinema.

Artigo 13.º

Beneficiários do apoio à produção

1 – Podem beneficiar do apoio financeiro à produção previsto no presente diploma as obras que preencham, cumulativamente, os seguintes requisitos:

a) Terem produtor português ou nacional de outro Estado membro da Comunidade Europeia com estabelecimento ou forma de representação estável em Portugal ou co-produtor nacional de quaisquer Estados com os quais o nosso país tenha acordos de reciprocidade;
b) Terem realização ou argumento assegurados por pessoas de nacionalidade portuguesa;
c) Terem uma quota mínima de 20% de participação de nacionais portugueses nas equipas técnica e artística;
d) Serem rodados, pelo menos em 50% das suas cenas, em território português, salvo imposição contrária do argumento ou de natureza técnica;
e) Recorrerem maioritariamente a estabelecimentos técnicos situados em território português;
f) Terem uma versão comercial em língua portuguesa, salvo exigência em contrário do argumento;

2 – Os regulamentos previstos no artigo 6.º podem admitir as seguintes derrogações ao disposto no número anterior:

a) Ao disposto nas alíneas b) e c), em benefício de nacionais de países de expressão oficial portuguesa;

b) Ao disposto na alínea b), no caso de a produção revelar um enraizamento significativo na realidade e cultura portuguesas ou contribuir para o desenvolvimento da actividade cinematográfica no País;

c) Ao disposto na alínea e), no caso de o recurso a estabelecimentos técnicos no estrangeiro resultar do previsto nos acordos de co-produção em que Portugal seja parte;

3 – No caso previsto na alínea a) do número anterior, os regulamentos serão aprovados por decreto regulamentar.[334]

4 – Só podem aceder aos apoios financeiros à produção audiovisual os produtores independentes dos operadores de televisão.

CAPÍTULO IV
Estabelecimentos técnicos

Artigo 14.º

Apoio

Tendo em vista desenvolver as actividades cinematográficas e audiovisuais e assegurar a existência de unidades que disponham dos meios técnicos e humanos adequados à satisfação das necessidades da produção nacional, será criado, por portaria [335] do membro do Governo responsável pelo sector da cultura, um sistema de apoio aos respectivos estabelecimentos técnicos.

Artigo 15.º

Tiragem de cópias, pistagem do comentário e legendagem de filmes estrangeiros

1 – Deverão ser efectuadas em estabelecimentos portugueses ou dos Estados membros da Comunidade Europeia:

a) A tiragem de cópias de filmes estrangeiros e de co-produções e de co-participações, para exibição em território português, em

---
[334] Decreto Regulmentar n.º 3/2001 de 5 de Fevereiro
[335] Não publicada

número excedente ao que for fixado por portaria [336] do membro do Governo responsável pela área da cultura;
b) A pistagem do comentário e a tiragem das cópias dos documentários e filmes de actualidades;
c) A legendagem em português, para exibição comercial, dos filmes falados noutras línguas;

2 – Excepcionalmente, em caso de inutilização, por motivo de força maior, de algumas das cópias importadas, dentro dos limites previstos na alínea a) do número anterior, poderá o IPC autorizar a importação de novas cópias destinadas a substituir as inutilizadas, devendo estas últimas ser apresentadas no IPC.

3 – A inobservância do disposto na alínea a) do n.º 1 determinará a proibição de exibição das cópias excedentes.

4 – Nos dias 1 e 15 de cada mês devem os laboratórios enviar ao IPC, devidamente preenchido, impresso próprio do qual conste o número de cópias dos filmes que tenham legendado, com indicação do título original, do título em português e do distribuidor que tenha encomendado o trabalho.

CAPÍTULO V

Distribuição

Artigo 16.º

Quotas de distribuição

Os filmes de Estados membros das Comunidades Europeias, assim como os de países de expressão oficial portuguesa, beneficiam de quotas de distribuição, a fixar por decreto regulamentar. [337]

Artigo 17.º

Apoio financeiro

1 – Tendo em vista assegurar uma melhor cobertura nacional da exibição de filmes que hajam beneficiado de apoio financeiro à produção,

---
[336] id.
[337] id.

poderão ser estabelecidos, por portaria [338] do membro do Governo responsável pelo sector da cultura, incentivos financeiros ao lançamento e à tiragem de cópias dessas obras, desde que a respectiva estreia se processe em mais de uma localidade.

2 – Tendo em vista incentivar a divulgação de filmes de especial valor cinematográfico, especialmente dos previstos no artigo anterior, serão instituídos mecanismos de apoio selectivo à distribuição, em especial à independente.

3 – O valor do apoio selectivo a que se refere o número anterior adequa-se ao número de filmes efectivamente distribuídos.

Artigo 18.º
Relações com a exibição

A lei fixará normas reguladoras das relações entre a distribuição e a exibição, em termos de ser garantida a concorrência entre as empresas, assegurando as condições adequadas ao reforço da exibição independente.

CAPÍTULO VI

Exibição

Artigo 19.º
Licença de distribuição

1 – A exibição pública de uma obra cinematográfica ou audiovisual só pode ter lugar após o distribuidor ter obtido a respectiva licença de distribuição. [339]

---

[338] id.

[339] Pela licença de distribuição é devida uma taxa de distribuição. De acordo com o Decreto-Lei n.º 363/83 de 28 de Setembro o seu valor é de 149,64 € para filmes classificados de pornográficos é de 299,28 €, estando isentos os filmes classificados de "Qualidade". A licença de distribuição é emitida pela IGAC nos termos do Decreto-Lei n.º 184/73 de 25 de Abril, competindo também à IGAC a inerente fiscalização. A taxa de distribuição constitui receita do ICAM. Vide ainda o art. 36.º, n.º 1 do presente diploma.

2 – A licença de distribuição tem por finalidade definir a classificação da obra e as advertências obrigatórias que devem ser incluídas na sua promoção junto do público.

3 – Não estão sujeitas a visto [340] as exibições com carácter excepcional de obras cinematográficas por entidades sem fins lucrativos e as levadas a efeito por instituições que tenham por objecto a divulgação do filme ou produção audiovisual como veículo de cultura.

Artigo 20.º
Quotas de exibição

Tendo em vista a promoção das respectivas cinematografias, poderão vir a ser fixadas, por decreto regulamentar [341], quotas de exibição para filmes originários de Estados membros da Comunidade Europeia e para filmes de expressão nacional portuguesa.

Artigo 21.º [342]
Recintos de cinema

1 – A construção ou adaptação de edifícios total ou parcialmente destinados à exibição de filmes, bem como a exploração de recintos de cinema, depende, para além de outras autorizações ou licenças necessárias, de licença do membro do Governo responsável pela cultura, que só poderá ser concedida caso se mostrem cumpridas as condições de segurança, conforto e qualidade estabelecidas na lei.

2 – A demolição de recintos de cinema ou a sua afectação a actividade de natureza diferente depende de autorização do membro do Governo responsável pela cultura, a ser obtida pela entidade a quem competir o licenciamento.

3 – A autorização será recusada caso não se encontrem totalmente cumpridos os termos do acordo de assistência financeira à construção ou remodelação da sala ou quando o desaparecimento desta se traduza numa perda cultural grave para a localidade ou região.

---

[340] O visto foi substituido pela licença de representação – cfr. DL 315/95
[341] Não publicado
[342] Vide art.36.º, n.º 1 e ainda o art.º 2.º, n.º 2 do DL 80/97

Artigo 22.º
Cooperação com as autarquias e outras entidades

O Estado estabelecerá com as autarquias e outras entidades que nisso tenham interesse e revelem capacidade para o efeito protocolos tendentes a assegurar o funcionamento de salas de cinema ou salas polivalentes, nomeadamente tendo em vista:

a) Impedir o desaparecimento de salas que desempenhem um papel importante na exibição cinematográfica da respectiva zona;
b) Favorecer a criação de novas salas;
c) Promover a modernização das salas existentes.

Artigo 23.º
Auxílio à criação e modernização dos recintos de cinema

1 – A criação, a adaptação e a modernização de recintos de cinema podem ser apoiadas, em condições a definir por portaria do membro do Governo responsável pela cultura, nos seguintes casos:

a) Quando a oferta na zona seja manifestamente insuficiente em número ou qualidade;
b) Quando os novos recintos adoptem soluções que, no plano da qualidade e inovação, manifestamente excedam os padrões seguidos na exploração comercial;

2 – O apoio à instalação e modernização dos recintos de cinema previsto no número anterior pode revestir as seguintes modalidades:

a) Assistência técnica durante a fase de projecto, instalação ou remodelação;
b) Apoio financeiro;

3 – O apoio a conceder nos termos dos números anteriores pode ser condicionado à obrigatoriedade da exibição de um certo número ou de uma certa percentagem de filmes nacionais e equiparados, europeus ou de países de expressão oficial portuguesa.

4 – Mediante protocolos a assinar com os titulares da exploração dos recintos de cinema, o Estado pode conceder incentivos à exibição de filmes nacionais e equiparados, de filmes de Estados membros da Comunidade Europeia, de filmes originários de países de língua oficial portuguesa e de filmes que tenham obtido apoio à distribuição.

Artigo 24.º [343]
Legendagem e dobragem

1 – É obrigatória a legendagem ou dobragem em português dos filmes destinados à exploração comercial falados originalmente noutras línguas.

2 – Excluem-se do disposto no número anterior os filmes destinados exclusivamente à projecção em salas de cinema especializadas na exibição de filmes estrangeiros na língua do país de origem.

CAPÍTULO VII
Relações entre o cinema, a televisão e o vídeo

ARTIGO 25.º [344]
Cinema, televisão e vídeo

1 – Os filmes exibidos em sala só podem ser objecto de difusão televisiva dois anos após a data da respectiva estreia no País.

2 – O prazo referido no número anterior é reduzido a um ano no caso de a estação difusora ser co-produtora da obra.

3 – A distribuição ou exibição pública de videogramas que sejam cópia de obra cinematográfica só pode ter lugar decorrido um ano após a data do início da respectiva exploração em sala. [345]

4 – Os prazos previstos nos números anteriores podem ser reduzidos até metade, mediante acordo entre a estação televisiva ou o editor videográfico e os titulares dos direitos sobre a obra.

5 – O disposto nos números 1 e 2 não obsta a que as obras cinematográficas não exibidas em sala sejam directamente exploradas no mercado televisivo.

6 – A aplicação da hipótese prevista no número anterior aos filmes que tenham beneficiado de assistência financeira do IPC carece de acordo expresso deste.

---

[343] Vide art.º 129.º CDAC, art.º 3.º DL 39/88, art. 2.º, n.º 2 DL 80/97 e ainda art.º 36.º, n.º 1 do presente diploma.
[344] Vide art 2.º, n.º 2 DL 80/97 e art.º 36.º, n.º 1 do presente diploma.
[345] Esta disposição deve ser articulada com o DL 39/88.

CAPÍTULO VIII
Filmes e videogramas publicitários

Artigo 26.º
Regime especial

Para além das normas contidas neste capítulo, apenas são aplicáveis aos filmes e aos videogramas publicitários as normas da presente lei que expressamente se lhes refiram.

Artigo 27.º
Normas de exibição

1 – As legendas, a locução e o diálogo dos filmes e videogramas publicitários deverão ser, obrigatoriamente, em língua portuguesa, sem prejuízo de se poder admitir a utilização excepcional de palavras ou de expressões em língua estrangeira, quando necessárias à obtenção do efeito visado na concepção do anúncio.

2 – Os filmes e videogramas publicitários que não obedeçam ao disposto no número anterior só podem ser exibidos ou difundidos em Portugal após serem sonorizados ou legendados em língua portuguesa.

3 – A obra publicitária cinematográfica ou videográfica está sujeita a registo.

4 – A exibição ou a difusão de filmes e de videogramas publicitários depende da prova da efectivação do registo público e do depósito legal, previstos nos artigos 30.º e 31.º, respectivamente.

CAPÍTULO IX
Registo público

Artigo 28.º
Registo público da obra cinematográfica ou audiovisual

1 – O registo tem por finalidade assegurar a publicidade e a transparência dos actos relacionados com a produção, distribuição e exibição de obras cinematográficas e com a produção, comercialização e difusão de obras audiovisuais em Portugal.

2 – Estão sujeitos a registo, além da autorização da produção, a própria obra cinematográfica ou audiovisual, todos os actos que envolvam a alienação, a oneração ou a limitação do direito de propriedade sobre a obra, bem como aqueles que envolvam a constituição, modificação ou extinção de garantias sobre a mesma.

3 – Os registos da autorização de produção e da obra são requeridos pelo produtor.

4 – Os demais actos sujeitos a registo podem ser requeridos pelas pessoas que neles tenham interesse.

5 – Os actos sujeitos a registo são inoponíveis a terceiros enquanto aquele não for efectuado.

6 – O regime do registo público das obras cinematográficas e audiovisuais será aprovado por decreto regulamentar.[346]

CAPÍTULO X
Depósito legal

Artigo 29.º
Âmbito

1 – Entende-se por depósito legal o depósito obrigatório, na Cinemateca Portuguesa/Museu do Cinema, nas condições definidas em decreto regulamentar:

a) Dos filmes que, nos termos do disposto na presente lei, devam ser considerados nacionais ou equiparados;
b) Dos restantes filmes ou videogramas produzidos no País, por produtor português ou que possua em Portugal estabelecimento estável;
c) Dos videogramas que constituam cópia da obra cinematográfica;

2 – O regime de depósito legal das obras de ficção e documentários de criação destinados a difusão televisiva consta de decreto regulamentar.

---

[346] Não publicado

Artigo 30.º

Tipos de suporte

O depósito legal é efectuado:

a) No caso das obras cinematográficas, através de elementos materiais, conforme o original, que permitam a conservação a longo prazo;
b) No caso dos videogramas, através de um exemplar dos mesmos, no suporte e formato em que foram produzidos ou editados.

Artigo 31.º

Sujeito passivo

A obrigação de efectuar o depósito legal incumbe:

a) Ao produtor da obra;
b) Ao editor dos videogramas que constituam cópia da obra cinematográfica;
c) Ao operador de televisão que efectue a primeira difusão da obra.

Artigo 32.º

Fiscalização

Nenhuma obra sujeita a depósito legal pode ser distribuída, exibida ou difundida sem que seja feita prova do cumprimento das obrigações dele decorrentes.

CAPÍTULO XI

Promoção e divulgação

Artigo 33.º

Prémios

1 – Por despacho normativo do membro do Governo responsável pelo sector da cultura, poderão ser criados prémios anuais para as obras cinematográficas nacionais e equiparadas, bem como para produtores, realizadores, distribuidores, técnicos e actores.

2 – Quando impliquem um juízo de valor sobre os filmes ou sobre o trabalho de quem neles participa, os prémios serão atribuídos por um júri, nomeado nos termos fixados no despacho referido no número anterior.

3 – Poderão igualmente ser estabelecidos prémios para programas de televisão e vídeos de arte, tendo em atenção os respectivos valores artísticos e técnicos.

4 – A entrega dos prémios é condicionada à prova do cumprimento das obrigações de depósito legal e registo.

ARTIGO 34.º
Apoio à divulgação

1 – A realização de festivais de cinema, bem como de quaisquer outras iniciativas a que seja reconhecida importância na divulgação das actividades cinematográficas e audiovisuais, poderá beneficiar de apoio, nomeadamente de carácter financeiro.

2 – O IPC dará apoio à participação de filmes portugueses em festivais internacionais de cinema, assegurando uma participação condigna do filme seleccionado e, sempre que possível, promovendo uma presença do cinema português adequada à importância do festival.

CAPÍTULO XII
Taxa de visionamento

ARTIGO 35.º
Taxa de visionamento

1 – A venda e o aluguer de qualquer filme destinado à exibição comercial ficam sujeitos ao pagamento de uma taxa de visionamento, a cargo do distribuidor, que constitui receita do Fundo de Fomento Cultural.

2 – O quantitativo da taxa prevista no número anterior será fixado por portaria[347] do membro do Governo responsável pela área da cultura.

---

[347] Portaria nunca publicada. Mantém-se a taxa de distribuição. Veja-se a nota ao art.º 19.º.

CAPÍTULO XIII
Disposições de mera ordenação social

Artigo 36.º
Contra-ordenações

1 – As infracções ao disposto nos artigos 8.º, n.º 1, 10.º, n.º 1, 19.º, n.º 1, 21.º, números 1 e 2, 24.º, 25.º, números 1, 3 e 5, e 35.º deste diploma, bem como o incumprimento das normas relativas à obrigação de depósito legal e ao controlo das receitas de bilheteira constituem contra-ordenações puníveis nos termos da lei geral com as seguintes coimas:

a) De 30 000$ até 250 000$, em caso de negligência, e até 500 000$, em caso de dolo, para as pessoas singulares;
b) De 100 000$ até 3 000 000$, em caso de negligência, e até 6 000 000$, em caso de dolo, para as pessoas colectivas;

2 – O processamento das contra-ordenações compete ao IPC, cabendo ao seu presidente a aplicação das respectivas coimas, cujo produto reverte a favor do Fundo de Fomento Cultural.

3 – O processamento das contra-ordenações praticadas por operadores de televisão compete ao Gabinete de Apoio de Imprensa [348], cabendo ao seu director a aplicação das coimas respectivas, cujo produto reverte a favor daquele serviço.

4 – As infracções cometidas com negligência serão puníveis.

5 – Conjuntamente com as coimas poderão ser aplicadas as seguintes sanções acessórias:

a) Interdição do exercício da profissão ou actividade;
b) Privação do direito aos subsídios atribuíveis nos termos do presente diploma;
c) Privação do benefício outorgado
d) Encerramento do estabelecimento;
e) Revogação da licença ou do alvará.

---

[348] Actualmente, o Instituto da Comunicação Social.

CAPÍTULO XIV
Disposições diversas e transitórias

ARTIGO 37.º [349]
Controlo das bilheteiras

No prazo de 90 dias a contar da publicação do presente diploma, serão regulamentadas, por portaria [350] do membro do Governo responsável pela cultura, as condições de emissão de bilhetes de cinema, de forma a garantir o controlo das receitas e o período de exibição de cada filme.

ARTIGO 38.º
Entrada em vigor

1 – O presente diploma entra em vigor 30 dias após a data da sua publicação.

2 – Enquanto não for publicada a regulamentação prevista no presente diploma, mantêm-se, transitoriamente, em vigor, as normas do Decreto--Lei n.º 286/73, de 5 de Junho, e legislação complementar, desde que não contrariem os princípios definidos no presente diploma, e, bem assim, os regulamentos de assistência financeira emitidos ao abrigo do Decreto-Lei n.º 22/84, de 14 de Janeiro.

3 – Até ulterior revisão do Decreto-Lei n.º 296/74, de 29 de Junho, é mantida a dedução nos preços dos bilhetes de cinema que reverte para o Fundo Empresarial, bem como o actual destino das respectivas verbas.

4 – Com a entrada em vigor do presente diploma são revogados a Lei n.º 7/71, de 7 de Dezembro, à excepção das bases XLVII a XLIX, o Decreto-Lei n.º 257/75, de 26 de Maio, o Decreto Regulamentar n.º 28//80, de 31 de Julho, o Decreto-Lei n.º 22/84, de 14 de Janeiro, o Decreto--Lei n.º 279/85, de 19 de Julho, o artigo 10.º, números 2 e 3, do Decreto--Lei n.º 39/88, de 6 de Fevereiro, e demais legislação complementar.

---

[349] Vide art.º 2.º, n.º 2 DL 80/97.
[350] Não publicada

Decreto-Lei n.º 306/91
de 17 de Agosto

Considerando que a tauromaquia é, indiscutivelmente, parte integrante do património da cultura popular portuguesa;

Considerando que a dignificação do espectáculo tauromáquico passa pela revisão urgente do respectivo regulamento, unanimemente considerado desactualizado pelos diversos sectores da actividade;

Considerando ainda que a referida dignificação se atinge, entre outras, pela disciplina do próprio espectáculo, devendo, por isso, ser criadas as condições necessárias para os indivíduos incumbidos desta tarefa – os delegados técnicos tauromáquicos – a possam desempenhar com independência e responsabilidade;

Assim:

Nos termos da alínea a) do n.º 1 do artigo 201.º da Constituição, o Governo decreta o seguinte:

Artigo 1.º

A realização de espectáculos tauromáquicos está sujeita à superintendência do director-geral dos Espectáculos e do Direito de Autor (DGEDA).[351]

Artigo 2.º

1 – É criado, junto do DGEDA, um corpo de delegados técnicos tauromáquicos, em termos a definir no Regulamento do Espectáculo Tauromáquico.

2 – A qualidade de delegados técnicos, a que se refere o número anterior, não confere aos seus titulares qualquer vínculo à Administração Pública.

---

[351] As referências feitas a DGEDA neste diploma devem entender-se como feitas a IGAC

ARTIGO 3.º

1 – O DGEDA designará os delegados técnicos tauromáquicos para cada espectáculo, após requerimento da entidade promotora do espectáculo.

2 – O modelo do requerimento a que se refere o número anterior, os respectivos prazos de entrega, bem como as taxas por ele devidas, serão definidos por portaria conjunta[352] do Ministro das Finanças e do membro do Governo responsável pela área da cultura.

3 – As taxas a que se refere o número anterior constituem receita do Fundo de Fomento Cultural.

ARTIGO 4.º

1 – Os delegados técnicos tauromáquicos têm direito, por cada espectáculo, a uma remuneração em termos a fixar na portaria a que se refere o artigo anterior, que será acrescida, quando se desloquem da localidade onde residem, de importância correspondente às despesa de transporte, alojamento e alimentação, calculada de forma equivalente aos funcionários públicos com vencimento superior ao do índice 405 do novo sistema retributivo.

2 – As importâncias referidas no número anterior são processadas pelo Fundo de Fomento Cultural.

ARTIGO 5.º

1 – É obrigatória, nos espectáculos tauromáquicos em que intervenham forcados, a constituição de um seguro de acidentes pessoais.

2 – As obrigações emergentes deste artigo são da responsabilidade da entidade promotora do espectáculo.

ARTIGO 6.º

O Regulamento do Espectáculo Tauromáquico,[353] a que se refere o presente diploma, será aprovado por decreto regulamentar.

ARTIGO 7.º

1 – O incumprimento do disposto no artigo 5.º e as infracções previstas no diploma referido no artigo anterior constituem contra-

---

[352] P 419/92 e P 932/94
[353] DR 62/91 que aprova o RET

ordenações punidas com coimas de montantes mínimo de 25.000$ e máximo de 500.000$

2 – As coimas aplicáveis às pessoas colectivas e equiparadas podem elevar-se até aos montantes máximos de 2.000.000$.

3 – É competente para a aplicação das coimas previstas neste artigo o DGEDA.

4 – O produto das coimas será repartido da seguinte forma:

a) 40% para o Fundo de Fomento Cultural;
b) 60% para o Estado.

Artigo 8.º

A aplicação do presente diploma nas Regiões Autónomas não prejudica as competências dos respectivos órgãos de governo próprio.

Artigo 9.º

São revogados:

a) O n.º 2 do artigo 58.º do Decreto-Lei n.º 42660, de 20 de Novembro de 1959;
b) A tabela IX anexa ao Decreto-Lei n.º 42660, de 20 de Novembro de 1959, com a redacção que lhe foi conferida pelo Decreto Lei n.º 121/88, de 20 de Abril;
c) O Decreto-Lei n.º 383/71, de 17 de Setembro, e as Portarias n.º 606/71, de 4 de Novembro e 225/72, de 25 de Abril.

Artigo 10.º

O presente diploma produz efeitos a partir do dia 1 de Outubro de 1991.

Decreto Regulamentar n.º 62/91
de 29 de Novembro

Considerando que é intenção do Decreto Lei n.º 306/91, de 17 de Agosto, dignificar o espectáculo tauromáquico em Portugal;

Considerando também que esta dignificação passa, entre outros, pela revisão do Regulamento do Espectáculo Tauromáquico;

Considerando que o supracitado Decreto Lei habilita o Governo, através de adequado instrumento legal, a proceder à referida revisão;

Considerando, por último, que foram ouvidas as associações representativas do sector;

Assim:

Ao abrigo do disposto no artigo 6.º do Decreto Lei n.º 306/91, de 17 de Agosto, nos termos da alínea c) do artigo 202.º da Constituição, o Governo decreta o seguinte:

Artigo único – É aprovado o Regulamento do Espectáculo Tauromáquico, anexo ao presente diploma e que dele faz parte integrante.

ANEXO
Regulamento do Espectáculo Tauromáquico

CAPÍTULO I
Do espectáculo

Artigo 1.º
Espectáculos Tauromáquicos

Consideram-se espectáculos tauromáquicos todos os que tenham por finalidade a lide de reses bravas, os quais só se poderão realizar em recintos licenciados para o efeito pela Direcção-Geral dos Espectáculos e do Direito de Autor (DGEDA).

Artigo 2.º
Tipos de espectáculos tauromáquicos

1 – Os espectáculos tauromáquicos podem ser dos seguintes tipos:

a) Corridas de touros;
b) Novilhadas;
c) Corridas mistas;
d) Novilhadas populares;
e) Variedades taurinas;

2 – Os espectáculos tauromáquicos ou diversões de natureza análoga que apresentem aspectos não previstos no número anterior devem ser autorizados pela DGEDA, nas condições a estabelecer para cada caso, de acordo com as características dos mesmos

3 – Os intervenientes nos espectáculos tauromáquicos devem apresentar-se com os seus trajes tradicionais, à excepção das variedades taurinas e dos espectáculos de beneficência a que se refere o artigo 102.º do presente Regulamento, nos quais é obrigatório o uso pelos artistas do trajo curto. [354]

Artigo 3.º
Corridas de touros

1 – São corridas de touros os espectáculos em que reses com as características definidas no artigo 25.º são lidadas por cavaleiros ou "matadores" de touros.

2 – Nos espectáculos referidos no número anterior, sempre que actuem cavaleiros, é obrigatória a inclusão de um ou mais grupos de forcados. [355]

Artigo 4.º
Novilhadas

São novilhadas os espectáculos em que reses com as características definidas no artigo 26.º são lidadas por cavaleiros ou novilheiros e novilheiros praticantes.

---

[354] Vide art.º 65.º, n.º 1.
[355] id.

ARTIGO 5.º

Corridas mistas

São corridas mistas os espectáculos tauromáquicos que conjugarem cumulativamente características dos espectáculos definidos nos dois artigos anteriores.

ARTIGO 6.º

Novilhadas populares

São novilhadas populares os espectáculos tauromáquicos em que reses com as características definidas no artigo 26.º são lidadas por cavaleiros praticantes e amadores e ou novilheiros praticantes.

ARTIGO 7.º

Variedades taurinas

1 – São variedades taurinas os espectáculos tauromáquicos em que são lidados indistintamente, garraios, vacas ou novilhos, por praticantes e ou amadores ou toureiros cómicos.

2 – As variedades taurinas em que sejam lidados apenas garraios por praticantes ou amadores podem ser anunciadas como garraiadas.

ARTIGO 8.º [356]

Publicidade

1 – A publicidade, sob qualquer forma, dos espectáculos tauromáquicos incluirá sempre a indicação do tipo de espectáculo, da respectiva empresa promotora, do tipo e do número de reses a lidar, do elenco artístico, da ganadaria ou ganadarias e da classificação etária.

2 – Todos os aspectos do espectáculo a publicitar devem estar conformes ao presente Regulamento.

ARTIGO 9.º

Alteração ao espectáculo

Qualquer alteração ao espectáculo anunciado implica a comunicação prévia ao director de corrida, que ordenará a sua afixação em local bem

---

[356] Vide art.º 66.º

visível, nomeadamente nas bilheteiras, para conhecimento antecipado do público, sem prejuízo do disposto no artigo 49.º do Decreto-Lei n.º 42661, de 20 de Novembro de 1959.

Artigo 10.º
Poder exclusivo do director de corrida

Só o director de corrida pode determinar a não realização ou suspensão do espectáculo por não cumprimento do presente Regulamento.

Artigo 11.º [357]
Acesso do público à praça

O acesso do público deve ser facultado pelo menos com uma hora de antecedência em relação ao início do espectáculo, após autorização do director de corrida para abertura das portas da praça.

Artigo 12.º [358]
Bandas de música

Em todas as praças, os espectáculos são obrigatoriamente abrilhantados por uma banda de música, que deve tocar antes do seu início, durante as cortesias ou passeio das quadrilhas e no fim da lide de cada rês, quando se aplaudem os lidadores e, ainda, durante o decorrer da lide, sempre que o director de corrida o determinar.

CAPÍTULO II
Da direcção do espectáculo

Artigo 13.º
Poder de orientação

Cabe ao director de corrida orientar o espectáculo, fazendo respeitar o disposto no presente Regulamento.

---
[357] Vide art.º 67.º.
[358] Vide art.º 68.º.

Artigo 14.º
Delegados técnicos tauromáquicos

1 – Os espectáculos tauromáquicos são dirigidos por um director de corrida, assessorado por um médico veterinário, ambos nomeados pela DGEDA de entre os seus delegados técnicos tauromáquicos.

2 – A estrutura, recrutamento e selecção do corpo de delegados técnicos tauromáquicos serão definidos por decreto regulamentar.

3 – O director de corrida tem como auxiliar um avisador, a indicar pela entidade organizadora do espectáculo, dentro da trincheira, com o fim de receber e transmitir as suas ordens.

4 – Na falta ou impedimento do director de corrida, nomeado pela DGEDA, exerce aquelas funções um indivíduo de reconhecida competência, desde que o empresário e os artistas intervenientes estejam de acordo.

5 – Os delegados técnicos tauromáquicos, no uso da sua competência, gozam das atribuições e poderes legais do pessoal de inspecção da DGEDA.

6 – Os delegados técnicos tauromáquicos ocupam lugares privativos a designar previamente pela DGEDA.

7 – Junto do director de corrida deve haver um cornetim para efectuar os toques tradicionais que lhe forem ordenados por aquele.

Artigo 15.º [359]
Obrigações do director de corrida

O director de corrida tem por obrigação assistir a todas as operações preliminares e trabalhos finais mencionados neste Regulamento e, designadamente:

a) À verificação do peso das reses, assim como do ferro da ganadaria a que as mesmas pertencem, juntamente com o médico veterinário;
b) À inspecção das reses a lidar, feita pelo médico veterinário, bem como à verificação dos respectivos certificados de inscrição e documentação oficial de trânsito;
c) À verificação das farpas e bandarilhas a utilizar no espectáculo tauromáquico;
d) Ao sorteio das reses;

---

[359] Vide art.º 98.º

e) Ao trabalho do embolador e do pessoal do curro, certificando-se de que a saída das reses à arena está marcada pela ordem estabelecida no sorteio:

f) Ao despontar das hastes, na presença do médico veterinário, que deve ser verificado por meio de uma bitola de que será portador, bitola essa que obedecerá ao disposto no n.º 3 do artigo 35.º;

Artigo 16.º [360]
Competências do director de corrida

São competências do director de corrida:

a) Proceder ao pormenor do espectáculo, o qual deve ser afixado em quadro próprio, na parede da barreira, por debaixo do local que lhe é destinado;

b) Informar a autoridade policial, por escrito, da impossibilidade da realização do espectáculo;

c) Ordenar o início do espectáculo;

d) Mandar assinalar, por toque de cornetim, as mudanças de tércios segundo indicação dos artistas ou por critério próprio, quando os artistas não tenham ainda a alternativa de "matadores de touros" ou de cavaleiro.

e) Mandar recolher a rês, por indicação do médico veterinário, quando verifique que esta entra na praça diminuída fisicamente ou adquire qualquer defeito físico impeditivo da lide, não havendo nesse último caso lugar a substituição pela rês de reserva;

f) Ordenar a saída da rês de reserva;

g) Limitar o intervalo, entre a lide de cada rês, ao tempo necessário para o lidador agradecer os aplausos do público e para o pessoal limpar e alisar a arena e colocar ou retirar os esconderijos;

h) Autorizar, quando o lidador tiver de lidar sozinho mais de três reses seguidas, um pequeno intervalo de cinco a dez minutos, caso o lidador o solicite;

i) Permitir aos lidadores, forcados e ganadeiros ou seus representantes a volta à arena, quando o público o solicitar;

j) Permitir que qualquer cabeça de cartaz abandone a praça depois de terminada a sua actuação, quando alegue motivos ponderosos e tenha a aquiescência dos colegas com quem alternar;

---

[360] id.

l) Solicitar a colaboração da autoridade policial para identificação dos intervenientes no espectáculo, campinos, pessoal auxiliar e avisador que não acatem as suas determinações, nomeadamente lidadores que, sem motivo considerado justificativo, se recusem a iniciar ou a concluir a lide das reses que lhes competem e, bem assim, os espectadores ou vendedores que, de algum modo, perturbem o espectáculo.

ARTIGO 17.º [361]

Outras competências do director de corrida

Ao director de corrida compete ainda:

a) Receber do médico veterinário os certificados de inscrição relativos às reses a lidar e, após o espectáculo, apor-lhes o carimbo "Corrido";
b) Verificar se todos os intervenientes no espectáculo se encontram presentes quinze minutos antes da hora marcada para o seu início;
c) Verificar se o piso da arena se encontra apto, de acordo com as normas legais;
d) Decidir sobre divergências que possam surgir entre a empresa, ganadeiros e lidadores ou seus representantes, ouvindo o parecer do médico veterinário sempre que o mesmo se justifique;
e) Entregar na DGEDA, até quarenta e oito horas depois de terminado o espectáculo, o relatório das ocorrências neste verificadas, acompanhado dos certificados e documentos referidos nos artigos 24.º e 28.º que lhe tenham sido entregues.

ARTIGO 18.º

Identificação dos delegados técnicos tauromáquicos

Os delegados técnicos tauromáquicos – director de corrida e médico veterinário – são identificados, em todas as praças de touros, mediante cartão de identificação emitido pela DGEDA, que lhes dá acesso a todos os locais das praças quando no exercício das respectivas funções.

---

[361] id.

Artigo 19.º

Competências do médico veterinário

São competências do médico veterinário designado pela DGEDA para serviço num espectáculo tauromáquico:

a) Exercer as funções que lhe são determinadas pelo presente Regulamento;
b) Assessorar o director de corrida, emitindo parecer sobre todos os assuntos para que for solicitado no âmbito da sua competência.

CAPÍTULO III

Das praças de touros

Artigo 20.º

Classificação

As praças de touros são classificadas pela DGEDA, ouvida a Comissão de Tauromaquia, em 1.ª, 2.ª e 3.ª categorias, tendo em conta, nomeadamente, a tradição da localidade, a lotação, o número de espectáculos normalmente realizados em cada ano e o tipo de construção.

Artigo 21.º

Vistoria anual

Todas as entidades responsáveis pelas praças de touros devem requerer à DGEDA, anualmente, durante os meses de Janeiro e Fevereiro, a vistoria para verificação das correspondentes condições técnicas e de segurança.

Artigo 22.º

Balanças e esconderijos

1 – Nas praças de touros de 1.ª e 2.ª categorias devem existir obrigatoriamente balanças destinadas à pesagem de reses.

2 – Nas praças de 1.ª e 2.ª categorias é obrigatória a existência de esconderijos entre barreiras, com as seguintes características:

a) Devem ser em número mínimo de oito, distribuídos ao longo de toda a circunferência;

b) Devem ter, de dimensão, 3,5 m;
c) Devem ter portas de ambos os lados;
d) O que for destinado à equipa médica deve estar assinalado e colocado junto à porta que comunica com o posto de socorros, dispondo de lugares sentados.

ARTIGO 23.º [362]
Posto de socorros e assistência médica

1 – Em todas as praças é obrigatória a existência de instalações destinadas a um posto de socorros para assistência aos artistas tauromáquicos.

2 – O posto de socorros deve ser composto, sempre que possível, por duas divisões contíguas com a dimensão mínima de 4m X 4m, comunicando largamente entre si, apresentando-se o pavimento e as paredes revestidos por material próprio, lavável e impermeável, devendo dispor de águas correntes.

3 – Na primeira das divisões indicadas, que se destina a primeiros socorros, devem existir macas, leitos e mesas ou marquesas para observação e primeiros tratamentos de urgência, designadamente intervenções de pequena cirurgia.

4 – É exigido como mínimo no posto de socorros o seguinte equipamento:

a) Instrumentos para dissecações, laqueações e sotura, nomeadamente, pinças hemostáticas, tesouras, bisturis e garrotes para membros;
b) Material de imobilização provisória de fracturas, nomeadamente talas *kramer* e ligaduras gessadas.

5 – O equipamento cirúrgico do posto de socorros cabe à entidade proprietária da praça.

6 – É da responsabilidade da entidade exploradora da praça o apetrechamento dos materiais perecíveis, tendo em atenção a sua validade de utilização.

7 – Em todos os espectáculos, sem prejuízo do disposto no n.º 9 do presente artigo, a respectiva entidade organizadora deverá assegurar tanto

---

[362] Vide art.º 72.º a 76.º.

a presença de uma ambulância medicalizada como a presença de uma equipa médica composta de, pelo menos, um médico-cirurgião e um enfermeiro.

8 – A ambulância medicalizada deverá estar munida de oxigénio e de, pelo menos, um litro de sangue "dador universal" (ORh+), bem como de soros e plasma na quantidade de 2 L de cada um.

9 – Quando se trate de espectáculos de variedades taurinas em que não participem novilheiros praticantes e reses em pontas, deve a entidade organizadora assegurar a presença de um enfermeiro e de uma ambulância simples e é bastante a existência no posto de socorros de material de dissecação, corte e sotura, para eventual tratamento de pequenas cirurgias, bem como de material de imobilização de fracturas.

10 – Compete ao chefe da equipa médica verificar se o posto de socorros está nas condições estabelecidas no presente capítulo e entregar o seu parecer ao director de corrida, por escrito, até quatro horas antes do início do espectáculo.

11 – A entidade organizadora do espectáculo deverá comunicar previamente ao hospital mais próximo que disponha de serviço de urgência a realização do espectáculo, com vista à eventualidade de se verificar acidente grave.

12 – Relativamente à comunicação referida no número anterior, a empresa organizadora entregará ao director de corrida, até à hora da apartação e sorteio das reses, um documento comprovativo de que fez a comunicação.

13 – A falta de cumprimento quanto ao que se estabelece neste capítulo impede a realização do espectáculo, nos termos do artigo 10.º.

CAPÍTULO IV

Das reses e da sua lide

Artigo 24.º

Obrigatoriedade de reses puras

1 – Só é permitida a lida de reses puras e que sejam provenientes de ganadarias sanitariamente avalizadas pela autoridade sanitária veterinária inscritas no Livro Genealógico dos Bovinos da Raça Brava de Lide e

acompanhadas dos respectivos certificados de inscrição, a entregar na hora da inspecção ao médico veterinário.[363]

2 – Os certificados referidos no número anterior devem ser requeridos pelo ganadeiro aos competentes serviços do Livro Genealógico.

3 – Exceptuam-se do disposto no n.º1 as reses que, em garraiadas ou outras variedades taurinas, se não destinem à lide apeada.

Artigo 25.º [364]

Reses para corridas

As reses a lidar em corridas de touros devem ser do sexo masculino e obedecer às seguintes características:

a) Em praças de 1ª categoria, devem ter pelo menos 3 anos de idade e 440 kg de peso;
b) Em praças de 2ª categoria, devem ter pelo menos 3 anos de idade e 430 kg de peso;
c) Em praças de 3ª categoria, devem ter pelo menos 3 anos de idade e 420 kg de peso.

Artigo 26.º [365]

Reses para novilhadas

As reses a lidar em novilhadas devem ser do sexo masculino e ter 3 anos de idade e os pesos mínimos de 380 kg, 370 kg, 360 kg respectivamente para praças de 1ª, 2ª e 3ª categorias.

Artigo 27.º [366]

Inspecção das reses

1 – As reses destinadas às lides devem dar entrada nas praças de 1ª categoria na véspera do dia do espectáculo, excepto quando se trate de variedades taurinas, e nas restantes até quatro horas antes do início do sorteio.

2 – A inspecção e pesagem das reses devem realizar-se até quatro horas antes do sorteio, na presença do director de corrida e do médico veterinário

---

[363] Vide art.º 69.º.
[364] Vide art.º 78.º.
[365] id.
[366] Vide art.º 79.º.

Artigo 28.º [367]

Documento oficial de trânsito

O ganadeiro ou seu representante deve entregar ao médico veterinário, até ao momento da inspecção, a documentação oficial de trânsito das reses que irão ser lidadas.

Artigo 29.º

Motivos de rejeição das reses

A inspecção visa a verificação da documentação de carácter zootécnico e sanitário, o peso, a idade e o aspecto morfológico das reses a lidar, considerando-se como motivo de rejeição, além da deficiente apresentação, os defeitos seguintes:

a) A cegueira, mesmo parcial;
b) Notáveis defeitos na visão;
c) Criptorquidia;
d) Defeitos de locomoção;
e) Defeitos acentuados nas hastes.

Artigo 30.º

Certificação da inspecção às reses

Do resultado definitivo da inspecção é passado certificado pelo médico veterinário, em duplicado e do modelo a aprovar pela DGEDA, sendo um exemplar entregue ao director de corrida e o outro ao promotor do espectáculo.

Artigo 31.º

Avaliação do peso

1 – Nas praças de 1.ª e 2.ª categorias é considerado o peso resultante da pesagem na balança existente na praça.

2 – Nas praças de 3.ª categoria que não disponham de balança é considerado o peso aparente das reses, estimado pelo médico veterinário com o acordo do director de corrida.

---

[367] Vide art.º 80.º.

3 – Caso não seja possível um acordo sobre o peso, é considerado aquele que resultar da média entre os dois pesos divergentes.

4 – O ganadeiro e o empresário podem ainda recorrer à pesagem das reses na balança mais próxima, sendo as despesas resultantes desta diligência da responsabilidade de ambos.

Artigo 32.º [368]

Hastes despontadas

Nos espectáculos em que os touros ou novilhos saiam à arena com as hastes despontadas não podem ser anunciados touros ou novilhos em hastes íntegras.

Artigo 33.º [369]

Reses emboladas

1 – Devem ser emboladas as reses destinadas ao toureio a cavalo e desemboladas as que se destinam ao toureio a pé.

2 – Os cavaleiros podem lidar reses desemboladas devidamente despontadas, desde que haja acordo prévio entre eles, os forcados e as empresas.

Artigo 34.º [370]

Embolação

Na embolação das reses a lidar nos espectáculos tauromáquicos só podem ser empregues "bolas" de couro que cubram integralmente as hastes.

Artigo 35.º [371]

Requisitos a que deve obedecer o despontar das hastes

1 – Os touros ou novilhos podem apresentar-se com hastes ligeiramente despontadas, não podendo o corte das pontas exceder a dimensão menor do rectângulo da bitola.

---

[368] Vide art.º 81.º.
[369] Vide art.º 82.º.
[370] Vide art.º 83.º.
[371] Vide art.º 84.º

2 – O despontar das hastes deve ser efectuado na presença do director de corrida e do médico veterinário, podendo também assistir os cabeças de cartaz, empresários e ganadeiros ou seus representantes.

3 – Para efeito do controlo do disposto no número anterior, deve o director de corrida ser portador de uma bitola, de chapa metálica, que apresente uma abertura rectangular, cujo lado menor medirá 12 mm.

Artigo 36.º

Sorteio das reses

1 – O sorteio das reses a lidar deve ser efectuado com a assistência do director de corrida, do médico veterinário, do ganadeiro, do empresário e dos cabeças de cartaz ou respectivos representantes.

2 – O sorteio efectuar-se-á às 12 horas para os espectáculos da tarde e às 17 horas para os espectáculos nocturnos, mas, no caso de à hora prevista não se encontrar algum dos intervenientes ou seus representantes, o director de corrida, na presença do médico veterinário e do empresário, fará o sorteio, não havendo recurso dos faltosos.

Artigo 37.º

Apartação

1 – Na apartação devem ser separadas as reses destinadas à lide a cavalo e à lide a pé.

2 – De entre as reses destinadas a cada uma das modalidades de lide devem ser feitos tantos lotes quantos os lidadores.

3 – Os lotes devem ser constituídos por reses, tanto quanto possível, equilibradas em casta, peso idade e forma de armação.

4 – Se as reses não pertencerem à mesma ganadaria, devem dividir-se, tanto quanto possível, pelos diferentes lotes, tendo em atenção a modalidade de lide para que foram anunciadas.

5 – Feitos os lotes, esses são sorteados entre os correspondentes lidadores.

6 – Nos espectáculos tauromáquicos de concurso de ganadarias, as reses a lidar devem sair por ordem de antiguidade das respectivas ganadarias.

Artigo 38.º [372]
Isolamento das reses

Terminado o sorteio, as reses são encurraladas isoladamente em compartimentos, sobre os quais deve ser afixado o número de ordem de saída à arena, estabelecido pelos lidadores ou seus representantes, sem prejuízo do disposto no n.º 6 do artigo anterior.

Artigo 39.º [373]
Proibição de acesso aos curros

Depois de isoladas as reses devem ser deixadas em completo sossego até à hora do espectáculo, sendo proibida a entrada de qualquer pessoa na zona dos curros, salvo se autorizada pelos delegados técnicos tauromáquicos e desde que acompanhada por representante de ganadaria, excepto o embolador e ajudante.

Artigo 40.º
Rês inutilizada

1 – As empresas não têm obrigação de fazer correr mais reses do que as anunciadas, nem são obrigadas a substituir alguma que se inutilize durante a lide.

2 – Neste último caso, o lidador a quem competir a rês inutilizada perde o turno, como se a tivesse lidado até ao fim.

Artigo 41.º [374]
Rês de reserva

1 – Em todos os espectáculos tauromáquicos, com excepção das variedades taurinas, as empresas devem ter nos currais, à disposição dos delegados técnicos tauromáquicos, uma rês de reserva com o peso exigido, para substituição de alguma que se tenha inutilizado antes de sair à arena ou que antes do início da lide apresente defeitos físicos não revelados na inspecção.

---

[372] Vide art.º 85.º.
[373] Vide art.º 86.º.
[374] Vide art.º 87.º.

2 – À rês de reserva aplicam-se todas as disposições do presente Regulamento relativas às reses a lidar.

3 – Substituída a rês, o lidador a quem aquela competir não perde o turno, salvo motivo atendível pelo director de corrida.

4 – A rês de reserva pode excepcionalmente não pertencer à ganadaria anunciada.

5 – Na falta da rês de reserva, o director de corrida não deve permitir a realização do espectáculo.

Artigo 42.º [375]

Jogo de cabrestos

1 – Durante os espectáculos tauromáquicos é obrigatória a permanência nos curros da praça de um jogo de cabrestos devidamente adestrados e de preferência do mesmo ganadeiro que forneça as reses, para a recolha destas.

2 – O jogo de cabrestos deve compor-se de um mínimo de seis reses.

3 – Exceptuam-se do disposto nos números anteriores os espectáculos a realizar em praças desmontáveis.

Artigo 43.º [376]

Ferragem

1 – A ferragem destinada à lide de touros e novilhos obedece às características seguintes:

a) As bandarilhas devem medir 70 cm de comprimento, ser enfeitadas com papel de seda de variadas cores e rematadas com um ferro de 8 cm, com um arpão de 4 cm de comprimento e 20mm de largura;

b) As farpas ou ferros compridos e os ferros curtos devem medir, respectivamente, 140 cm e 80 cm de comprimento, com ferragem idêntica à da bandarilha, mas com dois arpões, e ser enfeitados e rematados da mesma forma que as bandarilhas.

2 – As bandarilhas a colocar a duas mão pelo cavaleiro devem medir 90 cm de comprimento.

---

[375] Vide art.º 88.º.
[376] Vide art.º 89.º e 90.º.

3 – Os ferros compridos devem partir de modo que 35 cm fiquem na rês e o restante na mão do cavaleiro.

4 – A ferragem a utilizar na lide de garraios ou vacas deve ser enfeitada da mesma forma que as bandarilhas e rematada com um ferro que não exceda 3 cm de comprimento, com arpão até 1 cm de largura.

5 – A ferragem é fornecida, junto dos curros, pelo embolador aos moços de cavalos e moços de espadas, sendo entregue por estes aos lidadores em zonas fixas da trincheira, definidas pela DGEDA e devidamente assinaladas.

Artigo 44.º [377]

Da lide e das pegas

1 – A lide a cavalo de cada rês não deve exceder dez minutos, findo os quais será dado o primeiro aviso; dois minutos depois deste será dado o segundo aviso e um minuto depois o terceiro, ao que de imediato se seguirá a pega.

2 – As pegas de caras ou de cernelha não podem exceder cinco minutos e três tentativas, sendo dados avisos pelo director de corrida ao fim dos dois ou dos quatro minutos.

3 – Quando uma modalidade de pega for utilizada como recurso de outra frustrada, não se pode recorrer de novo à inicial, aplicando-se à modalidade de recurso o disposto no número anterior.

4 – Para concretização da pega, os forcados são obrigatoriamente auxiliados pelos bandarilheiros que compõem a quadrilha do cavaleiro que tiver lidado a rês correspondente, os quais deverão bregar e colocar a rês no sítio e posição que lhes foi indicado pelo cabo do grupo ou pelo forcado encarregado da pega.

5 – Na lide a pé, a faena de muleta não deve exceder oito minutos, findo os quais será dado o primeiro aviso; dois minutos depois deste será dado o segundo aviso e um minuto depois o terceiro, indicando que vão entrar os cabrestos, a fim de recolher a rês.

---

[377] Vide art.º 91.º.

ARTIGO 45.º [378]

Proibição durante a lide

É proibido o acesso do público a quaisquer lugares, bem como a actividade de vendedores, durante as lides.

ARTIGO 46.º [379]

Pessoas entre barreiras

1 – Sem prejuízo das forças policiais e dos bombeiros, o director de corrida autorizará a permanência entre barreiras apenas das seguintes entidades, com funções ligadas ao espectáculo:

   a) Os artistas intervenientes no espectáculo, não podendo cada grupo de forcados exceder oito efectivos e quatro suplentes;
   b) O avisador;
   c) A equipa médica de serviço e os maqueiros;
   d) Um representante de cada cabeça de cartaz;
   e) Dois moços de cavalos por cada cavaleiro;
   f) Um moço de espadas e respectivo ajudante por cada espada;
   g) Um representante de cada ganadaria;
   h) Até dois representantes da empresa organizadora;
   i) O embolador e seu ajudante, dois campinos e demais pessoal de serviço entre barreiras e na arena;
   j) Até dois representantes da comunicação social;
   l) Até quatro profissionais de captação de imagens, nomeadamente fotógrafos, operadores de televisão e cinema.

2 – As entidades referidas no número anterior, à excepção do avisador, devem manter-se nos esconderijos durante os períodos de tempo em que não participem no espectáculo.

3 – As entidades referidas no n.º 1 são obrigatoriamente identificadas por processo a definir pela DGEDA.

---

[378] Vide art.º 92.º.
[379] Vide art.º 93.º.

ARTIGO 47.º [380]

Afixação obrigatória sobre o touril

1 – Em todos os espectáculos tauromáquicos, excepto nas variedades taurinas, é obrigatória a afixação, sobre o touril, do peso, número e ano de nascimento da rês a lidar, bem como da ganadaria a que a mesma pertence.

2 – A inscrição a que se refere o número anterior deve ser feita sobre um quadro com dimensões a definir pela DGEDA.

CAPÍTULO V

Dos artistas tauromáquicos

ARTIGO 48.º

Inscrição na DGEDA

É obrigatória a inscrição de todos os artistas tauromáquicos em registo especial a criar na DGEDA, a qual será comprovada por cartão de identificação específico.

ARTIGO 49.º

Artistas e suas categorias

1 – Para efeitos do presente regulamento são considerados artistas tauromáquicos os indivíduos que em espectáculos tauromáquicos exercem a actividade nas modalidades de actuação a que correspondem as seguintes categorias:

  a) Cavaleiros e cavaleiros praticantes;
  b) "Matadores de touros", novilheiros e novilheiros praticantes;
  c) Grupo de forcados
  d) Toureiro cómico;
  e) Bandarilheiro e bandarilheiro praticante;
  f) Amadores de todas as modalidades.

2 – São considerados auxiliares os moços de espada e o embolador.

---

[380] Vide art.º 68.º.

3 – Os artistas referidos nas alíneas a), b), c) e d) do n.º 1 do presente artigo são designados genericamente de "cabeças de cartaz".

4 – Para efeitos do disposto no artigo anterior, os grupos de forcados devem indicar todos os seus elementos constitutivos, bem como o respectivo cabo, responsável pelo grupo para efeitos do presente Regulamento.

5 – Considera-se "elenco" o conjunto dos cabeças de cartaz que actuam em cada espectáculo e "quadrilha" o conjunto de artistas que coadjuvam os cabeças de cartaz nas suas actuações – bandarilheiros e bandarilheiros praticantes.

Artigo 50.º [381]

Elenco

Em cada espectáculo, o número de cavaleiros praticantes, novilheiros e novilheiros praticantes não pode exceder, respectivamente, os de cavaleiros, de "matadores de touros" e de novilheiros.

Artigo 51.º [382]

Praticantes

Em todas as praças onde sejam promovidos mais de três espectáculos anuais, a respectiva empresa exploradora é obrigada a incluir nos elencos, pelo menos uma vez, um cavaleiro praticante e um novilheiro praticante.

Artigo 52.º [383]

Quadrilhas

1 – Nos espectáculos tauromáquicos, as quadrilhas devem ser constituídas por bandarilheiros em número igual ao das reses a lidar, com as seguintes excepções:

a) Na lide a cavalo de uma só rês, cada quadrilha deve ser constituída por dois bandarilheiros;
b) Na lide apeada, o número de bandarilheiros deve ser acrescido de uma unidade.

---

[381] Vide art.º 94.º.
[382] Vide art.º 95.º.
[383] Vide art.º 96.º.

2 – Em todas as quadrilhas pode ser substituído um bandarilheiro por dois bandarilheiros praticantes.

3 – Quando a lide ficar a cargo do cavaleiro praticante ou do novilheiro praticante, um dos bandarilheiros deve ser substituído por dois bandarilheiros praticantes.

4 – No caso do cabeça de cartaz ser praticante e lidar apenas uma rês, a quadrilha deve ser constituída por um bandarilheiro e por um bandarilheiro praticante.

5 – O número dos artistas indicados no n.º 1 pode ser excedido por acordo entre as empresas e os cabeças de cartaz.

6 – O disposto neste artigo não é aplicável às garraiadas e às variedades taurinas.

Artigo 53.º [384]

Elenco nas variedades taurinas

1 – Nas variedades taurinas, quando o número de vacas não exceder o de garraios, o de bandarilheiros não pode ser inferior a três e quando o de garraios for igual ou superior ao de vacas, o de bandarilheiros não pode ser inferior a quatro.

2 – Nas garraiadas, um dos bandarilheiros a que se refere o número anterior pode ser substituído por dois bandarilheiros praticantes.

3 – Nas garraiadas, cada novilheiro praticante deve ser coadjuvado por um bandarilheiro praticante.

Artigo 54.º

Inscrição – condições gerais

A inscrição a que se refere o artigo 48.º é reservada a indivíduos habilitados com a escolaridade obrigatória que possuam condições físicas para o exercício da actividade e preencham os demais requisitos para tanto exigidos neste Regulamento.

Artigo 55.º

Inscrição – condições específicas

São condições específicas para a atribuição das seguintes categorias:

---

[384] Vide art.º 97.º.

a) De cavaleiro praticante – actuação em, pelo menos, cinco espectáculos tauromáquicos como cavaleiro amador e aprovação na prova de aptidão respectiva;
b) De novilheiro praticante – actuação em, pelo menos, cinco espectáculos tauromáquicos como amador e aprovação na respectiva prova de aptidão:
c) De bandarilheiro praticante – actuação em, pelo menos, cinco espectáculos tauromáquicos como amador e aprovação na respectiva prova de aptidão;
d) De toureiro cómico – actuação em, pelo menos, cinco espectáculos como estagiário e apresentação de documento comprovativo de aptidão artística assinado por dois toureiros cómicos e três bandarilheiros;
e) De moço de espada – apresentação de documento comprovativo de aptidão artística assinado por dois «matadores de touros» e dois moços de espada;
f) De embolador – apresentação de documento comprovativo de aptidão artística assinado por um cavaleiro, um bandarilheiro e dois emboladores.

Artigo 56.º
Provas de aptidão

1 – As provas de aptidão referidas nas alíneas a), b) e c) do artigo anterior são prestadas em festivais taurinos, novilhadas ou novilhadas populares.

2 – A prestação das provas referidas na número anterior deve ser requerida à DGEDA, devendo o requerente comprovar encontrar-se nas condições exigidas.

Artigo 57.º
Acesso a cavaleiro e bandarilheiro

O acesso às categorias de cavaleiro tauromáquico e bandarilheiro só é permitido aos indivíduos que tenham actuado, respectivamente, como cavaleiro praticante e como bandarilheiro praticante em, pelo menos, 10 espectáculos e hajam sido aprovados na respectiva prova de alternativa.

ARTIGO 58.º
Provas de alternativa

1 – As provas de alternativa são prestadas em corridas de touros.

2 – Os cavaleiros e bandarilheiros só devem tomar alternativa nas praças de 1.ª e 2.ª categorias

ARTIGO 59.º
Acesso a novilheiro

1 – O acesso à categoria de novilheiro é reservado aos novilheiros praticantes com, pelo menos, dois anos na categoria e que tenham actuado em pelo menos, oito espectáculos.

2 – Só pode ser atribuída a categoria de "matador de touros" aos novilheiros que tenham obtido alternativa em corrida de touros "de morte", que terá de ser comprovada por documento passado pelo organismo competente do país onde a tomaram.

ARTIGO 60.º
Datas e locais das provas

1 – As datas e as praças em que se realizam as provas de aptidão e de alternativa referidas neste regulamento devem ser indicadas à DGEDA pelos respectivos candidatos.

2 – Os candidatos às categorias de cavaleiro e cavaleiro praticante são considerados como tendo estas categorias durante a prestação das provas respectivas, para efeito da composição dos elencos.

ARTIGO 61.º
Júris

Os júris das provas de aptidão são designados pelo director-geral dos Espectáculos e do Direito de Autor, sob proposta da Comissão de Tauromaquia

ARTIGO 62.º
Recurso

As decisões dos júris, devidamente fundamentadas, devem constar de actas assinadas por todos os membros e delas cabe recurso para o director-geral dos Espectáculos e do Direito de Autor.

CAPÍTULO V

Da Comissão de Tauromaquia

Artigo 63.º

Constituição e funcionamento

1 – É criada a Comissão de Tauromaquia (CT), presidida pelo director-geral dos Espectáculos e do Direito de Autor e constituída por:

a) Cinco vogais de reconhecido prestígio no meio tauromáquico nacional nomeados pelo membro do Governo responsável pela área da Cultura;
b) Seis delegados técnicos tauromáquicos, sendo três directores de corrida e três médicos veterinários.
c) Membros das associações representativas dos artistas tauromáquicos, dos empresários, dos criadores de touros de lide, da crítica tauromáquica e dos clubes e tertúlias tauromáquicas em número de um por cada entidade.

2 – Os membros da CT são nomeados pelo membro do Governo responsável pela área da cultura, sob proposta do director-geral dos Espectáculos e do Direito de Autor.

3 – A CT reúne ordinariamente duas vezes por ano e extraordinariamente sempre que o seu presidente o entender necessário ou a requerimento de mais de metade dos seus membros.

4 – Os membros da CT têm direito a senhas de presença, nos termos da lei geral.

Artigo 64.º

Competência

À CT compete:

a) Assessorar a DGEDA sobre todos os assuntos relativos a espectáculos tauromáquicos;
b) Analisar a forma como decorre a temporada tauromáquica e propor as medidas correctivas necessárias;
c) Exercer as demais competências que lhe são cometidas neste Regulamento.

CAPÍTULO VII

Das contra-ordenações

Artigo 65.º

Dos trajos tradicionais e do grupo de forcados

1 – Constitui contra-ordenação punida com coima de 100.000$ a 500.000$ o incumprimento da obrigação de os intervenientes no espectáculo se apresentarem com os seu trajos tradicionais ou em trajo curto nos espectáculos de variedades taurinas e nos referidos no artigo 102.º.

2 – Constitui contra-ordenação punida com coima de 100.000$ a 500.000$ o incumprimento da obrigação de inclusão de, pelo menos, um grupo de forcados nas corridas de touros em que participem cavaleiros.

Artigo 66.º

Publicidade irregular

1 – Constitui contra-ordenação punida com coima de 100.000$ a 500.000$ a falta de indicação na publicidade dos espectáculos tauromáquicos de qualquer dos seguintes elementos:

a) Tipo de espectáculo;
b) Empresa promotora;
c) Tipo e número de reses a lidar;
d) Elenco artístico;
e) Ganadaria ou ganadarias;
f) Classificação etária.[385]

2 – Constitui contra-ordenação punida com coima de 50.000$ a 500.000$ a não conformidade da publicidade do espectáculo com o presente Regulamento.

3 – A negligência é punível.

---

[385] A não inserção da classificação etária na publicidade a qualquer espectáculo (excepto o tauromáquico), é punida com coima de 25000$00, nos termos do art. 20.º DL 396/92.

Artigo 67.º
Incumprimento do horário de abertura da praça ao público

1 – Constitui contra-ordenação punida com coima de 25.000$ a 250.000$ o incumprimento da obrigação de promover o acesso do público com, pelo menos, uma hora de antecedência, após autorização do director de corrida para abertura das portas da praça.

2 – A negligência é punível.

Artigo 68.º
Falta de banda de música e de afixação de pesos

Constitui contra-ordenação punida com coima de 100.000$ a 500.000$ o incumprimento das obrigações estabelecidas nos artigos 12.º e 47.º.

Artigo 69.º
Falta de reses puras

1 – Constitui contra-ordenação punida com coima de 100.000$ a 500.000$ a colocação em lide de reses que não obedeçam aos requisitos previstos no n.º 1 do artigo 24.º.

2 – A negligência é punível.

Artigo 70.º
Falta de instalação de balanças

Constitui contra-ordenação punida com coima de 100.000$ a 500.000$ o incumprimento da obrigação da instalação de balanças nas praças de touros de 1ª e 2ª categorias.

Artigo 71.º
Falta de instalação de esconderijos entre barreiras

1 – Constitui contra-ordenação punida com coima de 100.000$ a 500.000$ o incumprimento da obrigação de instalar nas praças de touros de 1ª e 2ª categorias esconderijos entre barreiras, com as características definidas no n.º 2 do artigo 22.º.

2 – A negligência é punível.

ARTIGO 72.º

Falta de instalação de áreas destinadas a posto de socorros

1 – Constitui contra-ordenação punida com coima de 100.000$ a 500.000$ a omissão de instalação de áreas destinadas a um posto de socorros para assistência aos lidadores.

2 – A negligência é punível.

ARTIGO 73.º

Falta de equipamentos adequados ao posto de socorros

1 – Constitui contra-ordenação punida com coima de 100.000$ a 500.000$ a omissão de instalação dos equipamentos previstos nos nas 4, 8 e 9 do artigo 23.º.

2 – A negligência é punível.

ARTIGO 74.º

Falta de apetrechamento de matérias perecíveis no posto de socorros

1 – Constitui contra-ordenação punida com coima de 100.000$ a 500.000$:

Falta de apetrechamento dos materiais perecíveis;

A sua manutenção para além dos respectivos prazos de validade de utilização.

2 – A negligência é punível.

ARTIGO 75.º

Falta de condições de assistência hospitalar imediata

1 – Constitui contra-ordenação punida com coima de 100.000$ a 500.000$ o incumprimento das obrigações previstas nos nas 7, 11 e 12 do artigo 23.º.

2 – A negligência é punível.

ARTIGO 76.º

Violação do dever de verificação do posto de socorros

1 – Constitui contra-ordenação punida com coima de 100.000$ a 500.000$ o incumprimento da obrigação prevista no n.º 10 do artigo 23.º.

2 – A negligência é punível.

Artigo 77.º
Utilização de reses sujeitas a inscrição, registo, autorização ou verificação de requisitos

1 – Constitui contra-ordenação punida com coima de 100.000$ a 500.000$ a colocação em lide de corridas de touros de reses que não obedeçam aos requisitos previstos no n.º 1 do artigo 24.º.
2 – A negligência é punível.

Artigo 78.º
Violação das características de peso e idade das reses

1 – Constitui contra-ordenação punida com coima de 250.000$ a 500.000$ a colocação em lide de reses que não obedeçam às características enunciadas no n.º 1 do artigo 25.º [386] e no artigo 26.º.
2 – A negligência é punível.

Artigo 79.º
Não apresentação das reses no prazo estabelecido

1 – Constitui contra-ordenação punida com coima de 50.000$ a 500.000$ a apresentação na praça das reses destinadas à lide para além dos prazos definidos no artigo 27.º.
2 – A negligência é punível.

Artigo 80.º
Falta de entrega de documentação oficial de trânsito

Constitui contra-ordenação punida com coima de 25.000$ a 250.000$ o incumprimento da obrigação de entrega ao médico veterinário, até ao momento da inspecção, da documentação oficial de trânsito das reses que serão lidadas.

Artigo 81.º
Publicidade enganadora

Constitui contra-ordenação punida com coima de 25.000$ a 250.000$ o anúncio público de espectáculos com touros ou novilhos em hastes

---
[386] Este n.º 1 não existe. Presume-se ser referido ao art.º 25.º.

íntegras quando nos espectáculos são lidados touros ou novilhos com hastes despontadas.

Artigo 82.º
Utilização de reses emboladas e não emboladas

1 – Constitui contra-ordenação punida com coima de 25.000$ a 250.000$ a utilização de reses em desobediência ao disposto nos n.º 1 e 2 do artigo 33.º.

2 – A negligência é punível.

Artigo 83.º
Incumprimento da utilização do modelo legal

1 – Constitui contra-ordenação punida com coima de 25.000$ a 250.000$ o incumprimento da obrigação prevista no artigo 34.º.

2 – A negligência é punível.

Artigo 84.º
Falta de satisfação de requisitos ou características legais

1 – Constitui contra-ordenação punida com coima de 25.000$ a 250.000$ o incumprimento das obrigações resultantes dos n.ºs 2 e 3 do artigo 35.º.

2 – A negligência é punível.

Artigo 85.º
Falta de isolamento das reses e de indicação do número de ordem de saída

Constitui contra-ordenação punida com coima de 25.000$ a 250.000$ o incumprimento das obrigações prevista no artigo 38.º.

Artigo 86.º
Proibição de acesso aos curros

Constitui contra-ordenação punida com coima de 25.000$ a 250.000$ a entrada na zona dos curros depois do sorteio das rês até à hora do espectáculo, salvo se autorizada nos termos previstos no artigo 39.º.

ARTIGO 87.º
Falta de rês de reserva

Constitui contra-ordenação punida com coima de 100.000$ a 500.000$ o incumprimento do dever de ter na praça uma rês de reserva.

ARTIGO 88.º
Falta de jogo de cabrestos

Constitui contra-ordenação punida com coima de 50.000$ a 500.000$ o incumprimento da obrigação prevista no artigo 42.º.

ARTIGO 89.º
Violação dos requisitos a que deve obedecer a ferragem na lide de touros ou novilhos

1 – Constitui contra-ordenação punida com coima de 50.000$ a 500.000$ a lide de touros e novilhos em corridas de touros com ferragem que não obedeça aos requisitos previstos nos n.os 1, 2 e 3 do artigo 43.º.

2 – Constitui contra-ordenação punida com coima de 25.000$ a 250.000$ a entrega de ferragem aos lidadores fora dos locais referidos no n.º 5 do artigo 43.º.

ARTIGO 90.º
Violação dos requisitos a que deve obedecer a ferragem na lide de garraios ou vacas

Constitui contra-ordenação punida com coima de 50.000$ a 500.000$ a utilização, na lide de garraios ou vacas, em espectáculos tauromáquicos de ferragem que não obedeça aos requisitos previstos no n.º 4 do artigo 43.º.

ARTIGO 91.º
Violação dos tempos da lide

Constitui contra-ordenação punida com coima de 25.000$ a 250.000$ a desobediência ao disposto nos n.º 1, 2, 3 e 4 do artigo 44.º.

Artigo 92.º
Proibição de acesso do público aos lugares e da actividade dos vendedores

1 – Constitui contra-ordenação punida com coima de 50.000$ a 500.000$ o facto de a entidade responsável pela praça não vedar ao público o acesso aos lugares a este destinados, a partir do momento em que soe o toque de entrada da rês na arena.

2 – A mesma coima será aplicável no caso de aquela entidade não vedar a actividade dos vendedores ambulantes quando se verificarem as condições previstas no número anterior.

Artigo 93.º
Proibição de permanência entre barreiras

1 – Constitui contra-ordenação punida com coima de 25.000$ a 250.000$ a permanência entre barreiras de indivíduos estranhos ao espectáculo, sem prejuízo do disposto no n.º 1 do artigo 46.º.

2 – Com a mesma coima será punido quem infringir o disposto no n.º 2 do artigo 46.º.

Artigo 94.º
Violação do número de artistas participantes em lide

Constitui contra-ordenação punida com coima de 25.000$ a 250.000$ a participação em espectáculos tauromáquicos de cavaleiros praticantes, novilheiros e novilheiros praticantes em número que exceda, respectivamente, o dos cavaleiros, o dos «matadores de touros« e o dos novilheiros.

Artigo 95.º
Obrigatoriedade de participação de artistas

Constitui contra-ordenação punida com coima de 25.000$ a 250.000$ o incumprimento da obrigação prevista no artigo 51.º.

Artigo 96.º
Violação da composição das quadrilhas

Constitui contra-ordenação punida com coima de 25.000$ a 250.000$ o incumprimento da obrigação prevista no artigo 52.º.

Artigo 97.º
Violação da composição das Quadrilhas nas garraiadas e variedades taurinas

Constitui contra-ordenação punida com coima de 25.000$ a 250.000$ o incumprimento da obrigação prevista no artigo 53.º.

Artigo 98.º
Violação das determinações do director de corrida

1 – Constitui contra-ordenação punida com coima de 100.000$ a 500.000$ o incumprimento da obrigação de acatar as determinações do director de corrida por parte dos intervenientes no espectáculo.

2 – Constitui contra-ordenação punida com coima de 25.000$ a 250.000$ o incumprimento da obrigação de acatar as determinações do director de corrida por parte do avisador, dos campinos e pessoal auxiliar, bem como dos espectadores ou vendedores que, de algum modo, perturbem o espectáculo.

CAPÍTULO VIII
Disposições finais e transitórias

Artigo 99.º
Inscrições de artistas na DGEDA

Para efeitos do disposto no artigo 48.º, as associações sindicais devem proceder, sem mais formalidades, à inscrição na DGEDA dos seus associados nas correspondentes categorias artísticas.

Artigo 100.º

Funções dos actuais directores de corrida

Até ao preenchimento do corpo a que se refere o n.º 2 do artigo 14.º continuam em funções os actuais directores de corrida.

Artigo 101.º

Comissão de Tauromaquia

A CT pode reunir sem os vogais referidos na alínea b) do n.º 1 do artigo 63.º até ao preenchimento do corpo a que se refere o n.º 2 do artigo 14.º.

Artigo 102.º

Festivais taurinos

Nos espectáculos de beneficência, vulgarmente conhecidos por festivais taurinos, não existe a obrigatoriedade de cumprimento do disposto nos artigos 25.º e 26.º, podendo intervir artistas amadores.

Portaria n.º 419/92
de 22 de Maio

Considerando o disposto nos artigos 3.º, n.º 2, e 4.º do Decreto-Lei n.º 306/91, de 17 de Agosto:

Manda o Governo, pelo Ministro das Finanças e pelo Secretário de Estado da Cultura, o seguinte:

1.º É aprovado o modelo do requerimento para designação dos delegados técnicos tauromáquicos, que constitui o anexo 1 à presente portaria, o qual deverá dar entrada na Direcção Geral dos Espectáculos e do Direito de Autor até cinco dias úteis antes do espectáculo

2.º Para espectáculos tauromáquicos, requeridos nos termos do artigo 5.º do Decreto-Lei n.º 456/85, de 29 de Outubro, o requerente

preencherá na coluna "Observações" do modelo a que se refere o número anterior a sua identificação completa, o número de bilhete de identidade, o número de contribuinte, a morada e o telefone e anexará o atestado da junta de freguesia referido no artigo 5.º do decreto-lei atrás mencionado.
3.º Pela designação dos delegados técnicos tauromáquicos são devidas as taxas constantes da tabela que constitui o anexo II à presente portaria.
4.º Os delegados técnicos tauromáquicos têm direito a uma remuneração nos seguintes montantes:

   a) Para corridas de touros, novilhadas e corridas mistas – 20.000$;
   b) Para novilhas populares, variedades taurinas e festivais taurinos – 15.000$.

Portaria n.º 932/94
de 12 de Outubro

As taxas fixadas em 1992 para a realização da generalidade dos espectáculos tauromáquicos têm valores que, além de desactualizados, não reflectem a especificidade dos vários tipos de espectáculo.

Assim, em vez de dois únicos escalões no valor das taxas, estabelecem-se quatro, aplicando-se os valores mais baixos aos espectáculos com fins de beneficência, de cariz popular ou de apresentação pública de artistas tauromáquicos amadores ou em início de carreira.

Por outro lado, verifica-se a utilização sistemática da faculdade de os promotores poderem requerer a designação dos delegados técnicos tauromáquicos nas vinte e quatro horas que antecedem o espectáculo, dificultando ou, em alguns casos, inviabilizando a nomeação daqueles, com consequências negativas para a festa. Por tal motivo, as taxas respeitantes a requerimentos fora de prazo são agravadas no dobro, para reforço da garantia da presença dos delegados tauromáquicos nos espectáculos.

Foi ouvida a Comissão de Tauromaquia, prevista no Regulamento do Espectáculo Tauromáquico, aprovado pelo Decreto Regulamentar n.º62/91, de 29 de Novembro.

Assim, considerando o disposto no artigo 3.º, n.º2 do Decreto-Lei n.º 306/91, de 17 de Agosto:

Manda o Governo, pelos Secretários de Estado da Cultura e do Orçamento, substituir o anexo II à Portaria n.º419/92, de 22 de Maio, pela tabela anexa à presente portaria.

TABELA ANEXA

Taxas a pagar pela designação dos delegados técnicos tauromáquicos

Prazo de entrega do requerimento		
Tipo de espectáculo	Requerimento entrado na DGESP 5 dias úteis antes do espectáculo	Requerimento entrado fora de prazo
Corridas de touros Corridas mistas..	125 000$00	250 000$00
Novilhadas	100 000$00	200 000$00
Variedades Taurinas. Novilhadas populares	75 000$00	150 000$00
Festivais taurinos	35 000$00	70 000$00

Lei n.º 12-B/2000 [387]
de 8 de Julho

A Assembleia da República decreta, nos termos da alínea c) do artigo 161.º da Constituição, para valer como lei geral da República, o seguinte:

Artigo único

1 – São proibidos os espectáculos tauromáquicos com touros de morte, mesmo que realizados fora dos recintos previstos na lei, constituindo contra-ordenação a prática de lide com tal desfecho, bem como a autorização, organização, promoção e direcção de espectáculos em causa ou o fornecimento quer de reses quer de local para a respectiva realização.

2 – Exceptuam-se do disposto no número anterior as autorizações excepcionais concedidas ao abrigo do disposto no artigo 3.º da Lei n.º 92//95, de 12 de Setembro.

3 – O Governo, ao abrigo da sua competência legislativa própria, definirá o regime contra-ordenacional aplicável, até ao limite máximo de 50000000$00 ou, no caso de entidades colectivas, 80000000$00 no valor das coimas.

4 – É revogado o Decreto n.º 15 355, de 14 de Abril de 1928.

Decreto-Lei n.º 196/2000
de 23 de Agosto

A Lei n.º 12-B/2000, de 8 de Julho, revogou o Decreto n.º 15 355, de 14 de Abril de 1928, e estabeleceu a proibição dos espectáculos

---

[387] Alterada pela Lei n.º 19/2002 de 31 de Julho.

tauromáquicos com touros de morte, qualificando como contra-ordenação a prática de lide com tal desfecho, bem como a autorização, organização, promoção e direcção dos espectáculos e o fornecimento de reses ou de local para a sua realização.

Dando cumprimento ao disposto no n.º 2 do artigo único da referida lei, o Governo procede agora à definição do respectivo regime contra-ordenacional.

Assim:

No desenvolvimento do regime jurídico estabelecido pelo Decreto-Lei n.º 433/82, de 27 de Outubro, na redacção dada pelo Decreto-Lei n.º 244/95, de 14 de Setembro, e pela Lei n.º 12-B/2000, de 8 de Julho, e nos termos do disposto na alínea c) do n.º 1 do artigo 198.º da Constituição, o Governo decreta, para valer como lei geral da República, o seguinte:

Artigo 1.º

Âmbito

O presente diploma regulamenta o regime específico contra--ordenacional definido na Lei n.º 12-B/2000, de 8 de Julho.

Artigo 2.º

Coimas

1 – As contra-ordenações previstas no n.º 1 do artigo 1.º da Lei n.º 12-B/2000, de 8 de Julho, são puníveis com coima de 20 000 000$00 a 50 000 000$00, tratando-se de pessoas singulares, e de 30 000 000$00 a 80 000 000$00, tratando-se de pessoas colectivas ou associações sem personalidade jurídica.

2 – Os limites mínimos e máximos das coimas previstas no número anterior serão de 1 000 000$00 a 5 000 000$00 e de 1 500 000$00 a 8 000 000$00, respectivamente, quando a conduta punível constituir uma prática ancestral decorrente de uma tradição local realizada todos os anos ininterruptamente.

Artigo 3.º

Responsabilidade das pessoas colectivas ou equiparadas

1 – As coimas podem aplicar-se tanto às pessoas singulares quanto às pessoas colectivas, bem como às associações sem personalidade jurídica.

2 – As pessoas colectivas ou equiparadas são responsáveis pelas contra-ordenações praticadas pelos seus órgãos no exercício de funções.

Artigo 4.º
Sanções acessórias

Às contra-ordenações previstas no presente diploma podem ser aplicadas as seguintes sanções acessórias:

a) Perda de objectos pertencentes ao agente;
b) Interdição temporária do exercício da actividade de artista tauromáquico em território nacional;
c) Interdição temporária do fornecimento de reses para espectáculos tauromáquicos em território nacional;
d) Encerramento temporário do recinto onde foi realizado o evento tauromáquico;
e) Publicitação da decisão condenatória.

Artigo 5.º
Perda de objectos pertencentes ao agente

1 – A decisão condenatória pode decretar a perda, a favor do Estado ou de outra entidade pública, de instituição particular de solidariedade social ou de pessoa colectiva de utilidade pública, dos objectos, equipamentos ou dispositivos, pertencentes à pessoa condenada, que tenham servido para a prática de qualquer das contra-ordenações previstas no presente diploma.

2 – A perda dos objectos pertencentes ao agente abrange a receita obtida com a prática da contra-ordenação.

3 – Se o agente tiver adquirido determinados bens com dinheiro ou valores obtidos com a prática da contra-ordenação, pode também ser decretada a perda dos mesmos.

Artigo 6.º
Interdição do exercício da actividade de artista tauromáquico

A interdição temporária do exercício da actividade de artista tauromáquico pode ser decretada por um período máximo de dois anos.

Artigo 7.º
Interdição temporária do fornecimento de reses para espectáculos tauromáquicos

A interdição temporária do fornecimento de reses para espectáculos tauromáquicos pode ser decretada por um período máximo de dois anos.

Artigo 8.º
Encerramento temporário do recinto onde tiver sido realizado o espectáculo tauromáquico

O encerramento temporário do recinto onde tiver sido realizado o espectáculo tauromáquico pode ser decretado por um período máximo de dois anos.

Artigo 9.º
Publicitação da decisão condenatória

1 – Pode ser decretada a publicitação da decisão condenatória sempre que se revele necessário para prevenir a prática de futuras infracções previstas no presente diploma.

2 – A publicitação da decisão condenatória é efectivada por iniciativa da entidade que a decretar, em jornal diário de expansão nacional, a expensas do condenado, a liquidar no próprio processo.

Artigo 10.º
Fiscalização

Compete às forças de segurança a fiscalização do cumprimento do disposto no presente diploma.

Artigo 11.º
Aplicação das coimas e das sanções acessórias

É competente para a aplicação das coimas e das sanções acessórias previstas neste diploma o governador civil da área onde a infracção foi cometida, sem prejuízo das competências dos órgãos de Governo próprios das Regiões Autónomas.

Artigo 12.º
Destino das coimas

O produto das coimas é distribuído da seguinte forma:

a) 60% para o Estado;
b) 40% para a entidade que tiver procedido ao levantamento do auto de notícia.

Artigo 13.º
Transferência da titularidade dos bens declarados perdidos

A titularidade das quantias em dinheiro e outros bens declarados perdidos passa para a entidade que tenha sido indicada na decisão condenatória, por mero efeito desta, logo que a mesma se torne definitiva ou transite em julgado.

Artigo 14.º
Entrada em vigor

O presente diploma entra em vigor no dia imediato ao da sua publicação.

Lei n.º 92/95
de 12 de Setembro [388]

Artigo 3.º
Outras autorizações

1 – Qualquer pessoa física ou colectiva que utilize animais para fins de espectáculo comercial não o poderá fazer sem prévia autorização da entidade ou entidades competentes (Inspecção-Geral das Actividades Culturais e município respectivo).

---

[388] Só se transcreve o art.º 3.º cuja redacção foi conferida pela Lei n.º 19/2002 de 31 de Julho.

2 – É lícita a realização de touradas, sem prejuízo da indispensabilidade de prévia autorização do espectáculo nos termos gerais e nos estabelecidos nos regulamentos próprios.

3 – São proibidas, salvo os casos excepcionais cujo regime se fixa nos números seguintes, as touradas, ou qualquer espectáculo, com touros de morte, bem como o acto de provocar a morte do touro na arena e a sorte de varas.

4 – A realização de qualquer espectáculo com touros de morte é excepcionalmente autorizada no caso em que sejam de atender tradições locais que se tenham mantido de forma ininterrupta, pelo menos, nos 50 anos anteriores à entrada em vigor do presente diploma, como expressão de cultura popular, nos dias em que o evento histórico se realize.

5 – É da competência exclusiva da Inspecção-Geral das Actividades Culturais conceder a autorização excepcional prevista no número anterior, precedendo consulta à câmara municipal do município em causa, à qual compete pronunciar-se sobre aos requisitos aqui previstos.

6 – O requerimento da autorização excepcional prevista nos números anteriores é apresentado à Inspecção-Geral das Actividades Culturais com a antecedência mínima de 15 dias sobre a data da realização do evento histórico.

2. DIREITO DE AUTOR

Decreto N.º 4114
de 17 de Abril de 1918 [389]

....

TÍTULO IV
DAS PESSOAS LEGÍTIMAS PARA REQUERER O REGISTO

Artigo 17.º

Os actos de registo ou a ele relativos não serão oficiosamente praticados Pelos conservadores, mas sim a requerimento especificado de pessoa legítima, directamente ou por mandatário.

§ 1.º O mandato, quanto ao registo do domínio em favor de autor, sendo vivo, presume – se pela apresentação dos dois exemplares das respectivas obras sendo por ele assinadas, e quanto a outros actos pela apresentação dos títulos, quando o requerimento que o acompanhar for assinado pela pessoa legítima para requerer o registo e a assinatura deste autenticamente reconhecida.

§ 2.º Para o registo, porém, do domínio de obras anónimas ou pseudónimas será pelo presumido mandatário apresentada uma declaração, com reconhecimento autêntico do seu autor, declarando o seu nome

---
[389] Diploma parcialmente transcrito

patronímico, estado, profissão e domicílio, a qual ficará arquivada como reservada, sem se poder, por isso, facultar ao conhecimento do público, ou dela ser passada certidão alguma que não seja requerida pelo próprio autor, seus herdeiros ou cessionários.

§ 3.º As certidões dos registos, de declarações não reservadas e de documentos arquivados podem ser passadas a requerimento de qualquer pessoa.

§ 4.º Para cancelamentos é preciso requerimento acompanhando os respectivos títulos com a assinatura autenticamente reconhecida dos próprios interessados ou procuração especial pública ou como tal havida ao mandatário que nessa qualidade os requeira.

Artigo 18.º

É pessoa legítima para requerer qualquer acto do registo quem nele tiver o interesse de algum direito ou obrigação, ou, sendo incapazes, como menores, ausentes e interditos, ou sendo mulheres casadas, aqueles a quem a sua representação legal pertence.

§ único. Os menores, porém, quanto ao seu pecúlio quase castrense, como autores de obras científicas ou literárias, e as mulheres casadas com respeito a essas obras, de que sejam autoras, têm legitimidade para requerer o domínio delas sem necessidade de suprimento de capacidade ou de autorização paternal ou tutelar para aqueles e marital para estas.

Artigo 19.º

Quem fizer registar qualquer acto, sem que este exista juridicamente, será responsável por perdas e danos, e, quando o fizer dolosamente, incorrerá nas penas cominadas ao crime de falsidade.

TÍTULO V

CAPÍTULO I
DO REGISTO EM GERAL E SUA DIVISÃO

....

Artigo 21.º

O registo compõe – se da descrição das obras cujos exemplares foram apresentados, e da inscrição do direito que sobre elas recai, e será sempre efectuado à vista daqueles exemplares para a descrição e dos títulos para as inscrições.

Artigo 22.º

O registo é definitivo ou provisório e ambos são lançados nos mesmos livros, segundo a prioridade da apresentação dos títulos no Diário.

....

CAPÍTULO II
DOS DOCUMENTOS PARA OS DIVERSOS ACTOS DE REGISTO

Artigo 29.º

São exclusivamente admissíveis a registo definitivo os documentos legais e suficientes para a prova dos actos cujo registo se requer.

Artigo 30.º

Com excepção dos testamentos, todos os documentos para prova de actos sujeitos a registo, se deles não constar o número da descrição da obra na Conservatória, ou que ela não está descrita, devem ser acompanhados de declaração que indique uma ou outra coisa.

Artigo 31.º

Podem ter registo provisório:

1.º As transmissões por efeito de contrato;
2.º O penhor;
3.º As acções de nulidade de registo;
4.º Em geral os factos admissíveis a registo, e que o conservador recusar por dúvidas ou outra razão fazê-lo definitivo.

Artigo 32.º

O registo provisório de transmissão total ou parcial por meio de contrato e o de penhor de propriedade literária poderão ser feitos em presença de simples declarações, com a individuação necessária, escritas e assinadas pelo proprietário da obra a que respeite, sendo a letra e a assinatura reconhecidas por notário.

O registo provisório das acções será feito em vista de certidão que prove estarem propostas em juízo ou que o processo. fora anulado.

Artigo 33.º

O registo provisório mencionado no n.º 4.º do artigo 31.º, será feito em presença da declaração da recusa do registo definitivo, se a pessoa que este tiver requerido assim o exigir.

Artigo 34.º

Os registos provisórios dos n.ºs 1.º, 2.º e 4.º do artigo 31.º convertem-se em definitivos pela apresentação e averbamento dos títulos legais para serem registados os factos a que respeitarem, e o do n.º 3.º pela apresentação e averbamento da respectiva sentença passada em julgado.

Artigo 35.º

O registo provisório, quando convertido em definitivo, conserva a ordem de prioridade que tinha como provisório.

Artigo 36.º

Terá, porém, caducado o registo provisório que dentro de um ano não for averbado de definitivo ou renovado, salvo o caso do § único do artigo 354.º do Código do Processo Civil com respeito ao registo das acções.

Artigo 37.º

Para o cancelamento são necessários documentos pelo menos da mesma força dos que serviram para o registo a cancelar.

Artigo 38.º

Para o cancelamento do registo provisório por dúvidas é suficiente o consentimento, prestado por forma autêntica ou autenticada, da pessoa a favor de quem o mesmo registo estiver feito, e da que o requereu, se por outrem for requerido.

Artigo 39.º

O cancelamento do registo de penhora ou arresto só pode fazer-se mediante prova autêntica do consentimento do credor ou da extinção da dívida, ou mediante decisão, passada em julgado, que assim o determine.

Artigo 40.º

Os títulos cujo original ou cópia autêntica deva estar dum modo permanente em qualquer arquivo ou cartório público serão restituídos à Parte depois de feito o registo; os outros títulos ficarão arquivados na Conservatória, salvo se forem apresentados em duplicado, o qual ficará arquivado.

§ único. O duplicado será pelo conservador conferido com o original.

TÍTULO VI
DOS EFEITOS DO REGISTO OU DA SUA OMISSÃO

Artigo 58.º

O registo definitivo de qualquer direito a favor de uma pessoa constitui presunção jurídica de que o mesmo direito lhe pertence.

Artigo 59.º

O registo provisório, quando é convertido em definitivo, conserva a ordem de prioridade que tinha como provisório.

Artigo 60.º

Subsistindo uma inscrição, definitiva ou provisória, a favor de uma pessoa, não será sem sua intervenção ou de seu legítimo sucessor admitida nova inscrição relativa ao mesmo direito ou que por qualquer forma o possa afectar, salvo se o acto a inscrever for consequência doutro anteriormente inscrito, ou tiver, independentemente do registo, efeito para com a mesma pessoa.

Artigo 61.º

Os efeitos de qualquer registo transferem-se para o adquirente do respectivo direito pelo novo acto de registo, e extinguem-se por caducidade ou por cancelamento.

Artigo 62.º

Os efeitos do registo de qualquer acto, cuja duração certa e determinada conste da inscrição ou seu averbamento, extinguem-se ou caducam pelo termo dessa duração.

Artigo 63.º

Nenhum acto sujeito a registo produz efeito contra terceiros senão depois da data do registo respectivo.

Artigo 64.º

As irregularidades de qualquer acto de registo, não lhe faltando as condições indispensáveis para se conhecer a substância do acto inscrito ou a sua extinção, não lhe importam nulidade.

Artigo 65.º

As nulidades do registo ou do seu cancelamento somente desde a data do registo da competente acção de nulidade prejudicam a terceiros, que ao tempo desse registo não se achavam ainda inscritos.

TÍTULO VII
DA RECUSA DO REGISTO

Artigo 66.º

Feita e anotada a apresentação os conservadores devem recusar-se a praticar o acto de registo requerido nos casos seguintes:

1.º Quando do Diário não constem as indicações necessárias;
2.º Se o acto submetido a registo não for sujeito a ele;
3.º Se não forem legítimas as pessoas que requererem o registo;
4.º Se o título apresentado for absoluta e manifestamente insuficiente para prova do acto submetido a registo;
5.º Quando, tendo sido já feito registo provisório por dúvidas, estas se não mostrem removidas;
6.º Quando qualquer registo já efectuado obste a nova inscrição.

§ único. Nos casos mencionados neste artigo o conservador pode abrir registo provisório, quando duvidar se deve recusá-lo absolutamente.

Artigo 67.º

Os conservadores devem fazer provisoriamente o registo, requerido como definitivo, nos casos seguintes:

1.º Se duvidarem da legalidade do acto cujo registo se requerer, ou da legalidade, suficiência ou veracidade do título apresentado;
2.º Se quando faltar o reconhecimento das assinaturas as acharem duvidosas;
3.º Se, tendo sido o acto requerido por mandatário, quando não baste o mandato verbal presumido, houver falta ou insuficiência de procuração.

Artigo 68.º

Quando recusar o registo, ou o fizer só provisório, o conservador fará às partes, verbalmente ou por escrito, sendo-lhe pedida, declaração dos motivos da recusa ou da dúvida.

Artigo 69.º

Os interessados poderão apresentar novos documentos ao conservador para este, removidas as dúvidas, praticar o acto recusado ou converter em definitivo o registo provisório; e da mesma forma, sendo-lhe requerido, pode proceder o conservador quando se tenha convencido da improcedência das dúvidas; e poderão também as partes apresentar a sua reclamação no juízo cível para se resolver judicialmente, facultados os recursos legais sobre a procedência ou improcedência das dúvidas.

§ único. As declarações de recusa absoluta de registo, ou de registo definitivo, que serão breves e sucintas, completar-se-ão com informação judicial, quando haja recurso; e para esse efeito logo que o processo seja cobrado nos termos do § 3.º do artigo 788.º do Código do Processo Civil, continuar-se-á com vista ao conservador pelo improrrogável prazo de quarenta e oito horas.

Artigo 70.º

No caso do provimento transitado em julgado, ou se fará o acto recusado ou se converterá em definitivo o registo provisório com referência à sentença, que ficará arquivada, apresentando-se de novo todos os documentos, salvo se se tiver feito o registo provisório e este ainda estiver em vigor.

§ Único. Em caso algum pode o registo recusado, que por efeito de recurso haja de fazer-se, ter a data da primitiva apresentação, nem pode, se já estiver extinto, converter-se em definitivo o registo provisório.

Artigo 71.º

Os conservadores serão isentos de custas e responsabilidade, ainda que as dúvidas por eles suscitadas se julguem improcedentes, salvo o caso de se provar que houve dolo no seu procedimento.

TÍTULO VIII
DAS CERTIDÕES, CERTIFICADOS E NOTAS DE REGISTO

Artigo 72.º

As certidões podem ser requeridas por qualquer pessoa e serão passadas geral ou restritamente, de teor ou de narrativa.

Artigo 73.º

Sempre que houver algum acto que por qualquer modo altere o que o conservador tiver de certificar, este mencionará na certidão esta circunstância, debaixo de responsabilidades por perdas e danos resultantes da omissão.

Artigo 74.º

Poderão as partes fazer os requerimentos para certidões em duplicado, a fim de se lhes entregar um exemplar com a declaração de "apresentado".

Artigo 75.º

Os requerimentos para certidões devem ser feitos com toda a individuação precisa para se facilitar a busca.

Artigo 76.º

Dos documentos arquivados poderão também passar-se certidões, como dos livros de registo.

Artigo 77.º

Concluído qualquer acto de registo extrair-se-á dele certificado, e entregar-se-á à parte, se esta assim o houver expressamente requerido.

§ único. O certificado conterá em todos os casos unicamente a cópia de inscrição requerida, extraindo-se da descrição respectiva apenas o número de ordem e o bastante para a identificação e reconhecimento do prédio, e no averbamento a cópia deste.

Artigo 78.º

Se o apresentante não houver requerido certificado, o conservador só neste caso mandará lançar no documento principal dos apresentados, quando forem dos que têm de ser restituídos à parte, uma nota, que será por ele rubricada, e da qual deve constar a indicação do acto registado, a designação do livro ou livros sobre que ele recair e os números de ordem das respectivas descrições, o nome das pessoas a favor de quem se fez a inscrição, a data da apresentação, e o número e folhas do livro onde se fez o acto de registo.

ARTIGO 79.º

O certificado e, na falta deste, a certidão é em juízo a prova do registo.

....

CÓDIGO DO DIREITO DE AUTOR E DOS DIREITOS CONEXOS [390]

TÍTULO I
DA OBRA PROTEGIDA E DO DIREITO DE AUTOR

CAPÍTULO I
Da obra protegida

ARTIGO 1.º

(Definição)

1 – Consideram-se obras as criações intelectuais do domínio literário, científico e artístico, por qualquer modo exteriorizadas, que, como tais, são protegidas nos termos deste Código, incluindo-se nessa protecção os direitos dos respectivos autores.

2 – As ideias, os processos, os sistemas, os métodos operacionais, os conceitos, os princípios ou as descobertas não são, por si só e enquanto tais, protegidos nos termos deste Código.

---

[390] Aprovado pelo Decreto-Lei n.º 63/85 de 14 de Março, alterado pela Lei n.º 45/85 de 17 de Setembro, pela Lei n.º 114/91 de 3 de Setembro e pelos DL n.º 332//97 e DL n.º 334/97 de 27 de Novembro.

3 – Para os efeitos do disposto neste Código, a obra é independente da sua divulgação, publicação, utilização ou exploração.

Artigo 2.º
(Obras originais)

1 – As criações intelectuais do domínio literário, científico e artístico, quaisquer que sejam o género, a forma de expressão, o mérito, o modo de comunicação e o objectivo, compreendem nomeadamente:

 a) Livros, folhetos, revistas, jornais e outros escritos;
 b) Conferências, lições, alocuções e sermões;
 c) Obras dramáticas e dramático-musicais e a sua encenação;
 d) Obras coreográficas e pantomimas, cuja expressão se fixa por escrito ou por qualquer outra forma.
 e) Composições musicais, com ou sem palavras;
 f) Obras cinematográficas, televisivas, fonográficas, videográficas e radiofónicas;
 g) Obras de desenho, tapeçaria, pintura, escultura, cerâmica, azulejo, gravura, litografia e arquitectura:
 h) Obras fotográficas ou produzidas por quaisquer processos análogos aos da fotografia
 i) Obras de artes aplicadas, desenhos ou modelos industriais e obras de *design* que constituam criação artística, independentemente da protecção relativa à propriedade industrial;
 j) Ilustrações e cartas geográficas;
 l) Projectos, esboços e obras plásticas respeitantes à arquitectura, ao urbanismo, à geografia ou às outras ciências;
 m) Lemas ou divisas, ainda que de caracter publicitário, se se revestirem de originalidade;
 n) Paródias e outras composições literárias ou musicais, ainda que inspiradas num tema ou motivo de outra obra.

2 – As sucessivas edições de uma obra, ainda que corrigidas, aumentadas, refundidas ou com mudança de título ou de formato, não são obras distintas da obra original, nem o são as reproduções de obra de arte, embora com diversas dimensões.

Artigo 3.º

(Obras equiparadas a originais)

1 – São obras equiparadas a originais:

a) As traduções, arranjos, instrumentações, dramatizações, cinematizações, e outras transformações de qualquer obra, ainda que esta não seja objecto de protecção;
b) Os sumários e as compilações de obras protegidas ou não, tais como selectas, enciclopédias e antologias que, pela escolha ou disposição das matérias, constituem criações intelectuais;
c) As compilações sistemáticas ou anotadas de textos de convenções, de leis, de regulamentos e de relatórios ou de decisões administrativas, judiciais ou de quaisquer órgãos ou autoridades do Estado ou da Administração.

2 – A protecção conferida a estas obras não prejudica os direitos reconhecidos aos autores da correspondente obra original.

Artigo 4.º

(Título da obra)

1 – A protecção da obra é extensiva ao título, independentemente de registo, desde que seja original e não possa confundir-se com o título de qualquer outra obra do mesmo género de outro autor anteriormente divulgada ou publicada.

2 – Considera-se que não satisfazem estes requisitos:

a) Os títulos consistentes em designação genérica, necessária ou usual do tema ou objecto de obras de certo género;
b) Os títulos exclusivamente constituídos por nomes de personagens históricas, histórico-dramáticas ou literárias ou mitológicas ou por nomes de personalidades vivas.

3 – O título de obra não divulgada ou não publicada é protegido se, satisfazendo os requisitos deste artigo, tiver sido registado juntamente com a obra.

Artigo 5.º

(Título de jornal ou de qualquer outra publicação periódica)

1 – O título de jornal ou de qualquer outra publicação periódica é protegido, enquanto a respectiva publicação se efectuar com regularidade, desde que devidamente inscrito na competente repartição de registo do departamento governamental com tutela sobre a comunicação social.

2 – A utilização do referido título por publicação congénere só será possível um ano após a extinção do direito à publicação, anunciado por qualquer modo, ou decorridos três anos sobre a interrupção da publicação.

Artigo 6.º

(Obra publicada e obra divulgada)

1 – A obra publicada é a obra reproduzida com o consentimento do seu autor, qualquer que seja o modo de fabrico dos respectivos exemplares, desde que efectivamente postos à disposição do público em termos que satisfaçam razoavelmente as necessidades deste, tendo em consideração a natureza da obra

2 – Não constitui publicação a utilização ou divulgação de uma obra que não importe a sua reprodução nos termos do número anterior.

3 – Obra divulgada é a que foi licitamente trazida ao conhecimento do público por quaisquer meios, como sejam a representação de obra dramática ou dramático-musical, a exibição cinematográfica, a execução de obra musical, a recitação de obra literária, a transmissão ou a radiodifusão, a construção de obra de arquitectura ou de obra plástica nela incorporada e a exposição de qualquer obra artística. [391]

Artigo 7.º

(Exclusão de protecção)

1 – Não constituem objecto de protecção:

a) As notícias do dia e os relatos de acontecimentos diversos com carácter de simples informações de qualquer modo divulgados;
b) Os requerimentos, alegações, queixas e outros textos apresentados por escrito ou oralmente perante autoridades ou serviços públicos;

---

[391] Redacção conferida pela Lei n.º 114/91 de 3 de Setembro.

c) Os textos propostos e os discursos proferidos perante assembleias ou outros órgãos colegiais, políticos e administrativos, de âmbito nacional, regional ou local, ou em debates públicos sobre assuntos de interesse comum;

d) Os discursos políticos.

2 – A reprodução integral, em separata, em colectânea ou noutra utilização conjunta, de discursos, peças oratórias e demais textos referidos nas alíneas c) e d) do n.º 1 só pode ser feita pelo autor ou com o seu consentimento.

3 – A utilização por terceiro de obra referida no n.º 1, quando livre, deve limitar-se ao exigido pelo fim a atingir com a sua divulgação.

4 – Não é permitida a comunicação dos textos a que se refere a alínea b) do n.º 1 quando esses textos forem de natureza confidenciais ou dela possa resultar prejuízo para a honra ou reputação do autor ou de qualquer outra pessoa, salvo decisão judicial em contrário proferida em face de prova da existência de interesse legítimo superior ao subjacente à proibição.

Artigo 8.º

(Compilações e anotações de textos oficiais)

1 – Os textos compilados ou anotados a que se refere a alínea c) do n.º 1 do artigo 3.º, bem como as suas traduções oficiais, não beneficiam de protecção.

2 – Se os textos referidos no número anterior incorporarem obras protegidas, estas poderão ser introduzidas sem o consentimento do autor e sem que tal lhe confira qualquer direito no âmbito da actividade do serviço público de que se trate.

CAPÍTULO II

Do direito de autor

Secção I

Do conteúdo do direito de autor

ARTIGO 9.º

(Conteúdo do direito de autor)

1 – O direito de autor abrange direitos de carácter patrimonial e direitos de natureza pessoal, denominados direitos morais.

2 – No exercício dos direitos de carácter patrimonial o autor tem o direito exclusivo de dispor da sua obra e de fruí-la e utilizá-la, ou autorizar a sua fruição ou utilização por terceiro, total ou parcialmente.

3 – Independentemente dos direitos patrimoniais, e mesmo depois da transmissão ou extinção destes, o autor goza de direitos morais sobre a sua obra, designadamente o direito de reivindicar a respectiva paternidade e assegurar a sua genuinidade e integridade.

ARTIGO 10.º

(Suportes da obra)

1 – O direito de autor sobre a obra como coisa incorpórea é independente do direito de propriedade sobre as coisas materiais que sirvam de suporte à fixação ou comunicação.

2 – O fabricante e o adquirente dos suportes referidos no número anterior não gozam de quaisquer poderes compreendidos no direito de autor.

SECÇÃO II

Da atribuição do direito de autor

ARTIGO 11.º

(Titularidade)

O direito de autor pertence ao criador intelectual da obra, salvo disposição expressa em contrário.

ARTIGO 12.º
(Reconhecimento do direito de autor)

O direito de autor é reconhecido independentemente de registo, depósito ou qualquer outra formalidade.

ARTIGO 13.º
(Obra subsidiada)

Aquele que subsidie ou financie por qualquer forma, total ou parcialmente, a preparação, conclusão, divulgação ou publicação de uma obra não adquire por esse facto sobre esta, salvo convenção escrita em contrário, qualquer dos poderes incluídos no direito de autor.

ARTIGO 14.º
(Determinação da titularidade em casos excepcionais)

1 – Sem prejuízo do disposto no artigo 174.º, a titularidade do direito de autor relativo a obra feita por encomenda ou por conta de outrem, quer em cumprimento do dever funcional quer de contrato de trabalho, determina-se de harmonia com o que tiver sido convencionado.

2 – Na falta de convenção, presume-se que a titularidade do direito de autor relativo a obra feita por conta de outrem pertence ao seu criador intelectual.

3 – A circunstância de o nome do criador da obra não vir mencionado nesta ou não figurar no local destinado para o efeito segundo o uso universal constitui presunção de que o direito de autor fica a pertencer à entidade por conta de quem a obra é feita.

4 – Ainda quando à titularidade do conteúdo patrimonial do direito de autor pertença àquele para quem a obra é realizada, o seu criador intelectual pode exigir, para além da remuneração ajustada e independentemente do próprio facto da divulgação ou publicação, uma remuneração especial:

 a) Quando a criação intelectual exceda claramente o desempenho, ainda que zeloso, da função ou tarefa que lhe estava confiada;
 b) Quando da obra vierem a fazer-se utilizações ou a retirar-se vantagens não incluídas nem previstas na fixação da remuneração ajustada.

ARTIGO 15.º
(Limites à utilização)

1 – Nos casos dos artigos 13.º e 14.º, quando o direito de autor pertença ao criador intelectual, a obra apenas pode ser utilizada para os fins previstos na respectiva convenção.

2 – A faculdade de introduzir modificações na obra depende do acordo expresso do seu criador e só pode exercer-se nos termos convencionados.[392]

3 – O criador intelectual não pode fazer utilização da obra que prejudique a obtenção dos fins para que foi produzida.

ARTIGO 16.º
(Noção de obra feita em colaboração e de obra colectiva)

1 – A obra que for criação de uma pluralidade de pessoas denomina-se:

a) Obra feita em colaboração, quando divulgada ou publicada em nome dos colaboradores ou de alguns deles, quer possam descriminar-se quer não os contributos individuais;
b) Obra colectiva, quando organizada por iniciativa de entidade singular ou colectiva e divulgada ou publicada em seu nome.

2 – A obra de arte aleatória em que a contribuição criativa do ou dos intérpretes se ache originariamente prevista considera-se obra feita em colaboração.

ARTIGO 17.º
(Obra feita em colaboração)

1 – O direito de autor de obra feita em colaboração, na sua unidade, pertence a todos os que nela tiverem colaborado, aplicando-se ao exercício comum desse direito as regras da compropriedade.

2 – Salvo estipulação em contrário, que deve ser sempre reduzida a escrito, consideram-se de valor igual as partes indivisas dos autores na obra feita em colaboração.

---

[392] Não se aplica aos programas de computador nem às bases de dados. Vide art.º 4.º, n.º 5 DL 252/94 e art.º 5.º, n.º 5 DL 122/2000.

3 – Se a obra feita em colaboração for divulgada ou publicada apenas em nome de algum ou alguns dos colaboradores, presume-se, na falta de designação explícita dos demais em qualquer parte da obra, que os não designados, cederam os seus direitos àquele ou àqueles em nome de quem a divulgação ou publicação é feita.

4 – Não se consideram colaboradores e não participam, portanto, dos direitos de autor sobre a obra aqueles que tiverem simplesmente auxiliado o autor na produção e divulgação ou publicação desta, seja qual for o modo por que o tiverem feito.

Artigo 18.º

(Direitos individuais de autores de obra feita em colaboração)

1 – Qualquer dos autores pode solicitar a divulgação, a publicação, a exploração ou a modificação de obra feita em colaboração, sendo, em caso de divergência, a questão resolvida segundo as regras da boa fé.

2 – Qualquer dos autores pode, sem prejuízo da exploração em comum de obra feita em colaboração, exercer individualmente os direitos relativos à sua contribuição pessoal, quando esta possa discriminar-se.

Artigo 19.º

(Obra colectiva)

1 – O direito de autor sobre obra colectiva é atribuído à entidade singular ou colectiva que tiver organizado e dirigido a sua criação e em nome de quem tiver sido divulgada ou publicada

2 – Se, porém, no conjunto da obra colectiva for possível discriminar a produção pessoal de algum ou alguns colaboradores, aplicar-se-á, relativamente aos direitos sobre essa produção pessoal, o preceituado quanto à obra feita em colaboração.

3 – Os jornais e outras publicações periódicas presumem-se obras colectivas, pertencendo às respectivas empresas o direito de autor sobre as mesmas.

Artigo 20.º

(Obra compósita)

1 – Considera-se obra compósita aquela em que se incorpora, no todo ou em parte, uma obra preexistente, com autorização, mas sem a colaboração, do autor desta

2 – Ao autor de obra compósita, pertencem exclusivamente os direitos relativos à mesma, sem prejuízo dos direitos do autor da obra preexistente.

Artigo 21.º
(Obra radiodifundida)

1 – Entende-se por obra radiodifundida a que foi criada segundo as condições especiais da utilização pela radiodifusão sonora ou visual e, bem assim, as adaptações a esses meios de comunicação de obras originariamente criadas para outra forma de utilização.

2 – Consideram-se co-autores da obra radiodifundida, como obra feita em colaboração, os autores do texto, da música e da respectiva realização, bem como da adaptação se não se tratar de obra inicialmente produzida para a comunicação áudio-visual.

3 – Aplica-se à autoria da obra radiodifundida, com as necessárias adaptações, o disposto nos artigos seguintes quanto à obra cinematográfica.

Artigo 22.º
(Obra cinematográfica)

1 – Consideram-se co-autores da obra cinematográfica:

a) O realizador;
b) O autor do argumento, dos diálogos, se for pessoa diferente, e o da banda musical.

2 – Quando se trate de adaptação de obra não composta expressamente para o cinema, consideram-se também co-autores os autores da adaptação e dos diálogos.

Artigo 23.º
(Utilização de outras obras na obra cinematográfica)

Aos direitos dos criadores que não sejam considerados co-autores, nos termos do artigo 22.º, é aplicável o disposto no artigo 20.º.

Artigo 24.º
(Obra fonográfica ou videográfica)

Consideram-se autores da obra fonográfica ou videográfica os autores do texto ou da música fixada e ainda, no segundo caso, o realizador.

Artigo 25.º
(Obra de arquitectura, urbanismo e *"design"*)

Autor de obra de arquitectura, urbanismo ou de *"design"* é o criador da sua concepção global e respectivo projecto.

Artigo 26.º
(Colaboradores técnicos)

Sem prejuízo dos direitos conexos de que possam ser titulares, as pessoas singulares ou colectivas intervenientes a título de colaboradores, agentes técnicos, desenhadores, construtores ou outro semelhante na produção e divulgação das obras a que se referem os artigos 21.º e seguintes não podem invocar relativamente a estas quaisquer poderes incluídos no direito de autor.

CAPÍTULO III
Do autor e do nome literário ou artístico

Artigo 27.º
(Paternidade da obra)

1 – Salvo disposição em contrário, autor é o criador intelectual da obra.

2 – Presume-se autor aquele cujo nome tiver sido indicado como tal na obra, conforme o uso consagrado, ou anunciado em qualquer forma de utilização ou comunicação ao público.

3 – Salvo disposição em contrário, a referência ao autor abrange o sucessor e o transmissário dos respectivos direitos.

Artigo 28.º
(Identificação do autor)

O autor pode identificar-se pelo nome próprio, completo ou abreviado, as iniciais deste, um pseudónimo ou qualquer sinal convencional.

Artigo 29.º

(Protecção do nome)

1 – Não é permitida a utilização de nome literário, artístico ou científico susceptível de ser confundido com outro anteriormente usado em obra divulgada ou publicada, ainda que de género diverso, nem com nome de personagem célebre da história das letras, das artes ou das ciências.

2 – Se o autor for parente ou afim de outro anteriormente conhecido por nome idêntico, pode a distinção fazer-se juntando ao nome civil aditamento indicativo do parentesco ou afinidade.

3 – Ninguém pode usar em obra sua o nome de outro autor, ainda que com autorização deste.

4 – O lesado pelo uso de nome em contravenção do disposto nos números anteriores pode requerer as providências judiciais adequadas a evitar a confusão do público sobre o verdadeiro autor, incluindo a cessação de tal uso.

Artigo 30.º

(Obra de autor anónimo)

1 – Aquele que divulgar ou publicar uma obra com o consentimento do autor, sob nome que não revele a identidade deste ou anonimamente, considera-se representante do autor, incumbindo-lhe o dever de defender perante terceiros os respectivos direitos, salvo manifestação de vontade em contrário por parte do autor.

2 – O autor pode a todo o tempo revelar a sua identidade e a autoria da obra, cessando a partir desse momento os poderes de representação referidos no número precedente.

CAPÍTULO IV

Da duração

Artigo 31.º [393]

(Regra Geral)

O direito de autor caduca, na falta de disposição especial, 70 anos após a morte do criador intelectual, mesmo que a obra só tenha sido publicada ou divulgada postumamente.

Artigo 32.º [394]

(Obra de colaboração e obra colectiva)

1 – O direito de autor sobre a obra feita em colaboração, como tal, caduca 70 anos após a morte do colaborador que falecer em último lugar.

2 – O direito de autor sobre a obra colectiva ou originariamente atribuída a pessoa colectiva caduca 70 anos após a primeira publicação ou divulgação lícitas, salvo se as pessoas físicas que a criaram foram identificadas nas versões da obra tornadas acessíveis ao público.

3 – A duração do direito de autor atribuído individualmente aos colaboradores de obra colectiva, em relação às respectivas contribuições que possam descriminar-se, é a que se estabelece no artigo 31.º.

Artigo 33.º [395]

(Obra anónima e equiparada)

1 – A duração da protecção de obra anónima ou licitamente publicada ou divulgada sem identificação do autor é de 70 anos após a publicação ou divulgação.

2 – Se a utilização do nome, que não o próprio, não deixar dúvidas quanto à identidade do autor, ou se este a revelar dentro do prazo referido no número anterior, a duração da protecção será a dispensada à obra publicada ou divulgada sob nome próprio.

---

[393] Redacção conferida pelo DL 334/97
[394] id.
[395] id.

Artigo 34.º [396]
(Obra cinematográfica ou áudio-visual)

O direito de autor sobre obra cinematográfica ou qualquer outra obra áudio-visual caduca 70 anos após a morte do último sobrevivente de entre as pessoas seguintes

a) O realizador;
b) O autor do argumento ou da adaptação;
c) O autor dos diálogos;
d) O autor das composições musicais especialmente criadas para a obra.

Artigo 35.º [397]
(Obra publicada ou divulgada em partes)

1 – Se as diferentes partes, volumes ou episódios de uma obra não forem publicados ou divulgados simultaneamente, os prazos de protecção legal contam-se separadamente para cada parte, volume ou episódio.

2 – Aplica-se o mesmo princípio aos números ou fascículos de obras colectivas de publicação periódica, tais como jornais ou publicações similares.

Artigo 36.º [398]
(Programa de computador)

1 – O direito atribuído ao criador intelectual sobre a criação do programa extingue-se aos 70 anos após a sua morte.

2 – Se o direito for atribuído originariamente a pessoa diferente do criador intelectual, o direito extingue-se 70 anos após a data em que o programa foi pela primeira vez licitamente publicado ou divulgado.

Artigo 37.º [399]
(Obra estrangeira)

As obras que tiverem como país de origem um país estrangeiro não pertencente à União Europeia e cujo autor não seja nacional de um país

---
[396] id.
[397] id.
[398] id.
[399] id.

da União gozam da duração de protecção prevista na lei do país de origem, se não exceder a fixada nos artigos precedentes.

ARTIGO 38.º [400]

(Domínio público)

1 – A obra cai no domínio público quando tiverem decorrido os prazos de protecção estabelecidos neste diploma.

2 – Cai igualmente no domínio público a obra que não for licitamente publicada ou divulgada no prazo de 70 anos a contar da sua criação, quando esse prazo não seja calculado a partir da morte do autor.

ARTIGO 39.º [401]

(Obras no domínio público)

1 – Quem fizer publicar ou divulgar licitamente, após a caducidade do direito de autor, uma obra inédita beneficia durante 25 anos a contar da publicação ou divulgação de protecção equivalente à resultante dos direitos patrimoniais do autor.

2 – As publicações críticas e científicas de obras caídas no domínio público beneficiam de protecção durante 25 anos a contar da primeira publicação lícita.

CAPÍTULO V

Da transmissão e oneração do conteúdo patrimonial do direito de autor

ARTIGO 40.º

(Disponibilidade dos poderes patrimoniais)

O titular originário, bem como os seus sucessores ou transmissários, podem:

---

[400] id.
[401] id.

a) Autorizar a utilização da obra por terceiro;
b) Transmitir ou onerar, no todo ou em parte, o conteúdo patrimonial do direito de autor sobre essa obra.

Artigo 41.º
(Regime da autorização)

1 – A simples autorização concedida a terceiro para divulgar, publicar, utilizar ou explorar a obra por qualquer processo não implica transmissão do direito de autor sobre ela.

2 – A autorização a que se refere o número anterior só pode ser concedida por escrito, presumindo-se a sua onerosidade e carácter não exclusivo.

3 – Da autorização escrita devem constar obrigatória e especificadamente a forma autorizada de divulgação, publicação e utilização, bem como as respectivas condições de tempo, lugar e preço.

Artigo 42.º
(Limites da transmissão e da oneração)

Não podem ser objecto de transmissão nem oneração, voluntárias ou forçadas, os poderes concedidos para tutela dos direitos morais nem quaisquer outros excluídos por lei.

Artigo 43.º
(Transmissão ou oneração parciais)

1 – A transmissão ou oneração parciais têm por mero objecto os modos de utilização designados no acto que as determina.

2 – Os contratos que tenham por objecto a transmissão ou oneração parciais do direito de autor devem constar de documento escrito com reconhecimento notarial das assinaturas, sob pena de nulidade.

3 – No título devem determinar-se as faculdades que são objecto de disposição e as condições de exercício, designadamente quanto ao tempo e quanto ao lugar e, se o negócio for oneroso, quanto ao preço.

4 – Se a transmissão ou oneração forem transitórias e não se tiver estabelecido duração, presume-se que a vigência máxima é de vinte e cinco anos em geral e de dez anos nos casos de obra fotográfica ou de arte aplicada.

5 – O exclusivo outorgado caduca, porém, se, decorrido o prazo de sete anos, a obra não tiver sido utilizada.

Artigo 44.º
(Transmissão total)

A transmissão total e definitiva do conteúdo patrimonial do direito de autor só pode ser efectuada por escritura pública, com identificação da obra e indicação do preço respectivo, sob pena de nulidade.

Artigo 45.º
(Usufruto)

1 – O direito de autor pode ser objecto de usufruto, tanto legal como voluntário.

2 – Salvo declaração em contrário, só com autorização do titular do direito de autor pode o usufrutuário utilizar a obra objecto do usufruto por qualquer forma que envolva transformação ou modificação desta.

Artigo 46.º
(Penhor)

1 – O conteúdo patrimonial do direito de autor pode ser dado em penhor.

2 – Em caso de execução, recairá especificamente sobre o direito ou direitos que o devedor tiver oferecido em garantia relativamente à obra ou obras indicadas.

3 – O credor pignoratício não adquire quaisquer direitos quanto aos suportes materiais da obra.

Artigo 47.º
(Penhora e arresto)

Os direitos patrimoniais do autor sobre todas ou algumas das suas obras podem ser objecto de penhora ou arresto, observando-se relativamente à arrematação em execução o disposto no artigo 46.º, quanto à venda do penhor.

ARTIGO 48.º

(Disposição antecipada do direito de autor)

1 – A transmissão ou oneração do direito de autor sobre obra futura só pode abranger as que o autor vier a produzir no prazo máximo de dez anos.

2 – Se o contrato visar obras produzidas em prazo mais dilatado, considerar-se-á reduzido aos limites do número anterior, diminuindo proporcionalmente a remuneração estipulada.

3 – É nulo o contrato de transmissão ou oneração de obras futuras sem prazo limitado.

ARTIGO 49.º

(Compensação suplementar)

1 – Se o criador intelectual ou os seus sucessores, tendo transmitido ou onerado o seu direito de exploração a título oneroso, sofrerem grave lesão patrimonial por manifesta desproporção entre os seus proventos e os lucros auferidos pelo beneficiário daqueles actos, podem reclamar deste uma compensação suplementar, que incidirá sobre os resultados da exploração.

2 – Na falta de acordo, a compensação suplementar a que se refere o número anterior será fixada tendo em conta os resultados normais da exploração do conjunto das obras congéneres do autor.

3 – Se o preço da transmissão ou oneração do direito de autor tiver sido fixado sob forma de participação nos proventos que da exploração retirar o beneficiário, o direito à compensação suplementar só subsiste no caso de a percentagem estabelecida ser manifestamente inferior àquelas que correntemente se praticam em transações da mesma natureza.

4 – O direito de compensação caduca se não for exercido no prazo de dois anos a contar do conhecimento da grave lesão patrimonial sofrida.

ARTIGO 50.º

(Penhora e arresto de obra inédita ou incompleta)

1 – Quando incompletos, são isentos de penhora e arresto, salvo oferecimento ou consentimento do autor, manuscritos inéditos, esboços, desenhos, telas ou esculturas, tenham ou não assinatura.

2 – Se, porém, o autor tiver revelado por actos inequívocos o seu propósito de divulgar ou publicar os trabalhos referidos, pode o credor obter penhora ou arresto sobre o correspondente direito de autor.

Artigo 51.º
(Direito de autor incluído em herança vaga)

1 – Se estiver incluído direito de autor em herança que for declarada vaga para o estado, tal direito será excluído da liquidação, sendo-lhe no entanto aplicável o regime estabelecido no n.º 3 do artigo 1133.º do Código de Processo Civil.

2 – Decorridos dez anos sobre a data da vacatura da herança sem que o Estado tenha utilizado ou autorizado a utilização da obra, cairá esta no domínio público.

3 – Se, por morte de algum dos autores de obra feita em colaboração, a sua herança dever ser devolvida ao Estado, o direito de autor sobre a obra na sua unidade ficará pertencendo apenas aos restantes.

Artigo 52.º
(Reedição de obra esgotada)

1 – Se o titular de direito de edição se recusar a exercê-lo ou a autorizar a reedição depois de esgotadas as edições feitas, poderá qualquer interessado, incluindo o Estado, requerer autorização judicial para proceder à reedição da obra.

2 – A autorização judicial será concedida se houver interesse público na reedição da obra e a recusa se não fundar em razão moral ou material atendível, excluídas as de ordem financeira.

3 – O titular do direito de edição não ficará privado deste, podendo fazer ou autorizar futuras edições.

4 – As disposições deste artigo são aplicáveis, com as necessárias adaptações, a todas as formas de reprodução se o transmissário do direito sobre qualquer obra já divulgada ou publicada não assegurar a satisfação das necessidades razoáveis do público.

Artigo 53.º
(Processo)

1 – A autorização judicial será dada nos termos do processo de suprimento do consentimento e indicará o número de exemplares a editar.

2 – Da decisão cabe recurso, com efeito suspensivo, para a Relação, que resolverá em definitivo.

Artigo 54.º

(Direito de sequência)

1 – O autor que tiver alienado obra de arte original que não seja de arquitectura nem de arte aplicada, manuscrito seu ou o direito de autor sobre obra sua tem direito a uma participação de 6% sobre o preço de cada transação.

2 – Se duas ou mais transações foram realizadas num período de tempo inferior a dois meses ou em período mais alargado, mas de modo a presumir-se que houve intenção de frustrar o direito de participação do autor, o acréscimo de preço mencionado no número anterior será calculado por referência apenas à última transação.

3 – O direito referido no n.º 1 deste artigo é inalienável, irrenunciável e imprescritível.

4 – Ao preço da transação para efeitos de atribuição do direito de participação e de fixação do seu montante serão abatidas as despesas comprovadas relativas à publicidade, representação e outras semelhantes feitas na promoção e venda da obra e o correspondente aos índices da inflação.

Artigo 55.º

(Usucapião)

O direito de autor não pode adquirir-se por usucapião.

CAPÍTULO VI

Dos direitos morais

Artigo 56.º

(Definição)

1 – Independentemente dos direitos de carácter patrimonial e ainda que os tenha alienado ou onerado, o autor goza durante toda a vida do direito de reivindicar a paternidade da obra e de assegurar a genuinidade e integridade desta, opondo-se à sua destruição, a toda e qualquer

mutilação, deformação ou outra modificação da mesma e, de um modo geral, a todo e qualquer acto que a desvirtue e possa afectar a honra e reputação do autor.[402]

2 – Este direito é inalienável, irrenunciável, e imprescritível, perpetuando-se, após a morte do autor, nos termos do artigo seguinte.

Artigo 57.º

(Exercício)

1 – Por morte do autor, enquanto a obra não cair no domínio público, o exercício destes direitos compete aos seus sucessores.

2 – A defesa da genuinidade e integridade das obras caídas no domínio público compete ao Estado e é exercida através do Ministério da Cultura.[403]

3 – Falecido o autor, pode o Ministério da Cultura avocar a si, e assegurá-la pelos meios adequados, a defesa das obras ainda não caídas no domínio público que se encontrem ameaçadas na sua autenticidade ou dignidade cultural, quando os titulares do direito de autor, notificados para o exercer, se tiverem abstido sem motivo atendível.

Artigo 58.º

(Reprodução da obra "ne varietur")

Quando o autor tiver revisto toda a sua obra, ou parte dela, e efectuado ou autorizado a respectiva divulgação ou publicação ne varietur, não poderá a mesma ser reproduzida pelos seus sucessores ou por terceiros em qualquer das versões anteriores.

Artigo 59.º

(Modificações da obra)

1 – Não são admitidas modificações da obra sem o consentimento do autor, mesmo naqueles casos em que, sem esse consentimento, a utilização da obra seja lícita.

2 – Tratando-se de colectâneas destinadas ao ensino, são permitidas as modificações que a finalidade reclama, sob condição de não se lhes opor o autor nos termos do número seguinte.

---

[402] Redacção conferida pela Lei n.º 114/91 de 3 de Setembro.
[403] Vide DL 150/82

3 – Solicitado por carta registada com aviso de recepção o consentimento do autor, dispõe este, para manifestar a sua posição, do prazo de um mês a contar da data do registo.

Artigo 60.º
(Modificações de projecto arquitectónico)

1 – O autor de projecto de arquitectura ou de obra plástica executada por outrem e incorporada em obra de arquitectura tem o direito de fiscalizar a sua construção ou execução em todas as fases e pormenores, de maneira a assegurar a exacta conformidade da obra com o projecto de que é autor.[404]

2 – Quando edificada segundo projecto, não pode o dono da obra, durante a construção nem após a conclusão, introduzir nela alterações sem consulta prévia ao autor do projecto, sob pena de indemnização por perdas e danos.

3 – Não havendo acordo, pode o autor repudiar a paternidade da obra modificada, ficando vedado ao proprietário invocar para o futuro, em proveito próprio, o nome do autor do projecto inicial.

Artigo 61.º
(Direitos morais no caso de penhora)

1 – Se o arrematante do direito de autor sobre obra penhorada e publicada promover a publicação desta, o direito de revisão das provas e correcção da obra e, em geral, os direitos morais não são afectados.

2 – Se, na hipótese prevista no número anterior, o autor retiver as provas sem justificação por prazo superior a sessenta dias, a impressão poderá prosseguir sem a sua revisão.

Artigo 62.º
(Direito de retirada)

O autor de obra divulgada ou publicada poderá retirá-la a todo o tempo da circulação e fazer cessar a respectiva utilização, sejam quais forem as modalidades desta, contanto que tenha razões morais atendíveis, mas deverá indemnizar os interessados pelos prejuízos que a retirada lhes causar.

---

[404] Redacção conferida pela Lei n.º 114/91 de 3 de Setembro.

CAPÍTULO VII
Do regime internacional

Artigo 63.º
(Competência da ordem jurídica portuguesa)

A ordem jurídica portuguesa é em exclusivo a competente para determinar a protecção a atribuir a uma obra, sem prejuízo das convenções internacionais ratificadas ou aprovadas.

Artigo 64.º
(Protecção das obras estrangeiras)

As obras de autores estrangeiros ou que tiverem como país de origem um país estrangeiro beneficiam da protecção conferida pela lei portuguesa, sob reserva de reciprocidade, salvo convenção internacional em contrário a que o Estado Português esteja vinculado.

Artigo 65.º
(País de origem de obra publicada)

1 – A obra publicada tem como país de origem o país da primeira publicação.

2 – Se a obra tiver sido publicada simultaneamente em vários países que concedam duração diversa ao direito de autor, considera-se como país de origem, na falta de tratado ou acordo internacional aplicável, aquele que conceder menor duração de protecção.

3 – Considera-se publicada simultaneamente em vários países a obra publicada em dois ou mais países dentro de trinta dias a contar da primeira publicação, incluindo esta.

Artigo 66.º
(País de origem de obra não publicada)

1 – Relativamente às obras não publicadas, considera-se país de origem aquele a que pertence o autor.

2 – Todavia, quanto às obras de arquitectura e de artes gráficas ou plásticas incorporadas num imóvel, considera-se país de origem aquele em que essas obras forem edificadas ou incorporadas numa construção.

TÍTULO II

Da utilização da obra

CAPÍTULO I

Disposições gerais

SECÇÃO I

Das modalidades de utilização

Artigo 67.º

(Fruição e utilização)

1 – O autor tem o direito exclusivo de fruir e utilizar a obra, no todo ou em parte, no que se compreendem, nomeadamente as faculdades de a divulgar, publicar e explorar economicamente por qualquer forma, directa ou indirectamente, nos limites da lei.

2 – A garantia das vantagens patrimoniais resultantes dessa exploração constitui, do ponto de vista económico, o objecto fundamental da protecção legal.

Artigo 68.º

(Formas de utilização)

1 – A exploração e, em geral, a utilização da obra podem fazer-se, segundo a sua espécie e natureza, por qualquer dos modos actualmente conhecidos ou que de futuro o venham a ser

2 – Assiste ao autor, entre outros, o direito exclusivo de fazer ou autorizar, por si ou pelos seus representantes

a) A publicação pela imprensa ou por qualquer outro meio de reprodução gráfica;
b) A representação, recitação, execução, exibição ou exposição em público;
c) A reprodução, adaptação, representação, execução, distribuição e exibição cinematográfica
d) A fixação ou adaptação a qualquer aparelho destinado à reprodução mecânica, eléctrica, electrónica ou química e a execução pública, transmissão ou retransmissão por esses meios;

e) A difusão pela fotografia, telefotografia, televisão, radiofonia ou por qualquer outro processo de reprodução de sinais, sons ou imagens e a comunicação publica por altifalantes ou instrumentos análogos, por fios ou sem fios, nomeadamente por ondas hertzianas, fibras ópticas, cabo ou satélite, quando essa comunicação for feita por outro organismo que não o de origem;
f) Qualquer forma de distribuição do original ou de cópias da obra, tal como venda, aluguer ou comodato.
g) A tradução, adaptação, arranjo, instrumentação ou qualquer outra transformação da obra;
h) Qualquer utilização em obra diferente;
i) A reprodução total ou parcial, qualquer que seja o modo por que for feita;
j) A construção de obra de arquitectura, segundo o projecto, quer haja ou não repetições.

3 – Pertence em exclusivo ao titular do direito de autor a faculdade de escolher livremente os processos e as condições de utilização e exploração da obra.

4 – As diversas formas de utilização da obra são independentes uma das outras e a adopção de qualquer delas pelo autor ou pessoa habilitada não prejudica a adopção das restantes pelo autor ou terceiros.

Artigo 69.º

(Autor incapaz)

O criador intelectual incapaz pode exercer os direitos morais desde que tenha para tanto entendimento natural.

Artigo 70.º

(Obras póstumas)

1 – Cabe aos sucessores do autor decidir sobre a utilização das obras deste ainda não divulgadas nem publicadas.

2 – Os sucessores que divulgarem ou publicarem uma obra póstuma terão em relação a ela os mesmos direitos que lhe caberiam se o autor a tivesse divulgado ou publicado em vida.

3 – Se os sucessores não utilizarem a obra dentro de vinte e cinco anos a contar da morte do autor, salvo em caso de impossibilidade ou de demora na divulgação ou publicação por ponderosos motivos de ordem

moral, que poderão ser apreciados judicialmente, não podem aqueles opor-se à divulgação ou publicação da obra, sem prejuízo dos direitos previstos no número anterior.

Artigo 71.º
(Faculdade legal de tradução)

A faculdade legal de utilização de uma obra sem prévio consentimento do autor implica a faculdade de a traduzir ou transformar por qualquer modo, na medida necessária para essa utilização.

SECÇÃO II
Da gestão do direito de autor

Artigo 72.º
(Poderes de gestão)

Os poderes relativos à gestão do direito de autor podem ser exercidos pelo seu titular ou por intermédio de representante deste devidamente habilitado.

Artigo 73.º [405]
(Representantes do autor)

1 – As associações e organismos nacionais ou estrangeiros constituídos para gestão do direito de autor desempenham essa função como representantes dos respectivos titulares, resultando a representação da simples qualidade de sócio ou aderente ou da inscrição como beneficiário dos respectivos serviços.

2 – As associações ou organismos referidos no n.º 1 têm capacidade judiciária para intervir civil e criminalmente em defesa dos interesses e direitos legítimos dos seus representados em matéria de direito de autor, sem prejuízo da intervenção de mandatário expressamente constituído pelos interessados.

---

[405] Redacção conferida pela Lei n.º 114/91 de 3 de Setembro.

ARTIGO 74.º [406]

(Registo de representação)

1 – O exercício da representação a que se refere o artigo anterior, expressamente conferido ou resultante das qualidades nele mencionadas, depende de registo na Direcção-Geral dos Espectáculos e do Direito de Autor. [407]

2 – A inscrição no registo faz-se mediante requerimento do representante, acompanhado de documento comprovativo da representação, podendo ser exigida tradução, se estiver redigido em língua estrangeira. [408]

3 – As taxas devidas pelos registos a que este artigo se refere e respectivos certificados são os que constam da tabela anexa a este Código e que dele faz parte integrante.

---

[406] Redacção dos números 1 e 2 deste artigo conferidas pela Lei n.º 114/91 de 3 de Setembro. O registo é regulado pelo Decreto-Lei n.º 433/78 de 27 de Dezembro:" *Artigo 2.º1. A inscrição no registo far-se-á: a) Mediante requerimento do mandatário, do mandante ou do seu representante legal ou procurador bastante, acompanhado de documento comprovativo do mandato. Se o documento for escrito em língua estrangeira, poderá ser exigida a sua tradução. b) Nos casos previstos no artigo 67.º, n.º1, do Código de Direito de Autor, o requerimento deverá ser acompanhado de listas contendo a indicação dos nomes dos sócios ou beneficiários das associações ou sociedades e de exemplar dos respectivos estatutos ou pacto social. 2. As listas referidas na alínea b) do n.º1 deverão ter selo branco ou a tinta da associação ou sociedade e ser rubricadas por quem a obrigue.3 Aos dizeres que acompanharem os nomes dos autores representados, quando inscritos em língua estrangeira, aplica-se o disposto na parte final da alínea a) do n.º1.4. As listas referidas no n.º 2 serão acompanhadas de uma ficha relativa a cada autor, de modelo estabelecido pela Portaria n.º 102/77, de 2 de Março, sem o que não serão recebidas; as listas, depois de rubricadas e numeradas, consideram-se como fazendo parte integrante do registo.".* A portaria referida foi revogada; as listas podem ser entregues em suporte digital

[407] Redacção conferida pela Lei n.º 114/91 de 3 de Setembro. O registo é feito na IGAC. Vide art. 6.º L 83/2001.

[408] Redacção conferida pela Lei n.º 114/91 de 3 de Setembro.

CAPÍTULO II

Da utilização livre

Artigo 75.º

(Âmbito)

São lícitas, sem o consentimento do autor, as seguintes utilizações da obra:

a) A reprodução pelos meios de comunicação social, para fins de informação, de discursos, alocuções e conferências pronunciadas em público que não entrem nas categorias previstas no artigo 7.º, por extracto ou em forma de resumo;
b) A selecção regular de artigos da imprensa periódica, sob forma de revista de imprensa;
c) A fixação, reprodução e comunicação pública, por quaisquer meios, de curtos fragmentos de obras literárias ou artísticas, quando a sua inclusão em relatos de acontecimentos de actualidade for justificada pelo fim de informação prosseguido;
d) A reprodução, no todo ou em parte, pela fotografia ou processo análogo, de uma obra que tenha sido previamente tornada acessível ao público, desde que tal reprodução seja realizada por uma biblioteca pública, um centro de documentação não comercial ou uma instituição científica e que essa reprodução e o respectivo número de exemplares se não destinem ao público e se limitem às necessidades das actividades próprias dessas instituições
e) A reprodução parcial, pelos processos enumerados na alínea anterior, nos estabelecimentos de ensino, contanto que essa reprodução e o respectivo número de exemplares se destinem exclusivamente aos fins do ensino nesses estabelecimentos e não tenham fins lucrativos; [409]
f) A inserção de citações ou resumos de obras alheias, quaisquer que sejam o seu género e natureza, em apoio das próprias doutrinas ou com fins de crítica, discussão ou ensino;
h) A execução de hinos ou de cantos patrióticos oficialmente adoptados e de obras de carácter exclusivamente religioso durante os actos de culto ou as práticas religiosas;

---

[409] id.

i) A reprodução de artigos de actualidade, de discussão económica, política ou religiosa, se não tiver sido expressamente reservada.

ARTIGO 76.º
(Requisitos)

1 [410] – A utilização livre a que se refere o artigo anterior deve ser acompanhada:

a) Da indicação, sempre que possível, do nome do autor e do editor, do título da obra e demais circunstâncias que os identifiquem;
b) No caso da alínea *d)* do artigo anterior, de uma remuneração equitativa a atribuir ao autor e ao editor pela entidade que tiver procedido à reprodução;
c) No caso da alínea *g)* do artigo anterior, de uma remuneração a atribuir ao autor e ao editor;

2 – As obras reproduzidas ou citadas, nos casos das alíneas a), e), f) e g) do artigo anterior, não se devem confundir com a obra de quem as utilize, nem a reprodução ou citação podem ser tão extensas que prejudiquem o interesse por aquelas obras.

3 – Só o autor tem o direito de reunir em volume as obras a que se refere a alínea a) do artigo anterior.

ARTIGO 77.º
(Comentários, anotações e polémicas)

1 – Não é permitida a reprodução de obra alheia sem autorização do autor sob pretexto de a comentar ou anotar, sendo, porém, lícito publicar em separata comentários ou anotações próprias com simples referências a capítulos, parágrafos ou páginas de obra alheia.

2 – O autor que reproduzir em livro ou opúsculo os seus artigos, cartas ou outros textos de polémica publicados em jornais ou revistas poderá reproduzir também os textos adversos, assistindo ao adversário ou adversários igual direito, mesmo após a publicação feita por aquele.

---

[410] id.

ARTIGO 78.º

(Publicação de obra não protegida)

1 – Aqueles que publicarem manuscritos existentes em bibliotecas ou arquivos, públicos ou particulares, não podem opor-se a que os mesmos sejam novamente publicados por outrem, salvo se essa publicação, for reprodução de lição anterior.

2 – Podem igualmente opor-se a que seja reproduzida a sua lição divulgada de obra não protegida aqueles que tiverem procedido a uma fixação ou a um estabelecimento ou restabelecimento do texto, susceptíveis de alterar substancialmente a respectiva tradição corrente.

ARTIGO 79.º

(Prelecções)

1 – As prelecções dos professores só podem ser publicadas por terceiro com autorização dos autores, mesmo que se apresentem como relato da responsabilidade pessoal de quem as publica.

2 – Não havendo especificação, considera-se que a publicação só se pode destinar ao uso dos alunos.

ARTIGO 80.º

(Processo Braille)

Será sempre permitida a reprodução ou qualquer espécie de utilização, pelo processo Braille ou outro destinado a invisuais, de obras licitamente publicadas, contanto que essa reprodução ou utilização não obedeça a intuito lucrativo.

ARTIGO 81.º [411]

(Outras utilizações)

É consentida a reprodução:

a) Em exemplar único, para fins de interesse exclusivamente científico ou humanitário, de obras ainda não disponíveis no comércio ou de obtenção impossível, pelo tempo necessário à sua utilização.

---

[411] id.

b) Para uso exclusivamente privado, desde que não atinja a exploração normal da obra e não cause prejuízo injustificado dos interesses legítimos do autor, não podendo ser utilizada para quaisquer fins de comunicação pública ou comercialização.

Artigo 82.º

(Compensação devida pela reprodução ou gravação de obras)

1 – No preço de venda ao público de todos e quaisquer aparelhos mecânicos, químicos, eléctricos, electrónicos ou outros que permitam a fixação e reprodução de obras e, bem assim, de todos e quaisquer suportes materiais das fixações e reproduções que por qualquer desses meios possam obter-se, incluir-se-à uma quantia destinada a beneficiar os autores, os artistas, intérpretes ou executantes, os editores e os produtores fonográficos e videográficos.[412]

2 – A fixação do montante da quantia referida no número anterior, sua cobrança e afectação serão definidas por Decreto Lei.[413]

3 – O disposto no n.º 1 deste artigo não se aplica quando os aparelhos e suportes ali mencionados sejam adquiridos por organismos de comunicação audiovisual ou produtores de fonogramas e videogramas exclusivamente para as suas próprias produções ou por organismos que as utilizem para fins exclusivos de auxílio a diminuídos físicos visuais ou auditivos.

CAPÍTULO III

Das utilizações em especial

SECÇÃO I

Da edição

Artigo 83.º

(Contrato de edição)

Considera-se de edição o contrato pelo qual o autor concede a outrem, nas condições nele estipuladas ou previstas na lei, autorização para produzir

---

[412] id.
[413] Veja-se a L 62/98

por conta própria um número determinado de exemplares de uma obra ou conjunto de obras, assumindo a outra parte a obrigação de os distribuir e vender.

Artigo 84.º

(Outros contratos)

1 – Não se considera contrato de edição o acordo pelo qual o autor encarrega outrém de:

a) Produzir por conta própria um determinado número de exemplares de uma obra e assegurar o seu depósito, distribuição e venda, convencionando as partes dividir entre si os lucros ou os prejuízos da respectiva exploração;
b) Produzir um determinado número de exemplares da obra e assegurar o seu depósito, distribuição e venda por conta e risco do titular do direito, contra o pagamento de certa quantia fixa ou proporcional;
c) Assegurar o depósito, distribuição e venda dos exemplares da obra por ele mesmo produzidos, mediante pagamento de comissão ou qualquer outra forma de retribuição

2 – O contrato correspondente às situações caracterizadas no número anterior rege-se pelo que estipula o seu teor, subsidiariamente pelas disposições legais relativas à associação em participação, no caso da alínea a), e ao contrato de prestação de serviços, nos casos das alíneas b) e c), e supletivamente pelos usos correntes.

Artigo 85.º

(Objecto)

O contrato de edição pode ter por objecto uma ou mais obras, existentes ou futuras, inéditas ou publicadas.

Artigo 86.º

(Conteúdo)

1 – O contrato de edição deve mencionar o número de edições que abrange, o número de exemplares que cada edição compreende e o preço de venda ao público de cada exemplar.

2 – Se o número de edições não tiver sido contratualmente fixado, o editor só está autorizado a fazer uma.

3 – Se o contrato de edição for omisso quanto ao número de exemplares a tirar, o editor fica obrigado a produzir, pelo menos, dois mil exemplares da obra.

4 – O editor que produzir exemplares em número inferior ao convencionado pode ser coagido a completar a edição e, se não o fizer, poderá o titular do direito de autor contratar com outrem, a expensas do editor, a produção do número de exemplares em falta, sem prejuízo do direito a exigir deste indemnização por perdas e danos.

5 – Se o editor produzir exemplares em número superior ao convencionado, poderá o titular do direito de autor requerer a apreensão judicial dos exemplares a mais e apropriar-se deles, perdendo o editor o custo desses exemplares.

6 – Nos casos de o editor já ter vendido, total ou parcialmente, os exemplares a mais ou de o titular do direito de autor não ter requerido a apreensão, o editor indemnizará este último por perdas e danos.

7 – O autor tem o direito de fiscalizar, por si ou seu representante, o número de exemplares da edição, podendo, para esse efeito e nos termos da lei, exigir exame à escrituração comercial do editor ou da empresa que produziu os exemplares, se esta não pertencer ao editor, ou recorrer a outro meio que não interfira com o fabrico da obra, como seja a aplicação da sua assinatura ou chancela em cada exemplar.

Artigo 87.º

(Forma)

1 – O contrato de edição só tem validade quando celebrado por escrito.

2 – A nulidade resultante da falta de redução do contrato a escrito presume-se imputável ao editor e só pode ser invocada pelo autor.

Artigo 88.º

(Efeitos)

1 – O contrato de edição não implica a transmissão, permanente ou temporária, para o editor do direito de publicar a obra, mas apenas a concessão de autorização para a reproduzir e comercializar nos precisos termos do contrato.

2 – A autorização para a edição não confere ao editor o direito de traduzir a obra, de a transformar ou adaptar a outros géneros ou formas de utilização, direito esse que fica sempre reservado ao autor.

3 – O contrato de edição, salvo o disposto no n.º 1 do artigo 103.º ou estipulação em contrário, inibe o autor de fazer ou autorizar nova edição da mesma obra na mesma língua, no País ou no estrangeiro, enquanto não estiver esgotada a edição anterior ou não tiver decorrido o prazo estipulado, excepto se sobrevierem circunstâncias tais que prejudiquem o interesse da edição e tornem necessária a remodelação ou actualização da obra.

Artigo 89.º

(Obrigações do autor)

1 – O autor obriga-se a proporcionar ao editor os meios necessários para cumprimento do contrato, devendo, nomeadamente, entregar, nos prazos convencionados, o original da obra objecto da edição em condições de poder fazer-se a reprodução.

2 – O original referido no número anterior pertence ao autor, que tem o direito de exigir a sua restituição logo que esteja concluída a edição.

3 – Se o autor demorar injustificadamente a entrega do original, de modo a comprometer a expectativa do editor, pode este resolver o contrato, sem embargo do pedido de indemnização por perdas e danos.

4 – O autor é obrigado a assegurar ao editor o exercício dos direitos emergentes do contrato de edição contra os embargos e turbações provenientes de direitos de terceiros em relação à obra a que respeita o contrato, mas não contra embaraços e turbações provocados por mero facto de terceiro.

Artigo 90.º

(Obrigações do editor)

1 – O editor é obrigado a consagrar à execução da edição os cuidados necessários à reprodução da obra nas condições convencionadas e a fomentar, com zelo e diligência, a sua promoção e a colocação no mercado dos exemplares produzidos, devendo, em caso de incumprimento, indemnização ao autor por perdas e danos.

2 – Não havendo convenção em contrário, o editor deve iniciar a reprodução da obra no prazo de 6 meses a contar da entrega do original

e concluída no prazo de 12 meses a contar da mesma data, salvo caso de força maior devidamente comprovado, em que o editor deve concluir a reprodução no semestre seguinte à expiração deste último.[414]

3 – Não se consideram casos de força maior a falta de meios financeiros para custear a edição nem o agravamento dos respectivos custos.

4 – Se a obra versar assunto de grande actualidade ou de natureza tal que perca o interesse ou a oportunidade em caso de demora na publicação, o editor será obrigado a dar início imediato à reprodução e a tê-la concluída em prazo susceptível de evitar os prejuízos da perda referida.

Artigo 91.º

(Retribuição)

1 – O contrato de edição presume-se oneroso.

2 – A retribuição do autor é a estipulada no contrato de edição e pode consistir numa quantia fixa, a pagar pela totalidade da edição, numa percentagem sobre o preço de capa de cada exemplar, na atribuição de certo número de exemplares, ou em prestação estabelecida em qualquer outra base, segundo a natureza da obra, podendo sempre recorrer-se à combinação das modalidades.

3 – Na falta de estipulação quanto à retribuição do autor, tem este direito a 25% sobre o preço de capa de cada exemplar vendido.[415]

4 – Se a retribuição consistir numa percentagem sobre o preço de capa, incidirão no seu cálculo os aumentos ou reduções do respectivo preço.

5 – Exceptuando o caso do artigo 99.º, o editor só pode determinar reduções do preço com o acordo do autor, a menos que lhe pague a retribuição correspondente ao preço anterior.

Artigo 92.º

(Exigibilidade do pagamento)

O preço da edição considera-se exigível logo após a conclusão da edição, nos prazos e condições que define o artigo 90.º, salvo se a forma

---
[414] Redacção conferida pela Lei n.º 114/91 de 3 de Setembro.
[415] id.

de retribuição adoptada fizer depender o pagamento de circunstâncias ulteriores, nomeadamente da colocação total ou parcial dos exemplares produzidos

Artigo 93.º
(Actualização ortográfica)

Salvo por opção ortográfica de carácter estético do autor, não se considera modificação a actualização ortográfica do texto em harmonia com as regras oficiais vigentes.

Artigo 94.º
(Provas)

1 – O editor é obrigado a facultar ao autor um jogo de provas de granel, um jogo de provas de página e o projecto gráfico da capa, devendo o autor corrigir a composição daquelas páginas e ser ouvido quanto a este projecto e obrigando-se, em condições normais, a restituir as provas no prazo de vinte dias e o projecto da capa no prazo de cinco dias.

2 – Se o editor ou o autor demorarem a remessa das provas ou a sua restituição, poderá qualquer deles notificar o outro, por carta registada com aviso de recepção, para que o editor forneça ou o autor restitua as provas dentro de novo e improrrogável prazo.

3 – A notificação referida no número anterior é condição do pedido de indemnização de perdas e danos por demora na publicação.

4 – O autor tem o direito de introduzir correcções de tipografia, cujos custos serão suportados pelo editor, tanto nos granéis, como nas provas de página.

5 – Quanto a correcções, modificações ou aditamentos de texto que não se justifiquem por circunstâncias novas, o seu custo é suportado, salvo convenção em contrário, inteiramente pelo editor, se não exceder 5% do preço da composição, e, acima desta percentagem, pelo autor.[416]

Artigo 95.º
(Modificações)

1 – Sem embargo do estabelecido nas disposições anteriores, o editor de dicionários, enciclopédias ou obras didácticas, depois da morte

---
[416] id.

do autor, pode actualizá-las ou completá-las mediante notas, adendas, notas de pé de página ou pequenas alterações do texto.

2 – As actualizações e alterações previstas no número anterior devem ser devidamente assinaladas sempre que os textos respectivos sejam assinados ou contenham matéria doutrinal.

Artigo 96.º

(Prestação de contas)

1 – Se a retribuição devida ao autor depender dos resultados da venda ou se o seu pagamento for subordinado à evolução desta, o editor é obrigado a apresentar contas ao autor no prazo convencionado ou, na falta deste, semestralmente, com referência a 30 de Junho e 31 de Dezembro de cada ano.[417]

2 – Para o efeito do disposto no número anterior, o editor remeterá ao autor, por carta registada, nos 30 dias imediatos ao termo do prazo, o mapa da situação das vendas e devoluções ocorridas nesse período, acompanhado do pagamento do respectivo saldo.[418]

3 – O editor facultará sempre ao autor ou ao representante deste os elementos da sua escrita, indispensáveis à boa verificação das contas, a que se refere o número anterior.

Artigo 97.º [419]

(Identificação do autor)

O editor deve mencionar em cada exemplar o nome ou pseudónimo do autor ou qualquer outra designação que o identifique.

Artigo 98.º

(Impressão)

1 – A impressão não pode ser feita sem que o autor a autorize.

2 – A restituição das provas de página e do projecto gráfico da capa, quando não acompanhada de declaração em contrário, significa autorização para impressão.

---

[417] Redacção conferida pela Lei n.º 114/91 de 3 de Setembro
[418] id.
[419] Vide art. 205.º, n.º 2.

Artigo 99.º
(Venda de exemplares em saldo ou a peso)

1 – Se a edição da obra se não mostrar esgotada dentro do prazo convencionado ou, na falta de convenção, em cinco anos a contar da data da sua publicação, o editor tem a faculdade de vender em saldo ou a peso os exemplares existentes ou de os destruir.[420]

2 – O editor deve prevenir o autor para este exercer o direito de preferência na aquisição do remanescente da edição por preço fixado na base do que produziria a venda em saldo ou a peso.

Artigo 100.º
(Transmissão dos direitos do editor)

1 – O editor não pode, sem consentimento do autor, transferir para terceiros, a título gratuito ou oneroso, direitos seus ou emergentes do contrato de edição, salvo se a transferência resultar de trespasse do seu estabelecimento.

2 – No caso de o trespasse causar ou vir a causar prejuízos morais ao outro contratante, este tem direito de resolver o contrato no prazo de seis meses a contar do conhecimento do mesmo trespasse, assistindo ao editor direito à indemnização por perdas e danos.

3 – Considera-se transmissão dos direitos emergentes de contrato de edição, nos termos deste artigo, ficando, portanto, dependente do consentimento do autor, a inclusão desses direitos na participação do editor no capital de qualquer sociedade comercial.

4 – Não se considera como transmissão dos direitos emergentes do contrato de edição a adjudicação destes a algum dos sócios da sociedade editora por efeito de liquidação judicial ou extrajudicial desta.

Artigo 101.º
(Morte ou incapacidade do autor)

1 – Se o autor morrer ou ficar impossibilitado de terminar a obra depois de entregar parte apreciável desta, os sucessores do autor poderão resolver o contrato, indemnizando o editor por perdas e danos, mas, se o não fizerem no prazo de três meses, poderá o editor resolver o contrato

---

[420] Redacção conferida pela Lei n.º 114/91 de 3 de Setembro

ou dá-lo por cumprido quanto à parte entregue, contanto que pague ao sucessor ou representante a retribuição correspondente.

2 – Se o autor tiver manifestado vontade de que a obra não seja publicada se não completa, o contrato será resolvido e não poderá a obra incompleta ser editada em caso algum, mas deverá o editor ser reembolsado dos pagamentos que tiver eventualmente efectuado a título de direito de autor.

3 – Uma obra incompleta só pode ser completada por outrem que não o autor com o consentimento escrito deste.

4 – Sem embargo do consentimento previsto no número anterior, a publicação da obra completada só pode fazer-se com clara identificação da parte primitiva e do acrescento e indicação da autoria deste.

Artigo 102.º

(Falência do editor)

1 – Se para a realização do activo no processo de falência do editor, houver que proceder à venda, por baixo preço, na totalidade ou por grandes lotes dos exemplares da obra editada existentes nos depósitos do editor, deverá o administrador da massa falida prevenir o autor, com a antecipação de vinte dias, pelo menos, a fim de o habilitar a tomar as providências que julgue convenientes para a defesa dos seus interesses materiais e morais.

2 – Ao autor é ainda reconhecido o direito de preferência para a aquisição pelo maior preço alcançado dos exemplares postos em arrematação.

Artigo 103.º

(Obras completas)

1 – O autor que contratou com um ou mais editores a edição separada de cada uma das suas obras mantém a faculdade de contratar a edição completa ou conjunta das mesmas.

2 – O contrato para edição completa não autoriza o editor a editar em separado qualquer das obras compreendidas nessa edição nem prejudica o direito do autor a contratar a edição em separado de qualquer destas, salvo convenção em contrário.

3 – O autor que exercer qualquer dos direitos referidos nos números anteriores deve fazê-lo sem afectar com o novo contrato as vantagens asseguradas ao editor em contrato anterior.

ARTIGO 104.º

(Obras futuras)

1 – Ao contrato de edição que tenha em vista obras futuras aplica-se o disposto no artigo 48.º.

2 – Se a edição de obra futura tiver sido convencionada sem que no contrato se haja fixado prazo para a sua entrega ao editor, terá este o direito de requerer a fixação judicial de prazo para essa entrega.

3 – O prazo fixado em contrato pode ser judicialmente prorrogado, com motivos suficientes, a requerimento do autor.

4 – Se a obra objecto do contrato dever ser escrita à medida que for sendo publicada, em volumes ou fascículos, deverão fixar-se no contrato o número e a extensão, ao menos aproximados, dos volumes ou fascículos, adoptando-se, quanto à extensão, uma tolerância de 10%, salvo convenção que disponha diversamente.

5 – Se o autor exceder, sem prévio acordo do editor, as referidas proporções, não terá direito a qualquer remuneração suplementar e o editor poderá recusar-se a publicar os volumes, fascículos ou páginas em excesso, assistindo todavia ao autor o direito de resolver o contrato, indemnizando o editor das despesas feitas e dos lucros esperados da edição, atendendo-se aos resultados já obtidos para o cálculo da indemnização se tiver começado a venda de parte da obra.

ARTIGO 105.º

(Reedições e edições sucessivas)

1 – Se o editor tiver sido autorizado a fazer várias edições, as condições estipuladas para a edição originária deverão, em caso de dúvida, aplicar-se às edições subsequentes.

2 – Antes de empreender nova edição, o editor deve facultar ao autor a possibilidade de intervir no texto, para pequenas correcções ou apuramentos que não impliquem modificação substancial da obra.

3 – Mesmo que o preço tenha sido globalmente fixado, o autor tem ainda direito a remuneração suplementar se acordar com o editor modificação substancial da obra, tal como refundição ou ampliação.

4 – O editor que se tiver obrigado a efectuar edições sucessivas de certa obra deve, sob pena de responder por perdas e danos, executá-las sem interrupção, de forma que nunca venham a faltar exemplares no mercado.

5 – Exceptua-se, em relação ao princípio estabelecido no número anterior, o caso de força maior, não se considerando, porém, como tal a falta de meios financeiros para custear a nova edição nem o agravamento dos respectivos custos.

Artigo 106.º

(Resolução do contrato)

1 – O contrato de edição pode ser resolvido:

a) Se for declarada a interdição do editor;
b) Por morte do editor em nome individual, se o seu estabelecimento não continuar com algum ou alguns dos seus sucessores;
c) Se o autor não entregar o original dentro do prazo convencionado ou se o editor não concluir a edição no prazo estabelecido no n.º 2 do artigo 90.º, salvo caso de força maior devidamente comprovado;
d) Em todos os demais casos especialmente previstos e, de um modo geral, sempre que se verificar o incumprimento de qualquer das cláusulas contratuais ou das disposições legais directa ou supletivamente aplicáveis.

2 – A resolução do contrato entende-se sempre sem prejuízo da responsabilidade por perdas e danos da parte a quem for imputável.

SECÇÃO II

Da representação cénica

Artigo 107.º

(Noção)

Representação é a exibição perante espectadores de uma obra dramática, dramático-musical, coreográfica, pantomímica ou outra de natureza análoga, por meio de ficção dramática, canto, dança, música ou outros processos adequados, separadamente ou combinados entre si.

Artigo 108.º

(**Autorização**)

1 – A utilização da obra por representação depende de autorização do autor, quer a representação se realize em lugar público, quer em lugar privado, com ou sem entradas pagas, com ou sem fim lucrativo.[421]

2 – Se a obra tiver sido divulgada por qualquer forma, e desde que se realize sem fim lucrativo e em privado, num meio familiar, a representação poderá fazer-se independentemente de autorização do autor, princípio que se aplica, aliás, a toda a comunicação.[422]

3 – A concessão do direito de representar presume-se onerosa, excepto quando feita a favor de amadores.[423]

Artigo 109.º

(**Forma, conteúdo e efeitos**)

1 – Pelo contrato de representação o autor autoriza um empresário a promover a representação da obra, obrigando-se este a fazê-la representar nas condições acordadas.

2 – O contrato de representação deve ser celebrado por escrito e, salvo convenção em contrário, não atribui ao empresário o exclusivo da comunicação directa da obra por este meio.

3 – O contrato deve definir com precisão as condições e os limites em que a representação da obra é autorizada, designadamente quanto ao prazo, ao lugar, à retribuição do autor e às modalidades do respectivo pagamento.

Artigo 110.º

(**Retribuição**)

1 – A retribuição do autor pela outorga do direito de representar poderá consistir numa quantia global fixa, numa percentagem sobre as receitas dos espectáculos, em certa quantia por cada espectáculo ou ser determinada por qualquer outra forma estabelecida no contrato.

---

[421] Veja-se o art. 47.º do DL 315/95 que restringe o conceito de representação (no caso, espectáculo público) para efeitos de aplicação de todas as licenças inerentes, nomeadamente a "licença de representação", dependente da autorização dos autores.
[422] Vide art.º 47.º DL 315/95.
[423] O que não dispensa a autorização, nos termos do n.º 1.

2 – Se a retribuição for determinada em função da receita do espectáculo, deve ser paga no dia seguinte ao do espectáculo respectivo, salvo se de outro modo tiver sido convencionado.

3 – Sendo a retribuição determinada em função da receita de cada espectáculo, assiste ao autor o direito de fiscalizar por si ou por seu representante as receitas respectivas.

4 – Se o empresário viciar as notas de receitas ou fizer uso de quaisquer outros meios fraudulentos para ocultar os resultados exactos da sua exploração incorrerá nas penas aplicáveis aos correspondentes crimes e o autor terá o direito a resolver o contrato.

Artigo 111.º
(Prova de autorização do autor)

Sempre que uma representação de obra não caída no domínio público dependa de licença ou autorização administrativa, será necessário, para a obter, a exibição perante autoridade competente de documento comprovativo de que o autor consentiu na representação.[424]

Artigo 112.º
(Representação não autorizada)

A representação sem autorização ou que não se conforme com o seu conteúdo confere ao autor o direito de a fazer cessar imediatamente, sem prejuízo de responsabilidade civil ou criminal do empresário ou promotor do espectáculo.

Artigo 113.º
(Direitos do autor)

1 – Do contrato de representação derivam para o autor, salvo estipulação em contrário, os seguintes direitos:

  a) introduzir na obra, independentemente do consentimento da outra parte, as alterações que julgar necessárias, contanto que não prejudiquem a sua estrutura geral, não diminuam o seu interesse dramático ou espectacular nem prejudiquem a programação dos ensaios e da representação;

---

[424] É o caso da "Licença de Representação" exigida nos termos do art.º 27.º,1, d) DL 315/95.

b) De ser ouvido sobre a distribuição dos papeis;
c) assistir aos ensaios e fazer as necessárias indicações quanto à interpretação e encenação;
d) De ser ouvido sobre a escolha dos colaboradores da realização artística da obra;
e) De se opor à exibição enquanto não considerar suficientemente ensaiado o espectáculo, não podendo, porém, abusar dessa faculdade e protelar injustificadamente a exibição, caso em que responde por perdas e danos;
f) fiscalizar o espectáculo, por si ou por representante, para o que tanto um como o outro têm livre acesso ao local durante a representação.

2 – Se tiver sido convencionado no contrato que a representação da obra seja confiada a determinados actores ou executantes, a substituição destes só poderá fazer-se por acordo dos outorgantes.

Artigo 114.º

(Supressão de passos da obra)

Se, por decisão judicial, for imposta a supressão de algum passo da obra que comprometa ou desvirtue o sentido da mesma, poderá o autor retirá-la e resolver o contrato, sem por esse facto incorrer em qualquer responsabilidade.

Artigo 115.º

(Obrigações do empresário)

1 – O empresário assume pelo contrato a obrigação de fazer representar a obra em espectáculo público dentro do prazo convencionado e, na falta de convenção, dentro do prazo de um ano a contar da celebração do contrato, salvo tratando-se de obra dramático-musical, caso em que o prazo se eleva a dois anos.

2 – O empresário é obrigado a realizar os ensaios indispensáveis para assegurar a representação nas condições técnicas adequadas e, de um modo geral, a empregar todos os esforços usuais em tais circunstâncias para o bom êxito da representação.

3 – O empresário é obrigado a fazer representar o texto que lhe tiver sido fornecido, não podendo fazer nele quaisquer modificações, como sejam eliminações, substituições ou aditamentos, sem o consentimento do autor.

4 – O empresário é obrigado a mencionar, por forma bem visível, nos programas, cartazes e quaisquer outros meios de publicidade o nome, pseudónimo ou qualquer outro sinal de identificação adoptado pelo autor. [425]

Artigo 116.º
(Sigilo de obra inédita)

Tratando-se de obra que ainda não tenha sido representada nem reproduzida, o empresário não pode dá-la a conhecer antes da primeira representação, salvo para efeitos publicitários, segundo os usos correntes.

Artigo 117.º
(Transmissão, reprodução e filmagem da representação)

Para que a representação da obra, no todo ou em parte, possa ser transmitida pela radiodifusão sonora ou visual, reproduzida em fonograma ou videograma, filmada ou exibida, é necessário, para além das autorizações do empresário do espectáculo e dos artistas, o consentimento escrito do autor.

Artigo 118.º
(Transmissão dos direitos do empresário)

O empresário não pode transmitir os direitos emergentes do contrato de representação sem o consentimento do autor.

Artigo 119.º
(Representação de obra não divulgada)

O autor que tiver contratado a representação de obra ainda não divulgada poderá publicá-la, impressa ou reproduzida por qualquer outro processo, salvo se outra coisa tiver sido convencionada com o empresário.

Artigo 120.º
(Resolução do contrato)

1 – O contrato de representação pode ser resolvido

---
[425] Vide art.º 205.º, n.º 2.

a) Nos casos em que legal ou contratualmente for estabelecido;
b) Nos casos correspondentes aos das alíneas a) e d) do artigo 106.º.;
c) No caso de evidente e continuada falta de assistência do público.

2 – A resolução do contrato entende-se sempre sem prejuízo de responsabilidade por perdas e danos da parte a quem for imputável.

SECÇÃO III

Da recitação e da execução

Artigo 121.º

(Equiparação à representação)

1 – A recitação de uma obra literária e a execução por instrumentos ou por instrumentos e cantores de obra musical ou literário-musical são equiparadas à representação definida no artigo 107.º.

2 – Ao contrato celebrado para a recitação ou para a execução de tais obras aplica-se, no que não for especialmente regulado, o disposto na secção precedente, contanto que seja compatível com a natureza da obra e da exibição.

Artigo 122.º

(Obrigações do promotor)

1 – A entidade que promover ou organizar a execução ou a recitação de obra literária, musical ou literário-musical em audição pública deve afixar previamente no local o respectivo programa, do qual devem constar, na medida do possível, a designação da obra e a identificação da autoria.

2 – Uma cópia desse programa deve ser fornecida ao autor ou ao seu representante.

3 – Na falta de afixação do programa ou da sua comunicação nos termos dos números anterior, compete à entidade que promove ou organiza a execução ou a recitação, quando demandada, fazer a prova de que obteve autorização dos autores das obras executadas ou recitadas.[426]

---

[426] Redacção conferida pela Lei n.º 114/91 de 3 de Setembro.

Artigo 123.º

(Fraude na organização ou realização do programa)

1 – Se a entidade que promover a execução ou a recitação organizar fraudulentamente o programa, designadamente incluindo nele obra que não se propõe fazer executar ou recitar, e promovendo, em lugar desta, a execução ou recitação de outra não anunciada, ou se, no decurso da audição, por motivo que não constitua caso fortuito ou de força maior, deixar de ser executada ou recitada obra constante do programa, poderão os autores prejudicados nos seus interesses morais ou materiais reclamar da referida entidade indemnização por perdas e danos, independentemente da responsabilidade criminal que ao caso couber.

2 – Não implica responsabilidade ou ónus para os organizadores da audição o facto de os artistas, por solicitação insistente do público, executarem ou recitarem quaisquer obras além das constantes do programa.

SECÇÃO IV

Das obras cinematográficas

Artigo 124.º

(Produção de obra cinematográfica)

A produção cinematográfica depende da autorização dos autores das obras preexistentes, ainda que estes não sejam considerados autores da obra cinematográfica nos termos do artigo 22.º.

Artigo 125.º

(Autorização dos autores da obra cinematográfica)

1 – Das autorizações concedidas pelos autores das obras cinematográficas nos termos do artigo 22.º devem constar especificamente as condições de produção, distribuição e exibição da película.

2 – Se o autor tiver autorizado, expressa ou implicitamente, a exibição, o exercício dos direitos de exploração económica da obra cinematográfica compete ao produtor.

Artigo 126.º

(Do produtor)

1 – O produtor é o empresário do filme e como tal organiza a feitura da obra cinematográfica assegura os meios necessários e assume as responsabilidades técnicas e financeiras inerentes.

2 – O produtor deve ser como tal identificado no filme.[427]

3 – Durante o período de exploração, o produtor, se o titular ou titulares do direito de autor não assegurarem de outro modo a defesa dos seus direitos sobre a obra cinematográfica, considera-se como representante daqueles para esse efeito, devendo dar-lhes conta do modo como se desempenhou do mandato.

Artigo 127.º

(Efeitos da autorização)

1 – Da autorização deriva para o produtor cinematográfico o direito de produzir o negativo, os positivos, as cópias e os registos magnéticos necessários para a exibição da obra.

2 – A autorização para a produção cinematográfica implica, salvo estipulação especial, autorização para a distribuição e exibição do filme em salas públicas de cinema, bem como para a sua exploração económica por este meio, sem prejuízo do pagamento da remuneração estipulada.

3 – Dependem de autorização dos autores das obras cinematográficas a radiodifusão sonora ou visual da película, do filme-anúncio e das bandas ou discos em que se reproduzam trechos da película, a sua comunicação ao público, por fios ou sem fios, nomeadamente por ondas hertzianas, fibras ópticas, cabo ou satélite, e a sua reprodução, exploração ou exibição sob forma de videograma.

4 – A autorização a que se refere este artigo também não abrange a transmissão radiofónica da banda sonora ou do fonograma em que se reproduzam trechos de obra cinematográfica.

5 – Não carece de autorização do autor a difusão de obras produzidas por organismo de radiodifusão sonora ou audiovisual, ao qual assiste o direito de as transmitir e comunicar ao público, no todo ou em parte, através dos seus próprios canais transmissores.

---

[427] Vide art.º 205.º, n.º 2.

Artigo 128.º

(Exclusivo)

1 – A autorização dada pelos autores para a produção cinematográfica de uma obra, quer composta especialmente para esta forma de expressão quer adaptada, implica a concessão de exclusivo, salvo convenção em contrário.

2 – No silêncio das partes, o exclusivo concedido para a produção cinematográfica caduca decorridos vinte e cinco anos sobre a celebração do contrato respectivo, sem prejuízo do direito daquele a quem tiver sido atribuída a exploração económica do filme a continuar a projectá-lo, reproduzi-lo e distribuí-lo.

Artigo 129.º

(Transformações)

1 – As traduções, dobragens ou quaisquer transformações da obra cinematográfica dependem de autorização escrita dos autores.

2 – A autorização para exibição ou distribuição de um filme estrangeiro em Portugal confere implicitamente autorização para a tradução ou dobragem.

3 – É admissível cláusula em contrário, salvo se a lei só permitir a exibição da obra traduzida ou dobrada.[428]

Artigo 130.º

(Conclusão da obra)

Considera-se pronta a obra cinematográfica após o realizador e o produtor estabelecerem, por acordo, a sua versão definitiva.

Artigo 131.º

(Retribuição)

A retribuição dos autores da obra cinematográfica pode consistir em quantia global fixa, em percentagem sobre as receitas provenientes da exibição e em quantia certa por cada exibição ou revestir outra forma acordada com o produtor.

---

[428] É o que se passa em Portugal. Vide art.º 24.º DL 350/93.

ARTIGO 132.º

(Co-produção)

Não havendo convenção em contrário, é lícito ao produtor que contratar com os autores associar-se com outro produtor para assegurar a realização e a exploração da obra cinematográfica.

ARTIGO 133.º

(Transmissão dos direitos do produtor)

É igualmente permitido ao produtor transferir a todo o tempo para terceiro, no todo ou em parte, direitos emergentes do contrato, ficando, todavia, responsável para com os autores pelo cumprimento pontual do mesmo.

ARTIGO 134.º [429]

(Identificação da obra e do autor)

1 – O autor ou co-autores de obra cinematográfica têm o direito de exigir que os seu nomes sejam indicados na projecção do filme, mencionando-se igualmente a contribuição de cada um deles para a obra referida.

2 – Se a obra cinematográfica constituir adaptação de obra preexistente, deverá mencionar-se o título desta e o nome, pseudónimo ou qualquer outro sinal de identificação do autor.

ARTIGO 135.º

(Utilização e reprodução separadas)

Os autores da parte literária e da parte musical da obra cinematográfica podem reproduzi-las e utilizá-las separadamente por qualquer modo, contanto que não prejudiquem a exploração da obra no seu conjunto.

ARTIGO 136.º

(Prazo de cumprimento do contrato)

Se o produtor não concluir a produção da obra cinematográfica no prazo de três anos a contar da data da entrega da parte literária e da parte

---

[429] Vide art.º 205.º, n.º 2.

musical ou não fizer projectar a película concluída no prazo de três anos a contar da conclusão, o autor ou co-autores terão o direito de resolver o contrato.

Artigo 137.º
(Provas, matrizes e cópias)

1 – O produtor só é obrigado a fazer cópias ou provas da obra cinematográfica à medida que estas lhe forem requisitadas e a conservar a respectiva matriz, que em nenhum caso poderá destruir.

2 – Não assiste ao produtor da obra cinematográfica o direito vender a preço de saldo as cópias que tiver produzido, ainda que alegando a falta de procura destas.

Artigo 138.º
(Falência do produtor)

Em caso de falência do produtor, se houver de proceder-se à venda por baixo preço, na totalidade ou por lotes, de cópias da obra cinematográfica, deverá o administrador da massa falida prevenir do facto o autor ou co-autores desta com a antecedência mínima de vinte dias, a fim de os habilitar a tomar as providências que julgarem convenientes para defesa dos seus interesses materiais e morais e, bem assim, para exercerem o direito de preferência na aquisição das cópias em arrematação.

Artigo 139.º
(Regime aplicável)

1 – Ao contrato de produção cinematográfica são aplicáveis, com as necessárias adaptações, as disposições relativas ao contrato de edição, representação e execução

2 – Aplica-se à exibição pública da obra cinematográfica, com as devidas adaptações, o regime previsto nos artigos 122.º e 123.º para a recitação e a execução.[430]

---

[430] Redacção conferida pela Lei n.º 114/91 de 3 de Setembro.

ARTIGO 140.º

(Obras produzidas por processo análogo à cinematografia)

As disposições da presente secção são aplicáveis às obras produzidas por qualquer processo análogo à cinematografia.

SECÇÃO V

Da fixação fonográfica e videográfica

ARTIGO 141.º

(Contrato de fixação fonográfica e videográfica)

1 – Depende de autorização do autor a fixação da obra, entendendo-se por fixação a incorporação de sons ou de imagens, separada ou cumulativamente, num suporte material suficientemente estável e duradouro que permita a sua percepção, reprodução ou comunicação de qualquer modo, em período não efémero.

2 – A autorização deve ser dada por escrito e habilita a entidade que a detém a fixar a obra e a reproduzir e vender os exemplares produzidos.

3 – A autorização para executar em público, radiodifundir ou transmitir de qualquer modo a obra fixada deve igualmente ser dada por escrito e pode ser conferida a entidade diversa da que fez a fixação.

4 – A compra de um fonograma ou videograma não atribui ao comprador o direito de os utilizar para quaisquer fins de execução ou transmissão públicas, reprodução revenda ou aluguer com fins comerciais. [431]

ARTIGO 142.º [432]

(Identificação da obra e do autor)

Dos fonogramas e dos videogramas devem constar, impressos directamente ou apostos em etiquetas, sempre que a sua natureza o permita, o título da obra ou o modo de a identificar, assim como o nome ou qualquer outro sinal de identificação do autor.

---

[431] Vide art.º 10.º, n.º 2.
[432] Vide art.º 205.º, n.º 2.

Artigo 143.º [433]

(Fiscalização)

1 – O autor tem o direito de fiscalizar os estabelecimentos de prensagem e duplicação de fonogramas e videogramas e armazenamento dos suportes materiais, sendo aplicável o disposto no n.º 7 do artigo 86.º, com as devidas adaptações.

2 – Aqueles que importam, fabricam e vendem suportes materiais para obras fonográficas e videográficas devem comunicar à Direcção--Geral dos Espectáculos e do Direito de Autor as quantidades importadas, fabricadas e vendidas, podendo os autores fiscalizar também os armazéns e fábricas dos suportes materiais. [434]

3 – Aqueles que fabricam ou duplicam fonogramas e videogramas são obrigados a comunicar periódica e especificamente à Direcção-Geral dos Espectáculos e do Direito de Autor as quantidades de fonogramas e videogramas que pensarem ou duplicarem e a exibir documento do qual conste a autorização do respectivo autor. [435]

---

[433] Vide art.º 13.º DL 39/88, art.º 12.º DL 227/89 e art.º 31.º DL 80/97.
[434] Vide art.º 205.º, n.º 1 a).
[435] Vide art.º 205.º, n.º 1, b). O despacho a que se refere este número é de 14 de Março de 1990 como seguinte teor:
Despacho – A fim de dar cumprimento ao preceituado no n.º 4 do art.º 143.º do Código do Direito de Autor e dos Direitos Conexos, aprovado pelo Dec.-Leis n.º 63//85, de 14/03, e alterado pela Lei n.º 45/85, de 17/09, e tendo em consideração o disposto nos Decretos. – Lei 39/88, de 6/02, e 227/89, de 8/07, determino o seguinte:
1 – Aqueles que importam, fabricam e vendem suportes materiais para obras fonográficas e videográficas deverão comunicar à Direcção-Geral dos Espectáculos e do Direito de Autor (DGEDA), nos oito primeiros dias de cada mês, as quantidades importadas, fabricadas e vendidas no mês anterior.
2 – Aqueles que fabricam ou duplicam fonogramas só o poderão efectuar após autorização da DGEDA, conferida nos termos do Dec.-Lei 227/89, de 8/07, em impresso de modelo anexo ao presente despacho, devendo informar a DGEDA, nos oito primeiros dias de cada mês das quantidades efectivamente prensadas ou duplicadas no mês anterior, especificando as referências (ou títulos genéricos das obras), editores e respectivos números de exemplares.
3 – Aqueles que fabricam ou duplicam videogramas deverão comunicar à DGEDA, nos oito primeiros dias de cada mês, as quantidades efectivamente prensadas ou duplicadas, especificando os títulos genéricos das obras e o número de exemplares requeridos por cada editor.
4 – As autorizações respeitantes a fonogramas e videogramas constarão da instrução dos respectivos processos, nos termos dos Decs.-Lei 39/88, de 6/02, e 227/89, de 8/07.
5 – O presente despacho revoga o publicado no DR, 2.ª, 30, de 5/02/86.
16-2-90. – O Director Geral, *António Xavier*

4 – A Direcção-Geral dos Espectáculos e do Direito de Autor definirá a periodicidade e as modalidades que deve revestir a comunicação a que se referem os n.ᵒˢ 2 e 3.

Artigo 144.º
(Obras que já foram objecto de fixação)

1 – A obra musical e o respectivo texto que foram objecto de fixação fonográfica comercial sem oposição do autor podem voltar a ser fixados.

2 – O autor tem sempre direito a retribuição equitativa, cabendo ao Ministério da Cultura, na falta de acordo das partes, determinar o justo montante.

3 – O autor pode fazer cessar a exploração sempre que a qualidade técnica da fixação comprometer a correcta comunicação da obra.

Artigo 145.º
(Transmissão dos direitos do produtor)

Aquele com quem tiver sido contratada a fixação não pode, salvo no caso de trespasse do estabelecimento, nomeadamente por cisão, transferir para terceiro os direitos emergentes do contrato de autorização sem consentimento dos autores.

Artigo 146.º
(Transformações)

A adaptação, arranjo ou outra transformação de qualquer obra para efeitos de fixação, transmissão, execução ou exibição por meios mecânicos, fonográficos ou videográficos depende igualmente de autorização escrita do autor, que deve precisar a qual ou quais daqueles fins se destina a transformação.

Artigo 147.º [436]
(Remissão)

1 – Ao contrato de autorização para fixação fonográfica ou videográfica são aplicáveis, com as necessárias adaptações, as disposições relativas ao contrato de edição.

---

[436] Redacção conferida pela Lei n.º 114/91 de 3 de Setembro.

2 – Aplica-se ao espectáculo consistente na comunicação pública de obra fonográfica ou videográfica, com as devidas adaptações, o regime previsto nos artigos 122.º e 123.º para a recitação e a execução.

Artigo 148.º

(Âmbito)

As disposições desta secção aplicam-se à reprodução de obra intelectual obtida por qualquer processo análogo à fonografia ou videografia, já existente ou que venha a ser inventado.

SECÇÃO VI [437]

Da radiodifusão e outros processos destinados à reprodução dos sinais, dos sons e das imagens

Artigo 149.º

(Autorização)

1 – Depende de autorização do autor a radiodifusão sonora ou visual da obra, tanto directa como por retransmissão, por qualquer modo obtida.

2 – Depende igualmente de autorização a comunicação da obra em qualquer lugar público, por qualquer meio que sirva para difundir sinais, sons ou imagens.

3 – Entende-se por lugar público todo aquele a que seja oferecido o acesso, implícita ou explicitamente, mediante remuneração ou sem ela, ainda que com reserva declarada do direito de admissão.[438]

Artigo 150.º

(Radiodifusão de obra fixada)

Se a obra foi objecto de fixação para fins de comercialização com autorização do autor, abrangendo expressamente a respectiva comunicação ou radiodifusão sonora ou visual, é desnecessário o consentimento especial deste para cada comunicação ou radiodifusão, sem prejuízo dos direitos morais e do direito a remuneração equitativa.

[437] Os artigos 149.º a 156.º desta secção aplicam-se à radiodifusão por satélite e à retransmissão por cabo, nos termos do art.º 2.º do DL 333/97
[438] Vide art.º 47.º DL 315/95.

Artigo 151.º

(Pressupostos técnicos)

O proprietário de casa de espectáculos ou de edifício em que deva realizar-se a radiodifusão ou comunicação prevista no artigo 149.º, o empresário e todo aquele que concorra para a realização do espectáculo a transmitir são obrigados a permitir a instalação dos instrumentos necessários para a transmissão, bem como as experiências ou ensaios técnicos necessários para a boa execução desta.

Artigo 152.º

(Limites)

1 – Salvo estipulação em contrário, a autorização prevista no artigo 149.º não implica autorização para fixar as obras radiodifundidas.

2 – No entanto, é lícito aos organismos de radiodifusão fixar as obras a radiodifundir, mas unicamente para uso das suas estações emissoras, nos casos de radiodifusão diferida.

3 – As fixações atrás referidas devem, porém, ser destruídas no prazo máximo de três meses, dentro do qual não podem ser transmitidas mais de três vezes, sem prejuízo de remuneração ao autor.

4 – As restrições dos dois números anteriores entendem-se sem prejuízo dos casos em que tais fixações ofereçam interesse excepcional a título de documentação, o qual determinará a possibilidade da sua conservação em arquivos oficiais ou, enquanto estes não existirem, nos da Radiotelevisão Portuguesa – RTP, E.P., e Radiodifusão Portuguesa – RDP, E.P., sem prejuízo do direito de autor.

Artigo 153.º

(Âmbito)

1 – A autorização para radiodifundir uma obra é geral para todas as emissões, directas ou em diferido, efectuadas pelas estações da entidade que a obteve, sem prejuízo de remuneração ao autor por cada transmissão.

2 – Não se considera nova transmissão a radiodifusão feita em momentos diferentes, por estações nacionais ligadas à mesma cadeia emissora ou pertencentes à mesma entidade, em virtude de condicionalismos horários ou técnicos.

3 – A transmissão efectuada por entidade diversa da que obteve a autorização referida no n.º 1, quando se faça por cabo ou satélite, e não

esteja expressamente prevista naquela autorização, depende de consentimento do autor e confere-lhe o direito a remuneração.

ARTIGO 154.º [439]

(Identificação do autor)

As estações emissoras devem anunciar o nome ou pseudónimo do autor juntamente com o título da obra radiodifundida, ressalvando-se os casos, consagrados pelo uso corrente, em que as circunstâncias e necessidades da transmissão levam a omitir as indicações referidas.

ARTIGO 155.º

(Comunicação pública da obra radiodifundida)

É devida igualmente remuneração ao autor pela comunicação pública da obra radiodifundida, por altifalante ou por qualquer outro instrumento análogo transmissor de sinais, de sons ou de imagens.

ARTIGO 156.º

(Regime aplicável)

1 – À radiodifusão, bem como à difusão obtida por qualquer processo que sirva para a comunicação de sinais, sons ou imagens, são aplicáveis, com as necessárias adaptações, as disposições relativas ao contrato de edição, representação e execução

2 – Aplica-se ao espectáculo consistente na comunicação pública de obra radiodifundida, com as devidas adaptações, o regime previsto nos artigos 122.º e 123.º para a recitação e a execução.[440]

---

[439] Vide art.º 205.º, n.º 2.
[440] Redacção conferida pela Lei n.º 114/91 de 3 de Setembro.

SECÇÃO VII

Da criação de artes plásticas, gráficas e aplicadas

Artigo 157.º
(Da exposição)

1 – Só o autor pode expor ou autorizar outrem a expor publicamente as suas obras de arte.

2 – A alienação de obra de arte envolve, salvo convenção expressa em contrário, a atribuição do direito de a expor.

Artigo 158.º [441]
(Responsabilidade pelas obras expostas)

A entidade promotora de exposição de obras de arte responde pela integridade das obras expostas, sendo obrigada a fazer o seguro das mesmas contra incêndio, transporte, roubo e quaisquer outros riscos de destruição ou deterioração, bem como a conservá-las no respectivo recinto até ao termo do prazo fixado para a devolução

Artigo 159.º
(Forma e conteúdo do contrato de reprodução)

1 – A reprodução das criações de artes plásticas, gráficas e aplicadas, design, projectos de arquitectura e planos de urbanização só pode ser feita pelo autor ou por outrem com a sua autorização

2 – A autorização referida no número anterior deve ser dada por escrito, presume-se onerosa e pode ser condicionada.

3 – São aplicáveis ao contrato as disposições do artigo 86.º, devendo, porém, fixar-se nele o número mínimo de exemplares a vender anualmente, abaixo do qual a entidade que explora a reprodução poderá usar das faculdades nesse artigo reconhecidas.

---

[441] Redacção conferida pela Lei n.º 114/91 de 3 de Setembro.

ARTIGO 160.º

(Identificação da obra)

1 – O contrato deverá conter indicações que permitam identificar a obra, tais como a sua descrição sumária, debuxo, desenho ou fotografia, com assinatura do autor.

2 – As reproduções não podem ser postas à venda sem que o autor tenha aprovado o exemplar submetido a seu exame.

3 – Em todos os exemplares reproduzidos deve figurar o nome, pseudónimo ou outro sinal que identifique o autor. [442]

ARTIGO 161.º

(Estudos e projectos de arquitectura e urbanismo)

1 – Em cada exemplar dos estudos e projectos de arquitectura e urbanismo, junto ao estaleiro da construção da obra de arquitectura e nesta, depois de construída, é obrigatória a indicação do respectivo autor, por forma bem legível.

2 – A repetição da construção de obra de arquitectura, segundo o mesmo projecto, só pode fazer-se com o acordo do autor.

ARTIGO 162.º

(Restituição dos modelos ou elementos utilizados)

1 – Extinto o contrato, devem ser restituídos ao autor os modelos originais e qualquer outro elemento de que se tenha servido aquele que fez as produções

2 – Os instrumentos exclusivamente criados para a reprodução da obra devem, salvo convenção em contrário, ser destruídos ou inutilizados, se o autor não preferir adquiri-los.

ARTIGO 163.º [443]

(Extensão da protecção)

As disposições constantes desta secção aplicam-se igualmente às maquetas de cenários, figurinos, cartões para tapeçarias, maquetas para

---

[442] Vide art.º 205.º, n.º 2.
[443] Redacção conferida pela Lei n.º 114/91 de 3 de Setembro.

painéis cerâmicos, azulejos vitrais, mosaicos, relevos rurais, cartazes e desenhos publicitários, capas de livros e, eventualmente, à criação gráfica que estes comportem, que sejam criação artística.

SECÇÃO VIII
Da obra fotográfica

Artigo 164.º
(Condições de protecção)

1 – Para que a fotografia seja protegida é necessário que pela escolha do seu objecto ou pelas condições da sua execução possa considerar-se como criação artística pessoal do seu autor.

2 – Não se aplica o disposto nesta secção às fotografias de escritos, de documentos, de papéis de negócios, de desenhos técnicos e de coisas semelhantes.

3 – Consideram-se fotografias os fotogramas das películas cinematográficas.

Artigo 165.º
(Direitos do autor de obra fotográfica)

1 – O autor da obra fotográfica tem o direito exclusivo de a reproduzir, difundir e pôr à venda com as restrições referentes à exposição, reprodução e venda de retratos e sem prejuízo dos direitos de autor sobre a obra reproduzida, no que respeita às fotografias de obras de artes plásticas. [444]

2 – Se a fotografia for efectuada em execução de um contrato de trabalho ou por encomenda, presume-se que o direito previsto neste artigo pertence à entidade patronal ou à pessoa que fez a encomenda. [445]

3 – Aquele que utilizar para fins comerciais a reprodução fotográfica deve pagar ao autor uma remuneração equitativa.

---

[444] id.
[445] Id.

Artigo 166.º

(Alienação do negativo)

A alienação do negativo de uma obra fotográfica importa, salvo convenção em contrário, a transmissão dos direitos referidos nos artigos precedentes.

Artigo 167.º

(Indicações obrigatórias)

1 – Os exemplares de obra fotográfica devem conter as seguintes indicações:

a) Nome do fotógrafo;
b) Em fotografia de obras de artes plásticas, o nome do autor da obra fotografada.[446]

2 – Só pode ser reprimida como abusiva a reprodução irregular das fotografias em que figurem as indicações referidas, não podendo o autor, na falta destas indicações, exigir as retribuições previstas no presente Código, salvo se o fotógrafo provar má-fé de quem fez a reprodução.

Artigo 168.º

(Reprodução de fotografia encomendada)

1 – Salvo convenção em contrário, a fotografia de uma pessoa, quando essa fotografia seja executada por encomenda, pode ser publicada, reproduzida ou mandada reproduzir pela pessoa fotografada ou por seus herdeiros ou transmissários sem consentimento do fotógrafo seu autor.

2 – Se o nome do fotógrafo figurar na fotografia original, deve também ser indicado nas reproduções.

---

[446] id.

SECÇÃO IX

Da tradução e outras transformações

Artigo 169.º
(Autorização do autor)

1 – A tradução, arranjo, instrumentação, dramatização, cinematização e, em geral, qualquer transformação da obra só podem ser feitos ou autorizados pelo autor da obra original, sendo esta protegida nos termos do n.º 2 do artigo 3.º.

2 – A autorização deve ser dada por escrito e não comporta concessão de exclusivo, salvo estipulação em contrário.

3 – O beneficiário da autorização deve respeitar o sentido da obra original.

4 – Na medida exigida pelo fim a que o uso da obra se destina, é lícito proceder a modificações que não a desvirtuem.

Artigo 170.º
(Compensação suplementar)

O tradutor tem direito a uma compensação suplementar sempre que o editor, o empresário, o produtor ou qualquer outra entidade utilizar a tradução para além dos limites convencionados ou estabelecidos neste Código.

Artigo 171.º [447]
(Indicação do tradutor)

O nome do tradutor deverá sempre figurar nos exemplares da obra traduzida, nos anúncios do teatro, nas comunicações que acompanhem as emissões de rádio e de televisão, na ficha artística dos filmes e em qualquer material de promoção.

Artigo 172.º
(Regime aplicável às traduções)

1 – As regras relativas à edição de obras originais constantes da secção I deste capítulo aplicam-se à edição das respectivas traduções,

---

[447] Vide art.º 205.º, n.º 2.

quer a autorização para traduzir haja sido concedida ao editor quer ao autor da tradução.

2 – Salvo convenção em contrário, o contrato celebrado entre editor e tradutor não implica cedência nem transmissão, temporária ou permanente, a favor daquele, dos direitos deste sobre a sua tradução.

3 – O editor pode exigir do tradutor as modificações necessárias para assegurar o respeito pela obra original e, quando esta implicar determinada disposição gráfica, a conformidade do texto com ela; caso o tradutor não o faça no prazo máximo de 30 dias, o editor promoverá, por si, tais modificações.[448]

4 – Sempre que a natureza e características da obra exijam conhecimentos específicos, o editor pode promover a revisão da tradução por técnico de sua escolha.[449]

SECÇÃO X

Dos jornais a outras publicações periódicas

Artigo 173.º

(Protecção)

1 – O direito de autor sobre obra publicada, ainda que sem assinatura, em jornal ou publicação periódica pertence ao respectivo titular e só ele pode fazer ou autorizar a reprodução em separado ou em publicação congénere, salvo convenção escrita em contrário.

2 – Sem prejuízo do disposto no número precedente, o proprietário ou editor da publicação pode reproduzir os números em que foram publicadas as contribuições referidas.

Artigo 174.º

(Trabalhos jornalísticos por conta de outrem)

1 – O direito de autor sobre trabalho jornalístico produzido em cumprimento de um contrato de trabalho que comporte identificação de autoria, por assinatura ou outro meio, pertence ao autor.

---

[448] Redacção conferida pela Lei n.º 114/91 de 3 de Setembro.
[449] Redacção conferida pela Lei n.º 114/91 de 3 de Setembro.

2 – Salvo autorização da empresa proprietária do jornal ou publicação congénere, o autor não pode publicar em separado o trabalho referido no número anterior antes de decorridos três meses sobre a data em que tiver sido posta a circular a publicação em que haja sido inserido.

3 – Tratando-se de trabalho publicado em série, o prazo referido no número anterior tem início na data da distribuição do número da publicação em que tiver sido inserido o último trabalho da série.

4 – Se os trabalhos referidos não estiverem assinados ou não contiverem identificação do autor, o direito de autor sobre os mesmos será atribuído à empresa a que pertencer o jornal ou a publicação em que tiverem sido inseridos, e só com autorização desta poderão ser publicados em separado por aqueles que os escreveram.

Artigo 175.º

(Publicação fraccionada e periódica)

1 – O autor ou editor de obra que se publique em volumes, tomos, fascículos ou folhas seguidas e, bem assim, o autor ou editor de publicação periódica podem contratar com outrem a venda por assinatura, à medida que for sendo feita a impressão, por tempo determinado ou indefinido.

2 – A não devolução do primeiro tomo ou fascículo expedido pelo autor ou pelo editor não implica a celebração táctica do contrato, nem o destinatário tem a obrigação de o conservar ou devolver.

3 – A remessa de tomos, fascículos ou folhas por via postal é sempre a risco do expedidor, ficando este obrigado a substituir os exemplares extraviados sem direito a novo pagamento, salvo convenção em contrário.

TÍTULO III

Dos direitos conexos

Artigo 176.º

(Noção)

1 – As prestações dos artistas intérpretes ou executantes, dos produtores de fonogramas e de videogramas e dos organismos de radiodifusão são protegidas nos termos deste título.

2 – Artistas intérpretes ou executantes são os actores, cantores, músicos bailarinos e outros que representem, cantem, recitem, declamem, interpretem ou executem de qualquer maneira obras literárias ou artísticas.

3 – Produtor de fonograma ou videograma é a pessoa singular ou colectiva que fixa pela primeira vez os sons provenientes de uma execução ou quaisquer outros, ou as imagens de qualquer proveniência, acompanhadas ou não de sons.

4 – Fonograma é o registo resultante da fixação, em suporte material, de sons provenientes de uma execução ou quaisquer outros.

5 – Videograma é o registo resultante da fixação, em suporte material, de imagens, acompanhadas ou não de sons, bem como a cópia de obras cinematográficas ou audiovisuais.

6 – Cópia é o suporte material em que se reproduzem sons ou imagens, separada ou cumulativamente, captados directa ou indirectamente de um fonograma ou videograma, e se incorporam, total ou parcialmente, os sons ou imagens nestes fixados.

7 – Reprodução é a obtenção de cópias de uma fixação ou de uma parte qualitativa ou quantitativamente significativa dessa fixação.

8 – Distribuição é a actividade que tem por objecto a oferta ao público, em quantidade significativa, de fonogramas ou videogramas, directa ou indirectamente, quer para venda quer para aluguer.

9 – Organismos de radiodifusão é a entidade que efectua emissões de radiodifusão sonora ou visual, entendendo-se por emissão de radiodifusão a difusão de sons ou de imagens, separada ou cumulativamente, por fios ou sem fios, nomeadamente por ondas hertzianas, fibras ópticas, cabo ou satélite, destinada à recepção pelo público.

10 – Retransmissão é a emissão simultânea por um organismo de radiodifusão de uma emissão de outro organismo de radiodifusão.

Artigo 177.º

(Ressalva dos direitos dos autores)

A tutela dos direitos conexos em nada afecta a protecção dos autores sobre a obra utilizada.

Artigo 178.º

(Poder de impedir)

Os artistas intérpretes ou executantes podem impedir:

a) A radiodifusão ou a comunicação ao público [450], por qualquer meio, sem o seu consentimento, das prestações que tenham realizado, salvo quando se utilizem prestações já radiodifundidas ou já fixadas
b) A fixação, sem o seu consentimento, das prestações que não tenham sido fixadas;
c) A reprodução, sem o seu consentimento, de fixação das suas prestações quando esta não tenha sido autorizada, quando a reprodução seja feita para fins diversos daqueles para os quais foi dado o consentimento ou quando a primeira fixação tenha sido feita ao abrigo do artigo 189.º e a respectiva reprodução vise fins diferentes dos previstos nesse artigo.

ARTIGO 179.º
(Autorização para radiodifundir)

1 – Na falta de acordo em contrário, a autorização para radiodifundir uma prestação implica autorização para a sua fixação e posterior radiodifusão e reprodução dessa fixação, bem como para a radiodifusão de fixações licitamente autorizadas por outro organismo de radiodifusão.

2 – O artista tem, todavia, direito a remuneração suplementar sempre que, sem estarem previstas no contrato inicial, forem realizadas as seguintes operações:

a) Uma nova transmissão
b) A retransmissão por outro organismo de radiodifusão;
c) A comercialização de fixações obtidas para fins de radiodifusão.

3 – A retransmissão e a nova transmissão não autorizadas de uma prestação dão aos artistas que nela intervêm o direito de receberem, no seu conjunto, 20% da remuneração primitivamente fixada. [451]

4 – A comercialização dá aos artistas o direito de receberem, no seu conjunto, 20% da quantia que o organismo de radiodifusão que fixou a prestação receber do adquirente. [452]

---

[450] Engloba a radiodifusão por satélite e a retransmissão por cabo, nos termos do art.º 8.º do DL 333/97
[451] Redacção conferida pela Lei n.º 114/91 de 3 de Setembro.
[452] id.

5 – O artista pode estipular com o organismo de radiodifusão condições diversas das referidas nos números anteriores, mas não renunciar aos direitos nela consignados. [453]

Artigo 180.º
(Identificação)

1 – Em toda a divulgação de prestação será indicado, ainda que abreviadamente, o nome ou pseudónimo do artista, salvo convenção em contrário ou se a natureza do contrato dispensar a indicação. [454]

2 – Exceptuam-se os programas sonoros exclusivamente musicais sem qualquer forma de locução e os referidos no artigo 154.º.

Artigo 181.º
(Representação dos artistas)

1 – Quando na prestação participem vários artistas, os seus direitos serão exercidos, na falta de acordo, pelo director do conjunto.

2 – Não havendo director do conjunto, os actores serão representados pelo encenador e o os membros da orquestra ou os membros do coro pelo maestro ou director respectivo.

Artigo 182.º
(Utilização ilícitas)

São ilícitas as utilizações que desfigurem uma prestação, que a desvirtuem nos seus propósitos ou que atinjam o artista na sua honra ou na sua reputação.

Artigo 183.º [455]
(Duração dos direitos conexos)

1 – Os direitos conexos caducam decorrido um período de 50 anos

a) Após a representação ou execução pelo artista intérprete ou executante;

---

[453] id.
[454] Vide art.º 205.º, n.º 2.
[455] Redacção conferida pelo DL 334/97

b) Após a primeira fixação, pelo produtor, do fonograma, videograma ou filme;

c) Após a primeira emissão pelo organismo de radiodifusão, quer a emissão seja efectuada com ou sem fio, incluindo cabo ou satélite.

2 – Se no decurso do período referido no número anterior, forem objecto de publicação ou comunicação lícita ao público uma fixação da representação ou execução do artista intérprete ou executante, o fonograma, o videograma ou o filme protegidos, o prazo de caducidade do direito conta-se a partir destes factos e não a partir dos factos referidos, respectivamente, nas alíneas a) e b) do mesmo número

3 – O termo «filme» designa uma obra cinematográfica ou áudio-visual e toda e qualquer sequência de imagens em movimento, acompanhadas ou não de som.

4 – É aplicável às entidades referidas nas alíneas a), b) e c) do n.º 1 o disposto no artigo 37.º.

Artigo 184.º [456]

(Autorização do produtor)

1 – Carecem de autorização do produtor do fonograma ou do videograma a reprodução e a distribuição ao público de cópias dos mesmos, bem como a respectiva importação ou exportação.

2 – Carecem também de autorização do produtor do fonograma ou do videograma a difusão por qualquer meio e a execução pública dos mesmos.

3 – Quando um fonograma ou videograma editado comercialmente, ou uma reprodução dos mesmos, for utilizado por qualquer forma de comunicação pública [457], o utilizador pagará ao produtor e aos artistas intérpretes ou executantes uma remuneração equitativa, que será dividida entre eles em partes iguais, salvo acordo em contrário.

4 – Os produtores de fonogramas ou de videogramas têm a faculdade de fiscalização análoga à conferida nos n.ºˢ 1 e 2 do artigo 143.º.

---

[456] Redacção conferida pela Lei n.º 114/91 de 3 de Setembro.

[457] Engloba a radiodifusão por satélite e a retransmissão por cabo, nos termos do art.º 8.º do DL 333/97

ARTIGO 185.º

(Identificação dos fonogramas e videogramas)

1 – É condição da protecção reconhecida aos produtores de fonogramas e videogramas que em todas as cópias autorizadas e no respectivo invólucro se contenha uma menção constituída pelo símbolo P (a letra P rodeada por um círculo), acompanhada da indicação do ano da primeira publicação.

2 – Se a cópia ou o respectivo invólucro não permitirem a identificação do produtor ou do seu representante, a menção a que se refere o número anterior deve incluir igualmente essa identificação.

.... [458]

ARTIGO 187.º [459]

(Direitos dos organismos de radiodifusão)

1 – Os organismos de radiodifusão gozam do direito de autorizar ou proibir:

a) A retransmissão das suas emissões por ondas radioeléctricas;
b) A fixação em suporte material das suas emissões, sejam elas efectuadas com ou sem fio;
c) A reprodução da fixação das suas emissões, quando estas não tiverem sido autorizadas ou quando se tratar de fixação efémera e a reprodução visar fins diversos daquele com que foi feita;
d) A comunicação ao público das suas emissões, quando essa comunicação é feita em lugar público e com entradas pagas.

2 – Ao distribuidor por cabo que se limita a efectuar a retransmissão por cabo de emissões de organismos de radiodifusão não se aplicam os direitos previstos neste artigo.

.... [460]

---

[458] Art.º 186.º revogado pelo DL 334/97
[459] Engloba a radiodifusão por satélite e a retransmissão por cabo, nos termos do art.º 8.º do DL 333/97
[460] Art.º 188.º revogado pelo DL 334/97

ARTIGO 189.º
(Utilizações livres)

1 – A protecção concedida neste título não abrange:

a) O uso privado;
b) Os excertos de uma prestação, um fonograma, um videograma ou uma emissão de radiodifusão, contanto que o recurso a esses excertos se justifique por propósito de informação ou crítica ou qualquer outro dos que autorizam as citações ou resumos referidos na alínea f) do artigo 75.º;
c) A utilização destinada a fins exclusivamente científicos ou pedagógicos;
d) A fixação efémera feita por organismos de radiodifusão;
e) As fixações ou reproduções realizadas por entes públicos ou concessionários de serviços públicos por algum interesse excepcional de documentação ou para arquivo;
f) Os demais casos em que a utilização da obra é lícita sem o consentimento do autor.

2 – A protecção outorgada neste capítulo ao artista não abrange a prestação decorrente do exercício de dever funcional ou de contrato de trabalho.

ARTIGO 190.º
(Requisitos da protecção)

1 – O artista é protegido desde que se verifique uma das seguintes condições:

a) Que seja de nacionalidade portuguesa ou de Estado membro das Comunidades Europeias;[461]
b) Que a prestação ocorra em território português;
c) Que a prestação original seja fixada ou radiodifundida pela primeira vez em território português.

2 – Os fonogramas e os videogramas são protegidos desde que se verifique uma das seguintes condições:

---

[461] Redacção conferida pela Lei n.º 114/91 de 3 de Setembro.

a) Que o produtor seja de nacionalidade portuguesa ou de um Estado membro das Comunidades Europeias ou que tenha a sua sede efectiva em território português ou em qualquer ponto do território comunitário; [462]

b) Que a fixação dos sons e imagens, separada ou cumulativamente, tenha sido feita licitamente em Portugal;

c) Que o fonograma ou videograma tenha sido publicado pela primeira vez ou simultaneamente em Portugal, entendendo-se por simultânea a publicação definida no n.º 3 do artigo 65.º.

3 [463] – As emissoras de radiodifusão são protegidas desde que se verifique uma das seguintes condições:

a) Que a sede efectiva do organismo esteja situada em Portugal ou em Estado membro das Comunidades Europeias;

b) Que a emissão de radiodifusão tenha sido transmitida a partir de estação situada em território português ou de Estado membro das Comunidades Europeias.

Artigo 191.º

(Presunção de anuência)

Quando, apesar da diligência do interessado, comprovado pelo Ministério da Cultura, não for possível entrar em contacto com o titular do direito ou este se não pronunciar num prazo razoável que para o efeito lhe for assinado, presume-se a anuência, mas o interessado só pode fazer a utilização pretendida se caucionar o pagamento da remuneração.

Artigo 192.º

(Modos de exercício)

As disposições sobre os modos de exercício dos direitos de autor aplicam-se no que couber aos modos de exercício dos direitos conexos.

---

[462] id.
[463] id.

Artigo 193.º

(Extensão da protecção)

Beneficiam também de protecção os artistas, os produtores de fonogramas ou videogramas e os organismos de radiodifusão protegidos por convenções internacionais ratificadas ou aprovadas.

Artigo 194.º

(Retroactividade)

1 – A duração da protecção e a contagem do respectivo prazo determinam-se nos termos dos artigos 183.º, 185.º e 188.º, ainda que os factos geradores da protecção tenham ocorrido anteriormente à entrada em vigor deste Código.

2 – No caso de os titulares de direitos conexos beneficiarem, por força de disposição legal, de um prazo de protecção superior aos previstos neste Código, prevalecem estes últimos.

TÍTULO IV

Da violação e defesa do direito de autor e dos direitos conexos

Artigo 195.º

(Usurpação)

1 – Comete o crime de usurpação quem, sem autorização do autor ou do artista, do produtor de fonograma e videograma ou do organismo de radiodifusão, utilizar uma obra ou prestação por qualquer das formas previstas neste Código.

2 – Comete também o crime de usurpação:

a) Quem divulgar ou publicar abusivamente uma obra ainda não divulgada nem publicada pelo seu autor ou não destinada a divulgação ou publicação, mesmo que a apresente como sendo do respectivo autor, quer se proponha ou não obter qualquer vantagem económica;

b) Quem coligir ou compilar obras publicadas ou inéditas sem a autorização do autor;
c) Quem, estando autorizado a utilizar uma obra, prestação de artista, fonograma, videograma ou emissão radiodifundida, exceder os limites da autorização concedida, salvo nos casos expressamente previstos neste Código

3 – Será punido com as penas previstas no artigo 197.º o autor que, tendo transmitido, total ou parcialmente, os respectivos direitos ou tendo autorizado a utilização da sua obra por qualquer dos modos previstos neste Código, a utilizar directa ou indirectamente com ofensa dos direitos atribuídos a outrém.

Artigo 196.º

(Contrafacção)

1 – Comete o crime de contrafacção quem utilizar, como sendo criação ou prestação sua, obra, prestação de artista, fonograma, videograma ou emissão de radiodifusão que seja mera reprodução total ou parcial de obra ou prestação alheia, divulgada ou não divulgada, ou por tal modo semelhante que não tenha individualidade própria.[464]

2 – Se a reprodução referida no número anterior representar apenas parte ou fracção da obra ou prestação, só essa parte ou fracção se considera como contrafacção.

3 – Para que haja contrafacção não é essencial que a reprodução seja feita pelo mesmo processo que o original, com as mesmas dimensões ou com o mesmo formato.

4 – Não importa contrafacção:

a) A semelhança entre traduções, devidamente autorizadas, da mesma obra ou entre fotografias, desenhos, gravuras ou outra forma de representação do mesmo objecto se, apesar das semelhanças decorrentes da identidade do objecto, cada uma das obras tiver individualidade própria;
b) A reprodução pela fotografia ou pela gravura efectuada só para o efeito de documentação da crítica artística.

---

[464] id.

Artigo 197.º [465]

(Penalidades)

1 – Os crimes previstos nos artigos anteriores são punidos com pena de prisão até três anos e multa de 150 a 250 dias, de acordo com a gravidade da infracção, agravadas uma e outra para o dobro em caso de reincidência, se o facto constitutivo da infracção não tipificar crime punível com pena mais grave.

2 – Nos crimes previstos neste título a negligência é punível com multa de 50 a 150 dias.

3 – Em caso de reincidência, não há suspensão da pena.

Artigo 198.º [466]

(Violação do direito moral)

É punido com as penas previstas no artigo anterior:

a) Quem se arrogar a paternidade de uma obra de prestação que sabe não lhe pertencer;
b) Quem atentar contra a genuinidade ou integridade da obra ou prestação, praticando acto que a desvirtue e possa afectar a honra ou reputação do autor ou do artista.

Artigo 199.º

(Aproveitamento de obra contrafeita ou usurpada)

1 – Quem vender, puser à venda, importar, exportar ou por qualquer modo distribuir ao público obra usurpada ou contrafeita ou cópia não autorizada de fonograma ou videograma, quer os respectivos exemplares tenham sido produzidos no país quer no estrangeiro, será punido com as penas previstas no artigo 197.º.

2 – A negligência é punível com multa até cinquenta dias.

---

[465] id.
[466] id.

ARTIGO 200.º
(**Procedimento criminal**)

1 – O procedimento criminal relativo aos crimes previstos neste Código não depende de queixa do ofendido, excepto quando a infracção disser exclusivamente respeito à violação de direitos morais.

2 – Tratando-se de obras caídas no domínio público, a queixa deverá ser apresentada pelo Ministério da Cultura.

ARTIGO 201.º
(**Apreensão e perda de coisas relacionadas com a prática do crime**)

1 – Serão sempre apreendidos os exemplares ou cópias das obras usurpadas ou contrafeitas, quaisquer que sejam a natureza da obra e a forma de violação, bem como os respectivos invólucros materiais, máquinas ou demais instrumentos ou documentos de que haja suspeita de terem sido utilizados ou destinaram-se à prática da infracção.

2 – O destino de todos os objectos apreendidos será fixado na sentença final, independentemente de requerimento e, quando se provar que se destinavam ou foram utilizados na infracção, consideram-se perdidos a favor do Estado, sendo as cópias ou exemplares obrigatoriamente destruídos, sem direito a qualquer indemnização.

3 – Nos casos de flagrante delito, têm competência para proceder à apreensão as autoridades policiais e administrativas, designadamente a Polícia Judiciária, a Polícia de Segurança Pública, a Guarda Nacional Republicana, a Guarda Fiscal e a Direcção-Geral de Inspecção Económica.[467]

ARTIGO 202.º
(**Regime especial em caso de violação de direito moral**)

1 – Se apenas for reivindicada a paternidade da obra, pode o tribunal, a requerimento do autor, em vez de ordenar a destruição, mandar entregar àquele os exemplares apreendidos, desde que se mostre possível, mediante

---

[467] Certamente por lapso, o legislador não incluiu, explicitamente, a Direcção--Geral dos Espectáculos e do Direito de Autor (hoje, IGAC), o que viria a ser colmatado pelo art. 13.º DL 39/88, pelo art.º 12.º DL 227/89 e, mais exaustivamente, pelo art.º 31.º DL 80/97.

adição ou substituição das indicações referentes à sua autoria, assegurar ou garantir aquela paternidade.

2 – Se o autor defender a integridade da obra, pode o tribunal, em vez de ordenar a destruição dos exemplares deformados, mutilados ou modificados por qualquer outro modo, mandar entregá-los ao autor, a requerimento deste, se for possível restituir esses exemplares à forma original.

Artigo 203.º
(Responsabilidade civil)

A responsabilidade civil emergente da violação dos direitos previstos neste Código é independente do procedimento criminal a que esta dê origem, podendo, contudo, ser exercida em conjunto com a acção criminal.

Artigo 204.º
(Regime das contra-ordenações)

Às contra-ordenações, em tudo quanto não se encontre especialmente regulado, são aplicáveis as disposições do Decreto-Lei n.º 433/82, de 27 de Outubro.

Artigo 205.º
(Das contra-ordenações)

1 – Constitui contra-ordenação punível com coima de 50.000$ a 500.000$:

a) A falta de comunicação pelos importadores, fabricantes e vendedores de suportes materiais para obras fonográficas e videográficas das quantidades importadas, fabricadas e vendidas, de harmonia com o estatuído no n.º 2 do artigo 143.º;

b) A falta de comunicação pelos fabricantes e duplicadores de fonogramas e videogramas das quantidades que prensarem ou duplicarem, conforme o estipulado no n.º 3 do artigo 143.º.

2 – Constitui contra-ordenação punível com coima de 20.000$ a 200.000$ a inobservância do disposto nos artigos 97.º, 115.º, n.º 4, 126.º, n.º 2, 134.º, 142.º, 154.º, 160.º, n.º 3, 171.º e 185.º e, não se dispensando indicação do nome ou pseudónimo do artista, também no artigo 180.º, n.º 1.

3 – A negligência é punível.

ARTIGO 206.º
(Competência para o processamento das contra-ordenações e aplicação das coimas)

A competência para o processamento das contra-ordenações e para aplicação das coimas pertence ao director-geral dos Espectáculos e do Direito de Autor.

ARTIGO 207.º
(Efeito do recurso)

Não tem efeito suspensivo o recurso da decisão que aplicar coima de montante inferior a 80.000$.

ARTIGO 208.º
(Destino do produto das coimas)

O montante das coimas aplicadas pelas contra-ordenações reverte para o Fundo de Fomento Cultural.

ARTIGO 209.º
(Providências cautelares)

Sem prejuízo das providências cautelares previstas na lei de processo, pode o autor requerer das autoridades policiais e administrativas do lugar onde se verifique a violação do seu direito a imediata suspensão de representação, recitação, execução ou qualquer outra forma de exibição de obra protegida que se estejam realizando sem a devida autorização e, cumulativamente, requerer a apreensão da totalidade das receitas.

ARTIGO 210.º
(Identificação ilegítima)

O uso ilegítimo do nome literário ou artístico ou de qualquer outra forma de identificação do autor confere ao interessado o direito de pedir, além da cessação de tal uso, indemnização por perdas e danos.

Artigo 211.º
(Indemnização)

Para o cálculo da indemnização devida ao autor lesado, atender-se-á sempre à importância da receita resultante do espectáculo ou espectáculos ilicitamente realizados.

Artigo 212.º
(Concorrência desleal)

A protecção prevista no presente Código não prejudica a protecção assegurada nos termos da legislação sobre a concorrência desleal.

TÍTULO V
Do registo

Artigo 213.º
(Regra geral)

O direito de autor e os direitos deste derivados adquirem-se independentemente de registo, sem prejuízo do disposto no artigo seguinte:

Artigo 214.º
(Registo constitutivo)

Condiciona a efectividade da protecção legal o registo:

a) Do título da obra não publicada nos termos do n.º 3 do artigo 4.º;
b) Dos títulos dos jornais e outras publicações periódicas.

Artigo 215.º
(Objecto do registo)

1 – Estão sujeitos a registo:
a) Os factos que importem constituição, transmissão, oneração, alienação, modificação ou extinção do direito de autor;

b) O nome literário ou artístico;
c) O título de obra ainda não publicada;
d) A penhora e o arresto sobre o direito de autor;
e) O mandato nos termos do artigo 74.º.

2 – São igualmente objecto de registo:

a) As acções que tenham por fim principal ou acessório a constituição, o reconhecimento, a modificação ou a extinção do direito de autor;

b) As acções que tenham por fim principal ou acessório a reforma, a declaração de nulidade ou a anulação de um registo ou do seu cancelamento;

c) As respectivas decisões finais, logo que transitem em julgado.

Artigo 216.º

(Nome literário ou artístico)

1 – O nome literário ou artístico só é registável em benefício do criador de obra anteriormente registada.

2 – O registo do nome literário ou artístico não tem outro efeito além da mera publicação do seu uso.

Disposições finais

Artigo 217.º

(Litígios)

A resolução de qualquer litígio que não incida sobre direitos indisponíveis, surgido na aplicação das disposições do presente Código, pode ser sujeita pelas partes a arbitragem, nos termos da lei geral.

Artigo 218.º [468]

(Regime das entidades de gestão colectiva do direito de autor e direitos conexos)

O regime das entidades de gestão colectiva do direito de autor e direitos conexos será regulamentado por lei.

---

[468] Artigo aditado pela Lei n.º 114/91 de 3 de Setembro. Vide L 83/2001.

Tabela a que refere o n.º 3 do artigo 74.º

Cada registo,	5 000$00
Depósito das listas das sociedades de autores ou de entidades similares – cada lista	2000$00
Substituição de listas	Grátis
Depósito de aditamento às listas das sociedades de autores ou entidades similares – cada aditamento	1000$00
Pela desistência do acto do registo requerido depois de efectuada a respectiva apresentação no *Diário*	1000$00
Cada certificado	1000$00

Decreto-Lei n.º 252/94
de 20 de Outubro

O presente diploma transpõe para a ordem jurídica interna a Directiva n.º 91/250/CEE, do Conselho, de 14 de Maio, relativa à protecção jurídica dos programas de computador.

De acordo com a melhor técnica decidiu-se criar um diploma próprio onde se condensem todas as normas específicas de protecção dos programas de computador, ao invés de se proceder a alterações no Código do Direito de Autor e dos Direitos Conexos.

Na verdade, os conceitos nucleares de protecção dos programas de computador transportam novas realidades que não são facilmente subsumíveis às existentes no direito de autor, muito embora a equiparação a obras literárias possa permitir, pontualmente, uma aproximação.

A transposição obedece também à consideração de que o ordenamento jurídico interno contém normas e princípios efectivos, com consagração no direito objectivo, que tornam dispensável uma mera tradução.

Assim:

No uso da autorização legislativa concedida pela Lei n.º 21/94, de 17 de Junho, e nos termos das alíneas a) e b) do n.º 1 do artigo 201.º da Constituição, o Governo decreta o seguinte:

ARTIGO 1.º
Âmbito

1 – O presente diploma transpõe para a ordem jurídica interna a Directiva n.º 91/250/CEE, do Conselho, de 14 de Maio, relativa à protecção jurídica dos programas de computador.

2 – Aos programas de computador que tiverem carácter criativo é atribuída protecção análoga à conferida às obras literárias.

3 – Para efeitos de protecção, equipara-se ao programa de computador o material de concepção preliminar daquele programa.

ARTIGO 2.º
Objecto

1 – A protecção atribuída ao programa de computador incide sobre a sua expressão, sob qualquer forma.

2 – Esta tutela não prejudica a liberdade das ideias e dos princípios que estão na base de qualquer elemento do programa ou da sua interoperabilidade, como a lógica, os algoritmos ou a linguagem de programação.

ARTIGO 3.º
Autoria

1 – Aplicam-se ao programa de computador as regras sobre autoria e titularidade vigentes para o direito de autor.

2 – O programa que for realizado no âmbito de uma empresa presume-se obra colectiva.

3 – Quando um programa de computador for criado por um empregado no exercício das suas funções, ou segundo instruções emanadas do dador de trabalho, ou por encomenda, pertencem ao destinatário do programa os direitos a ele relativos, salvo estipulação em contrário ou se outra coisa resultar das finalidades do contrato.

4 – As regras sobre atribuição do direito ao programa aplicam-se sem prejuízo do direito a remuneração especial do criador intelectual quando se verificarem os pressupostos das alíneas a) e b) do n.º 4 do artigo 14.º do Código do Direito de Autor e dos Direitos Conexos.

5 – O n.º 2 do artigo 15.º daquele Código não é aplicável no domínio dos programas de computador.

.... [469]

---

[469] Art.º 4.º revogado pelo DL 334/97

Artigo 5.º

Reprodução e transformação

O titular do programa pode fazer ou autorizar:

a) A reprodução, permanente ou transitória, por qualquer processo ou forma, de todo ou de parte do programa;
b) Qualquer transformação do programa e a reprodução do programa derivado, sem prejuízo dos direitos de quem realiza a transformação.

Artigo 6.º

Direitos do utente

1 – Não obstante o disposto no artigo anterior, todo o utente legítimo pode, sem autorização do titular do programa:

a) Providenciar uma cópia de apoio no âmbito dessa utilização;
b) Observar, estudar ou ensaiar o funcionamento do programa, para determinar as ideias e os princípios que estiverem na base de algum dos seus elementos, quando efectuar qualquer operação de carregamento, visualização, execução, transmissão ou armazenamento.

2 – É nula qualquer estipulação em contrário ao disposto no número anterior.

3 – O utente legítimo de um programa pode sempre, para utilizar o programa ou para corrigir erros, carregá-lo, visualizá-lo, executá-lo, transmiti-lo e armazená-lo, mesmo se esses actos implicarem operações previstas no n.º 1, salvo estipulação contratual referente a algum ponto específico.

Artigo 7.º

Descompilação

1 – A descompilação das partes de um programa necessárias à interoperabilidade desse programa de computador com outros programas é sempre lícita, ainda que envolva operações previstas nos artigos anteriores, quando for a via indispensável para a obtenção de informações necessárias a essa interoperabilidade.

2 – Têm legitimidade para realizar a descompilação o titular da licença de utilização ou outra pessoa que possa licitamente utilizar o

programa, ou pessoas por estes autorizadas, se essas informações não estiverem já fácil e rapidamente disponíveis.

3 – É nula qualquer estipulação em contrário ao disposto nos números anteriores.

4 – As informações obtidas não podem:

a) Ser utilizadas para um acto que infrinja direitos de autor sobre o programa originário;
b) Lesar a exploração normal do programa originário ou causar um prejuízo injustificado aos interesses legítimos do titular do direito;
c) Ser comunicadas a outrém quando não for necessário para a interoperabilidade do programa criado independentemente.

5 – O programa criado nos termos da alínea c) do número anterior não pode ser substancialmente semelhante, na sua expressão, ao programa originário.

Artigo 8.º

Direito de pôr em circulação

1 – O titular do programa de computador tem o direito de pôr em circulação originais ou cópias desse programa e o direito de locação dos exemplares.

2 – Qualquer acto de disposição produz o esgotamento do direito de pôr em circulação, mas não afecta a subsistência do direito de locação do programa.

Artigo 9.º

Direitos do titular originário

1 – São ainda garantidos ao titular originário do programa o direito à menção do nome no programa e o direito à reivindicação da autoria deste.

2 – Se o programa tiver um criador intelectual individualizável, cabe-lhe, em qualquer caso, o direito a ser reconhecido como tal e de ter o seu nome mencionado no programa.

Artigo 10.º

Limites

1 – Sempre que forem compatíveis, são aplicáveis aos programas de computador os limites estabelecidos para o direito de autor, nomeadamente os constantes do artigo 75.º do Código do Direito de Autor e dos Direitos Conexos, mas o uso privado só será admitido nos termos do presente diploma.

2 – É livre a análise de programas como objecto de pesquisa científica ou de ensino.

Artigo 11.º

Autonomia privada

1 – Os negócios relativos a direitos sobre programas de computador são disciplinados pelas regras gerais dos contratos e pelas disposições dos contratos típicos em que se integram ou com que ofereçam maior analogia.

2 – São aplicáveis a estes negócios as disposições dos artigos 40.º, 45.º a 51.º e 55.º do Código do Direito de Autor e dos Direitos Conexos.

3 – As estipulações contratuais são sempre entendidas de maneira conforme à boa fé e com o âmbito justificado pelas finalidades do contrato.

Artigo 12.º

Registo

É admitida a inscrição do programa no registo da propriedade literária [470], para efeitos daquele registo.

Artigo 13.º

Apreensão

1 – Aplicam-se à apreensão de cópias ilícitas de programas de computador as disposições relativas à apreensão de exemplares contrafeitos em matéria de direito de autor.

2 – Podem igualmente ser apreendidos dispositivos em comercialização que tenham por finalidade exclusiva facilitar a supressão não autorizada ou a neutralização de qualquer salvaguarda técnica eventualmente colocada para proteger um programa de computador.

---

[470] Nos termos do D 4114.

3 – O destino dos objectos apreendidos será determinado na sentença final.

ARTIGO 14.º
Tutela penal

1 – Um programa de computador é penalmente protegido contra a reprodução não autorizada.

2 – É aplicável ao programa de computador o disposto no n.º 1 do artigo 9.º da Lei n.º 109/91, de 17 de Agosto. [471]

Artigo 15.º
Tutela por outras disposições legais

A tutela instituída pelo presente diploma não prejudica a vigência de regras de diversa natureza donde possa resultar uma protecção do programa, como as emergentes da disciplina dos direitos de patente, marcas, concorrência desleal, segredos comerciais e das topografias dos semicondutores ou do direito dos contratos.

ARTIGO 16.º
Vigência

1 – A protecção dos programas de computador inicia-se na data da entrada em vigor do presente diploma, mas os programas anteriormente criados são protegidos durante o tempo que gozariam ainda de protecção se esta lei fosse já vigente ao tempo da sua criação.

2 – A aplicação do presente diploma não prejudica os contratos concluídos nem os direitos adquiridos antes da sua entrada em vigor, mas as regras sobre a invalidade das estipulações aplicam-se também a estes contratos.

ARTIGO 17.º
Tutela internacional

1 – A tutela internacional é subordinada à reciprocidade material.

---

[471] A reprodução, divulgação ou comunicação ao público, não autorizadas, de programa protegido são punidas com pena de prisão até 3 anos ou com pena de multa.

2 – Na medida em que assim for estabelecido por convenção internacional, aplica-se o princípio do tratamento nacional.

3 – Os programas que nos países de origem respectivos tiverem tombado no domínio público não voltam a ser protegidos.

4 – É considerado autor quem assim for qualificado pela lei do país de origem respectivo; em caso de colisão de qualificações aplica-se a lei que se aproxime mais da lei portuguesa.

Decreto-Lei n.º 332/97
de 27 de Novembro

O presente diploma opera a transposição para a ordem portuguesa da Directiva comunitária n.º 92/100/CEE, do Conselho, de 19 de Novembro de 1992, relativa ao direito de aluguer, ao direito de comodato e a certos direitos conexos ao direito de autor. No sentido de tornar certo e claro o regime jurídico do direito de autor, optou-se, na medida do possível, por introduzir a matéria da directiva comunitária nos preceitos e lugares próprios do Código do Direito de Autor e dos Direitos Conexos. Evitou-se a introdução de alterações profundas no corpo dos normativos do Código, por se entender que a revisão deste, se bem que necessária, representa um trabalho a realizar num horizonte de tempo mais longo.

O presente diploma introduz o direito de comodato aplicável às obras protegidas pelo direito de autor, mas o seu acolhimento na ordem jurídica portuguesa é feito dentro dos limites admitidos na legislação comunitária e no respeito pela específica situação cultural e de desenvolvimento do País e das medidas e orientações de política cultural daí decorrentes.

Assim:

No uso da autorização legislativa concedida pela alínea a) do artigo 2.º da Lei n.º 99/97, de 3 de Setembro, e nos termos da alínea b) do n.º 1 do artigo 198.º da Constituição, o Governo decreta o seguinte:

ARTIGO 1.º
Objecto

O presente diploma transpõe para a ordem jurídica interna o disposto na Directiva n.º 92/100/CEE, do Conselho, de 19 de Novembro de 1992, relativa ao direito de aluguer, ao direito de comodato e a certos direitos conexos ao direito de autor em matéria de propriedade intelectual.

ARTIGO 2.º
Alteração

A alínea f) do n.º 2 do artigo 68.º do Código do Direito de Autor e dos Direitos Conexos, aprovado pelo Decreto-Lei n.º 63/85, de 14 de Março, e alterado pelas Leis n.º 45/85, de 17 de Setembro, e 114/91, de 3 de Setembro, adiante designado por Código, passa a ter a seguinte redacção:

> f) *"Qualquer forma de distribuição do original ou de cópias da obra, tal como venda, aluguer ou comodato".*

ARTIGO 3.º [472]

Para efeitos do disposto na alínea *f)* do n.º 2 do artigo 68.º do Código, entende-se por:

a) «Venda», o acto de colocar à disposição do público, para utilização, o original ou cópias da obra, sem limite de tempo e com benefícios comerciais directos ou indirectos;
b) «Aluguer», o acto de colocar à disposição do público, para utilização, o original ou cópias da obra, durante um período de tempo limitado e com benefícios comerciais directos ou indirectos;
c) «Comodato», o acto de colocar à disposição do público, para utilização, o original ou cópias da obra, durante um período de tempo limitado e sem benefícios económicos ou comerciais directos ou indirectos, quando efectuado através de estabelecimento acessível ao público.

---

[472] Este artigo foi publicado no DR sem epígrafe.

Artigo 4.º
Disposição comum ao aluguer e comodato

1 – Os direitos de aluguer e de comodato não se esgotam com a venda ou qualquer outro acto de distribuição do original ou de cópias da obra.

2 – As obras de arquitectura e de artes aplicadas não são objecto dos direitos de aluguer e de comodato.

Artigo 5.º
Direito de aluguer

1 – Sempre que o autor transmita ou ceda o direito de aluguer relativo a um fonograma, videograma ou ao original ou cópia de um filme a um produtor de fonogramas ou de filmes, é-lhe reconhecido um direito irrenunciável a remuneração equitativa pelo aluguer.

2 – Para os efeitos do disposto no número anterior, o produtor é responsável pelo pagamento da remuneração, a qual, na falta de acordo, será fixada por via arbitral, nos termos da lei.

Artigo 6.º
Direito de comodato

1 – O autor tem direito a remuneração no caso de comodato público do original ou de cópias da obra.

2 – O proprietário do estabelecimento que coloca à disposição do público o original ou as cópias da obra é responsável pelo pagamento da remuneração, a qual, na falta de acordo, será fixada por via arbitral, nos termos da lei.

3 – O disposto neste artigo não se aplica às bibliotecas públicas, escolares, universitárias, museus, arquivos públicos, fundações públicas e instituições privadas sem fins lucrativos.

Artigo 7.º
Extensão aos titulares de direitos conexos

1 – O direito de distribuição, incluindo os direitos de aluguer e comodato, é igualmente reconhecido:

a) Ao artista intérprete ou executante, no que respeita à fixação da sua prestação;

b) Ao produtor de fonogramas ou videogramas, no que respeita aos seus fonogramas e videogramas;
c) Ao produtor das primeiras fixações de um filme, no que respeita ao original e às cópias desse filme.

2 – Os direitos previstos no número anterior não se esgotam com a venda ou qualquer outro acto de distribuição dos objectos referidos.

3 – Para além do disposto nos números anteriores, é ainda reconhecido ao produtor das primeiras fixações de um filme o direito de autorizar a reprodução do original e das cópias desse filme.

4 – Para os efeitos do disposto do presente diploma, entende-se por «filme» a obra cinematográfica, a obra audiovisual e toda e qualquer sequência de imagens animadas, acompanhadas ou não de sons.

Artigo 8.º

Presunção de cessão

A celebração de um contrato de produção de um filme entre artistas intérpretes ou executantes e o produtor faz presumir, salvo disposição em contrário, a cessão em benefício deste do direito de aluguer do artista, sem prejuízo do direito irrenunciável a uma remuneração equitativa pelo aluguer, nos termos do n.º 2 do artigo 5.º

Artigo 9.º [473]

....

Artigo 10.º

Ressalva dos direitos dos autores

A protecção dos direitos conexos ao abrigo deste diploma não afecta nem prejudica a protecção dos direitos de autor.

---

[473] Altera a redacção do art.º 187.º do CDADC

Decreto-Lei n.º 333/97
de 27 de Novembro

O presente Decreto-Lei visa transpor para a ordem jurídica portuguesa a Directiva comunitária n.º 93/83/CEE, de 27 de Setembro de 1993, do Conselho, que implica alterações ao Código do Direito de Autor e dos Direitos Conexos em matéria respeitante a determinadas disposições aplicáveis à radiodifusão por satélite e à retransmissão por cabo.

Assim:

No uso da autorização legislativa concedida pela alínea b) do artigo 2.º da Lei n.º. 99/97, de 3 de Setembro, e nos termos da alínea b) do n.º. 1 do artigo 198.º da Constituição, o Governo decreta o seguinte:

Artigo 1.º

Objecto

O presente diploma transpõe para a ordem jurídica interna o disposto na Directiva n.º 93/83/CEE, do Conselho de 27 de Setembro de 1993, relativa à coordenação de determinadas disposições em matéria de direito de autor e direitos conexos aplicáveis à radiodifusão por satélite e à retransmissão por cabo.

Artigo 2.º

Regime aplicável

As disposições sobre radiodifusão, constantes dos artigos 149.º. a 156.º.do Código do Direito de Autor e dos Direitos Conexos, aprovado pelo decreto Lei n.º 63/85, de 14 de Março, e alterado pelas Leis n.ºs 45//85, de 17 de Setembro, e 114/91, de 3 de Setembro, aplicam-se à radiodifusão por satélite e à retransmissão por cabo, nos termos do presente diploma.

Artigo 3.º

Definições

Para efeitos do presente diploma:

a) Entende-se por «satélite» qualquer aparelho artificial colocado no espaço que permita a transmissão de sinais de radiodifusão destinados a ser captados pelo público;

b) Entende-se por «comunicação ao público por satélite» o acto de introdução, sob controlo e a responsabilidade do organismo de radiodifusão, de sinais portadores de programas destinados a ser captados pelo público numa cadeia ininterrupta de comunicação conducente ao satélite e deste para a terra;

c) Entende-se por «retransmissão por cabo» a distribuição ao público, processada de forma simultânea e integral por cabo, de uma emissão primária de programas de televisão ou rádio destinados à recepção pelo público.

Artigo 4.º

Comunicação por satélite

1 – A comunicação ao público por satélite só se verifica no lugar onde os sinais portadores do programa são introduzidos, sob o controlo e a responsabilidade do organismo de radiodifusão, numa cadeia ininterrupta de transmissão conducente ao satélite, e deste para a terra, com destino à captação pelo público.

2 – Se os sinais forem codificados, só há comunicação ao público por satélite se os meios de descodificação forem postos à disposição do público pelo organismo de radiodifusão ou com o seu consentimento.

Artigo 5.º

Comunicação por satélite realizada em país terceiro

1 – Se for realizada uma comunicação ao público por satélite num país terceiro que não assegure a protecção exigida nos países da União Europeia, considera-se que essa comunicação ocorreu no país membro em que os sinais portadores do programa foram transmitidos ao satélite a partir de uma estação de ligação ascendente aí localizada.

2 – Se não for utilizada uma estação de ligação ascendente localizada num país da União Europeia, considera-se que a comunicação ao público por satélite ocorreu num país membro quando esta for feita por incumbência de um organismo de radiodifusão que tiver nesse país o seu estabelecimento principal.

3 – Nos casos previstos nos n.os 1 e 2, os direitos previstos neste diploma poderão ser exercidos contra a entidade que opere a estação de ligação ascendente ou contra o organismo de radiodifusão.

ARTIGO 6.º

Autorização do autor

1 – A autorização de comunicar ao público por satélite constitui direito exclusivo do autor, a qual pode obter-se por contrato individual ou acordo colectivo,

2 – Os acordos colectivos tendo por objecto a comunicação por satélite, celebrados entre uma entidade de gestão do direito de autor e um organismo de televisão, relativa a obras musicais, com ou sem palavras, são extensivos aos titulares de direitos sobre essas obras não representados por essa entidade, desde que a comunicação se verifique em simultâneo com uma emissão terrestre pelo mesmo radiodifusor e esses titulares possam excluir a extensão do acordo às suas obras e exercer os seus direitos, individual ou colectivamente.

3 – O disposto no n.º. 2 não se aplica às obras cinematográficas ou produzidas por um processo semelhante ao destas.

ARTIGO 7.º

Retransmissão por cabo

1 – O direito de autorizar ou proibir a retransmissão por cabo só pode ser exercido através de uma entidade de gestão colectiva do direito de autor, que se considera mandatada para gerir os direitos de todos os titulares, incluindo-se os que nela não estejam inscritos, sem prejuízo do disposto no artigo 8.º quanto às emissões próprias dos organismos de radiodifusão.

2 – Os titulares de direitos referidos na parte final do n.º. 1 terão os mesmos direitos e obrigações resultantes do contrato celebrado entre o operador por cabo e a entidade de gestão aplicáveis aos membros desta, podendo reivindicá-los no prazo de três anos a contar da data de retransmissão por cabo do programa que inclui a sua obra.

3 – Na falta de acordo sobre a autorização da retransmissão por cabo, o litígio resolver-se-á por via arbitral, nos termos da lei.

ARTIGO 8.º

Extensão aos titulares de direitos conexos

Aplicam-se aos artistas ou executantes, produtores de fonogramas e videogramas e organismos de radiodifusão, no respeitante à comunicação ao público por satélite das suas prestações, fonogramas, videogramas e emissões e à retransmissão por cabo, as disposições dos artigos 178.º, 184.º, e 187.º do Código do Direito de Autor e dos Direitos Conexos e, bem assim, dos artigos 6.º. e 7.º. do presente diploma.

Artigo 9.º
Obrigação de negociar

1 – As entidades representativas dos vários interesses em presença estabelecerão as negociações e os acordos, no respeito pelo principio da boa fé, conducentes a assegurar que a retransmissão por cabo se processe em condições equilibradas e sem interrupções.

2 – As negociações mencionadas no número anterior não devem ser impedidas ou atrasadas pelas partes sem válida justificação.

Artigo 10.º
Disposições transitórias

1 – Aos contratos de exploração de obras e outras prestações em vigor no dia 1 de Janeiro de 1995, cuja vigência ultrapasse o dia 1 de Janeiro de 2000, aplicar-se-à o disposto nos artigos 3.º, 4.º, 5.º e 6.º deste diploma.

2 – Nos contratos internacionais de co-produção celebrados antes do dia 1 de Janeiro de 1995 em que intervenha um produtor submetido à lei portuguesa e estiver estabelecida uma repartição entre co-produtores relativamente aos direitos de exploração por áreas geográficas para todos os meios de comunicação ao público, sem especializar o regime de radiodifusão por satélite, a autorização da comunicação ao público por satélite fica subordinada ao consentimento do co-produtor que tiver direito à exclusividade, nomeadamente linguística, num determinado território, se esta puder ficar prejudicada.

3 – Para efeitos da comunicação ao público por satélite, os direitos dos artistas intérpretes ou executantes, dos produtores de fonogramas e dos organismos de radiodifusão, para além do contemplado no Código do Direito de Autor e dos Direitos Conexos, são regulados pelas disposições do Decreto-Lei n.º 332/97, de 27 de Novembro, que procedeu à transposição para a ordem jurídica interna da Directiva n.º 92/100/CEE, do Conselho, de 19 de Novembro de 1992

Artigo 11.º

Produção de efeitos

O disposto no presente diploma produz efeitos desde 1 de Janeiro de 1995.

Decreto-Lei n.º 334/97
de 27 de Novembro

O presente Decreto-Lei visa transpor para a ordem jurídica portuguesa a Directiva comunitária n.º. 93/98/CEE, do Conselho, de 29 de Outubro, que implica alterações ao Código do Direito de Autor e dos Direitos Conexos em matéria respeitante à harmonização do prazo de protecção dos direitos de autor e de certos direitos conexos.

Assim:

No uso da autorização legislativa concedida pela alínea b) do artigo 2.º da Lei n.º. 99/97, de 3 de Setembro, e nos termos da alínea b) do n.º. 1 do artigo 198.º da Constituição, o Governo decreta o seguinte:

Artigo 1.º

Objecto

O presente diploma transpõe para a ordem jurídica interna o disposto na Directiva n.º 93/98/CEE, do Conselho, de 29 de Outubro, relativa à harmonização do prazo de protecção dos direitos de autor e de certos direitos conexos.

Artigo 2.º

Alteração

Os artigos 31.º a 39.º e 183.º do Código do Direito de Autor e dos Direitos Conexos, aprovado pelo Decreto-Lei n.º 63/85, de 14 de Março, e alterado pelas Leis n.ᵒˢ 45/85, de 17 de Setembro, e 114/91, de 3 de Setembro, adiante designado por Código, passam a ter a seguinte redacção: .... [474]

Artigo 3.º
Contagem do prazo de caducidade

A caducidade só opera após o dia 1 de Janeiro do ano seguinte àquele em que o prazo se completar.

Artigo 4.º
Revogação

São revogados os artigos 186.º e 188.º do Código do Direito de Autor e dos Direitos Conexos e 4.º do Decreto-Lei n.º 252/94, de 20 de Outubro.

Artigo 5.º
Âmbito de aplicação no tempo

1 – As disposições deste diploma são aplicáveis desde o dia 1 de Julho de 1995 e aplicam-se a todas as obras, prestações e produções protegidas nessa data em qualquer país da União Europeia.

2 – Os sucessores do autor beneficiam da reactivação dos direitos decorrente do disposto no número anterior, sem prejuízo dos actos de exploração já praticados e dos direitos adquiridos por terceiros.

---

[474] As novas redacções dos referidos artigos do CDADC, encontram-se já inseridas nesse diploma, mais acima.

Lei n.º 62/98
de 1 de Setembro

A Assembleia da República decreta, nos termos da alínea c) do artigo 161.º, da alínea d) do n.º 1 do artigo 165.º e do n.º 3 do artigo 166.º da Constituição, para valer como lei geral da República, o seguinte:

Artigo 1.º
Objecto

1 – A presente lei regula o disposto no artigo 82.º do Código do Direito de Autor e dos Direitos Conexos, aprovado pelo Decreto-Lei n.º 63/85, de 14 de Março, na redacção dada pelas Leis n.ᵒˢ 45/85, de 17 de Setembro, e 114/91, de 3 de Setembro.

2 – O disposto na presente lei não se aplica aos programas de computador nem às bases de dados constituídas por meios informáticos, bem como aos equipamentos de fixação e reprodução digitais e correspondentes suportes.

Artigo 2.º
Compensação devida pela reprodução ou gravação de obras

No preço de venda ao público de todos e quaisquer aparelhos mecânicos, químicos, electrónicos ou outros que permitam a fixação e reprodução de obras e, bem assim, de todos e quaisquer suportes materiais virgens analógicos das fixações e reproduções que por qualquer desses meios possam obter-se incluir-se-á uma quantia destinada a beneficiar os autores, os artistas intérpretes ou executantes, os editores, os produtores fonográficos e os videográficos.

Artigo 3.º [475]
Fixação do montante da remuneração

1 – O montante da remuneração referida no artigo anterior é anualmente fixado, em função do tipo de suporte e da duração do registo

---

[475] Vide art.º 9.º, n.º 1.

que o permite, por despacho conjunto dos Ministros das Finanças e da Cultura, ouvidas as entidades referidas nos artigos 6.º e 8.º.

2 – Sempre que a utilização seja habitual e para servir o público, o preço de venda ao público das fotocópias, electrocópias e demais suportes inclui uma remuneração cujo montante é fixado por acordo entre a pessoa colectiva prevista no artigo 6.º e as entidades públicas e privadas, com ou sem fins lucrativos, que utilizem aparelhos que permitam a fixação e a reprodução de obras e prestações.

3 – A remuneração a incluir no preço de venda ao público dos aparelhos de fixação e reprodução de obras e prestações é igual a 3% do preço de venda estabelecido pelos respectivos fabricantes e importadores.

4 – A duração de gravação de um suporte áudio ou vídeo presume--se ser a nele indicada pelo fabricante.

Artigo 4.º

Isenções

Não são devidas as remunerações referidas nos artigos anteriores quando os equipamentos ou os suportes sejam adquiridos por organismos de comunicação audiovisual ou produtores de fonogramas e de videogramas exclusivamente para as suas próprias produções ou por organismos que os utilizem para fins exclusivos de auxílio a pessoas portadoras de diminuição física visual ou auditiva, bem como, nos termos de despacho conjunto dos Ministros das Finanças e da Cultura, por entidades de carácter cultural sem fins lucrativos para uso em projectos de relevante interesse público.

Artigo 5.º

Cobrança

1 – A responsabilidade pelo pagamento das remunerações fixadas pela presente lei incumbe ao primeiro adquirente dos aparelhos e suportes em território nacional, desde que estes não se destinem a exportação ou reexportação.

2 – A responsabilidade pela cobrança e entrega à pessoa colectiva referida no artigo 6.º das remunerações previstas no número anterior incumbe aos fabricantes estabelecidos no território nacional e aos importadores.

3 – Os montantes pecuniários referidos no n.º 2 deverão ser pagos, trimestralmente, mediante depósito em conta bancária a favor da pessoa colectiva prevista no artigo 6.º.

4 – Para os efeitos do disposto no número anterior, serão celebrados acordos entre as entidades interessadas no procedimento, que regularão os modos de cumprimento das obrigações previstas na presente lei.

5 – Os fabricantes e os importadores comunicam, semestralmente, à Inspecção-Geral das Actividades Culturais e à pessoa colectiva prevista no artigo 6.º as seguintes informações:[476]

- *a*) As quantidades de aparelhos e suportes cujo preço inclui a remuneração;
- *b*) O preço de venda dos aparelhos e suportes a que acresce a remuneração;
- *c*) A remuneração total cobrada.

ARTIGO 6.º

Pessoa colectiva

1 – As entidades legalmente existentes que representam os autores, os artistas intérpretes ou executantes, os editores, os produtores fonográficos e os videográficos criarão uma pessoa colectiva, sem fins lucrativos, de natureza associativa ou cooperativa, que tem por objecto a cobrança e gestão das quantias previstas na presente lei.

2 – Os estatutos da pessoa colectiva deverão regular, entre outras, as seguintes matérias:

- *a*) Objecto e duração;
- *b*) Denominação e sede
- *c*) Órgãos sociais;
- *d*) Modos de cobrança das remunerações fixadas pela presente lei;
- *e*) Critérios de repartição das remunerações entre os membros dos associados, incluindo os modos de distribuição e pagamento aos beneficiários que não estejam inscritos nos respectivos organismos, mas que se presume serem por estes representados;
- *f*) Publicidade das deliberações sociais;
- *g*) Direitos e deveres dos associados;
- *h*) Estrutura e organização interna, designadamente a previsão de existência de dois departamentos autónomos na cobrança e gestão das remunerações percebidas, correspondentes, por um lado, a cópia de obras reproduzidas em fonogramas e videogramas e,

---

[476] Vide art.º 9.º, n.º 2.

por outro lado, a cópia de obras editadas em suporte papel e electrónico;
i) Dissolução e destino do património.

3 – A pessoa colectiva deverá organizar-se e agir de modo a integrar como membros os organismos que se venham a constituir e que requeiram a sua integração, sempre que se mostre que estes são representativos dos interesses e direitos que se visa proteger, em ordem a garantir os princípios da igualdade, representatividade, liberdade, pluralismo e participação.

4 – Os litígios emergentes da aplicação do disposto no número anterior serão resolvidos por arbitragem obrigatória, nos termos da legislação geral aplicável, sendo o árbitro presidente designado por despacho do Ministro da Cultura.

5 – A pessoa colectiva poderá celebrar acordos com entidades públicas e privadas que utilizem equipamentos para fixação e reprodução de obras e prestações, com ou sem fins lucrativos, em ordem a garantir os legítimos direitos de autor e conexos consignados no respectivo Código.

6 – O conselho fiscal da pessoa colectiva será assegurado por um revisor oficial de contas (ROC).

7 – A pessoa colectiva publicará anualmente o relatório e contas do exercício num jornal de âmbito nacional.

8 – A entidade que vier a constituir-se para proceder à gestão das remunerações obtidas deverá adaptar-se oportunamente às disposições legais que enquadrem as sociedades de gestão colectiva.

Artigo 7.º

Afectação

1 – A pessoa colectiva deve afectar 20% do total das remunerações percebidas para acções de incentivo à actividade cultural e à investigação e divulgação dos direitos de autor e direitos conexos.

2 – A pessoa colectiva deve, deduzidos os custos do seu funcionamento, repartir o remanescente das quantias recebidas nos termos dos artigos anteriores do seguinte modo:

a) No caso do disposto no n.º 1 do artigo 3.º 40% para os organismos representativos dos autores, 30% para os organismos representativos dos artistas intérpretes ou executantes e 30% para os organismos representativos dos produtores fonográficos e videográficos;

b) No caso do disposto no n.º 2 do artigo 3.º 50% para os organismos representativos dos autores e 50% para os organismos representativos dos editores.

Artigo 8.º
Comissão de acompanhamento

1 – É constituída uma comissão presidida por um representante do Estado designado por despacho do primeiro-ministro e composta por uma metade de pessoas designadas pelos organismos representativos dos titulares de direito, por um quarto de pessoas designadas pelos organismos representativos dos fabricantes ou importadores de suportes e aparelhos mencionados no artigo 3.º e por um quarto de pessoas designadas pelos organismos representativos dos consumidores.

2 – Os organismos convidados a designar os membros da comissão, bem como o número de pessoas a designar por cada um, serão determinados por despacho do Ministro da Cultura.

3 – A comissão reúne pelo menos uma vez por ano, sob convocação do seu presidente ou a requerimento escrito da maioria dos seus membros, para avaliar as condições de implementação da presente lei.

4 – As deliberações da comissão são aprovadas por maioria dos membros presentes, tendo o presidente voto de qualidade.

Artigo 9.º
Contra-ordenações

1 – Constitui contra-ordenação punível com coima de 100.000$ a 1.000.000$ a venda de equipamentos ou suportes em violação do disposto nos n.os 1, 2 e 3 do artigo 3.º

2 – Constitui contra-ordenação punível com coima de 25.000$ a 300.000$ o não envio da comunicação prevista no n.º 5 do artigo 5.º.

3 – A fiscalização do cumprimento das disposições constantes na presente lei compete à Inspecção-Geral das Actividades Culturais e a todas as autoridades policiais e administrativas.

4 – O processamento das contra-ordenações e a aplicação das coimas são da competência da Inspecção-Geral das Actividades Culturais.

5 – O produto da aplicação das coimas previstas no presente artigo constitui receita do Fundo de Fomento Cultural e destina-se a contribuir para financiar programas de incentivo à promoção de actividades culturais.

Artigo 10.º
Entrada em vigor
A presente lei entra em vigor 30 dias após a sua publicação.

Decreto-Lei n.º 122/2000
de 4 de Julho

O presente diploma transpõe para a ordem jurídica interna a Directiva do Parlamento Europeu e do Conselho n.º 96/9/CE, de 11 de Março, relativa à protecção jurídica das bases de dados.
 Na verdade, a harmonização da protecção jurídica das bases de dados traduz-se num mecanismo de desenvolvimento de um mercado da informação no seio da Comunidade Europeia, ao mesmo tempo que contribui para a eliminação de obstáculos à livre circulação de bens e de serviços.
 No plano do direito interno, a aprovação de um regime específico para a protecção das bases de dados – não as integrando simplesmente no âmbito do Código do Direito de Autor e dos Direitos Conexos – permite a resolução de dúvidas quanto à natureza de algumas situações, bem como a consideração das especificidades de que esta matéria se reveste, seguindo assim a opção tomada pelo legislador quanto à protecção de programas de computador, prevista no Decreto-Lei n.º 252/94, de 20 de Outubro.
 No que respeita às soluções, adoptou-se, tal como se prevê na directiva, uma dupla protecção. Por um lado, as bases de dados que constituam criações intelectuais, nos termos previstos no diploma, são protegidas pelo direito de autor com algumas especificidades. Por outro lado, assegura-se a atribuição, ao fabricante de certas bases de dados, de uma protecção sui generis, dependente do investimento qualitativo ou quantitativo envolvido no seu fabrico.
 Assim:
 No uso da autorização legislativa concedida pela Lei n.º 1/2000, de 16 de Março, e nos termos da alínea b) do n.º 1 do artigo 198.º da Constituição, o Governo decreta o seguinte:

CAPÍTULO I
Objeto e âmbito de aplicação

Artigo 1.º
Objecto

1 – O presente diploma transpõe para a ordem jurídica interna a Directiva n.º *96/9/CE,* do Parlamento Europeu e do Conselho, de 11 de Março, relativa à protecção jurídica das bases de dados.

2 – Para efeito do disposto no presente diploma, entende-se por «base de dados» a colectânea de obras, dados ou outros elementos independentes, dispostos de modo sistemático ou metódico e susceptíveis de acesso individual por meios electrónicos ou outros.

3 – As bases de dados são protegidas pelo direito de autor, nos termos previstos no capítulo II, ou através da concessão ao fabricante dos direitos previstos no capítulo III.

4 – A protecção atribuída às bases de dados não é extensiva aos programas de computador utilizados no fabrico ou no funcionamento de bases de dados acessíveis por meios electrónicos.

Artigo 2.º
Situações plurilocalizadas

1 – Sem prejuízo do disposto em convenção internacional a que o Estado Português esteja vinculado, a protecção das bases de dados pelo direito de autor está sujeita ao país da sua origem, considerando-se como tal:

a) Quanto às bases de dados publicadas, o país da primeira publicação;
b) Quanto às bases de dados não publicadas, o país da nacionalidade do autor ou, tratando-se de pessoa colectiva, o da sede principal e efectiva da sua administração.

2 – Não é, porém, reconhecida às bases de dados de origem estrangeira a protecção que, sendo atribuída pelo respectivo Estado às bases de dados de origem nacional, o não seja às bases de dados de origem portuguesa em igualdade de circunstâncias.

3 – A referência a uma lei estrangeira, nos termos do n.º 1, entende-se com exclusão das suas normas de direito internacional privado.

4 – É considerado autor quem como tal for qualificado pela lei do país de origem da base de dados, determinada nos termos do n.º 1, prevalecendo, em caso de conflito de qualificações, a lei do país cuja solução mais se aproxime da lei portuguesa.

Artigo 3.º
Normas de aplicação imediata

1 – A protecção concedida ao fabricante de uma base de dados, nos termos previstos no capítulo III, é reconhecida às pessoas singulares de nacionalidade ou residência habitual nos países membros da Comunidade Europeia.

2 – Idêntica protecção é reconhecida às pessoas colectivas constituídas ou com sede, administração central ou estabelecimento principal no território da Comunidade Europeia, desde que estes elementos representem uma ligação efectiva e permanente com um dos Estados membros.

CAPÍTULO II
Direito de autor

Artigo 4.º
Protecção pelo direito de autor

1 – As bases de dados que, pela selecção ou disposição dos respectivos conteúdos, constituam criações intelectuais são protegidas em sede de direito de autor.

2 – O disposto no número anterior constitui o único critério determinante para a protecção pelo direito de autor.

3 – A tutela das bases de dados pelo direito de autor não incide sobre o seu conteúdo e não prejudica eventuais direitos que subsistam sobre o mesmo.

Artigo 5.º
Autoria

1 – São aplicáveis às bases de dados referidas no artigo anterior as regras gerais sobre autoria e titularidade vigentes para o direito de autor.

2 – Presumem-se obras colectivas as bases de dados criadas no âmbito de uma empresa.

3 – Os direitos patrimoniais sobre as bases de dados criadas por um empregado no exercício das suas funções, ou segundo instruções emanadas do dador de trabalho, ou criadas por encomenda, pertencem ao destinatário da base de dados, salvo se o contrário resultar de convenção das partes ou da finalidade do contrato.

4 – O disposto no número anterior não prejudica o direito de remuneração especial do criador intelectual nos casos e nos termos previstos nas alíneas a) e b) do n.º 4 do artigo 14.º do Código do Direito de Autor e dos Direitos Conexos.

5 – O n.º 2 do artigo 15.º do Código do Direito de Autor e dos Direitos Conexos não é aplicável às bases de dados.

Artigo 6.º

Duração

1 – O direito sobre a base de dados atribuído ao criador intelectual extingue-se 70 anos após a morte deste.

2 – O prazo de protecção da base de dados atribuído originariamente a outras entidades extingue-se 70 anos após a primeira divulgação ao público da mesma.

3 – À contagem dos prazos previstos nos números anteriores aplicam-se as regras gerais de contagem em matéria de direito de autor.

Artigo 7.º

Conteúdo do direito de autor

1 – O titular de uma base de dados criativa goza do direito exclusivo de efectuar ou autorizar:
   a) A reprodução permanente ou transitória, por qualquer processo ou forma, de toda ou parte da base de dados;
   b) A tradução, a adaptação, a transformação, ou qualquer outra modificação da base de dados;
   c) A distribuição do original ou de cópias da base de dados;
   d) Qualquer comunicação pública, exposição ou representação públicas da base de dados;
   e) Qualquer reprodução, distribuição, comunicação, exposição ou representação pública da base de dados derivada, sem prejuízo dos direitos de quem realiza a transformação

2 – Os actos de disposição lícitos esgotam o direito de distribuição da base de dados na Comunidade Europeia, mas não afectam a subsistência dos direitos de aluguer.

Artigo 8.º
Direitos do titular originário

1 – O titular originário da base de dados goza do direito à menção do nome na base e do direito de reivindicar a autoria desta.

2 – Se a base de dados tiver um criador intelectual individualizável, cabe-lhe, em qualquer caso, o direito a ser reconhecido como tal e de ter o seu nome mencionado na base.

Artigo 9.º
Direitos do utente

1 – O utente legítimo pode, sem autorização do titular da base de dados e do titular do programa, praticar os actos previstos no artigo 5.º com vista ao acesso à base de dados e à sua utilização, na medida do seu direito.

2 – É nula a convenção em contrário ao disposto no número anterior.

Artigo 10.º
Excepções

1 – Em derrogação dos direitos previstos no artigo 7.º, são ainda livres os seguintes actos:

a) A reprodução para fins privados de uma base de dados não electrónica.

b) As utilizações feitas com fins didácticos ou científicos, desde que se indique a fonte, na medida em que isso se justifique pelo objectivo não comercial a prosseguir;

c) As utilizações para fins de segurança pública ou para efeitos de processo administrativo ou judicial;

d) As restantes utilizações livres previstas no direito de autor nacional, nomeadamente as constantes do artigo 75.º do Código de Direito de Autor e dos Direitos Conexos, sempre que se mostrem compatíveis.

2 – As reproduções permitidas no número anterior e as previstas no artigo 9.º devem ser efectuadas de forma a não prejudicar a exploração normal da base de dados nem causar um prejuízo injustificável aos legítimos interesses do autor

Artigo 11.º
**Reprodução, divulgação ou comunicação ilegítima
de base de dados protegida**

Quem, não estando para tanto autorizado, reproduzir, divulgar ou comunicar, ao público com fins comerciais, uma base de dados criativa nos termos do n.º 1 do artigo 4.º do presente diploma, é punido com pena de prisão até 3 anos ou com pena de multa.

CAPÍTULO III

Protecção especial do fabricante da base de dados

Artigo 12.º
Direito especial do fabricante

1 – Quando a obtenção, verificação ou apresentação do conteúdo de uma base de dados represente um investimento substancial do ponto de vista qualitativo ou quantitativo, o seu fabricante goza do direito de autorizar ou proibir a extracção e ou a reutilização da totalidade ou de uma parte substancial, avaliada qualitativa ou quantitativamente, do seu conteúdo.

2 – Para os efeitos do disposto no presente diploma, entende-se por:

a) Extracção: a transferência, permanente ou temporária, da totalidade ou de uma parte substancial do conteúdo de uma base de dados para outro suporte, seja por que meio ou sob que forma for;
b) Reutilização: qualquer forma de distribuição ao público da totalidade ou de uma parte substancial do conteúdo da base de dados, nomeadamente através da distribuição de cópias, aluguer, transmissão em linha ou outra modalidade

3 – A primeira venda de uma cópia da base de dados esgota o direito de distribuição na Comunidade Europeia.

4 – O comodato público não constitui um acto de extracção ou de reutilização.

5 – O direito previsto no n.º 1 é aplicável independentemente de a base de dados ou o seu conteúdo poderem ser protegidos pelo direito de autor ou por outros direitos

6 – Não são permitidas a extracção e ou a reutilização sistemáticas de partes não substanciais do conteúdo da base de dados que pressuponham actos contrários à exploração normal dessa base ou que possam causar um prejuízo injustificado aos legítimos interesses do fabricante da base.

Artigo 13.º
Transmissão do direito do fabricante

O direito do fabricante, previsto no n.º 1 do artigo anterior, pode ser transmitido ou objecto de licenças contratuais.

Artigo 14.º
Direitos e obrigações do utilizador legítimo

1 – O utilizador legítimo de uma base de dados colocada à disposição do público pode praticar todos os actos inerentes à utilização obtida, nomeadamente os de extrair e de reutilizar as partes não substanciais do respectivo conteúdo, na medida do seu direito.

2 – O utilizador legítimo de uma base de dados colocada à disposição do público não pode praticar quaisquer actos anómalos que colidam com a exploração normal desta e lesem injustificadamente os legítimos interesses do fabricante ou prejudiquem os titulares de direitos de autor ou de direitos conexos sobre obras e prestações nela incorporadas.

3 – É nula qualquer convenção em contrário ao disposto nos números anteriores.

Artigo 15.º
Outros actos livres

O utilizador legítimo de uma base de dados colocada à disposição do público pode ainda, sem autorização do fabricante, extrair e o reutilizar uma parte substancial do seu conteúdo nos seguintes casos:

   a) Sempre que se trate de uma extracção para uso privado do conteúdo de uma base de dados não electrónica;

b) Sempre que se trate de um extracção para fins didácticos ou científicos, desde que indique a fonte e na medida em que a finalidade não comercial o justifique;

c) Sempre que se trate de uma extracção e ou de uma reutilização para fins de segurança pública ou para efeitos de um processo administrativo ou judicial.

Artigo 16.º
Prazo de protecção

1 – O direito previsto no artigo 12.º produz efeitos a partir da conclusão do fabrico da base de dados e caduca ao fim de 15 anos, a contar de 1 de Janeiro do ano seguinte ao da data do seu fabrico.

2 – No caso de uma base de dados que tenha sido colocada à disposição do público antes do decurso do prazo previsto no número anterior, o prazo de protecção daquele direito caduca ao fim de15 anos a contar de 1 de Janeiro do ano seguinte aquele em que a base de dados tiver sido colocada pela primeira vez à disposição do público.

Artigo 17.º
Protecção de modificações substanciais

Qualquer modificação substancial, avaliada quantitativa ou qualitativamente, do conteúdo de uma base de dados, incluindo as modificações substanciais resultantes da acumulação de aditamentos, supressões ou alterações sucessivas que levem a considerar que se trata de um novo investimento substancial, atribui à base de dados resultante desse investimento um período de protecção própria.

CAPÍTULO IV
Disposições comuns

Artigo 18.º
Autonomia privada

1 – Os negócios relativos a direitos sobre bases de dados são disciplinados pelas regras gerais dos contratos e pelas disposições dos contratos típicos em que se integram ou com que ofereçam maior analogia.

2 – São aplicáveis a estes negócios as disposições dos artigos 40.º, 45.º a 51.º e 55.º do Código do Direito de Autor e dos Direitos Conexos.

Artigo 19.º

Apreensão

1 – Podem ser apreendidas, nos termos dos procedimentos cautelares, as cópias ilícitas de bases de dados.

2 – Podem igualmente ser objecto de apreensão os dispositivos em comercialização que tenham por finalidade exclusiva facilitar a supressão não autorizada ou a neutralização de qualquer salvaguarda técnica eventualmente colocada para proteger uma base de dados.

3 – O destino dos objectos apreendidos será determinado na sentença final.

CAPÍTULO V

Disposições finais e transitórias

Artigo 20.º

Tutela por outras disposições legais

1 – A tutela instituída pelo presente diploma não prejudica a conferida por regras de diversa natureza relativas, nomeadamente, ao direito de autor, aos direitos conexos ou a quaisquer outros direitos ou obrigações que subsistam sobre os dados, obras, prestações ou outros elementos incorporados numa base de dados, às patentes, às marcas, aos desenhos e modelos, à protecção dos tesouros nacionais, à legislação sobre acordos, às decisões ou práticas concertadas entre empresas e à concorrência desleal, ao segredo comercial, à segurança, à confidencialidade, à protecção dos dados pessoais e da vida privada, ao acesso aos documentos públicos ou ao direito dos contratos.

2 – A protecção conferida pelo presente diploma às bases de dados realiza-se sem prejuízo das disposições constantes do Decreto-Lei n.º 252/94, de 20 de Outubro, e dos Decretos-Lei n.os 332/97, 333/97 e 334/97, todos de 27 de Novembro.

Artigo 21.º

Aplicação no tempo

1 – A protecção das bases de dados pelo direito de autor prevista neste diploma inicia-se a 1 de Janeiro de 1998, com excepção do disposto no artigo 11.º

2 – O prazo previsto no artigo 6.º aplica-se às bases criadas antes da data prevista no número anterior, desde que o mesmo não tenha ainda decorrido

3 – As bases de dados que em 1 de Janeiro de 1998 sejam protegidas pelo direito de autor não verão diminuir o seu prazo de protecção ainda que não preencham os requisitos do n.º 1 do artigo 4.º

4 – A protecção prevista no artigo 12.º para os fabricantes aplica-se igualmente às bases de dados cujo fabrico foi concluído durante os 15 anos anteriores à entrada em vigor deste diploma, contando-se o seu prazo de protecção a partir do dia 1 de Janeiro do ano seguinte ao da conclusão da base de dados.

Artigo 22.º

Contratos

As disposições do n.º 2 do artigo 9.º e do n.º 3 do artigo 14.º aplicam-se aos contratos já concluídos, sem prejuízo da manutenção dos mesmos bem como dos direitos adquiridos antes da entrada em vigor do presente diploma.

Lei n.º 83/2001
de 3 de Agosto

Regula a constituição, organização, funcionamento e atribuições das entidades de gestão colectiva do direito de autor e dos direitos conexos.

A Assembleia da República decreta, nos termos da alínea c) do artigo 161.º da Constituição, para valer como lei geral da República, o seguinte:

CAPÍTULO I
Disposições gerais

Artigo 1.º
Âmbito de aplicação

A presente lei regula a constituição, organização, funcionamento e atribuições das entidades de gestão colectiva do direito de autor e dos direitos conexos, adiante designadas por entidades.

Artigo 2.º
Constituição

1 – A criação de entidades é da livre iniciativa dos titulares do direito de autor e dos direitos conexos.

2 – As entidades são dotadas de personalidade jurídica, prosseguem fins não lucrativos e revestem a natureza de associações ou cooperativas de regime jurídico privado.

3 – O número mínimo de associados ou cooperadores é de 10.

Artigo 3.º
Objecto

1 – As entidades têm por objecto:

a) A gestão dos direitos patrimoniais que lhes sejam confiados em relação a todas ou a algumas categorias de obras, prestações e outros bens protegidos;

b) A prossecução de actividades de natureza social e cultural que beneficiem colectivamente os seus associados ou cooperadores.

2 – As entidades de gestão poderão exercer e defender os direitos morais dos seus associados ou cooperadores, quando estes assim o requeiram.

Artigo 4.º
Princípios

A actividade das entidades respeitará os seguintes princípios e critérios de gestão:

a) Transparência;
b) Organização e gestão democráticas;
c) Participação dos associados ou cooperadores;
d) Justiça na repartição e distribuição dos rendimentos cobrados no exercício da gestão colectiva;
e) Equidade, razoabilidade e proporcionalidade na fixação de comissões e tarifas;
f) Gestão eficiente e económica dos recursos disponíveis;
g) Moderação dos custos administrativos;
h) Não discriminação entre titulares nacionais e estrangeiros;
i) Controlo da gestão financeira, mediante a adopção de adequados procedimentos na vida interna das instituições;
j) Informação pertinente, rigorosa, actual e acessível aos terceiros interessados na celebração de contratos;
l) Reciprocidade no estabelecimento de relações com entidades congéneres sediadas no estrangeiro;
m) Fundamentação dos actos praticados;
n) Celeridade no pagamento das quantias devidas aos legítimos titulares dos direitos;
o) Publicidade dos actos relevantes da vida institucional.

ARTIGO 5.º

Autonomia das instituições

As entidades de gestão escolhem livremente os domínios do objecto da sua actividade e prosseguem autonomamente sua acção, no âmbito dos seus estatutos e da lei.

ARTIGO 6.º

Registo

1 – É condição necessária para o início da actividade da entidade a efectivação do registo junto da Inspecção-Geral das Actividades Culturais (IGAC). [477]

2 – O requerimento a solicitar o registo deve ser dirigido ao inspector--geral das Actividades Culturais, acompanhado da documentação prevista na legislação aplicável ao registo.

---

[477] Vide art.º 74.º CDADC.

3 – A IGAC pode solicitar os elementos complementares de informação que se mostrem necessários.

4 – O despacho sobre o pedido de registo é proferido no prazo de 40 dias, interrompendo-se a contagem sempre que se verifique o disposto no número anterior.

Artigo 7.º
Recusa do registo

1 – A recusa do registo é sempre fundamentada e precedida de um prévio parecer jurídico elaborado pelo Gabinete do Direito de Autor, do Ministério da Cultura.

2 – Do acto de indeferimento do registo cabe recurso, nos termos da lei.

Artigo 8.º
Utilidade pública

As entidades registadas nos termos dos artigos anteriores adquirem a natureza de pessoas colectivas de utilidade pública, com dispensa das obrigações previstas no Decreto-Lei n.º 450/77, de 7 de Novembro.

Artigo 9.º
Legitimidade

As entidades, obtido o competente registo, estão legitimadas, nos termos dos respectivos estatutos e da lei aplicável, a exercer os direitos confiados à sua gestão e a exigir o seu efectivo cumprimento por parte de terceiros, mediante o recurso às vias administrativas e judiciais.

1 – São anuláveis os actos de gestão colectiva praticados por entidade não registada ou cujo registo foi cancelado.

2 – A entidade que exerça a gestão colectiva em violação da lei, nos termos do número anterior, incorre em contra-ordenação punível com coima de 500000$00 a 5000000$00.

3 – A negligência é punível.

4 – O processamento da contra-ordenação é da competência da IGAC.

5 – A aplicação das coimas é da competência do inspector-geral das Actividades Culturais.

6 – O produto das coimas previstas no presente artigo reverte 60% para o Estado e o restante para a IGAC.

Artigo 10.º
Entidades não registadas

1 – São anuláveis os actos de gestão colectiva praticados por entidade não registada ou cujo registo foi cancelado.

2 – A entidade que exerça a gestão colectiva em violação da lei, nos termos do número anterior, incorre em contra-ordenação punível com coima de 500000$00 a 5000000$00.

3 – A negligência é punível.

4 – O processamento da contra-ordenação é da competência da IGAC.

5 – A aplicação das coimas é da competência do inspector-geral das Actividades Culturais.

6 – O produto das coimas previstas no presente artigo reverte 60% para o Estado e o restante para a IGAC.

Artigo 11.º
Dever de gestão

As entidades de gestão colectiva estão obrigadas a aceitar a administração dos direitos de autor e dos direitos conexos que lhes sejam solicitados, de acordo com a sua natureza e atribuições, nos termos dos respectivos estatutos e da lei.

Artigo 12.º
Contrato de gestão

1 – A gestão dos direitos pode ser estabelecida pelos seus titulares a favor da entidade mediante contrato cuja duração não pode ser superior a cinco anos, renováveis automaticamente, não podendo prever-se a obrigação de gestão de todas as modalidades de exploração das obras e prestações protegidas, nem da produção futura destas.

2 – A representação normal dos titulares de direitos pela entidade resulta da simples inscrição como beneficiário dos serviços, conforme é estabelecido nos estatutos e regulamentos da instituição e nas condições genéricas enunciadas no número anterior.

ARTIGO 13.º

Função social e cultural

1 – As entidades de gestão colectiva deverão afectar uma percentagem não inferior a 5% das suas receitas à prossecução de actividades sociais e de assistência aos seus associados ou cooperadores, bem como a acções de formação destes, promoção das suas obras, prestações e produtos, e ainda à divulgação dos direitos compreendidos no objecto da sua gestão.

2 – A percentagem referida no número anterior poderá incidir sobre a totalidade das receitas, ou apenas sobre uma parte destas, relativa a determinada ou determinadas categorias de direitos geridos.

3 – As entidades de gestão colectiva deverão estabelecer nos seus regulamentos tarifas especiais, reduzidas, a aplicar a pessoas colectivas que prossigam fins não lucrativos, quando as respectivas actividades se realizem em local cujo acesso não seja remunerado.

4 – O disposto nos n.ᵒˢ 1 e 2 não se aplica nos primeiros quatro anos de existência das entidades de gestão colectiva, contados a partir da data do seu registo.

ARTIGO 14.º

Dever de informar

As entidades devem informar os interessados sobre os seus representados, bem como sobre as condições e preços de utilização de qualquer obra, prestação ou produto que lhes sejam confiados, os quais deverão respeitar os princípios da transparência e da não discriminação.

ARTIGO 15.º

Estatutos

1 – As entidades regem-se por estatutos livremente elaborados, com respeito pelas disposições legais aplicáveis.

2 – Dos estatutos das entidades devem constar obrigatoriamente:

a) A denominação, que não pode confundir-se com denominação de entidades já existentes;
b) A sede e âmbito territorial da acção;
c) O objecto e fins;
d) As classes de titulares de direitos compreendidas no âmbito da gestão colectiva;

e) As condições para a aquisição e perda da qualidade de associado ou cooperador;
f) Os direitos dos associados ou cooperadores e o regime de voto;
g) Os deveres dos associados ou cooperadores e o seu regime disciplinar;
h) A denominação, a composição e a competência dos órgãos sociais;
i) A forma de designação dos membros dos órgãos sociais; O património e os recursos económicos e financeiros;
j) Os princípios e regras do sistema de repartição e distribuição dos rendimentos;
k) O regime de controlo da gestão económica e financeira;
l) As condições de extinção e o destino do património.

Artigo 16.º

Direito da concorrência

A aplicação dos princípios e regras próprios do regime do direito da concorrência às entidades de gestão colectiva é exercida no respeito pela específica função e existência destas no âmbito da propriedade intelectual, de acordo com as disposições reguladoras de direito nacional e internacional.

Artigo 17.º

Direito subsidiário

São subsidiariamente aplicáveis as disposições da legislação das associações e das cooperativas, de acordo com a natureza jurídica das entidades.

CAPÍTULO II

Organização e funcionamento

Artigo 18.º

Órgãos da entidade

1 – As entidades de gestão são dotadas de uma assembleia geral, um órgão de administração ou direcção e um conselho fiscal.

2 – O conselho fiscal integra um revisor oficial de contas (ROC).

ARTIGO 19.º

Composição dos órgãos sociais

1 – Os órgãos sociais são constituídos por associados ou cooperadores da entidade.

2 – Aos membros dos órgãos sociais não é permitido o desempenho simultâneo de mais de um cargo na mesma entidade.

ARTIGO 20.º

Funcionamento dos órgãos

1 – Salvo disposição legal ou estatutária, as deliberações são tomadas por maioria de votos dos titulares presentes, tendo o presidente voto de qualidade.

2 – As deliberações respeitantes a eleições dos órgãos sociais ou a assuntos de incidência pessoal dos seus membros são tomadas por escrutínio secreto.

3 – São sempre lavradas actas das reuniões de qualquer órgão de entidade.

ARTIGO 21.º

Mandatos

1 – Os membros dos órgãos sociais são eleitos por um período de quatro anos, se outro mais curto não for previsto nos estatutos.

2 – Os estatutos podem limitar o número de mandatos consecutivos para qualquer órgão da entidade.

ARTIGO 22.º

Responsabilidade dos órgãos sociais

Os membros dos órgãos sociais são responsáveis civil e criminalmente pela prática de actos ilícitos cometidos no exercício do mandato.

ARTIGO 23.º

Regime financeiro

1 – As entidades de gestão são obrigadas anualmente a elaborar e aprovar o relatório de gestão e contas do exercício, o plano de actividades e o orçamento.

2 – O conselho fiscal, para além das suas atribuições normais, elabora o parecer sobre os documentos mencionados no número anterior.

3 – Os documentos mencionados no n.º 1 devem ser objecto da mais ampla divulgação junto dos associados ou cooperadores e estar à consulta fácil destes na sede social da entidade de gestão.

CAPÍTULO III
Do regime de tutela

Artigo 24.º
Tutela inspectiva

1 – O Ministro da Cultura, através da IGAC, e considerando os relevantes interesses de ordem pública relacionados com a acção das entidades de gestão colectiva, exerce sobre estas um poder de tutela inspectiva.

2 – Para o normal desempenho dos poderes enunciados no número anterior, devem as entidades prestar à IGAC as informações que lhes forem solicitadas e proceder ao envio regular dos seguintes documentos:

a) Indicação dos membros que compõem os órgãos sociais;
b) Cópia dos estatutos e respectivas alterações;
c) Cópia dos relatórios de gestão e contas do exercício, bem como dos planos de actividade e do orçamento;
d) Lista dos preços e tarifas em vigor na instituição;
e) Lista contendo a indicação dos contratos celebrados com entidades estrangeiras para efeitos de representação;
f) Lista contendo a indicação dos acordos celebrados com entidades representativas de interesses dos usuários de obras, prestações e produções protegidas.

Artigo 2.º
Âmbito da tutela

A tutela exercida pelo Ministério da Cultura sobre as entidades compreende os seguintes poderes

a) Realização de inquéritos, sindicâncias e inspecções, sempre que se mostre necessário e, designadamente, quando existam indícios da prática de quaisquer irregularidades;

b) Envio às entidades competentes de relatórios, pareceres e outros elementos que se mostrem necessários para a interposição ou prossecução de acções judiciais, civis ou penais, que tenham por causa a existência de irregularidades e ilícitos praticados pelas entidades.

Artigo 26.º
Destituição dos corpos gerentes

1 – A prática pelos corpos gerentes de actos graves de gestão prejudiciais aos interesses da entidade, dos associados ou cooperadores e de terceiros poderá implicar o pedido judicial de destituição dos órgãos sociais.

2 – No caso previsto no número anterior, compete aos associados ou cooperadores e ao IGAC informar as entidades competentes de todos os elementos disponíveis necessários à propositura da acção judicial.

3 – O procedimento referido no número anterior segue as normas que regulam os processos de jurisdição voluntária.

4 – O juiz decidirá a final, devendo nomear uma comissão provisória de gestão, pelo prazo máximo de um ano, encarregada de assegurar a gestão corrente da entidade e de convocar a assembleia geral para eleger os novos órgãos sociais.

5 – É legítimo o recurso a providências cautelares para atingir os objectivos referidos no número anterior, caso se verifique a necessidade urgente de salvaguardar legítimos interesses da entidade, dos associados ou cooperadores ou de terceiros.

Artigo 27.º
Extinção da entidade de gestão

A IGAC deve solicitar às entidades competentes a extinção das entidades:

a) Que violem a lei, de forma muito grave ou reiteradamente;
b) Cuja actividade não coincida com o objeto expresso nos estatutos;
c) Que utilizem reiteradamente meios ilícitos para a prossecução do seu objecto;
d) Que retenham indevidamente as remunerações dos titulares de direitos.

CAPÍTULO IV

Da Comissão de Mediação e Arbitragem

Artigo 28.º

Arbitragem voluntária

1 – Os conflitos emergentes das relações entre as entidades de gestão colectiva e os seus associados ou cooperadores e terceiros contratantes e interessados podem ser submetidos pelas partes para resolução por arbitragem

2 – Para os efeitos do disposto no número anterior, é criada junto do Ministério da Cultura uma comissão de mediação e arbitragem.

3 – A comissão exerce a arbitragem obrigatória que estiver prevista na lei.

Artigo 29.º

Competências

1 – A Comissão de Mediação e Arbitragem, a solicitação dos interessados e mediante acordo destes, poderá intervir ou decidir nos litígios que lhe sejam submetidos e, designadamente:

a) Exercer a mediação nos processos de fixação dos valores de tarifas a aplicar pelas entidades de gestão;
b) Julgar os litígios em matérias relativas aos actos e contratos produzidos em resultado da actividade exercida pelas entidades de gestão colectiva no cumprimento do seu principal objecto.

2 – Das decisões da Comissão há recurso para o tribunal da Relação.

Artigo 30.º

Composição

1 – A Comissão de Mediação e Arbitragem é composta por sete membros, licenciados em direito e representativos dos diversos interesses ligados ao domínio do direito de autor e dos direitos conexos, incluindo um representante dos consumidores.

2 – Os membros da Comissão são nomeados por despacho do Primeiro-Ministro, sob proposta do Ministro da Cultura, donde constará igualmente a fixação das respectivas remunerações.

3 – Os membros da Comissão podem exercer cumulativamente funções públicas.

ARTIGO 31.º

Regimento

1 – A Comissão de Mediação e Arbitragem elabora os regulamentos internos necessários ao seu funcionamento.

2 – As normas mencionadas no número anterior serão objecto de publicação no Diário da República.

ARTIGO 32.º

Mandato

1 – O mandato dos membros da Comissão de Mediação e Arbitragem é de quatro anos, renováveis.

2 – Os membros da comissão de Mediação e Arbitragem, no exercício das suas competências, são inamovíveis e não podem ser responsabilizados pelas suas decisões, salvas as excepções consignadas na lei.

ARTIGO 33.º

Apoio técnico-administrativo

1 – A Comissão de Mediação e Arbitragem é apoiada técnica e administrativamente pelo Gabinete do Direito de Autor,[478] do Ministério da Cultura.

2 – Os encargos decorrentes da actividade da Comissão são suportados pelo orçamento do Gabinete do Direito de Autor, que será dotado das verbas necessárias para o efeito, mediante a competente inscrição.

ARTIGO 34.º

Direito subsidiário

São subsidiariamente aplicáveis ao funcionamento da Comissão de Mediação e Arbitragem as disposições gerais sobre a arbitragem.

---

[478] Vide DL 57/97

CAPÍTULO V

Disposições finais e transitórias

Artigo 35.º

Adaptação de estatutos

1 – As entidades de gestão colectiva actualmente existentes devem, no prazo de um ano após a entrada em vigor da presente lei, proceder à adaptação dos seus estatutos em conformidade ao disposto na presente lei.

2 – A IGAC, decorridos dois anos sobre a entrada em vigor da presente lei, comunicará às entidades competentes a existência de qualquer eventual infracção ao disposto no número anterior.

Artigo 36.º

Entrada em vigor

A presente lei entra em vigor 30 dias após a sua publicação.

Directiva 2001/29/CE do Parlamento Europeu e do Conselho de 22 de Maio de 2001 relativa à harmonização de certos aspectos do direito de autor e dos direitos conexos na sociedade da informação

O PARLAMENTO EUROPEU E O CONSELHO DA UNIÃO EUROPEIA,

Tendo em conta o Tratado que institui a Comunidade Europeia, nomeadamente o n.º 2 do seu artigo 47.º e os seus artigos 55.º e 95.º,

Tendo em conta a proposta da Comissão(1),

Tendo em conta o parecer do Comité Económico e Social(2),

Deliberando nos termos do artigo 251.º do Tratado(3),

Considerando o seguinte:

(1) O Tratado prevê o estabelecimento de um mercado interno e a instituição de um sistema capaz de garantir o não falseamento

da concorrência no mercado interno. A harmonização das legislações dos Estados-Membros em matéria de direito de autor e direitos conexos contribui para a prossecução destes objectivos.

(2) O Conselho Europeu reunido em Corfu em 24 e 25 de Junho de 1994 salientou a necessidade de criar, a nível comunitário, um enquadramento legal geral e flexível que estimule o desenvolvimento da sociedade da informação na Europa. Tal exige, nomeadamente, um mercado interno para os novos produtos e serviços. Existe já, ou está em vias de ser aprovada, importante legislação comunitária para criar tal enquadramento regulamentar. O direito de autor e os direitos conexos desempenham um importante papel neste contexto, uma vez que protegem e estimulam o desenvolvimento e a comercialização de novos produtos e serviços, bem como a criação e a exploração do seu conteúdo criativo.

(3) A harmonização proposta deve contribuir para a implementação das quatro liberdades do mercado interno e enquadra-se no respeito dos princípios fundamentais do direito e, em particular, da propriedade – incluindo a propriedade intelectual – da liberdade de expressão e do interesse geral.

(4) Um enquadramento legal do direito de autor e dos direitos conexos, através de uma maior segurança jurídica e respeitando um elevado nível de protecção da propriedade intelectual, estimulará consideravelmente os investimentos na criatividade e na inovação, nomeadamente nas infra-estruturas de rede, o que, por sua vez, se traduzirá em crescimento e num reforço da competitividade da indústria europeia, tanto na área do fornecimento de conteúdos e da tecnologia da informação, como, de uma forma mais geral, num vasto leque de sectores industriais e culturais. Este aspecto permitirá salvaguardar o emprego e fomentará a criação de novos postos de trabalho

(5) O desenvolvimento tecnológico multiplicou e diversificou os vectores da criação, produção e exploração. Apesar de não serem necessários novos conceitos para a protecção da propriedade intelectual, a legislação e regulamentação actuais em matéria de direito de autor e direitos conexos devem ser adaptadas e complementadas para poderem dar uma resposta adequada à realidade económica, que inclui novas formas de exploração.

(6) Sem uma harmonização a nível comunitário, as actividades legislativa e regulamentar a nível nacional, já iniciadas, aliás, num certo número de Estados-Membros para dar resposta aos desafios tecnológicos, podem provocar diferenças significativas em termos da protecção assegurada e, consequentemente, traduzir-se em restrições à livre circulação dos serviços e produtos que incorporam propriedade intelectual ou que nela se baseiam, conduzindo a uma nova compartimentação do mercado interno e a uma situação de incoerência legislativa e regulamentar. O impacto de tais diferenças e incertezas legislativas tornar-se-á mais significativo com o desenvolvimento da sociedade da informação, que provocou já um aumento considerável da exploração transfronteiras da propriedade intelectual. Este desenvolvimento pode e deve prosseguir. A existência de diferenças e incertezas importantes a nível jurídico em matéria de protecção pode prejudicar a realização de economias de escala relativamente a novos produtos e serviços que incluam direito de autor e direitos conexos.

(7) O enquadramento jurídico comunitário para a protecção jurídica do direito de autor e direitos conexos deve, assim, ser adaptado e completado na medida do necessário para assegurar o bom funcionamento do mercado interno. Para o efeito, deve proceder-se à adaptação das disposições nacionais em matéria de direito de autor e direitos conexos que apresentem diferenças consideráveis entre os Estados-Membros ou que provoquem insegurança jurídica nefasta para o bom funcionamento do mercado interno e para o desenvolvimento adequado da sociedade da informação na Europa. Por outro lado, devem evitar-se respostas incoerentes a nível nacional à evolução tecnológica, embora não seja necessário eliminar nem impedir diferenças que não afectem negativamente o funcionamento do mercado interno.

(8) As diversas implicações de carácter social, societal e cultural da sociedade da informação exigem que se tenha em consideração a especificidade do conteúdo dos produtos e serviços.

(9) Qualquer harmonização do direito de autor e direitos conexos deve basear-se num elevado nível de protecção, uma vez que tais direitos são fundamentais para a criação intelectual. A sua protecção contribui para a manutenção e o desenvolvimento da actividade criativa, no interesse dos autores, dos intérpretes ou executantes, dos produtores, dos consumidores, da cultura, da

indústria e do público em geral. A propriedade intelectual é pois reconhecida como parte integrante da propriedade.

(10) Os autores e os intérpretes ou executantes devem receber uma remuneração adequada pela utilização do seu trabalho, para poderem prosseguir o seu trabalho criativo e artístico, bem como os produtores, para poderem financiar esse trabalho. É considerável o investimento necessário para produzir produtos como fonogramas, filmes ou produtos multimédia, e serviços, como os serviços "a pedido". É necessária uma protecção jurídica adequada dos direitos de propriedade intelectual no sentido de garantir tal remuneração e proporcionar um rendimento satisfatório desse investimento.

(11) Um sistema rigoroso e eficaz de protecção do direito de autor e direitos conexos constitui um dos principais instrumentos para assegurar os recursos necessários à produção cultural europeia, bem como para garantir independência e dignidade aos criadores e intérpretes.

(12) Uma protecção adequada das obras e outros materiais pelo direito de autor e direitos conexos assume igualmente grande relevância do ponto de vista cultural. O artigo 151.º do Tratado exige que a Comunidade tenha em conta os aspectos culturais na sua acção.

(13) É fundamental procurar em comum e aplicar coerentemente, a nível europeu, medidas de carácter técnico destinadas a proteger as obras e outro material protegido e assegurar a informação necessária sobre os direitos, porque o objectivo último dessas medidas é o de dar realidade concreta aos princípios e garantias estabelecidos pelas normas jurídicas.

(14) A presente directiva deve promover a aprendizagem e a cultura mediante a protecção das obras e outro material protegido, permitindo, ao mesmo tempo, excepções ou limitações no interesse público relativamente a objectivos de educação e ensino.

(15) A Conferência Diplomática realizada sob os auspícios da Organização Mundial da Propriedade Intelectual (OMPI), em Dezembro de 1996, conduziu à aprovação de dois novos tratados, o Tratado da OMPI sobre o Direito de Autor e o Tratado da OMPI sobre Prestações e Fonogramas, que tratam, respectivamente, da protecção dos autores e da protecção dos artistas intérpretes ou executantes e dos produtores de fonogramas.

Estes tratados actualizam significativamente a protecção internacional do direito de autor e dos direitos conexos, incluindo no que diz respeito à denominada "agenda digital", e melhoram os meios de combate contra a pirataria a nível mundial. A Comunidade e a maioria dos seus Estados-Membros assinaram já os tratados e estão em curso os procedimentos para a sua ratificação pela Comunidade e pelos seus Estados-Membros. A presente directiva destina-se também a dar execução a algumas destas novas obrigações internacionais.

(16) A questão da responsabilidade por actividades desenvolvidas em rede é pertinente não apenas para o direito de autor e direitos conexos, mas também para outras áreas, como a difamação, a publicidade enganosa ou a contrafacção de marcas registadas, e será objecto de uma abordagem horizontal na Directiva 2000/31/CE do Parlamento Europeu e do Conselho, de 8 de Junho de 2000, relativa a certos aspectos legais dos serviços da sociedade da informação, em especial do comércio electrónico no mercado interno ("Directiva sobre o comércio electrónico")(4), que clarifica e harmoniza diversos aspectos jurídicos subjacentes aos serviços da sociedade da informação, incluindo o comércio electrónico. A directiva deve ser implementada segundo um calendário semelhante ao da implementação da directiva sobre o comércio electrónico, dado que tal directiva oferece um quadro harmonizado de princípios e disposições relevantes, inter alia, para partes importantes da presente directiva. Esta não prejudica as disposições relativas à responsabilidade constantes daquela directiva.

(17) Sobretudo em face das exigências inerentes ao ambiente digital, é necessário garantir que as empresas de gestão colectiva dos direitos alcancem um mais elevado nível de racionalização e transparência no que se refere ao respeito pelas regras da concorrência.

(18) A presente directiva não prejudica as regras de gestão de direitos, existentes nos Estados-Membros como, por exemplo, as licenças colectivas alargadas.

(19) Os direitos morais dos titulares dos direitos deverão ser exercidos de acordo com a legislação dos Estados-Membros e as disposições da Convenção de Berna para a Protecção das Obras Literárias e Artísticas, do Tratado da OMPI sobre o Direito de Autor e do Tratado da OMPI sobre Prestações e Fonogramas.

Esses direitos morais não estão abrangidos pelo âmbito da presente directiva.
(20) A presente directiva baseia-se em princípios e normas já estabelecidos pelas directivas em vigor neste domínio, nomeadamente as Directivas 91/250/CEE(5), 92/100/CEE(6), 93/83/CEE(7), 93/98/CEE(8) e 96/9/CE(9), desenvolvendo-os e integrando-os na perspectiva da sociedade da informação. Salvo disposição em contrário nela prevista, a presente directiva não prejudica as disposições das referidas directivas.
(21) A presente directiva deve definir o âmbito dos actos abrangidos pelo direito de reprodução relativamente aos diferentes beneficiários. Tal deve ser efectuado na linha do acervo comunitário. É necessário consagrar uma definição ampla destes actos para garantir a segurança jurídica no interior do mercado interno.
(22) O objectivo de apoiar adequadamente a difusão cultural não deve ser alcançado sacrificando a protecção estrita de determinados direitos nem tolerando formas ilegais de distribuição de obras objecto de contrafacção ou pirataria.
(23) A presente directiva deverá proceder a uma maior harmonização dos direitos de autor aplicáveis à comunicação de obras ao público. Esses direitos deverão ser entendidos no sentido lato, abrangendo todas as comunicações ao público não presente no local de onde provêm as comunicações. Abrangem ainda qualquer transmissão ou retransmissão de uma obra ao público, por fio ou sem fio, incluindo a radiodifusão, não abrangendo quaisquer outros actos.
(24) O direito de colocar à disposição do público materiais contemplados no n.º 2 do artigo 3.º deve entender-se como abrangendo todos os actos de colocação desses materiais à disposição do público não presente no local de onde provém esses actos de colocação à disposição, não abrangendo quaisquer outros actos.
(25) A insegurança jurídica quanto à natureza e ao nível de protecção dos actos de transmissão a pedido, através de redes, de obras protegidas pelo direito de autor ou de material protegido pelos direitos conexos deve ser ultrapassada através da adopção de uma protecção harmonizada a nível comunitário. Deve ficar claro que todos os titulares dos direitos reconhecidos pela directiva têm o direito exclusivo de colocar à disposição do público obras ou qualquer outro material protegido no âmbito das transmissões interactivas a pedido. Tais transmissões inte-

ractivas a pedido caracterizam-se pelo facto de qualquer pessoa poder aceder-lhes a partir do local e no momento por ela escolhido.
(26) No que se refere à disponibilização pelos radiodifusores, em serviço a pedido, das suas produções de rádio ou de televisão que incorporem música de fonogramas comerciais enquanto parte integrante dessas produções, deverão ser encorajados acordos de licenças colectivas para facilitar o pagamento de direitos dos fonogramas pelos radiodifusores.
(27) A mera disponibilização de meios materiais para permitir ou realizar uma comunicação não constitui só por si uma comunicação na acepção da presente directiva.
(28) A protecção do direito de autor nos termos da presente directiva inclui o direito exclusivo de controlar a distribuição de uma obra incorporada num produto tangível. A primeira venda na Comunidade do original de uma obra ou das suas cópias pelo titular do direito, ou com o seu consentimento, esgota o direito de controlar a revenda de tal objecto na Comunidade. Tal direito não se esgota em relação ao original ou cópias vendidas pelo titular do direito, ou com o seu consentimento, fora da Comunidade. A Directiva 92/100/CEE estabelece os direitos de aluguer e comodato dos autores. O direito de distribuição previsto na presente directiva não prejudica as disposições relativas aos direitos de aluguer e comodato previstos no capítulo I dessa directiva.
(29) A questão do esgotamento não é pertinente no caso dos serviços, em especial dos serviços em linha. Tal vale igualmente para as cópias físicas de uma obra ou de outro material efectuadas por um utilizador de tal serviço com o consentimento do titular do direito. Por conseguinte, o mesmo vale para o aluguer e o comodato do original e cópias de obras ou outros materiais, que, pela sua natureza, são serviços. Ao contrário do que acontece com os CD-ROM ou os CDI, em que a propriedade intelectual está incorporada num suporte material, isto é, uma mercadoria, cada serviço em linha constitui de facto um acto que deverá ser sujeito a autorização quando tal estiver previsto pelo direito de autor ou direitos conexos.
(30) Os direitos referidos na presente directiva podem ser transferidos, cedidos ou sujeitos à concessão de licenças numa base

contratual, sem prejuízo do direito nacional pertinente em matéria de direito de autor e direitos conexos.

(31) Deve ser salvaguardado um justo equilíbrio de direitos e interesses entre as diferentes categorias de titulares de direitos, bem como entre as diferentes categorias de titulares de direitos e utilizadores de material protegido. As excepções ou limitações existentes aos direitos estabelecidas a nível dos Estados-Membros devem ser reapreciadas à luz do novo ambiente electrónico. As diferenças existentes em termos de excepções e limitações a certos actos sujeitos a restrição têm efeitos negativos directos no funcionamento do mercado interno do direito de autor e dos direitos conexos. Tais diferenças podem vir a acentuar-se tendo em conta o desenvolvimento da exploração das obras através das fronteiras e das actividades transfronteiras. No sentido de assegurar o bom funcionamento do mercado interno, tais excepções e limitações devem ser definidas de uma forma mais harmonizada. O grau desta harmonização deve depender do seu impacto no bom funcionamento do mercado interno.

(32) A presente directiva prevê uma enumeração exaustiva das excepções e limitações ao direito de reprodução e ao direito de comunicação ao público. Algumas excepções só são aplicáveis ao direito de reprodução, quando adequado. Esta enumeração tem em devida consideração as diferentes tradições jurídicas dos Estados-Membros e destina-se simultaneamente a assegurar o funcionamento do mercado interno. Os Estados-Membros devem aplicar essas excepções e limitações de uma forma coerente, o que será apreciado quando for examinada futuramente a legislação de transposição.

(33) O direito exclusivo de reprodução deve ser sujeito a uma excepção para permitir certos actos de reprodução temporária, que são reproduções transitórias ou pontuais, constituindo parte integrante e essencial de um processo tecnológico efectuado com o único objectivo de possibilitar, quer uma transmissão eficaz numa rede entre terceiros por parte de um intermediário, quer a utilização legítima de uma obra ou de outros materiais protegidos. Os actos de reprodução em questão não deverão ter, em si, qualquer valor económico. Desde que satisfeitas essas condições, tal excepção abrange igualmente os actos que possibilitam a navegação ("browsing") e os actos de armazenagem temporária ("caching"), incluindo os que permitem o

funcionamento eficaz dos sistemas de transmissão, desde que o intermediário não altere o conteúdo da transmissão e não interfira com o legítimo emprego da tecnologia, tal como generalizadamente reconhecido e praticado pela indústria, para obter dados sobre a utilização da informação. Uma utilização deve ser considerada legítima se tiver sido autorizada pelo titular de direitos e não estiver limitada por lei.

(34) Deve ser dada aos Estados-Membros a opção de preverem certas excepções e limitações em determinados casos, nomeadamente para fins de ensino ou de investigação científica, a favor de instituições públicas como bibliotecas e arquivos, para efeitos de notícias, citações, para utilização por pessoas deficientes, para utilização relacionada com a segurança pública e para utilização em processos administrativos e judiciais.

(35) Em certos casos de excepção ou limitação, os titulares dos direitos devem receber uma compensação equitativa que os compense de modo adequado da utilização feita das suas obras ou outra matéria protegida. Na determinação da forma, das modalidades e do possível nível dessa compensação equitativa, devem ser tidas em conta as circunstâncias específicas a cada caso. Aquando da avaliação dessas circunstâncias, o principal critério será o possível prejuízo resultante do acto em questão para os titulares de direitos. Nos casos em que os titulares dos direitos já tenham recebido pagamento sob qualquer outra forma, por exemplo como parte de uma taxa de licença, não dará necessariamente lugar a qualquer pagamento específico ou separado. O nível da compensação equitativa deverá ter devidamente em conta o grau de utilização das medidas de carácter tecnológico destinadas à protecção referidas na presente directiva. Em certas situações em que o prejuízo para o titular do direito seja mínimo, não há lugar a obrigação de pagamento

(36) Os Estados-Membros poderão prever uma compensação equitativa para os titulares dos direitos, mesmo quando apliquem as disposições facultativas relativas a excepções ou limitações, que não requeiram tal compensação.

(37) Quando existem, os regimes nacionais em matéria de reprografia não criam entraves importantes ao mercado interno. Os Estados-Membros devem ser autorizados a prever uma excepção ou limitação relativamente à reprografia.

(38) Deve dar-se aos Estados-Membros a faculdade de preverem uma excepção ou limitação ao direito de reprodução mediante uma equitativa compensação, para certos tipos de reproduções de material áudio, visual e audiovisual destinadas a utilização privada. Tal pode incluir a introdução ou a manutenção de sistemas de remuneração para compensar o prejuízo causado aos titulares dos direitos. Embora as diferenças existentes nestes sistemas de remuneração afectem o funcionamento do mercado interno, tais diferenças, no que diz respeito à reprodução analógica privada, não deverão ter um impacto significativo no desenvolvimento da sociedade da informação. A cópia digital privada virá provavelmente a ter uma maior divulgação e um maior impacto económico. Por conseguinte, deverão ser tidas devidamente em conta as diferenças existentes entre a cópia digital privada e a cópia analógica privada e, em certos aspectos, deverá ser estabelecida uma distinção entre elas.

(39) Ao aplicarem a excepção ou limitação relativa à cópia privada, os Estados-Membros devem ter em devida consideração a evolução tecnológica e económica, em especial no que se refere à cópia digital privada e aos sistemas de remuneração, quando existam medidas adequadas de carácter tecnológico destinadas à protecção. Tais excepções ou limitações não devem inibir nem a utilização de medidas de carácter tecnológico nem repressão dos actos destinados a neutralizá-las.

(40) Os Estados-Membros podem prever uma excepção ou limitação a favor de certos estabelecimentos sem fins lucrativos, tais como bibliotecas acessíveis ao público e instituições equivalentes, bem como arquivos. No entanto, tal deve ser limitado a certos casos especiais abrangidos pelo direito de reprodução. Tal excepção ou limitação não deve abranger utilizações no contexto do fornecimento em linha de obras ou outro material protegido. A presente directiva não prejudica a faculdade de os Estados-Membros preverem uma derrogação ao direito exclusivo de comodato ao público, em conformidade com o disposto no artigo 5.o da Directiva 92/100/CEE. Por conseguinte, convém incentivar contratos ou licenças específicos que favoreçam de forma equilibrada esses organismos e a realização dos seus objectivos de difusão.

(41) Na aplicação da excepção ou limitação relativa às fixações efémeras realizadas por organismos de radiodifusão, entende-

-se que os meios próprios dos difusores incluem os da pessoa agindo por conta ou sob a responsabilidade da organização de radiodifusão.

(42) Na aplicação da excepção ou limitação para efeitos de investigação pedagógica e científica não comercial, incluindo o ensino à distância, o carácter não comercial da actividade em questão deverá ser determinado por essa actividade propriamente dita. A estrutura organizativa e os meios de financiamento do estabelecimento em causa não são factores decisivos a esse respeito.

(43) É, todavia, importante que os Estados-Membros adoptem todas as medidas adequadas para favorecer o acesso às obras por parte dos portadores de uma deficiência que constitua obstáculo à sua utilização, concedendo particular atenção aos formatos acessíveis.

(44) Quando aplicadas, as excepções e limitações previstas nesta directiva deverão ser exercidas em conformidade com as obrigações internacionais. Tais excepções e limitações não podem ser aplicadas de forma que prejudique os legítimos interesses do titular do direito ou obste à exploração normal da sua obra ou outro material. A previsão de tais excepções e limitações pelos Estados-Membros deve, em especial, reflectir devidamente o maior impacto económico que elas poderão ter no contexto do novo ambiente electrónico. Consequentemente, o alcance de certas excepções ou limitações poderá ter que ser ainda mais limitado em relação a certas novas utilizações de obras e outro material protegido.

(45) As excepções e limitações referidas nos n.ºs 2, 3 e 4 do artigo 5.º não devem, porém, obstar ao estabelecimento de relações contratuais destinadas a assegurar uma compensação equitativa aos titulares de direitos de autor e direitos conexos, desde que a legislação nacional o permita.

(46) O recurso à mediação poderá ajudar utilizadores e titulares de direitos a resolver os seus litígios. A Comissão, em cooperação com os Estados-Membros, no âmbito do Comité de Contacto, deverá realizar um estudo para encontrar novas formas jurídicas de resolução de litígios relativos ao direito de autor e direitos conexos.

(47) O desenvolvimento tecnológico permitirá aos titulares dos direitos utilizar medidas de carácter tecnológico destinadas a impedir ou restringir actos não autorizados pelos titulares do

direito de autor, de direitos conexos ou do direito sui generis em bases de dados. Existe, no entanto, o perigo de que se desenvolvam actividades ilícitas tendentes a possibilitar ou facilitar a neutralização da protecção técnica proporcionada por tais medidas. No sentido de evitar abordagens jurídicas fragmentadas susceptíveis de prejudicar o funcionamento do mercado interno, é necessário prever uma protecção jurídica harmonizada contra a neutralização de medidas de carácter tecnológico eficazes e contra o fornecimento de mecanismos e produtos ou de serviços para esse efeito.

(48) Tal protecção jurídica deve incidir sobre as medidas de carácter tecnológico que restrinjam efectivamente actos não autorizados pelos titulares de direitos de autor ou dos direitos conexos ou do direito sui generis em bases de dados, sem no entanto impedir o funcionamento normal dos equipamentos electrónicos e o seu desenvolvimento tecnológico. Tal protecção jurídica não implica nenhuma obrigação de adequação dos produtos, componentes ou serviços a essas medidas de carácter tecnológico, sempre que esses produtos, componentes ou serviços não se encontrem abrangidos pela proibição prevista no artigo 6.o Tal protecção jurídica deve ser proporcionada e não deve proibir os dispositivos ou actividades que têm uma finalidade comercial significativa ou cuja utilização prossiga objectivos diferentes da neutralização da protecção técnica. E esta protecção não deverá, nomeadamente, causar obstáculos à investigação sobre criptografia.

(49) A protecção jurídica das medidas de carácter tecnológico não prejudica a aplicação de quaisquer disposições nacionais que proíbam a posse privada de dispositivos, produtos ou componentes destinados a neutralizar medidas de carácter tecnológico.

(50) Tal protecção jurídica harmonizada não afecta os regimes específicos de protecção previstos pela Directiva 91/250/CEE. Em especial, não deverá ser aplicável à protecção de medidas de carácter tecnológico utilizadas em relação com programas de computador, exclusivamente prevista nessa Directiva. Não deverá impedir nem evitar o desenvolvimento ou utilização de quaisquer meios de contornar uma medida de carácter técnico que seja necessária para permitir a realização de actos em conformidade com o n.º 3 do artigo 5.º ou com o artigo 6.o da Directiva 91/250/CEE. Os artigos 5.º e 6.º dessa Directiva

apenas determinam excepções aos direitos exclusivos aplicáveis a programas de computador.

(51) A protecção jurídica das medidas de carácter tecnológico aplica-se sem prejuízo da ordem pública, como contemplado no artigo 5.º, ou da segurança pública. Os Estados-Membros devem promover a adopção de medidas voluntárias por parte dos titulares de direitos, incluindo a celebração e implementação de acordos entre titulares de direitos e outras partes interessadas, no sentido de facilitar a prossecução dos objectivos de determinadas excepções ou limitações previstas na legislação nacional de acordo com a presente directiva. Na falta de tais medidas ou acordos voluntários dentro de um período de tempo razoável, os Estados-Membros devem tomar medidas adequadas para assegurar que, pela alteração de uma medida de carácter tecnológico implementada ou por outros meios, os titulares de direitos forneçam aos beneficiários dessas excepções ou limitações meios adequados que lhes permitam beneficiar das mesmas. Contudo, a fim de evitar abusos relativamente a essas medidas tomadas por titulares de direitos, nomeadamente no âmbito de acordos, ou tomadas por um Estado-Membro, as medidas de carácter tecnológico aplicadas em execução dessas medidas devem gozar de protecção jurídica

(52) Ao aplicarem uma excepção ou limitação em relação às reproduções efectuadas para uso privado, de acordo com o n.º 2, alínea b), do artigo 5.º, os Estados-Membros devem igualmente promover a utilização de medidas voluntárias que permitam alcançar os objectivos dessa excepção ou limitação. Se, dentro de um prazo razoável, não tiverem sido tomadas essas medidas voluntárias a fim de assegurar a possibilidade de fazer reproduções para uso privado, os Estados-Membros poderão tomar medidas que permitam aos beneficiários fazerem uso das referidas excepções ou limitações. As medidas voluntárias tomadas pelos titulares de direitos, incluindo os acordos entre titulares de direitos e outras partes interessadas, bem como as medidas tomadas pelos Estados-Membros, não impedem os titulares de direitos de utilizar medidas tecnológicas que sejam compatíveis com as excepções ou limitações relativas às reproduções para uso privado previstas na legislação nacional nos termos do n.º 2, alínea b), do artigo 5.º, tendo presente a condição da compensação equitativa prevista nessa disposição

e a possível diferenciação entre várias condições de utilização nos termos do n.º 5 do artigo 5.º, como, por exemplo, o controlo do número de reproduções. A fim de evitar abusos na utilização dessas medidas, as medidas de protecção de natureza tecnológica aplicadas em sua execução devem gozar de protecção jurídica.

(53) A protecção das medidas de carácter tecnológico deverá garantir um ambiente seguro para a prestação de serviços interactivos a pedido, por forma a que o público possa ter acesso às obras ou a outros materiais no momento e no local escolhidos pelo mesmo. No caso de estes serviços serem regidos por condições contratuais, o disposto nos primeiro e segundo parágrafos do n.º 4 do artigo 6.º não é aplicável. As formas de utilização em linha não interactiva continuam sujeitas àquelas disposições.

(54) Foram realizados progressos importantes em matéria de normalização internacional dos sistemas técnicos de identificação de obras e outro material protegido em formato digital. Num ambiente em que as redes assumem importância crescente, as diferenças entre as medidas de carácter tecnológico podem provocar a incompatibilidade dos sistemas na Comunidade. Deve ser incentivada a compatibilidade e a interoperabilidade dos diferentes sistemas. É altamente conveniente incentivar o desenvolvimento de sistemas globais.

(55) O desenvolvimento tecnológico facilitará a distribuição das obras, em especial em redes, e tal implicará que os titulares dos direitos tenham de identificar melhor a obra ou outro material, o autor ou qualquer outro titular de direitos relativamente a essa obra ou material, e prestar informações acerca dos termos de utilização da obra ou outro material, no sentido de facilitar a gestão dos direitos a eles atinentes. Os titulares de direitos devem ser incentivados a utilizar marcações indicando, para além das informações atrás referidas, nomeadamente a sua autorização ao introduzirem em redes obras ou qualquer outro material.

(56) No entanto, existe o perigo de serem desenvolvidas actividades ilícitas no sentido de retirar ou alterar a informação electrónica a ela ligada ou de, de qualquer outra forma, distribuir, importar para distribuição, radiodifundir, comunicar ao público ou colocar à sua disposição obras ou outro material protegido das quais tenha sido retirada tal informação sem autorização. No sentido de evitar abordagens jurídicas fragmentadas susceptíveis de

prejudicar o funcionamento do mercado interno, é necessário prever uma protecção jurídica harmonizada contra todas estas actividades.

(57) É possível que os sistemas de informação para a gestão dos direitos atrás referidos possam, pela sua concepção, processar simultaneamente dados pessoais sobre os hábitos de consumo do material protegido por parte dos particulares e permitir detectar os comportamentos em linha. Assim, tais meios técnicos, nas suas funções de carácter técnico, devem conter salvaguardas em matéria de vida privada em conformidade com o disposto na Directiva 95/46/CE do Parlamento Europeu e do Conselho, de 24 de Outubro de 1995, relativa à protecção dos particulares no que se refere ao tratamento de dados pessoais e à livre circulação de tais dados(10).

(58) Os Estados-Membros devem prever sanções e vias de recurso eficazes em caso de violação dos direitos e obrigações previstos na presente directiva. Devem tomar todas as medidas necessárias para assegurar a aplicação efectiva das referidas sanções e vias de recurso. As sanções previstas devem ser eficazes, proporcionadas e dissuasivas, e devem incluir a possibilidade de intentar uma acção de indemnização e/ou requerer uma injunção e, quando adequado, a apreensão do material ilícito.

(59) Nomeadamente no meio digital, os serviços de intermediários poderão ser cada vez mais utilizados por terceiros para a prática de violações. Esses intermediários encontram-se frequentemente em melhor posição para porem termo a tais actividades ilícitas. Por conseguinte, sem prejuízo de outras sanções e vias de recurso disponíveis, os titulares dos direitos deverão ter a possibilidade de solicitar uma injunção contra intermediários que veiculem numa rede actos de violação de terceiros contra obras ou outros materiais protegidos. Esta possibilidade deverá ser facultada mesmo nos casos em que os actos realizados pelos intermediários se encontrem isentos ao abrigo do artigo 5.º As condições e modalidades de tais injunções deverão ser regulamentadas nas legislações nacionais dos Estados-Membros.

(60) A protecção prevista na presente directiva não prejudica as disposições legais nacionais ou comunitárias em outras áreas, tais como a propriedade industrial, a protecção dos dados, o acesso condicionado, o acesso aos documentos públicos e a regra da cronologia da exploração dos meios de comunicação

social, que pode afectar a protecção dos direitos de autor ou direitos conexos.

(61) A fim de dar cumprimento ao Tratado da OMPI sobre Prestações e Fonogramas, as Directivas 92/100/CEE e 93/98/CEE devem ser alteradas,

ADOPTARAM A PRESENTE DIRECTIVA:

CAPÍTULO I
Objecto e Âmbito de Aplicação

Artigo 1.º
Âmbito de aplicação

1 – A presente directiva tem por objectivo a protecção jurídica do direito de autor e dos direitos conexos no âmbito do mercado interno, com especial ênfase na sociedade da informação.

2 – Salvo nos casos referidos no artigo 11.o, a presente directiva não afecta de modo algum as disposições comunitárias existentes em matéria de:

a) Protecção jurídica dos programas de computador;
b) Direito de aluguer, direito de comodato e certos direitos conexos com os direitos de autor em matéria de propriedade intelectual
c) Direito de autor e direitos conexos aplicáveis à radiodifusão por satélite e à retransmissão por cabo;
d) Duração da protecção do direito de autor e de certos direitos conexos;
e) Protecção jurídica das bases de dados.

CAPÍTULO II
Direitos e Excepções

Artigo 2.º
Direito de reprodução

Os Estados-Membros devem prever que o direito exclusivo de autorização ou proibição de reproduções, directas ou indirectas, temporárias ou permanentes, por quaisquer meios e sob qualquer forma, no todo ou em parte, cabe:

- a) Aos autores, para as suas obras;
- b) Aos artistas intérpretes ou executantes, para as fixações das suas prestações;
- c) Aos produtores de fonogramas, para os seus fonogramas;
- d) Aos produtores de primeiras fixações de filmes, para o original e as cópias dos seus filmes;
- e) Aos organismos de radiodifusão, para as fixações das suas radiodifusões, independentemente de estas serem transmitidas por fio ou sem fio, incluindo por cabo ou satélite.

Artigo 3.º
Direito de comunicação de obras ao público, incluindo o direito de colocar à sua disposição outro material

1 – Os Estados-Membros devem prever a favor dos autores o direito exclusivo de autorizar ou proibir qualquer comunicação ao público das suas obras, por fio ou sem fio, incluindo a sua colocação à disposição do público por forma a torná-las acessíveis a qualquer pessoa a partir do local e no momento por ela escolhido.

2 – Os Estados-Membros devem prever que o direito exclusivo de autorização ou proibição de colocação à disposição do público, por fio ou sem fio, por forma a que seja acessível a qualquer pessoa a partir do local e no momento por ela escolhido, cabe:

- a) Aos artistas intérpretes ou executantes, para as fixações das suas prestações;
- b) Aos produtores de fonogramas, para os seus fonogramas;
- c) Aos produtores de primeiras fixações de filmes, para o original e as cópias dos seus filmes; e

d) Aos organismos de radiodifusão, para as fixações das suas radiodifusões, independentemente de estas serem transmitidas por fio ou sem fio, incluindo por cabo ou satélite.

3 – Os direitos referidos nos n.os 1 e 2 não se esgotam por qualquer acto de comunicação ao público ou de colocação à disposição do público, contemplado no presente artigo.

ARTIGO 4.º

Direito de distribuição

1 – Os Estados-Membros devem prever a favor dos autores, em relação ao original das suas obras ou respectivas cópias, o direito exclusivo de autorizar ou proibir qualquer forma de distribuição ao público através de venda ou de qualquer outro meio.

2 – O direito de distribuição não se esgota, na Comunidade, relativamente ao original ou às cópias de uma obra, excepto quando a primeira venda ou qualquer outra forma de primeira transferência da propriedade desse objecto, na Comunidade, seja realizada pelo titular do direito ou com o seu consentimento.

ARTIGO 5.º

Excepções e limitações

1 – Os actos de reprodução temporária referidos no artigo 2.º, que sejam transitórios ou episódicos, que constituam parte integrante e essencial de um processo tecnológico e cujo único objectivo seja permitir:

a) Uma transmissão numa rede entre terceiros por parte de um intermediário, ou
b) Uma utilização legítima de uma obra ou de outro material a realizar, e que não tenham, em si, significado económico, estão excluídos do direito de reprodução previsto no artigo 2.o

2 – Os Estados-Membros podem prever excepções ou limitações ao direito de reprodução previsto no artigo 2.o nos seguintes casos:

a) Em relação à reprodução em papel ou suporte semelhante, realizada através de qualquer tipo de técnica fotográfica ou de qualquer outro processo com efeitos semelhantes, com excepção das partituras, desde que os titulares dos direitos obtenham uma compensação equitativa;

b) Em relação às reproduções em qualquer meio efectuadas por uma pessoa singular para uso privado e sem fins comerciais directos ou indirectos, desde que os titulares dos direitos obtenham uma compensação equitativa que tome em conta a aplicação ou a não aplicação de medidas de carácter tecnológico, referidas no artigo 6.o, à obra ou outro material em causa;
c) Em relação a actos específicos de reprodução praticados por bibliotecas, estabelecimentos de ensino ou museus acessíveis ao público, ou por arquivos, que não tenham por objectivo a obtenção de uma vantagem económica ou comercial, directa ou indirecta;
d) Em relação a gravações efémeras de obras realizadas por organismos de radiodifusão pelos seus próprios meios e para as suas próprias emissões; poderá ser permitida a conservação destas reproduções em arquivos oficiais por se revestirem de carácter excepcional de documentário;
e) Em relação às reproduções de transmissões radiofónicas, por instituições sociais com objectivos não comerciais, tais como hospitais ou prisões, desde que os titulares de direitos recebam uma compensação justa.

3 – Os Estados-Membros podem prever excepções ou limitações aos direitos previstos nos artigos 2.º e 3.º nos seguintes casos

a) Utilização unicamente com fins de ilustração para efeitos de ensino ou investigação científica, desde que seja indicada, excepto quando tal se revele impossível, a fonte, incluindo o nome do autor e, na medida justificada pelo objectivo não comercial que se pretende atingir;
b) Utilização a favor de pessoas portadoras de deficiências, que esteja directamente relacionada com essas deficiências e que apresente carácter não comercial, na medida exigida por cada deficiência específica;
c) Reprodução pela imprensa, comunicação ao público ou colocação à disposição de artigos publicados sobre temas de actualidade económica, política ou religiosa ou de obras radiodifundidas ou outros materiais da mesma natureza, caso tal utilização não seja expressamente reservada e desde que se indique a fonte, incluindo o nome do autor, ou utilização de obras ou outros materiais no âmbito de relatos de acontecimentos de actualidade, na medida justificada pelas necessidades de informação desde que seja indicada a fonte, incluindo o nome do autor, excepto quando tal se revele impossível;

d) Citações para fins de crítica ou análise, desde que relacionadas com uma obra ou outro material já legalmente tornado acessível ao público, desde que, excepto quando tal se revele impossível, seja indicada a fonte, incluindo o nome do autor, e desde que sejam efectuadas de acordo com os usos e na medida justificada pelo fim a atingir;

e) Utilização para efeitos de segurança pública ou para assegurar o bom desenrolar ou o relato de processos administrativos, parlamentares ou judiciais;

f) Citações para fins de crítica ou análise, desde que relacionadas com uma obra ou outro material já legalmente tornado acessível ao público, desde que, excepto quando tal se revele impossível, seja indicada a fonte, incluindo o nome do autor, e desde que sejam efectuadas de acordo com os usos e na medida justificada pelo fim a atingir;

g) Utilização em celebrações de carácter religioso ou celebrações oficiais por uma autoridade pública;

h) Utilização de obras, como, por exemplo, obras de arquitectura ou escultura, feitas para serem mantidas permanentemente em locais públicos;

i) Inclusão episódica de uma obra ou outro material protegido noutro material;

j) Utilização para efeitos de publicidade relacionada com a exibição pública ou venda de obras artísticas na medida em que seja necessária para promover o acontecimento, excluindo qualquer outra utilização comercial;

k) Utilização para efeitos de caricatura, paródia ou pastiche;

l) Utilização relacionada com a demonstração ou reparação de equipamentos;

m) Utilização de uma obra artística sob a forma de um edifício, de um desenho ou planta de um edifício para efeitos da sua reconstrução;

n) Utilização por comunicação ou colocação à disposição, para efeitos de investigação ou estudos privados, a membros individuais do público por terminais destinados para o efeito nas instalações dos estabelecimentos referidos na alínea c) do n.º 2, de obras e outros materiais não sujeitos a condições de compra ou licenciamento que fazem parte das suas colecções;

o) Utilização em certos casos de menor importância para os quais já existam excepções ou limitações na legislação nacional, desde

que a aplicação se relacione unicamente com a utilização não-
-digital e não condicione a livre circulação de bens e serviços na
Comunidade, sem prejuízo das excepções e limitações que
constam do presente artigo.

4 – Quando os Estados-Membros possam prever uma excepção ou
limitação ao direito de reprodução por força dos n.ᵒˢ 2 ou 3 do presente
artigo, poderão igualmente prever uma excepção ou limitação ao direito
de distribuição referido no artigo 4.º na medida justificada pelo objectivo
do acto de reprodução autorizado.

5 – As excepções e limitações contempladas nos n.ᵒˢ 1, 2, 3 e 4 só
se aplicarão em certos casos especiais que não entrem em conflito com
uma exploração normal da obra ou outro material e não prejudiquem
irrazoavelmente os legítimos interesses do titular do direito.

CAPÍTULO III

Protecção das Medidas de Carácter Tecnológico e das Informações para a Gestão dos Direitos

Artigo 6.º

Obrigações em relação a medidas de carácter tecnológico

1 – Os Estados-Membros assegurarão protecção jurídica adequada
contra a neutralização de qualquer medida eficaz de carácter tecnológico
por pessoas que saibam ou devam razoavelmente saber que é esse o seu
objectivo.

2 – Os Estados-Membros assegurarão protecção jurídica adequada
contra o fabrico, a importação, a distribuição, a venda, o aluguer, a publicidade para efeitos de venda ou de aluguer, ou a posse para fins comerciais
de dispositivos, produtos ou componentes ou as prestações de serviços
que:

a) Sejam promovidos, publicitados ou comercializados para
neutralizar a protecção; ou
b) Só tenham limitada finalidade comercial ou utilização para além
da neutralização da protecção, ou
c) Sejam essencialmente concebidos, produzidos, adaptados ou
executados com o objectivo de permitir ou facilitar a neutralização
da protecção de medidas de carácter tecnológico eficazes.

3. Para efeitos da presente directiva, por "medidas de carácter tecnológico" entende-se quaisquer tecnologias, dispositivos ou componentes que, durante o seu funcionamento normal, se destinem a impedir ou restringir actos, no que se refere a obras ou outro material, que não sejam autorizados pelo titular de um direito de autor ou direitos conexos previstos por lei ou do direito sui generis previsto no capítulo III da Directiva 96//9/CE. As medidas de carácter tecnológico são consideradas "eficazes" quando a utilização da obra ou de outro material protegido seja controlada pelos titulares dos direitos através de um controlo de acesso ou de um processo de protecção, como por exemplo a codificação, cifragem ou qualquer outra transformação da obra ou de outro material protegido, ou um mecanismo de controlo da cópia, que garanta a realização do objectivo de protecção.

4. Não obstante a protecção jurídica prevista no n.o 1, na falta de medidas voluntárias tomadas pelos titulares de direitos, nomeadamente de acordos entre titulares de direitos e outras partes interessadas, os Estados-Membros tomarão as medidas adequadas para assegurar que os titulares de direitos coloquem à disposição dos beneficiários de excepções ou limitações previstas na legislação nacional, nos termos das alíneas a), c), d), e e) do n.º 2 do artigo 5.º e das alíneas a), b) ou e) do n.º 3 do artigo 5.º, os meios que lhes permitam beneficiar dessa excepção ou limitação, sempre que os beneficiários em questão tenham legalmente acesso à obra ou a outro material protegido em causa. Um Estado-Membro pode igualmente tomar essas medidas relativamente a um beneficiário de uma excepção ou limitação prevista em conformidade com a alínea b) do n.º 2 do artigo 5.º, a menos que a reprodução para uso privado já tenha sido possibilitada por titulares de direitos na medida necessária para permitir o benefício da excepção ou limitação em causa e em conformidade com o disposto no n.º 2, alínea b), e no n.º 5 do artigo 5.º, sem impedir os titulares dos direitos de adoptarem medidas adequadas relativamente ao número de reproduções efectuadas nos termos destas disposições. As medidas de carácter tecnológico aplicadas voluntariamente pelos titulares de direitos, incluindo as aplicadas em execução de acordos voluntários, e as medidas de carácter tecnológico aplicadas em execução das medidas tomadas pelos Estados-Membros devem gozar da protecção jurídica prevista no n.º 1.

O disposto no primeiro e segundo parágrafos não se aplica a obras ou outros materiais disponibilizado ao público ao abrigo de condições contratuais acordadas e por tal forma que os particulares possam ter acesso àqueles a partir de um local e num momento por eles escolhido.

O presente número aplica-se mutatis mutandis às Directivas 92/100/CEE e 96/9/CE.

Artigo 7.º
Obrigações em relação a informações para a gestão dos direitos

1 – Os Estados-Membros assegurarão uma protecção jurídica adequada contra qualquer pessoa que, com conhecimento de causa, pratique, sem autorização, um dos seguintes actos:

a) Supressão ou alteração de quaisquer informações electrónicas para a gestão dos direitos;
b) Distribuição, importação para distribuição, radiodifusão, comunicação ao público ou colocação à sua disposição de obras ou de outro material protegido nos termos da presente directiva ou do capítulo III da Directiva 96/9/CE das quais tenham sido suprimidas ou alteradas sem autorização informações electrónicas para a gestão dos direitos, sabendo ou devendo razoavelmente saber que ao fazê-lo está a provocar, permitir, facilitar ou dissimular a violação de um direito de autor ou de direitos conexos previstos por lei ou do direito sui generis previsto no capítulo III da Directiva 96/9/CE.

2 – Para efeitos da presente directiva, por "informações para a gestão dos direitos", entende-se qualquer informação, prestada pelos titulares dos direitos, que identifique a obra ou qualquer outro material protegido referido na presente directiva ou abrangido pelo direito sui generis previsto no capítulo III da Directiva 96/9/CE, o autor ou qualquer outro titular de direito relativamente à obra ou outro material protegido, ou ainda informações acerca das condições e modalidades de utilização da obra ou do material protegido, bem como quaisquer números ou códigos que representem essas informações. O primeiro parágrafo aplica-se quando qualquer destes elementos de informação acompanhe uma cópia, ou apareça no contexto da comunicação ao público de uma obra ou de outro material referido na presente directiva ou abrangido pelo direito sui generis previsto no capítulo III da Directiva 96/9/CE.

Disposições Comuns

Artigo 8.º

Sanções e vias de recurso

1 – Os Estados-Membros devem prever as sanções e vias de recurso adequadas para as violações dos direitos e obrigações previstas na presente directiva e tomar todas as medidas necessárias para assegurar a aplicação efectiva de tais sanções e vias de recurso. As sanções previstas devem ser eficazes, proporcionadas e dissuasivas.

2 – Os Estados-Membros tomarão todas as medidas necessárias para assegurar que os titulares dos direitos cujos interesses sejam afectados por uma violação praticada no seu território possam intentar uma acção de indemnização e/ou requerer uma injunção e, quando adequado, a apreensão do material ilícito, bem como dos dispositivos, produtos ou componentes referidos no n.º 2 do artigo 6.º

3 – Membros deverão garantir que os titulares dos direitos possam solicitar uma injunção contra intermediários cujos serviços sejam utilizados por terceiros para violar um direito de autor ou direitos conexos.

Artigo 9.º

Continuação da aplicação de outras disposições legal

O disposto na presente directiva não prejudica as disposições relativas nomeadamente às patentes, marcas registadas, modelos de utilidade, topografias de produtos semi-condutores, caracteres tipográficos, acesso condicionado, acesso ao cabo de serviços de radiodifusão, protecção dos bens pertencentes ao património nacional, requisitos de depósito legal, legislação sobre acordos, decisões ou práticas concertadas entre empresas e concorrência desleal, segredo comercial, segurança, confidencialidade, protecção dos dados pessoais e da vida privada, acesso aos documentos públicos e o direito contratual.

Artigo 10.º

Aplicação no tempo

1 – As disposições da presente directiva são aplicáveis a todas as obras e outro material referidos na presente directiva que, em 22 de

Dezembro de 2002, se encontrem protegidos pela legislação dos Estados-
-Membros em matéria de direito de autor e direitos conexos preencham
os critérios de protecção nos termos da presente directiva ou nas disposições
referidas no n.º 2 do artigo 1.

2 – A presente directiva é aplicável sem prejuízo de quaisquer actos
concluídos e de direitos adquiridos até 22 de Dezembro de 2002.

Artigo 11.º

Adaptações técnicas

1 – A Directiva 92/100/CEE é alterada do seguinte modo:

a) É revogado o artigo 7.o
b) O n.º 3 do artigo 10.º passa a ter a seguinte redacção: "3. Estas
limitações só podem ser aplicadas a certos casos especiais que
não entrem em conflito com uma exploração normal da obra ou
do outro material e não prejudiquem irrazoavelmente os legítimos
interesses do titular do direito."

2 – O n.º 2 do artigo 3.º da Directiva 93/98/CEE passa a ter a
seguinte redacção: "2. Os direitos dos produtores de fonogramas caducam
cinquenta anos após a fixação. No entanto, se o fonograma for legalmente
publicado durante este período, os direitos caducam cinquenta anos após
a data da primeira publicação. Se o fonograma não for legalmente publicado
durante o período acima referido e se o fonograma tiver sido legalmente
comunicado ao público durante o mesmo período, os direitos caducam
cinquenta anos após a data da primeira comunicação legal ao público.
Todavia, quando devido ao termo da protecção concedida ao abrigo do
presente número, na versão anterior à alteração introduzida pela Directiva
2001/29/CE do Parlamento Europeu e do Conselho, de 22 de Maio de
2001, relativa à harmonização de certos aspectos do direito de autor e dos
direitos conexos na sociedade da informação(11), os direitos de produtores
de fonogramas deixarem de estar protegidos até 22 de Dezembro de
2002, o presente número não terá por efeito proteger de novo esses
direitos.

Artigo 12.º

Aplicação

1 – O mais tardar até 22 de Dezembro de 2004, e posteriormente
de três em três anos, a Comissão apresentará ao Parlamento Europeu, ao

Conselho e ao Comité Económico e Social um relatório sobre a aplicação da presente directiva, no qual, nomeadamente, com base nas informações específicas transmitidas pelos Estados-Membros, será examinada em especial a aplicação dos artigos 5.º, 6.º e 8.º à luz do desenvolvimento do mercado digital. No caso do artigo 6.º examinará, em especial, se este artigo confere um nível de protecção suficiente e se os actos permitidos por lei estão a ser afectados negativamente pela utilização de medidas de carácter tecnológico efectivas. Quando necessário, em especial, para assegurar o funcionamento do mercado interno previsto no artigo 14.º do Tratado, a Comissão apresentará propostas de alteração da presente directiva.

2 – A protecção dos direitos conexos ao direito de autor ao abrigo da presente directiva não afecta nem prejudica de modo algum a protecção dos direitos de autor.

3 – É instituído um Comité de Contacto. Este Comité será composto por representantes das entidades competentes dos Estados-Membros e presidido por um representante da Comissão. O Comité reunirá quer por iniciativa do seu presidente, quer a pedido da delegação de um Estado-Membro.

4 – As funções do Comité são as seguintes:

a) Examinar o impacto da presente directiva no funcionamento do mercado interno e realçar eventuais dificuldades;
b) Organizar consultas sobre todas as questões decorrentes da aplicação da presente directiva;
c) Facilitar o intercâmbio de informações sobre a evolução pertinente em matéria de legislação e de jurisprudência, bem como no domínio económico, social, cultural e tecnológico;
d) Funcionar como um fórum de avaliação do mercado digital das obras e dos outros objectos, incluindo a cópia privada e a utilização de medidas técnicas.

Artigo 13.º

Disposições finais

1 – Os Estados-Membros porão em vigor as disposições legislativas, regulamentares e administrativas necessárias para darem cumprimento à presente directiva até 22 de Dezembro de 2002. Informarão imediatamente desse facto a Comissão. Sempre que os Estados-Membros adoptarem tais disposições, estas devem incluir uma referência à presente directiva ou

ser acompanhadas dessa referência aquando da publicação oficial. As modalidades da referência serão adoptadas pelos Estados-Membros.

2 – Os Estados-Membros comunicarão à Comissão o texto das disposições de direito interno que adoptarem no domínio abrangido pela presente directiva.

Artigo 14.º

Entrada em vigor

A presente directiva entra em vigor no dia da sua publicação no Jornal Oficial das Comunidades Europeias.

Artigo 15.º

Destinatários

Os Estados-Membros são destinatários da presente directiva

3. LEGISLAÇÃO COMPLEMENTAR

Decreto-Lei n.º 150/82
de 29 de Abril

O Código do Direito de Autor vigente consagra o princípio de que cabe ao Estado velar pela integridade das obras caídas no domínio público e o Decreto-Lei n.º 393/80 veio atribuir à Secretaria de Estado da Cultura tal tarefa de defesa de uma importante parte do património cultural português.

Todavia, a par da definição dos mecanismos adequados à defesa da integridade e da genuinidade das obras nacionais caídas no domínio público, tal diploma consagra princípios que não satisfazem plenamente os fins visados. É o caso do estabelecimento de taxas a cobrar pela utilização ou publicação das obras caídas no domínio público.

Com efeito, e desde logo, o pagamento de tais taxas constitui uma emergência de justificação duvidosa perante o princípio da livre circulação das obras, extinto que seja o vínculo que as liga aos autores ou titulares dos respectivos direitos de carácter patrimonial. Além disso, no curto lapso de tempo de vigência do mencionado decreto-lei, bem como dos Decretos-Leis n.ºs 53/80 e 54/80, de 26 de Março, que ele revogou, pode-se concluir que as receitas arrecadadas com a cobrança das referidas taxas podem não justificar inteiramente os encargos de um serviço próprio para o efeito.

Acresce, por outro lado, que o cumprimento dessa exigência não deixou de onerar obras que muito importa divulgar, isto porque as responsáveis pela sua publicação ou utilização repercutiram nos respectivos preços os encargos que com elas suportaram, bem como as demais despesas a que tal observância legal deu lugar.

Deste modo, o presente decreto-lei mantém toda a matéria constante do Decreto-Lei n.º 393/80, afastando, todavia, os aspectos que a prática e as razões acima invocadas mostraram não ser de acatar.

O Governo decreta, nos termos do alínea a) do n.º 1 do artigo 201.º da Constituição, o seguinte:

Artigo 1.º

1 – Compete ao Ministério da Cultura e Coordenação Científica a defesa da Integridade e genuinidade das obras intelectuais caídas no domínio público.

2 – O Ministério da Cultura e Coordenação Científica poderá também zelar pela integridade e genuinidade das obras que ainda não tenham caído no domínio público, quando aquelas se mostrem ameaçadas ou sejam violadas e os titulares dos respectivos direitos, notificados para os exercer, o não fizerem sem motivo atendível.

Artigo 2.º

1 – A publicação ou utilização, por qualquer meio ou em qualquer suporte, das obras intelectuais nacionais caídas no domínio público por quaisquer pessoas singulares ou colectivas não carece de autorização prévia, mas só poderá fazer-se desde que:

a) Seja mencionado o nome do autor, quando conhecido;
b) Sejam respeitadas a integridade e a genuinidade das obras.

2 – No caso de tradução, adaptação, transposição, arranjo, resumo, sinopse ou qualquer outra forma de alteração da obra original é obrigatória a respectiva declaração.

Artigo 3.º

Quando se suscitarem dúvidas sobre o respeito pela genuinidade e integridade da obra intelectual, poderá ser solicitado parecer à Direcção-Geral dos Espectáculos e do Direito de Autor e ao Instituto Português do Livro.

Artigo 4.º

1 – O incumprimento do disposto no presente diploma será punido nos termos dos números seguintes, devendo a graduação da multa, quando

a ela houver lugar, fazer-se de harmonia com a natureza, gravidade e circunstâncias da infracção, os antecedentes do infractor e a sua capacidade económica.

2 – Quando não forem respeitadas as alíneas a) e b) do n.º 1 do artigo 2.º haverá lugar ao pagamento de multa de 20 000$ a 150 000$.

3 – Incumbe à Direcção-Geral dos Espectáculos e do Direito de Autor organizar e instruir os processos relativos às infracções previstas no número anterior e ao director-geral dos Espectáculos e do Direito de Autor compete fixar o quantitativo da multa a aplicar.

4 – O produto das multas referidas no número anterior reverterá integralmente para o Estado.

Artigo 5.º

É revogado o Decreto n.º 393/80, de 25 de Setembro.

Artigo 6.º

Este diploma entra em vigor no dia 1 de Janeiro de 1983.

Decreto-Lei n.º 39/88
de 6 de Fevereiro

Após mais de dois anos de aplicação do Decreto-Lei n.º 306/85, de 29 de Julho, poderá dizer-se que os seus objectivos essenciais foram atingidos, tendo-se reduzido drasticamente o número de videogramas ilegais que, à data da publicação daquele diploma, inundavam o mercado.

No entanto, não se pode atender apenas aos resultados alcançados, já que periodicamente surgem novas práticas lesivas dos direitos dos autores, produtores e estações de radiodifusão visual.

No que se refere ao mercado de videogramas, importa discipliná-lo melhor, aperfeiçoando mecanismos dissuasores de comportamentos ilícitos. É o que se pretende com o presente diploma, resultado da revisão global do Decreto-Lei n.º 306/85, de 29 de Julho, agora revogado, consagrando-se, entre outras, medidas tendentes a aumentar-lhe a eficácia e inerente rapidez processual, a melhor definir as competências fiscalizadoras do pessoal da Direcção-Geral dos Espectáculos e do Direito de Autor, a harmonizá-lo com o Código do Direito de Autor e dos Direitos Conexos, a dar um tratamento legal idêntico a filmes e videogramas, independentemente da respectiva classificação.

Por outro lado, define-se claramente em que condições é possível a exibição pública de videogramas que até agora se tem vindo a efectuar anarquicamente em cafés, bares e discotecas, utilizando suportes que normalmente são autorizados exclusivamente para uso doméstico, lesando assim os detentores dos direitos e fazendo-se concorrência desleal às salas de cinema.

Assim:

O Governo decreta nos termos da alínea a) do n.º 1 do artigo 201.º da Constituição, o seguinte:

Artigo 1º

1 – Videograma é o registo resultante da fixação, em suporte material, de imagens, acompanhadas ou não de sons, bem como a cópia de obras cinematográficas ou audiovisuais.

2 – Para os fins previstos no n.º 2 do artigo 190.º do Código do Direito de Autor e dos Direitos Conexos, considera-se equivalente à primeira fixação a reprodução feita em território português de matrizes ou originais mesmo que importados temporariamente.

Artigo 2.º [479]

O exercício da actividade das empresas importadoras e distribuidoras de filmes e videogramas e, bem assim, da edição, reprodução, distribuição, venda, aluguer ou troca de videogramas fica sujeito à superintendência da Direcção-Geral dos Espectáculos (DGESP) [480], aplicando-se o disposto no n.º 1 do artigo 24.º do Decreto-Lei n.º 315/95 de 28 de Novembro.

---

[479] Redacção conferida pelo DL 315/95
[480] As referências à DGESP ou DGEDA, no presente diploma, devem entender-se como feitas à IGAC.

Artigo 3.º

1 – A distribuição, sob qualquer forma, nomeadamente o aluguer e venda, e a exibição pública de videogramas ficam dependentes da classificação a atribuir pela Comissão de Classificação de Espectáculos.[481]

2 – A classificação a que se refere o número anterior será atribuída a requerimento dos titulares dos direitos de exploração do videograma destinado a distribuição ou exibição pública.

3 – O requerimento, apresentado à DGEDA, será acompanhado de um exemplar do videograma a classificar, legendado ou dobrado em português e instruído dos seguintes elementos:[482]

- *a)* Título original e em português, ficha técnica e artística, resumo do conteúdo e nome do tradutor das legendas;
- *b)* Número de exemplares a distribuir;
- *c)* Data de produção e país de origem;
- *d)* Documentos comprovativos da titularidade dos direitos de exploração;
- *e)* Capa do videograma.

Artigo 4.º [483]

1 – Sem prejuízo do disposto no artigo 3.º, quando o conteúdo do videograma seja uma reprodução de obra cinematográfica já classificada, a DGEDA atribuirá àquele a mesma classificação.

2 – Serão obrigatoriamente submetidos a nova classificação os videogramas que sejam reprodução de obras cinematográficas classificadas antes da entrada em vigor do Decreto-Lei n.º 396/82, de 21 de Setembro.

3 – É aplicável aos tradutores de legendas de videogramas o disposto no n.º 1 do artigo 58.º do Decreto-Lei n.º 42660, de 20 de Novembro de 1959.[484]

---

[481] Vide art.º 14.º, n.º 1.

[482] A prática, derivada da abertura dos mercados, com a importação crescente de videogramas em versão original, tornou inexequível a obrigatoriedade de legendagem. Sobre este assunto veja-se o art.º 129.º CDADC e o art.º 24.º DL 350/93.

[483] Vide art.º 14.º, n.º 4.

[484] Esta norma obrigava ao registo na Direcção-Geral dos Espectáculos dos tradutores de legendas de filmes. Deixou de se aplicar ao ser revogada pelo DL 315//95.

Artigo 5.º

1 – A DGEDA fixará em cada videograma classificado uma etiqueta de modelo a aprovar por portaria [485] do membro do Governo responsável pela área da cultura, na qual constará:

a) O Título do videograma;
b) A classificação;
c) O Número de registo;
d) O Número da cópia.

2 – O custo da etiqueta será fixado na portaria referida no n.º 1.[486]

Artigo 6.º

É obrigatória a transcrição impressa da classificação e do número do registo no canto inferior esquerdo da capa do videograma.

Artigo 7.º

1 – Pela classificação de cada videograma será devida uma taxa, de valor a fixar anualmente por portaria conjunta do Ministro das Finanças e do membro do Governo responsável pela área da cultura.[487]

2 – No caso de videogramas classificados como pornográficos, o valor da taxa devida será o que resulta da multiplicação do valor referido no número anterior pelo coeficiente 20 ou pelo coeficiente 8, nos casos previstos no n.º 1 do artigo 4.º.

3 – Nos restantes casos que caibam na previsão do n.º 1 do artigo 4.º, o valor da taxa devida será o que resulte da multiplicação do valor referido no n.º 1 pelo coeficiente 0,2.

4 – Os videogramas classificados de qualidade ficam isentos de taxa.

5 – Os pagamentos das taxas referidas nos n.ᵒˢ 1, 2 e 3 e das etiquetas referidas no artigo 5.º é feito na Caixa Geral de Depósitos por meio de guia passada pela DGEDA, constituindo receita do Fundo de Fomento Cultural.

---

[485] P 321/98
[486] 0,18 €
[487] O valor da taxa é de 7,48 € nos termos da Portaria n.º 531/90 de 10 de Julho

ARTIGO 8.º [488]

Os videogramas classificados de pornográficos só poderão conter na sua capa ou invólucro exterior, além dos elementos referidos no artigo 6.º, o título e o nome, símbolo ou marca do distribuidor.

ARTIGO 9.º [489]

Nos estabelecimentos onde se exerçam as actividades referidas no artigo 2.º é vedada a venda ou aluguer de videogramas com o conteúdo previsto no n.º 1 do artigo 1.º do Decreto-Lei n.º 254/76,[490] de 7 de Abril, a menores de 18 anos.

ARTIGO 10.º

1 – A exibição pública de videograma é considerada espectáculo ou divertimento público para todos os efeitos legais.
....[491]

4 – Só é permitida a exibição pública dos videogramas para tal efeito licenciados, os quais serão identificados pela aposição da letra E a seguir ao número de registo e sem prejuízo da autorização dos autores ou seus representantes.

5 – Para os efeitos previstos neste diploma é também considerada exibição pública a difusão de videogramas a partir de uma mesma origem, nomeadamente o vídeo comunitário.

ARTIGO 11.º [492]

As entidades que exerçam as actividades referidas no artigo 2.º devem ter actualizados os documentos que permitam estabelecer a origem e destino dos videogramas.

---

[488] Vide art.º 14.º, n.º 2.
[489] id.
[490] O Artigo 2.º do Decreto-Lei n.º 254/76 de 7 de Abril dispõe que: *"1. – A exposição e venda de objectos e meios referidos no n.º 1 do artigo antecedente só é permitida no interior de estabelecimentos que se dediquem exclusivamente a esse tipo de comércio, devidamente licenciados, em termos a regulamentar. 2. – A venda referida no número antecedente é vedada a ou por menores de 18 anos"*
[491] Números 2 e 3 revogados pelo DL 350/93
[492] Vide art.º 14.º, n.º 4.

Artigo 12.º

A fiscalização do cumprimento das disposições constantes no presente diploma compete à DGEDA e a todas as autoridades policiais e administrativas.

Artigo 13.º

O pessoal de inspecção da DGEDA goza dos poderes de fiscalização previstos no Código do Direito de Autor, nomeadamente os referidos nos artigos 143.º e 201.º [493]

Artigo 14.º

1 – O videograma não classificado considera-se ilegalmente produzido e a sua distribuição ou exibição pública será punida com coimas de 100.000$ a 1.000.000$.
2 – Serão punidas com coimas entre os mesmos limites as infracções ao disposto nos artigos 8.º e 9.º.
3 – Serão punidas com coimas de 200.000$ a 2.000.000$ as infracções ao disposto no n.º 3 do artigo 10.º [494]
4 – Serão punidas com coimas de 5.000$ a 50.000$ as infracções ao disposto nos artigos 6.º e 11.º.
5 – Os videogramas ilegalmente produzidos serão apreendidos e perdidos a favor do Estado sem direito a indemnização, salvo nos casos previstos no artigo 26.º do Decreto-Lei n.º 433/82, de 27 de Outubro.
6 – Também serão objecto de apreensão e perdidos a favor do Estado os videogramas que não obedeçam ao estabelecido no artigo 8.º.
7 – Serão igualmente apreendidos e perdidos a favor do Estado os materiais, equipamentos e documentos utilizados na prática das infracções ou a elas destinados.
8 – Os videogramas, materiais e equipamentos referidos nos n.os 4, 5 e 6 serão confiados à DGEDA, que decidirá do seu destino, guiando-se pelo critério do interesse público.

---

[493] Vide art.º 31.º DL 80/97.
[494] Revogado

Artigo 15.º

1 – É competente para aplicação das coimas e sanções acessórias previstas no presente diploma o director-geral dos Espectáculos e do Direito de Autor.

2 – O montante das coimas reverte para o Fundo de Fomento Cultural.

Artigo 16.º

É revogado o Decreto-Lei n.º 306/85, de 29 de Julho.

Portaria n.º 531/90
de 10 de Julho

Manda o Governo, pelo Ministro das Finanças e pelo Secretário de Estado da Cultura, nos termos e para os efeitos previstos no n.º 1 do artigo 7.º do Decreto-Lei n.º 39/88, de 6 de Fevereiro, fixar em 7 500$ o valor da taxa devida pela classificação de cada videograma.

Portaria n.º 32-A/98
de 19 de Janeiro

Considerando o disposto no artigo 5.º do Decreto-Lei n.º 39/88, de 6 de Fevereiro:

Manda o Governo, pelo Ministro da Cultura, o seguinte:

1.º – Para os fins previstos no n.º 1 do artigo 3.º e sem prejuízo do n.º 4 do artigo 10.º do Decreto Lei n.º 39/88, de 6 de Fevereiro, a etiqueta a afixar em cada videograma classificado será do modelo anexo, de edição exclusiva da Imprensa Nacional – Casa da Moeda, com as seguintes características:

Dimensões: 18 mm x 110 mm:
Impressão: fundo microscópico de cor azul com a inscrição «Inspecção-Geral das Actividades Culturais»;
Texto moldura em *offset*;
Holograma estampado com as iniciais M/C e, em fundo, M/C IGAC;
Inclusão de um campo invisível;
Legendas e moldura em *offset* a preto;
Papel autocolante.

2.º – A etiqueta a afixar nos videogramas classificados como destinados exclusivamente à venda directa ao público terá as características referidas no número anterior, mas em fundo *offset* de cor vermelha, com a frase em diagonal e de cor verde, «Interdito o Aluguer».

3.º – Por cada etiqueta, a Inspecção-Geral das Actividades Culturais cobrará a importância de 36$.

4.º – Ficam revogadas as Portarias n.os 936/90, de 4 de Outubro, e 1397/95, de 23 de Novembro.

Despacho n.º 5564/99 (2ª série)
de 18 de Março

Tendo em atenção o regime consagrado no Decreto-Lei n.º 39/88, de 6 de Fevereiro, nomeadamente:

a) Que a distribuição, sob qualquer forma, nomeadamente o aluguer e venda, e a exibição pública de videogramas estão dependentes da classificação a atribuir pela Comissão de Classificação de Espectáculos (v. n.º 1 do artigo 3.º); e

b) Que cada videograma classificado pela Inspecção-Geral das Actividades Culturais (IGAC) é autenticado com uma etiqueta de modelo aprovado por portaria do membro do Governo responsável pela área da cultura (v. n.º 1 do artigo 5.º);

Considerando a definição legal de videogramas, entendidos como o registo resultante da fixação, em suporte material, de imagens, acompanhadas ou não de sons, bem como a cópia de obras cinematográficas ou áudio-visuais (artigo 1.º do citado diploma), nela se incluindo não só as *videocassetes* mas igualmente os videogramas fixados em diferente tipo de suporte;

Considerando, relativamente a estes últimos, a crescente e rápida evolução do volume de mercado videográfico, aliada à crescente disponibilidade de meios tecnológicos que facilitam a reprodução nos mais variados suportes, não só de fonogramas mas também e, cada vez mais, de videogramas;

Considerando a necessidade, pelas razões expostas, de uma cada vez mais reforçada actuação protectora deste sector com vista a um eficaz combate à pirataria, indo ao encontro da satisfação dos legítimos interesses dos detentores dos direitos autorais e conexos, dos consumidores e do mercado videográfico em geral

Constantado que já não subsistem as razões que, à altura da entrada em vigor do regime descrito, fundamentaram a não aplicação de facto deste regime legal à totalidade dos videogramas, para além da actual classificação e autenticação das denominadas *videocassettes*;

Determino que, nos termos conjugados do estabelecido no Decreto-Lei n.º 39/88, de 6 de Fevereiro, e o Código do Direito de Autor e dos Direitos Conexos, todos os videogramas em qualquer suporte, designadamente *cartridges,* DVD em todas as especificações, incluindo DVD-Rom, CD em todas as suas especificações, incluindo CD-ROM, e disquetes deverão ser submetidos a registo e classificação pela IGAC, com efeitos a partir de 1 de Abril próximo futuro.

Para o efeito, notifiquem-se todas as entidades interessadas.

3 de Março de 1999. – O Inspector-Geral, *Carlos Pedro Fernandes*

Decreto-Lei n.º 227/89
de 8 de Julho

A comercialização ilegal do áudio-visual, vulgarmente denominada «pirataria», vem prejudicando os legítimos interesses do público consumidor, de autores, de produtores e editores, artistas, comerciantes e do próprio Estado.

O combate eficaz aos fonogramas ilegalmente reproduzidos ou comercializados não só defende os interesses legítimos dos intervenientes acima referidos como também elimina um factor que tem prejudicado, com graves consequências, a edição de música portuguesa. De facto, o editor ou produtor de fonogramas de música portuguesa que cumpre todas as obrigações legais, nomeadamente fiscais e autorais, quando edita o fonograma é colocado perante um mercado abastecido de cópias ilegais desse mesmo fonograma, produzidas sem qualquer daqueles custos e vendidas a preço muito inferior. Esta concorrência desleal é altamente desincentivadora da edição de fonogramas de autores e artistas portugueses.

A experiência positiva adquirida no combate à «pirataria» de videogramas, através dos Decretos-lei n.ᵒˢ 306/85, de 29 de Julho, e 39/88, de 6 de Fevereiro, aconselha a utilização de medidas semelhantes que se enquadram, aliás, no âmbito das preconizadas no recente *Livro Verde sobre Direito de Autor e o Desafio Tecnológico,* elaborado pela Comissão das Comunidades Europeias.

Com o presente diploma pretende-se, essencialmente, que as entidades fiscalizadoras distingam, com facilidade, o produto legal do ilegal, pelo que os fonogramas legalmente produzidos serão identificados com um selo a elaborar pela Imprensa Nacional-Casa da Moeda.

Foram ouvidos os órgãos de governo próprio das Regiões Autónomas dos Açores e da Madeira.

Assim:

Nos termos da alínea a) do n.º 1 do artigo 201.º da Constituição, o Governo decreta o seguinte:

Artigo 1.º [495]

1 – O exercício das actividades de importação, fabrico, produção, edição, distribuição e exportação de fonogramas, bem como da impressão das respectivas capas, fica sujeito à fiscalização da Direcção-Geral dos Espectáculos (DGESP), aplicando-se-lhe o disposto no n.º 1 do artigo 24.º do Decreto-Lei n.º 315/95 de 28 de Novembro.

2 – O presente diploma aplica-se apenas às denominadas *«cassettes áudio»*.

---

[495] Redacção conferida pelo DL 315/95

ARTIGO 2.º [496]

Os fonogramas, produzidos em Portugal ou importados, estão sujeitos a autenticação pela DGEDA, a requerer pelos titulares dos respectivos direitos de exploração.

Artigo 3.º

1 – Para efeitos do disposto no número anterior, os requerimentos serão instruídos com os seguintes elementos:

a) Documentação comprovativa da titularidade dos direitos de exploração;
b) Identificação das obras fixadas no fonograma e dos respectivos autores
c) Ficha artística;
d) Número de exemplares a distribuir;
e) Número de exemplares a fabricar ou duplicar, para efeitos do disposto no Artigo 7.º;
f) País de origem;
g) Ano da primeira publicação.

2 – A documentação a que alude a alínea a) do número anterior compreenderá a autorização dos autores das obras fixadas, dada por estes ou pelo organismo que legalmente os representa.

ARTIGO 4.º

A autenticação será conferido por selo, cujos modelos serão aprovados por portaria [497] do membro do Governo responsável pela área da cultura.

ARTIGO 5.º

1 – Pela autenticação de fonogramas é devida uma taxa que constitui receita do Fundo de Fomento Cultural.

2 – O montante da taxa a que se refere o número anterior é fixado por portaria conjunta [498] do Ministro das Finanças e do membro do Governo responsável pela área da cultura.

---

[496] Vide art.º 8.º, n.º 1.
[497] P 58/98
[498] P 801/94. O montante da taxa é de 0,20 €

ARTIGO 6.º [499]

As entidades que exerçam as actividades referidas no artigo 1.º devem manter actualizados os documentos que permitam estabelecer a origem e o destino dos fonogramas e dos selos.

ARTIGO 7.º [500]

As pessoas, singulares ou colectivas que fabricam exportam ou duplicam fonograma devem exibir cópia, autenticada pela DGEDA, do requerimento a que se refere o artigo 3.º, sempre que tal for solicitado pelas entidades referidas no artigo 9.º.

ARTIGO 8.º

1 – Os fonogramas não autenticados consideram-se ilegalmente produzidos e o seu armazenamento, comercialização ou simples exposição pública constitui contra-ordenação punível com a coima mínima de 40 000$ e máxima de 3.000.000$.
2 – Os fonogramas ilegalmente produzidos serão apreendidos e perdidos a favor do Estado sem direito a indemnização, salvo nos casos previstos no artigo 26.º do Decreto-Lei n.º 433/82 de 27 Outubro.
3 – A infracção ao disposto no artigo 6.º constitui contra-ordenação punível com a coima mínima de 40.000$ e máxima de 3.000.000$.
4 – A infracção ao disposto no artigo 7.º constitui contra-ordenação punível com a coima mínima de 40.000$ e máxima de 3.000.000$.
5 – Como sanção acessória, nos termos do Decreto-Lei n.º 433/82. de 27 de Outubro, poderão ser igualmente apreendidos e perdidos a favor do Estado os materiais, equipamentos e documentos utilizados na prática das infracções previstas nos artigos 2.º, 6.º e 7.º.
6 – Os fonogramas referidos nos números anteriores serão confiados à DGEDA.

ARTIGO 9.º

A fiscalização do cumprimento das disposições constantes no presente diploma compete à DGEDA e a todas as autoridades policiais e administrativas.

---

[499] Vide art.º 8.º, n.º 3.
[500] Vide art.º 8.º, n.º 4.

ARTIGO 10.º

É competente para aplicação das coimas e sanções acessórias previstas no presente diploma o director-geral dos Espectáculos e do Direito de Autor.

ARTIGO 11.º

O montante das coimas reverte para o Fundo de Fomento Cultural.

ARTIGO 12.º [501]

O pessoal de inspecção da DGEDA goza dos poderes de fiscalização previstos no Código do Direito de Autor.

ARTIGO 13.º

Os fonogramas já comercializados à data de entrada em vigor do presente diploma, ou que o venham a ser no prazo de 120 dias a contar daquela data, devem ser autenticados dentro do mesmo prazo.

ARTIGO 14.º

O disposto no presente diploma não prejudica as competências atribuídas aos serviços e órgãos de governo próprio das regiões autónomas.

ARTIGO 15.º

O presente diploma entra em vigor no dia 1 de Agosto de 1989.

---

[501] Vide arts 143.º e 201.º CDADC e art.º 31.º DL 80/97.

Portaria n.º 801/94
de 10 de Setembro

Considerando a desactualização da taxa devida pela autenticação de fonogramas:

Ao abrigo do artigo 5.º do Decreto-Lei n.º 227/89, de 8 de Julho:

Manda o Governo, pelos Secretários de Estado da Cultura e do Orçamento, o seguinte:

1.º É fixado em 40$ o valor da taxa devida pela autenticação de cada fonograma.

2.º É revogada a Portaria n.º 984/91, de 27 de Setembro.

Portaria n.º 58/98
de 6 de Fevereiro

Considerando o disposto no artigo 4.º do Decreto-Lei n.º 227/89, de 8 de Julho:

Manda o Governo, pelo Ministro da Cultura, o seguinte:

1.º São aprovados os modelos de selo a afixar nos fonogramas autenticados, de edição exclusiva da Imprensa Nacional-Casa da Moeda, os quais obedecerão às características seguintes:

1) Capas ou *lay-cards:*

Dimensões: em formato aberto 102 mm X 102 mm;
Numeração em código alfanumérico;
Impressão: na área de 13mm x 78mm de um fundo microscópico a cinza, com a inscrição repetida «Inspecção – Geral das Actividades Culturais»;
Na lombada terá um holograma estampado com as iniciais M//C e em fundo M/C IGAC;

Legendas a preto;
Inclusão de um campo invisível

2) *Cassettes* áudio importadas:
Dimensões: 13mm X 78 mm;
Numeração em código alfanumérico;
Impressão: fundo microscópico esverdeado, com a inscrição repetida «Inspecção–Geral das Actividades Culturais»;
Na lombada terá um holograma estampado com as iniciais M/ /C e em fundo M/C IGAC;
Legendas a preto;
Papel autocolante;
Inclusão de um campo invisível.

2.º Fica revogada a Portaria n.º 614/89, de 4 de Agosto.

Lei n.º 109/91
de 17 de Agosto

Lei da criminalidade informática

A Assembleia da Republica decreta, nos termos dos artigos 164.º, alínea d), 168.º, n.º 1, alínea c), e 169.º, n.º 3, da Constituição, o seguinte:

CAPITULO I
Princípios gerais

ARTIGO 1.º
Legislação penal

Aos crimes previstos na presente lei são subsidiariamente aplicáveis as disposições do Código Penal.

Artigo 2.º
Definições

Para efeitos da presente lei, considera-se:

a) Rede informática – um conjunto de dois ou mais computadores interconectados;
b) Sistema informático – um conjunto constituído por um ou mais computadores, equipamento periférico e suporte lógico que assegura o processamento de dados;
c) Programa informático – um conjunto de instruções capazes, quando inseridas num suporte explorável em máquina, de permitir à máquina que tem por funções o tratamento de informações indicar, executar ou produzir determinada função, tarefa ou resultado;
d) Topografia – uma série de imagens entre si ligadas, independentemente do modo como são fixadas ou codificadas, que representam a configuração tridimensional das camadas que compõem um produto semicondutor e na qual cada imagem reproduz o desenho ou parte dele de uma superfície do produto semicondutor, independentemente da fase do respectivo fabrico;
e) Produto semicondutor – a forma final ou intermédia de qualquer produto, composto por um substrato que inclua uma camada de material semicondutor e constituído por uma ou várias camadas de matérias condutoras, isolantes ou semicondutoras, segundo uma disposição conforme a uma configuração tridimensional e destinada a cumprir, exclusivamente ou não, uma função electrónica;
f) Intercepção – O acto destinado a captar informações contidas num sistema automatizado de dados, através de dispositivos electromagnéticos, acústicos, mecânicos ou outros;
g) Valor elevado – aquele que exceder 50 unidades de conta processual penal avaliadas no momento da prática do facto;
h) Valor consideravelmente elevado – aquele que exceder 200 unidades de conta processual penal avaliadas no momento da prática do facto.

Artigo 3.º
Responsabilidade penal das pessoas colectivas e equiparadas

1 – As pessoas colectivas, sociedades e meras associações de facto são penalmente responsáveis pelos crimes previstos na lei, quando

cometidos em seu nome e no interesse colectivo pelos seus órgãos ou representantes.

2 – A responsabilidade é excluída quando o agente tiver actuado contra ordens ou instruções expressas de quem de direito.

3 – A responsabilidade das entidades referidas no n.º 1 não exclui a responsabilidade individual dos respectivos agentes.

4 – As entidades referidas no n.º 1 respondem solidariamente, nos termos da lei civil, pelo pagamento das multas, indemnizações e outras prestações em que forem condenados os agentes das infracções previstas na presente lei.

CAPITULO II
Dos crimes ligados á informática

Artigo 4.º
Falsidade informática

1 – Quem, com intenção de provocar engano nas relações jurídicas, introduzir, modificar, apagar ou suprimir dados ou programas informáticos ou, por qualquer outra forma, interferir num tratamento informático de dados, quando esses dados ou programas sejam susceptíveis de servirem como meio de prova, de tal modo que a sua visualização produza os mesmos efeitos de um documento falsificado, ou, bem assim, os utilize para os fins descritos, será punido com pena de prisão até cinco anos ou multa de 120 a 600 dias.

2 – Nas mesmas penas incorre quem use documento produzido a partir de dados ou programas informatizados que foram objecto dos actos referidos no número anterior, actuando com intenção de causar prejuízo a outrem ou de obter um benefício ilegítimo, para si ou para terceiros.

3 – Se os factos referidos nos números anteriores forem praticados por funcionários no exercício das suas funções, a pena é de prisão de um a cinco anos.

Artigo 5.º
Danos relativo a dados ou programas informáticos

1 – Quem, sem para tanto estar autorizado, e actuando com intenção de causar prejuízo a outrem ou de obter um benefício ilegítimo para si

ou para terceiros, apagar, destruir, no todo ou em parte, danificar, suprimir ou tornar não utilizáveis dados ou programas informáticos alheios ou, por qualquer forma, lhes afectar a capacidade de uso será punido com pena de prisão até três anos ou pena de multa.

2 – A tentativa é punível.

3 – Se o dano causado for de valor elevado, a pena será a de prisão até 5 anos ou de multa até 600 dias.

4 – Se o dano causado for de valor consideravelmente elevado, a pena será a de prisão de 1 a 10 anos.

5 – Nos casos previstos nos n.ºs 1, 2 e 3 o procedimento penal depende da queixa.

Artigo 6.º

Sabotagem informática

1 – Quem introduzir, alterar, apagar ou suprimir dados ou programas informáticos ou, por qualquer outra forma, interferir em sistema informático, actuando com intenção de entravar ou perturbar o funcionamento de um sistema informático ou de comunicação de dados à distancia, será punido com pena de prisão até 5 anos ou com pena de multa até 600 dias.

2 – A pena será a de prisão de um a cinco anos se o dano emergente da perturbação for de valor elevado.

3 – A pena será a de prisão de 1 a 10 anos se o dano emergente da perturbação for de valor consideravelmente elevado.

Artigo 7.º

Acesso ilegítimo

1 – Quem, não estando para tanto autorizado e com a intenção de alcançar, para si ou para outrem, um beneficio ou vantagens ilegítimos, de qualquer modo aceder a um sistema ou rede informáticos será punido com pena de prisão até 1 ano ou com pena de multa até 120 dias.

2 – A pena será a de prisão até três anos ou multa se o acesso for conseguido através de violação de regras de segurança.

3 – A pena será a de prisão de um a cinco anos quando:

a) Através do acesso, o agente tiver tomado conhecimento de segredo comercial ou industrial ou de dados confidenciais, protegidos por lei;

b) O beneficio ou vantagem patrimonial obtidos forem de valor consideravelmente elevado.

4 – A tentativa é punível.

5 – Nos casos previstos nos n.ᵒˢ 1, 2 e 4 o procedimento penal depende de queixa.

ARTIGO 8.º
Intercepção ilegítima

1 – Quem, sem para tanto estar autorizado, e através de meios técnicos, interceptar comunicações que se processam no interior de um sistema ou rede informáticos, a eles destinadas ou deles provenientes, será punido com pena de prisão até três anos ou com pena de multa.

2 – A tentativa é punível.

ARTIGO 9.º
Reprodução ilegítima de programa protegido

1 – Quem, não estando para tanto autorizado, reproduzir, divulgar ou comunicar ao público um programa informático protegido por lei será punido com pena de prisão até três anos ou com pena de multa.[502]

2 – Na mesma pena incorre quem ilegitimamente reproduzir topografia de um produto semicondutor ou a explorar comercialmente ou importar, para estes fins, uma topografia ou um produto semicondutor fabricado a partir dessa topografia.

3 – A tentativa é punível.

ARTIGO 10.º
Penas aplicáveis às pessoas colectivas e equiparadas

1 – Pelos crimes previstos na presente lei são aplicáveis às pessoas colectivas e equiparadas as seguintes penas principais:

a) Admoestação;
b) Multa;
c) Dissolução.

2 – Aplica-se a pena de admoestação sempre nos termos gerais, tal pena possa ser aplicada a pessoa singular que, em representação e no interesse da pessoa colectiva ou equiparada, tiver praticado o facto.

---

[502] Cfr. Art.º 14.º, 1 DL 252/94

3 – Quando aplicar a pena de admoestação, o tribunal poderá aplicar cumulativamente a pena acessória de caução de boa conduta.

4 – Cada dia de multa corresponde a uma quantia entre 10 000$ e 200 000$, que o tribunal fixará em função da situação económica e financeira da pessoa colectiva ou equiparada e dos seus encargos.

5 – Se a multa for aplicada a uma entidade sem personalidade jurídica, respondera por ela o património comum e, na sua falta ou insuficiência, o património de cada um dos associados.

6 – A pena de dissolução só será aplicada quando os titulares dos órgãos ou representantes da pessoa colectiva ou sociedade tenham agido com a intenção exclusiva ou predominantemente, de, por meio de praticar os factos que integram os crimes previstos na presente lei ou quando a prática reiterada desses factos mostre que a pessoa colectiva ou sociedade está a ser utilizada para esse efeito, quer pelos seus membros quer por quem exerça a respectiva administração.

CAPITULO III
Penas acessórias

Artigo 11.º

Penas acessórias

Relativamente aos crimes previstos no presente diploma, podem ser aplicadas as seguintes penas acessórias:

a) Perda de bens;
b) Caução de boa conduta;
c) Interdição temporária de certas actividades ou profissões;
a) Encerramento temporário do estabelecimento;
e) Encerramento definitivo do estabelecimento;
j) Publicidade da decisão condenatória.

Artigo 12.º

Perda de bens

1 – O tribunal pode decretar a perda dos materiais, equipamentos ou dispositivos pertencentes à pessoa condenada que tiverem servido para a prática dos crimes previstos no presente diploma.

2 – A perda de bens abrange o lucro ilícito obtido com a prática da infracção.

3 – Se o tribunal apurar que o agente adquiriu determinados bens, empregando na sua aquisição dinheiro ou valores obtidos com a prática do crime, serão os mesmos também abrangidos pela decisão que decretar a perda.

Artigo 13.º
Caução de boa conduta

1 – A caução de boa conduta implica a obrigação de o agente depositar uma quantia em dinheiro, a fixar entre 10 000$ e 1 000 000$, à ordem do tribunal, pelo prazo fixado na decisão condenatória, por um período entre seis meses e dois anos.

2 – A caução de boa conduta deve, em regra, ser aplicada sempre que o tribunal condene em pena cuja execução declare suspensa.

3 – A caução será declarada perdida a favor do Estado se o agente praticar, por meio de informática, nova infracção no período fixado na sentença, pela qual venha a ser condenado, sendo-lhe restituída no caso contrário.

Artigo 14.º
Interdição temporária do exercício de certas actividades ou profissões

1 – A interdição temporária do exercício de certas actividades ou profissões pode ser decretada quando a infracção tiver sido cometida com flagrante e manifesto abuso da profissão ou no exercício de actividade que dependa de um título público ou de uma autorização ou homologação da autoridade pública.

2 – A duração da interdição tem um mínimo de dois meses e um máximo de dois anos.

3 – Incorre na pena do crime de desobediência qualificada quem, por si ou por interposta pessoa, exercer a profissão ou a actividade durante o período da interdição.

ARTIGO 15.º

Encerramento temporário do estabelecimento

1 – O encerramento temporário do estabelecimento pode ser decretado por um período mínimo de um mês e máximo de um ano, quando o agente tiver sido condenado em pena de prisão superior a 6 meses ou em pena de multa superior a 100 dias.

2 – Não obstam à aplicação desta pena a transmissão do estabelecimento ou a cedência de direitos de qualquer natureza, relacionados com o exercício da profissão ou actividade, efectuados após a instauração do processo ou depois de cometida a infracção, salvo se, neste último caso, o adquirente se encontrar de boa fé.

3 – O encerramento do estabelecimento nos termos do n.º 1 não constitui justa causa para o despedimento de trabalhadores nem fundamento para a suspensão ou redução do pagamento das respectivas remunerações.

ARTIGO 16.º

Encerramento definitivo do estabelecimento

1 – O encerramento definitivo do estabelecimento pode ser decretado quando o agente:

a) Tiver sido anteriormente condenado por infracção prevista neste diploma em pena de prisão ou multa, se as circunstancias mostrarem que a condenação ou condenações anteriores não constituírem suficiente prevenção contra o crime;
b) Tiver anteriormente sido condenado em pena de encerramento temporário;
c) For condenado em pena de prisão por infracção prevista neste diploma, que tenha determinado dano de valor consideravelmente elevado ou para um numero avultado de pessoas.

2 – Aplicam-se ao encerramento definitivo as disposições dos n.ºs 2 e 3 do artigo anterior.

ARTIGO 17.º

Publicidade da decisão

Quando o tribunal aplicar a pena de publicidade, será esta efectivada, a expensas do condenado em publicação periódica editada na área da comarca da prática da infracção ou, na sua falta, em publicação da área da comarca mais próxima, bem como através da afixação de edital, por período não inferior 30 dias, no próprio estabelecimento ou no local do exercício da actividade, por forma bem visível pelo público.

2 – Em casos particularmente graves, nomeadamente quando a infracção importe lesão de interesse não circunscritos a determinada área do território, o tribunal poderá ordenar, também a expensas do condenado, que a publicidade da decisão seja feita no Diário da República ou através de qualquer meio de comunicação social.

3 – A publicidade da decisão condenatória é feita por extracto, do qual constem os elementos da infracção e as sanções aplicáveis, bem como a identificação dos agentes.

CAPITULO IV
Disposições finais

Artigo 18.º
Processo de Liquidação

1 – Transitada em julgado a decisão que aplicar a pena de dissolução, o Ministério Público requer a liquidação do património, observando-se, com as necessárias adaptações, o processo previsto na lei para a Liquidação de patrimónios.

2 – O processo de liquidação corre no tribunal da condenação e por apenso ao processo principal.

3 – Os liquidatários são sempre nomeados pelo juiz.

4 – O Ministério Público requer as providencias cautelares que se mostrem necessárias para garantir a liquidação.

Artigo 19.º
Entrada em vigor

O presente diploma entra em vigor no prazo de 120 dias a contar da sua publicação

4. ORGANISMOS

Decreto-Lei n.º 106-B/92
de 1 de Junho

....

Artigo 5.º
Competências da Comissão de Classificação de Espectáculos

1 – A Comissão de Classificação de Espectáculos, adiante designada por CCE, é o órgão deliberativo em matéria de classificação de espectáculos, nos termos estabelecidos na legislação em vigor, competindo-lhe, em especial:

   a) A classificação etária e qualitativa dos espectáculos;
   b) A classificação dos espectáculos em pornográficos e não pornográficos e respectivos escalões.

2 – À CCE compete ainda emitir pareceres sobre a legislação relativa à classificação de espectáculos, sempre que consultada para o efeito e quando o considere conveniente, tendo em vista o complemento, actualização ou revisão daquela legislação.

Artigo 6.º
Composição da CCE

1 – A CCE é composta por 1 presidente, 1 vice-presidente e até 43 vogais.

2 – O presidente e o vice-presidente são nomeados pelo membro do Governo que tutela a área da cultura.

3 – Os vogais da CCE são nomeados por despacho do membro do Governo que tutela a área da cultura, após designação pela entidade competente, nos termos seguintes:

a) 2 a indicar pelo membro do Governo responsável pela área da comunicação social;
b) 2 a indicar pelo Ministro da Justiça;
c) 4 a indicar pelo Ministro da Educação;
d) 2 a indicar pelo membro do Governo responsável pela área da saúde;
e) 2 a indicar pelo membro do Governo responsável pela área da juventude;
f) 15 a indicar pelo membro do Governo responsável pela área da cultura;
g) Até 15 vogais a designar pelo membro do Governo que tutela a área da cultura, de entre uma lista de 30 propostos pelo presidente da CCE, ouvidos os restantes membros, e que sejam elementos representativos dos interesses da sociedade civil ou especialistas em domínios relevantes para o exercício das competências da CCE;
h) 1 representante da DGEAT,[503] ao qual compete assegurar o apoio eficaz aos trabalhos da CCE, através da articulação entre os serviços da DGEAT.

4 – São ainda vogais da CCE, apenas com assento nas reuniões plenárias, os representantes das associações empresariais de cinema, teatro e vídeo, a designar nos termos previstos no regulamento de funcionamento da CCE.

5 – Os membros da CCE são nomeados por períodos de três anos, renováveis, e têm direito, por participarem nos trabalhos regulares da CCE, à percepção de suplementos ou gratificações, conforme sejam ou não funcionários públicos, actualizáveis cada ano de acordo com a taxa média do aumento dos vencimentos da função pública, nos seguintes termos:

a) O presidente, 17500$00 por mês;
b) O vice-presidente, 9000$00 por mês;
c) Os vogais, 2000$00 por visionamento.

---

[503] Actualmente a IGAC.

6 – O presidente e o vice-presidente auferem ainda do montante previsto para os vogais, sempre que estejam presentes em sessão de visionamento.

Artigo 7.º
Organização e funcionamento da CCE

1 – A CCE funciona em sessão plenária e em secções especializadas, a saber:

   a) Secção de classificação etária;
   b) Secção de classificação de qualidade;
   c) Secção de classificação de espectáculos em pornográficos e não pornográficos;
   d) Subcomissão de recurso.

2 – Às secções referidas nas alíneas a), b) e c) compete proceder a classificação dos espectáculos, filmes e videogramas, de acordo com a lei e os critérios de classificação vigentes.

3 – À subcomissão de recurso compete apreciar os recursos interpostos das deliberações das secções de classificação, mantendo ou alterando a classificação atribuída ao espectáculo.

4 – A CCE reúne em sessão plenária, ordinariamente, uma vez por trimestre e, extraordinariamente, sempre que convocada pelo presidente, competindo-lhe:

   a) Aprovar os critérios de classificação a observar no trabalho das secções, sem prejuízo da respectiva homologação pelo membro do Governo competente;
   b) Aprovar o relatório anual das actividades da CCE;
   c) Criar grupos de trabalho para a elaboração de pareceres ou propostas que se revelem pertinentes;
   d) Apresentar pareceres e propostas de revisão ou actualização da legislação sobre classificação de espectáculos;
   Emitir parecer sobre a classificação de espectáculos sempre que, na sequência de um processo de recurso interposto para o membro do Governo responsável pela área da cultura, este lho solicitar;
   e) Aprovar o regulamento interno de funcionamento da CCE no prazo de 60 dias a contar da entrada em vigor deste diploma.

5 – São reduzidas a actas as deliberações da sessão plenária, as da subcomissão de recurso e as das secções de classificação, devidamente fundamentadas e assinadas.

ARTIGO 8.º

Competência do presidente da CCE

1 – Ao presidente da CCE compete organizar, dirigir e representar a CCE, incumbindo-lhe, em especial:

a) Convocar e presidir a sessão plenária e a subcomissão de recurso;
b) Designar os membros da CCE que constituem as secções de classificação e presidir, sempre que esteja presente, as suas reuniões;
c) Propor ao membro do Governo da tutela os vogais da CCE aos quais se refere a alínea g) do n.º 3 do artigo 6.º do presente diploma;
d) Elaborar e submeter a aprovação da CCE a constituição eventual de grupos de trabalho, os critérios de classificação dos espectáculos, o regulamento interno de funcionamento da CCE e o respectivo relatório anual de actividades.

2 – O vice-presidente substituirá o presidente nas suas faltas e impedimentos

....

Decreto-Lei n.º 80/97 [504]
de 8 de Abril

Remonta a 1836, ano em que, por proposta de Almeida Garrett, D. Maria II criou a Inspecção-Geral dos Teatros, a origem de funções de inspecção na área dos espectáculos.

Tais funções encontram-se actualmente cometidas à Direcção-Geral dos Espectáculos, a qual, com a reforma recentemente operada pelo Decreto

---

[504] Diploma parcialmente transcrito. Organismos antecessores da IGAC, com algumas das suas actuais atribuições, decorrentes de vários diplomas aqui transcritos, foram a Direcção-Geral dos Espectáculos (DGESP), Direcção-Geral dos Espectáculos e das Artes (DGEAT), Direcção-Geral dos Espectáculos e do Direito de Autor (DGEDA) e Direcção-Geral da Cultura Popular e dos Espectáculos.

Lei n.º 315/95, de 28 de Novembro, deixou, no âmbito do licenciamento de recintos, de ter actuação na área dos divertimentos públicos e espectáculos desportivos, restringindo a sua actividade aos espectáculos de natureza artística.

Tem também incumbido à Direcção-Geral dos Espectáculos assegurar o cumprimento da legislação sobre direitos de autor e direitos conexos.

Criado que foi o Ministério da Cultura pela Lei Orgânica do XIII Governo Constitucional, aprovada pelo Decreto-Lei n.º 296-A/95, de 17 de Novembro, pretende agora o Governo alargar as atribuições de fiscalização e controlo do serviço referido a todas as áreas de actividade cultural, dotando o Ministério de um serviço de inspecção geral, a exemplo do que vem acontecendo noutros ministérios.

É o que se pretende com o actual diploma.

Assim:

Nos termos da alínea a) do n.º 1 do artigo 201.º da Constituição, o Governo decreta o seguinte:

CAPÍTULO I

Natureza e atribuições

Artigo 1.º

Natureza

A Inspecção-Geral das Actividades Culturais [505], adiante abreviadamente designada por IGAC, é um serviço dotado de autonomia administrativa, na dependência do Ministro da Cultura, com o objectivo de assegurar o exercício da tutela fiscalizadora do Governo sobre os espectáculos de natureza artística e os direitos de autor e conexos, e de inspecção superior e auditoria junto dos órgãos, serviços e demais instituições, dependentes ou tuteladas pelo Ministro da Cultura.

Artigo 2.º

Atribuições

1 – São atribuições da IGAC:

---

[505] www.igac.pt

a) Assegurar o cumprimento da legislação da área da cultura, nomeadamente através da divulgação de normas e da realização de acções de verificação e de inspecção;
b) Verificar o cumprimento das normas reguladoras do funcionamento dos serviços e organismos do Ministério da Cultura, bem como assegurar auditorias de gestão;
c) Assegurar o cumprimento da legislação sobre espectáculos e licenciamento de recintos que tenham por finalidade principal a actividade artística, nomeadamente através da divulgação de normas e da realização de acções de verificação e de inspecção;
d) Superintender no exercício das actividades de importação, fabrico, produção, edição, distribuição e exportação de fonogramas, bem como de edição, reprodução, distribuição, venda, aluguer ou troca de videogramas;
e) Assegurar o cumprimento da legislação sobre direitos de autor e direitos conexos;
f) Efectuar inquéritos, sindicâncias e peritagens determinadas pelo Ministro da Cultura, necessários à prossecução das suas competências;
g) Assegurar, procedimental e processualmente, o desenvolvimento das competências que lhe estão cometidas no âmbito contravencional e contra-ordenacional, no domínio das respectivas atribuições;
h) Instaurar processos de averiguações e disciplinares;
i) Levantar autos de notícia, adoptar as medidas cautelares e de polícia necessárias à investigação e coadjuvar as autoridades judiciárias relativamente a crimes contra os direitos de autor e direitos conexos;
j) Exercer outras competências previstas na lei ou superiormente ordenadas, no domínio das respectivas atribuições.

2 – A IGAC exerce, igualmente, as competências previstas nos artigos 21.º, 24.º, 25.º e 37.º do Decreto-Lei n.º 350/93, de 7 de Outubro, bem como a instrução dos processos de contra-ordenação relativos às respectivas infracções, sendo competente para a aplicação de coimas o inspector-geral.

CAPÍTULO II
Órgãos e serviços

Artigo 3.º
Órgãos

A IGAC compreende os seguintes órgãos:

a) Inspector-geral;
b) Conselho administrativo;
c) Conselho de inspecção.

Artigo 4.º
Inspector-geral

1 – Compete ao inspector-geral:

a) Exercer os poderes de direcção, orientação e disciplina em relação aos serviços e funcionários da IGAC;
b) Assegurar a coordenação, organização e direcção eficazes dos recursos afectos à IGAC, na prossecução das respectivas atribuições;
c) Assegurar a representação da IGAC em juízo e fora dele, nomeadamente em comissões, grupos de trabalho ou outras actividades de organismos nacionais e internacionais, neste último caso em articulação com o Gabinete das Relações Internacionais e com o Gabinete do Direito de Autor em matérias da esfera de actuação destes;
d) Determinar a instauração de processos de averiguações;
e) Aplicar as multas, coimas e demais sanções previstas na lei;
f) Exercer as demais competências nele delegadas ou subdelegadas pelo Ministro da Cultura.

2 – O inspector-geral é coadjuvado por dois subinspectores-gerais, sendo equiparados, para todos os efeitos, respectivamente a director-geral e subdirectores-gerais.

3 – O inspector-geral designa o subinspector-geral que o substitui nas suas faltas e impedimentos.

ARTIGO 6.º

Conselho de inspecção

1 – O conselho de inspecção é um órgão consultivo do inspector-geral ao qual compete pronunciar-se sobre a orientação da actividade inspectiva da IGAC.

2 – O conselho de inspecção tem a seguinte composição:

a) Inspector-geral, que preside;
b) Director do Departamento de Auditoria e Contencioso;
c) Director de Serviços de Inspecção;
d) Chefe da Divisão de Inspecção de Espectáculos e Direito de Autor;
e) Chefe da Divisão de Inspecção de Gestão;
f) Chefe de divisão do Serviço Regional do Porto;
g) Chefe da Divisão de Estudos, Planeamento e Informação.

3 – O conselho de inspecção reúne-se ordinariamente uma vez por ano e extraordinariamente sempre que convocado pelo inspector-geral.

ARTIGO 7.º

Serviços

Para a prossecução das suas atribuições a IGAC compreende os seguintes serviços:

a) Departamento de Auditoria e Contencioso;
b) Direcção de Serviços de Inspecção;
c) Direcção de Serviços de Licenciamento;
d) Divisão de Estudos, Planeamento e Informação;
e) Serviço Regional do Porto;
f) Repartição Administrativa;
g) Delegações municipais.

ARTIGO 16.º

Serviço Regional do Porto

1 – Ao Serviço Regional do Porto compete exercer as funções de delegado municipal na área do município do Porto e funções inspectivas nas áreas geográficas que lhe forem fixadas pelo inspector-geral.

2 – O Serviço Regional do Porto é dirigido por um chefe de divisão.

ARTIGO 18.º

Delegados municipais

1 – São delegados da IGAC:

a) Nos municípios sede de distrito, à excepção de Lisboa e Porto, o secretário do governo civil ou outro funcionário que o governador civil designar;
b) Nos restantes municípios, o funcionário da câmara municipal designado para o efeito pelo respectivo presidente.

2 – O exercício de funções dos delegados e as respectivas competências são regulados pelos artigos 41.º e 42.º do Decreto-Lei n.º 315//95, de 28 de Novembro.

ARTIGO 31.º [506]

Poderes

O pessoal dirigente e das carreiras de inspecção é detentor dos seguintes poderes de autoridade:

a) Livre acesso e permanência pelo tempo que for necessário à conclusão da acção inspectora em todos os serviços e estabelecimentos onde tenha de exercer as suas funções, sem necessidade de aviso prévio, nomeadamente nos recintos de espectáculos de natureza artística e estabelecimentos ou locais destinados à distribuição, fabrico e armazenamento, venda ou aluguer de filmes, videogramas, fonogramas ou respectivos suportes materiais;
b) Levantamento de autos de notícia pelas infracções detectadas;
c) Utilização, nos locais de trabalho, por cedência dos respectivos dirigentes, de instalações adequadas ao exercício das respectivas funções em condições de dignidade e eficácia;
d) Obtenção, para auxílio nas acções a desenvolver nas instituições e serviços, da cedência de material e equipamento, bem como a colaboração do respectivo pessoal;
e) Requisição para consulta ou junção aos autos, de processos ou documentos;
f) Proceder, nos termos legais, à selagem de instalações, dependências, cofres ou móveis e apreender documentos ou objectos

---

[506] Vide art.º 13.º DL 39/88, art.º 12.º DL 227/89 e artigos 143.º e 201.º CDADC.

de prova, lavrando o competente auto de diligências, ao arrolamento e apreensão de videogramas, fonogramas ou outros suportes de obras protegidas nos termos do Código do Direito de Autor e dos Direitos Conexos ilegalmente produzidos, bem como dos materiais e equipamentos destinados a essa produção ilícita.

g) Corresponder-se, quando em serviço, com entidades públicas ou privadas, para obtenção de elementos de interesse para o exercício das suas funções;

h) Requisição às autoridades policiais e administrativas da colaboração que se mostre necessária à execução das suas funções;

i) Participação ao Ministério Público, para efeitos do disposto na lei penal, da recusa de informações ou elementos solicitados, bem como da falta injustificada de colaboração;

j) Proceder, por si ou através de autoridade administrativa ou policial competente, e cumpridas as formalidades legais, a notificações a que haja lugar em processos de cuja instrução estejam incumbidos;

l) Uso e porte de arma em defesa, com dispensa da respectiva licença, nos termos da legislação em vigor.

Artigo 32.º
Dever de cooperação

1 – Os titulares dos órgãos de direcção, bem como os funcionários e agentes das entidades sujeitas aos poderes de inspecção e fiscalização da IGAC, são obrigados a prestar todas as informações e esclarecimentos, a facultar documentos e a prestar toda a demais colaboração que lhes for solicitada, no âmbito das respectivas atribuições.

2 – A comparência para a prestação de declarações ou depoimentos em processos de inquérito, de sindicância ou disciplinares por responsáveis e funcionários ou agentes dos organismos do Estado é requisitada à entidade de que dependem e só poderá ser recusada por motivo de serviço público inadiável.

3 – A recusa da colaboração devida e a oposição ao exercício da acção inspectiva e fiscalizadora da IGAC fazem incorrer o infractor em responsabilidade disciplinar e criminal, nos termos da lei.

ARTIGO 37.º
Cartão de identificação

1 – O pessoal da IGAC tem direito ao uso de cartão de identificação, de modelo a aprovar por despacho do Ministro da Cultura.

2 – O pessoal dirigente e o pessoal das carreiras de inspecção têm direito ao uso de cartão de identificação e livre trânsito de modelo aprovado por despacho do Ministro da Cultura.

Decreto Lei n.º 57/97 [507]
de 18 de Março

O crescente desenvolvimento científico e técnico, em particular no domínio das designadas tecnologias de informação, e a globalização dos mercados à escala mundial provocam a necessidade de introduzir constantes alterações no ordenamento jurídico relativo aos direitos de autor e direitos conexos.

O esforço de regular pelo direito as novas realidades técnico-científicas que acarretam modificações nas obras protegidas pelo direito de autor é particularmente sentido no espaço da União Europeia, que vem, de um modo progressivo, actuando no sentido de harmonizar as legislações respectivas dos Estados membros, ao mesmo tempo que se desenvolve uma ampla discussão, a nível mundial, no seio das organizações internacionais – a UNESCO e a OMPI – em ordem a introduzir no direito internacional, nos tratados e convenções, os ajustamentos ou mesmo a criação dos institutos jurídicos que permitam a adaptação da lei às novas realidades sociais, culturais e económicas.

Este panorama, que obriga ao estudo e à negociação permanente entre os diversos sujeitos actuantes no domínio da actividade em causa, portadores de diversos interesses, às vezes contraditórios, aconselha a criação de um serviço de concepção, estudo e acompanhamento das medi-

---

[507] Alterado pelo Decreto-Lei n.º 229/99 de 22 de Setembro. Diploma parcialmente transcrito.

das legislativas a adoptar, em matéria de direito de autor, que agirá de modo independente mas articulado com a Inspecção Geral das Actividades Culturais, serviço público encarregado de assumir o cumprimento da legislação sobre espectáculos e direitos de autor.

Assim:

Nos termos da alínea a) do n.º 1 do artigo 201.º da Constituição, o Governo decreta o seguinte:

CAPÍTULO I
Gabinete do Direito de Autor

Artigo 1.º
Natureza

O Gabinete do Direito de Autor [508], adiante designado por Gabinete, é um serviço de apoio técnico do Ministério da Cultura no domínio do direito de autor e dos direitos conexos.

Artigo 2.º
Competências

1 – São competências do Gabinete:

a) A concepção, o estudo, a coordenação e a participação em reuniões, nacionais e internacionais, no domínio do direito de autor, neste último caso em articulação com o Ministério dos Negócios Estrangeiros (MNE) e no quadro da representatividade institucional em vigor;
b) O apoio técnico à adopção de medidas legislativas no domínio do direito de autor;
c) A protecção sistemática dos direitos dos autores e dos direitos conexos, nos termos da lei.

2 – No desenvolvimento das suas competências, cabe ao Gabinete:

a) Promover a recolha e o tratamento de informação e documentação no domínio dos direitos de autor e direitos conexos;

---

[508] www.gda.pt

b) Elaborar estudos e pareceres jurídicos;
c) Propor a adopção de medidas legislativas e acompanhar tecnicamente a sua execução;
d) Participar em reuniões nacionais e internacionais no domínio do direito de autor, neste último caso em articulação com o MNE;
e) Acompanhar e estudar as medidas necessárias à actualização do ordenamento jurídico, visando, nomeadamente, a sua harmonização com o sistema vigente na união Europeia no domínio do direito de autor;
f) Coordenar os trabalhos e as acções desenvolvidos pelo Conselho Nacional do Direito de Autor, adiante designado por CNDA.

CAPÍTULO II
Conselho Nacional do Direito de Autor

Artigo 6.º

Natureza e competências

O CNDA é o órgão de consulta do Ministro da Cultura no domínio dos direitos de autor e direitos conexos, competindo-lhe:

a) Estudar, propor e recomendar a adopção de medidas visando o aperfeiçoamento, actualização e cumprimento da legislação sobre o direitos de autor e direitos conexos;
b) Emitir pareceres sobre matéria da sua competência, sempre que lhe seja solicitado.

Artigo 7.º

Composição

1 – O CNDA é presidido pelo Ministro da Cultura, o qual poderá delegar tal competência no director do Gabinete.

2 – Sem prejuízo no disposto no número anterior, são membros do CNDA:

a) O Director;
b) Cinco personalidades de reconhecida competência na área dos direitos de autor, a designar por despacho do Ministro da Cultura;
c) Um representante da Procuradoria-Geral da República;

d) Um representante do Ministro da Justiça com competência no domínio do registo dos meios de comunicação social;
e) Um representante do Instituto Nacional da Propriedade Industrial;
f) Um representante de cada uma das entidades de gestão colectiva dos direitos de autor e direitos conexos, a designar por proposta do director do gabinete.
g) Um representante de cada uma das associações de editores, livreiros, editores de videogramas, fonogramas e profissionais da informática, a designar por despacho do Ministro da Cultura, sob proposta do director do Gabinete.

3 – O presidente do CNDA poderá convidar para participarem nas reuniões do Conselho personalidades ou representantes de entidades cuja participação seja considerada relevante.

Artigo 8.º

Funcionamento

1 – O CNDA reúne sempre que convocado pelo seu presidente.

2 – O CNDA elaborará o seu regulamento interno de funcionamento, o qual será aprovado pelo Ministro da Cultura.

3 – Com excepção dos funcionários do Gabinete e do presidente, os membros do CNDA têm direito, por cada reunião em que participem, à percepção de um montante pecuniário, a fixar por despacho conjunto do Ministro das Finanças e do Ministro da Cultura e do membro do Governo que tiver a seu cargo a Administração Pública.

5. ÍNDICE REMISSIVO

A

Actividades Artísticas
   Discriminação   4.º,*2*   DL 315/95
   Outras em recinto licenciado   17.º   DL 315/95
Actores
   Ver "Artistas", "Direitos Conexos",
   "Teatro"
Afixações Obrigatórias
   Afixação da classificação   19.º e 25.º   DL 396/82
   Cartazes   28.º,*2* e 43.º *d)* DL 315/95
   Da cópia da licença de representação   28.º,*1* e 43.º *d)* DL 315/95
   Da lotação do recinto   28.º,*1* e 43.º *d)* DL 315/95
   Do alvará da licença de recinto   28.º,*1* e 43.º *d)* DL 315/95
   Do programa, na execução   122.º,*1*   CDADC
   Do preço dos bilhetes e planta do recinto   28.º,*3* e 43.º *d)* DL 315/95
   Ver "Licença de Recinto" e "Recintos
   de Espectáculos de Natureza Artística"
Alvará da Licença de recinto
   Afixação obrigatória   28.º,*1* e 43.º *d)* DL 315/95
   Averbamentos   10.º   DL 315/95
   Indicações que nele devem constar   9.º,*4*   DL 315/95
   Intimação judicial para sua emissão   11.º   DL 315/95
   Para funcionamento de recintos   3.º,*3*   DL 315/95
   Prazo de emissão   9.º,*1* e *3*   DL 315/95
Arranjo
   Ver "Traduções" e "Música"
Artistas
   Autorização para radiodifundir   179.º   CDADC
   Colocação à disposição do público   3.º e 5.º   Dir. 2001/29/CE
   Defesa da honra ou reputação   182.º   CDADC
   Direito de reprodução   2.º e 5.º   Dir. 2001/29/CE
   Direito de aluguer   7.º,*1a)*   DL 332/97
   Direito de comodato   7.º,*1a)*   DL 332/97

Direito irrenunciável a remuneração
   no aluguer   8.º   DL 332/97
Direito irrenunciável na radiodifusão   179.º, 5   CDADC
Duração dos direitos conexos   183.º, 1a) e 2   CDADC
Fonogramas – comunicação pública   184.º,3   CDADC
Identificação   180.º e 205.º   CDADC
Não esgotamento dos direitos de aluguer
   e venda   7.º,2   DL 332/97
Noção   176.º,2   CDADC
Poder de impedir   178.º   CDADC
Prestações desfiguradas ou desvirtuadas   182.º   CDADC
Prestações-protecção   176.º,1   CDADC
Representação de conjunto de artistas   181.º   CDADC
Requisitos da protecção   190.º,1   CDADC
Tauromáquicos – inscrição na IGAC   48.º, 54.º e 99.º   RET
Utilizações ilícitas   182.º   CDADC
Videogramas – comunicação pública   184.º,3   CDADC
Ver "Direitos Conexos"

Artistas Tauromáquicos
Acesso a cavaleiro e bandarilheiro   57.º   RET
Acesso a novilheiro   59.º   RET
Condições específicas para inscrição
   na IGAC   55.º   RET
Datas e locais das provas   60.º   RET
Inscrição na IGAC   54.º   RET
Júris   61.º   RET
Provas de alternativa   58.º   RET
Provas de aptidão   56.º   RET
Recurso   62.º   RET
Ver "Artistas", "Tauromaquia"

Autenticação
De fonogramas   DL 227/89
De bilhetes   23.º e 43.º b)   DL 315/95

Autores
Ver "Direito de Autor"

**Autoridades policiais e
administrativas**
Fiscalização do Dec-Lei n.º 315/95   35.º,1   DL 315/95
Fiscalização do Dec-Lei n.º 39/88   12.º   DL 39/88
Fiscalização do Dec-Lei n.º227/89   9.º   DL 227/89
Fiscalização e aplicação de coimas   10.º e 11.º   DL 196/2000
Prazo para levantar o auto de notícia   35.º,2   DL 315/95
Providência cautelar   209.º   CDADC

B

Bailado
Classificação	4.º,*1a)*	DL 396/82
Formas de utilização da obra	68.º	CDADC
Obras coreográficas	2.º,*1a)*	CDADC
Ver "Representação Cénica"		

Bailarinos
Ver "Artistas", "Direitos Conexos", "Bailado"

Bases de Dados
Actos ilegítimos e suas sanções	11.º	DL 122/2000
Apreensão	19.º	DL 122/2000
Autonomia privada	18.º	DL 122/2000
Conteúdo do direito de autor	6.º	DL 122/2000
Definição e protecção	1.º	DL 122/2000
Direito do fabricante	12.º a 17.º	DL 122/2000
Direitos do titular originário	8.º	DL 122/2000
Direitos do utente	9.º	DL 122/2000
Duração	5.º	DL 122/2000
País de origem	2.º	DL 122/2000
Protecção pelo direito de autor	4.º	DL 122/2000
Tutela por outras disposições legais	20.º	DL 122/2000
Utilizações livres	10.º	DL 122/2000

Bilhetes
Afixação da menção "Lotação Esgotada"	30.º,*4* e 43.º *d)*	DL 315/95
Afixação obrigatória do preço	28.º,*3a)*	DL 315/95
Agências de venda		DL 316/95
Autenticação	23.º	DL 315/95
Casos de força maior	31.º,*2*	DL 315/95
Casos de restituição do valor dos bilhetes	31.º,*1*	DL 315/95
Correspondentes a lugares reservados	32.º,*3*	DL 315/95
Indicações obrigatórias	30.º,*1*	DL 315/95
Livre trânsito	33.º e 43.º *d)*	DL 315/95
Numeração sequencial	30.º,*2*	DL 315/95
Para espectáculos em recintos acidentais	23.º	DL 315/95
Proibição da venda para além da lotação	30.º,*3*	DL 315/95
Reserva de lugares	32.º e 43.º *d)*	DL 315/95

Bombeiros
Necessidade de piquete	37.º e 43.º *b)* e *c)*	DL 315/95

C

Câmara Municipal
Colaboração com as Câmaras Municipais	40.º	DL 315/95
Competência fiscalizadora do Dec-Lei n.º 315/95	35.º,*1*	DL 315/95
Competência para emitir licença acidental	22.º,*2*	DL 315/95
Delegados Municipais da IGAC	41.º e 42.º	DL 315/95
Licença de recinto de itinerantes ou improvisados	20.º e 21.º	DL 315/95

Canto
Actividade artística	4.º,*2*	DL 315/95

Cantores
Ver "Artistas", "Direitos Conexos", "Música"

Cartazes
Afixação Obrigatória	28.º,*2*	DL 315/95
Obrigação de neles constar a classificação	20.º e 25.º	DL 396/82

Cassettes Áudio
Ver "Fonogramas"

CCE
Ver "Classificação de Espectáculos"
Ver "Comissão de Classificação de Espectáculos"

Cenógrafo
Ver "Representação Cénica"

Cinema
Actividade artística	4.º, *2*	DL 315/95
Apoio à divulgação	34.º	DL 350/93
Apoio à tiragem de cópias	17.º	DL 350/93
Apoio financeiro	6.º	DL 350/93
Apoio financeiro à produção	12.º e 13.º	DL 350/93
Atribuições e tarefas do Estado	4.º e 5.º	DL 350/93
Autores da obra cinematográfica	22.º	CDADC
Certificado de aptidão profissional	9.º	DL 350/93
Cessão dos direitos de aluguer ao produtor	8.º	DL 332/97
Cinema, televisão e vídeo	25.º	DL 350/93
Cinemateca Portuguesa	7.º	DL 350/93
Cinematização	3.º,*1a)* e 169.º	CDADC
Conceitos gerais	2.º	DL 350/93
Contra-ordenações	36.º	DL 350/93

Cópias de filmes estrangeiros	15.º	DL 350/93
Direito de aluguer	5.º e 7.º,1c)	DL 332/97
Direito de autorizar a reprodução	7.º,3	DL 332/97
Direito de comodato	7.º,1c)	DL 332/97
Distribuidores de filmes – registo	2.º	DL 39/88
Dobragem	24.º	DL 350/93
Duração do direito de autor da obra cinematográfica	34.º	CDADC
Filme	2.º	DL 350/93
Filme comercial	2.º	DL 350/93
Filme de curta metragem	2.º	DL 350/93
Filme de longa metragem	2.º	DL 350/93
Filme nacional	3.º	DL 350/93
Filme-definição	183.º,3	CDADC
Filmes anúncio – classificação	10.º,1	DL 396/82
Filmes para festivais	10.º,3	DL 396/82
Filmes publicitários	2.º, 26.º e 27.º	DL 350/93
Formas de utilização da obra	68.º	CDADC
Fundo empresarial das salas de cinema		DL 296/74
Importadores de filmes – registo	2.º	DL 39/88
Início da rodagem	10.º	DL 350/93
Instituto do Cinema Audiovisual e Multimédia	7.º	DL 350/93
Legendagem	15.º e 24.º	DL 350/93
Licença de distribuição	19.º	DL 350/93
Obra cinematográfica	2.º,1f)	DL 350/93
Obra audiovisual	2.º	DL 350/93
Obra cinematográfica	2.º	DL 350/93
Obras incorporadas na obra cinematográfica	23.º	CDADC
Produção cinematográfica	8.º	DL 350/93
Protecção de pessoas e bens e do ambiente	11.º	DL 350/93
Realizador	22.º,1a)	CDADC
Recintos de cinema	21.º a 23.º	DL 350/93
Título em português do filme	8.º,2	DL 396/82
Videogramas publicitários	26.º e 27.º	DL 350/93

Ver "Produção de Cinema"

Cinematização
Ver "Traduções" e "Cinema"

Cine-Teatros
Ver «Teatro»

Circo

Actividade artística	4.º,2	DL 315/95
Classificação	4.º,1a)	DL 396/82
Permissão de publicidade sonora	29.º	DL 315/95

Classificação de Espectáculos

Afixação da classificação	19.º e 26.º	DL 396/82
Alteração do material fílmico classificado	8.º e 25.º	DL 396/82
Bailado	4.º,1a)	DL 396/82
Cartazes, prospectos e publicidade	20.º e 26.º	DL 396/82
Casos de reincidência	29.º e 30.º	DL 396/82
Circo	4.º,1a)	DL 396/82
Classificação de filmes – a quem compete	6.º	DL 396/82
Classificação em escalão inferior	4.º,6	DL 396/82
Classificação em escalão diferente	4.º,2	DL 396/82
Classificação de filmes – formalidades	7.º	DL 396/82
Competência da CCE	5.º	DL 106-B/91
Competência do Presidente da CCE	8.º	DL 106-B/91
Competência punitiva	31.º	DL 396/82
Composição da CCE	6.º	DL 106-B/91
Concertos Musicais	4.º, 1 a)	DL 396/82
Critérios de classificação	2.º,3 e 3.º,1	DL 396/82
Critérios de classificação		P 245/83
De "Qualidade"	2.º,2	DL 396/82
Desportivos	4.º, 1 a)	DL 396/82
Elementos de escalões diferentes no mesmo espectáculo	5.º e 25.º	DL 396/82
Escalões de classificação	2.º,1	DL 396/82
Espectáculos não especificados	18.º	DL 396/82
Filmes anúncio	10.º,1	DL 396/82
Filmes para festivais	10.º,3	DL 396/82
Fiscalização – a quem compete	22.º	DL 396/82
Frequência de menores – regras	3.º	DL 396/82
Hard-core	7.º,1	P 245/83
Indispensável para a Licença de Representação	27.º, 1 a)	DL 315/95
Maiores de 12 anos	3.º	P 245/83
Maiores de 16 anos	2.º	P 245/83
Maiores de 18 anos	1.º	P 245/83
Maiores de 6 anos	4.º	P 245/83
Maiores de 4 anos	5.º	P 245/83
Obrigatoriedade de classificação	1.º,2 e 23.º	DL 396/82

Ópera	4.º,1 a)	DL 396/82
Organização e funcionamento da CCE	7.º	DL 106-B/91
Pornográficos	2.º,2	DL 396/82
Pornográficos – caracterização específica	7.º	P 245/83
Pornográficos – caracterização genérica	6.º	P 245/83
Qualidade	8.º	P 245/83
Quem pode interpor recurso	13.º e 14.º	DR 11/82
Recurso	15.º	DL 396/82
Responsabilidade dos organizadores	27.º	DL 396/82
Soft-core	7.º,2	P 245/83
Teatro	11.º a 14.º	DL 396/82
Teatro – a quem compete e formalidades	11.º	DL 396/82
Teatro – alterações ao espectáculo já classificado	14.º e 25.º	DL 396/82
Vídeo	17.º	DL 396/82
Videogramas – classificação		DL 39/88
Ver "Afixações Obrigatórias", "Espectáculos", "Pornograficos" e "Qualidade"		
Classificação Etária		
Ver "Classificação de Espectáculos"		
Comissão de Classificação de Espectáculos		
Classificação de videogramas	3.º,1	DL 39/88
Critérios de classificação		P 245/83
Ver "Classificação de Espectáculos"		
Comissão de Mediação e Arbitragem		
Acumulação de funções	30.º,3	L 83/2001
Apoio pelo GDA	33.º	L 83/2001
Competências	29.º,1	L 83/2001
Constituição	30.º,1	L 83/2001
Direito subsidiário	34.º	L 83/2001
Mandato	32.º	L 83/2001
Nomeação	30.º,2	L 83/2001
Regimento	31.º	L 83/2001
Comissão de Tauromaquia		
Competência	63.º	RET
Constituição e funcionamento	62.º e 101.º	RET
Proposta de júris para provas de aptidão	61.º	RET
Remuneração	62.º,4	RET
Comissão de Vistoria		
Constituição	8.º,5	DL 315/95
Concertos Musicais		
Ver "Música"		

Conselho Nacional do Direito de Autor

Natureza e competências	6.º	DL 57/97
Composição	7.º	DL 57/97
Funcionamento	8.º	DL 57/97
Ver "Direito de Autor", "Gabinete do Direito de Autor"		

Contra-Ordenações

Por infracções ao RET	65.º a 98.º	RET

Cópia privada

Afectação e repartição das remunerações	7.º	L 62/98
Cobrança	5.º	L 62/98
Comissão de acompanhamento	8.º	L 62/98
Compensação pela reprodução de obras	82.º	CDADC
Compensação pela reprodução de obras	2.º	L 62/98
Contra- ordenações	9.º	L 62/98
Isenções	4.º	L 62/98
Montante da remuneração	3.º	L 62/98
Pessoa colectiva	6.º	L 62/98
Reprodução livre para fins privados	81.º	CDADC

Criminalidade Informática

Acesso ilegítimo	7.º	L 109/91
Caução de boa conduta	13.º	L 109/91
Danos em dados e programas	5.º	L 109/91
Definições	2.º	L 109/91
Encerramento definitivo	16.º	L 109/91
Encerramento temporário	15.º	L 109/91
Falsidade informática	4.º	L 109/91
Intercepção ilegítima	8.º	L 109/91
Interdição temporária	14.º	L 109/91
Legislação penal	1.º	L 109/91
Penas	10.º	L 109/91
Penas acessórias	11.º	L 109/91
Perda de bens	12.º	L 109/91
Processo de liquidação	18.º	L 109/91
Publicidade da decisão	17.º	L 109/91
Reprodução ilegítima	9.º	L 109/91
Responsabilidade penal das pessoas colectivas	3.º	L 109/91
Sabotagem informática	6.º	L 109/91
Ver " Programas de computador"		

Culturais

Isenção de registo	24.º,5	DL 315/95

D

Dança
  Actividade artística   4.º,2   DL 315/95
Delegados Municipais
  Ver "IGAC"
Delegados Técnicos Tauromáquicos
  Ver "Tauromaquia"
Desportivos
  Classificação   4.º,1a)   DL 396/82
Director de Corrida
  Competências   16.º e 17.º   RET
  Delegados técnicos tauromáquicos   14.º   RET
  Obrigações   15.º   RET
  Poder de orientação   13.º   RET
  Poder exclusivo de impedir ou suspender o espectáculo   10.º   RET
  Ver "Tauromaquia"
Direito de Autor
  Adaptação   68.º,2   CDADC
  Aluguer   68.º,2   CDADC
  Aluguer   3.º,b)   DL 332/97
  Amadores   108.º, 3   CDADC
  Apreensões   201.º   CDADC
  Aproveitamento de obra contrafeita ou usurpada   199.º   CDADC
  Arranjo   68.º,2   CDADC
  Artes plásticas, gráficas e aplicadas   157.º a 163.º   CDADC
  Autor incapaz   69.º   CDADC
  Autores da obra cinematográfica   22.º   CDADC
  Autores da obra fonográfica   24.º   CDADC
  Autores da obra videográfica   24.º   CDADC
  Braille   80.º   CDADC
  Colaboradores técnicos   26.º   CDADC
  Colocação à disposição do público   3.º e 5.º   Dir. 2001/29/CE
  Comentários anotações e polémicas   77.º   CDADC
  Comodato   68.º,2   CDADC
  Comodato   3.º,c)   DL 332/97
  Compensação pela reprodução de obras   82.º   CDADC
  Compensação suplementar   49.º   CDADC
  Compilações e anotações de textos oficiais   8.º   CDADC
  Composições musicais   2.º,1e)   CDADC

Comunicação pública de obra radio-difundida	155.º	CDADC
Concorrência desleal	212.º	CDADC
Conselho Nacional do Direito de Autor	6.º a 8.º	DL 57/97
Conteúdo	9.º	CDADC
Contrafacção	196.º	CDADC
Contra-ordenações	205.º e 206.º	CDADC
Cópia privada		L 62/98
Direito de reprodução	2.º e 5.º	Dir.2001/29/CE
Direito de aluguer	5.º	DL 332/97
Direito de comodato	6.º	DL 332/97
Direito de comodato – isenção	6.º,*3*	DL 332/97
Direito de distribuição ao público	4.º	Dir.2001/29/CE
Direito de sequência	54.º	CDADC
Direito exclusivo de fruição e utilização	67.º, 1	CDADC
Direito irrenunciável a remuneração pelo aluguer	5.º,*1*	DL 332/97
Direitos morais	9.º,56.º a 62.º e 202.º	CDADC
Direitos patrimoniais	9.º	CDADC
Disponibilidade dos poderes patrimoniais	40.º	CDADC
Disposição antecipada do direito de autor	48.º	CDADC
Distribuição	68.º,*2*	CDADC
Domínio público	39.º	CDADC
Duração	31.º	CDADC
Duração – contagem e aplicação no tempo	3.º e 5.º	DL 334/97
Duração – obra anónima	33.º	CDADC
Duração – obra cinematográfica	34.º	CDADC
Duração – obra de colaboração e obra colectiva	32.º	CDADC
Duração – obra em partes	35.º	CDADC
Duração – programas de computador	36.º	CDADC
Edição	83.º a 106.º	CDADC
Encenação	2.º,*1c)*	CDADC
Entidades de gestão colectiva		L 83/2001
Entidades de gestão colectiva	218.º	CDADC
Esgotamento comunitário	4.º	Dir.2001/29/CE
Exclusão de protecção	7.º	CDADC
Execução	68.º,*2*	CDADC
Execução de obra musical ou dramático--musical	121.º a 123.º	CDADC
Exibição	68.º,*2*	CDADC

Exploração da obra	68.º,*1*	CDADC
Faculdade legal de tradução	71.º	CDADC
Falta de pagamento antecipado de direitos	27.º,*2*	DL 315/95
Familiar	108.º, *2*	
Fiscalização pelos autores	143.º	CDADC
Fixação	68.º,*2*	CDADC
Fixação fonográfica e videográfica	141.º a 148.º	CDADC
Formas de utilização da obra	68.º	CDADC
Fruição e utilização	67.º,*1*	CDADC
Gabinete do Direito de Autor		DL 57/97
Garantia de vantagens patrimoniais	67.º,*2*	CDADC
Identificação do autor e da obra	28.º	CDADC
Identificação ilegítima	210.º	CDADC
Incluído em herança vaga	51.º	CDADC
Indemnização	211.º	CDADC
Independência de formalidades	12.º	CDADC
Independente de registo	213.º	CDADC
Indispensável para a Licença de Representação	27.º,*1d)*	DL 315/95
Informações para a gestão colectiva	7.º	Dir.2001/29/CE
Instrumentação	68.º,*2*	CDADC
Jornais e outras publicações periódicas	173.º a 175.º	CDADC
Limites da transmissão e da oneração	42.º	CDADC
Litígios	217.º	CDADC
Medidas de caracter tecnológico	6.º	Dir.2001/29/CE
Modificação da obra	59.º	CDADC
Não esgotamento dos direitos de aluguer e venda	4.º,*1*	DL 332/97
Objecto da protecção legal	67.º, 2	CDADC
Obra por encomenda	14.º e 15.º	CDADC
Obra colectiva	19.º	CDADC
Obra compósita	20.º	CDADC
Obra de arquitectura, urbanismo e *design*	25.º	CDADC
Obra de autor anónimo	30.º	CDADC
Obra em colaboração e obra colectiva	16.º a 18.º	CDADC
Obra estrangeira	37.º	CDADC
Obra fotográfica	164.º a 168.º	CDADC
Obra por conta de outrém	14.º e 15.º	CDADC
Obra protegida	1.º	CDADC
Obra publicada e obra divulgada	6.º	CDADC
Obra radiodifundida	21.º	CDADC
Obra subsidiada	13.º	CDADC

Obras cinematográficas	2.º,1f)	CDADC
Obras coreográficas	2.º,1d)	CDADC
Obras dramáticas	2.º,1c)	CDADC
Obras dramático-musicais	2.º,1c)	CDADC
Obras equiparadas a originais	3.º,1a)	CDADC
Obras estrangeiras	64.º	CDADC
Obras fonográficas	2.º,1f)	CDADC
Obras incorporadas na obra cinematográfica	23.º	CDADC
Obras originais	2.º	CDADC
Obras póstumas	70.º	CDADC
Obras televisivas	2.º,1f)	CDADC
Obras videográficas	2.º,1f)	CDADC
Ordem jurídica portuguesa	63.º	CDADC
País de origem da obra publicada	65.º	CDADC
País de origem de obra não publicada	66.º	CDADC
Pantomimas	2.º,1d)	CDADC
Paternidade da obra	27.º	CDADC
Penalidades	197.º	CDADC
Penhor	46.º	CDADC
Penhora de obra inédita ou incompleta	50.º	CDADC
Penhora e arresto	47.º	CDADC
Poderes de gestão	72.º	CDADC
Prelecções	79.º	CDADC
Privado	108.º,2	CDADC
Procedimento criminal	200.º	CDADC
Produção das obras cinematográficas	124.º a 140.º	CDADC
Programas de computador		DL 252/94
Protecção das Bases de Dados		DL 122/2000
Protecção do nome	29.º	CDADC
Providência cautelar	209.º	CDADC
Publicação de obra não protegida	78.º	CDADC
Publicação de obras inéditas no domínio público	39.º, 1	CDADC
Publicações críticas de obras no domínio público	39.º, 2	CDADC
Radiodifusão	149.º a 156.º	CDADC
Radiodifusão por satélite		DL 333/97
Recitação	68.º,2	CDADC
Reedição de obra esgotada	52.º e 53.º	CDADC
Regime da autorização	41.º	CDADC
Registo	213.º a 218.º	CDADC
Registo	215.º	CDADC

Registo da propriedade literária e artística		D 4114
Registo da representação	74.º	CDADC
Representação	68.º,2	CDADC
Representação Cénica	107.º a 120.º	CDADC
Representantes do autor	73.º	CDADC
Reprodução	68.º,2	CDADC
Reprografia		L 62/98
Requisitos das utilizações livres	76.º	CDADC
Responsabilidade civil	203.º	CDADC
Retransmissão por cabo	7.º	DL 333/97
Suportes da obra	10.º	CDADC
Titularidade	11.º	CDADC
Título da obra	4.º	CDADC
Tradução	68.º,2	CDADC
Tradução e outras transformações	169.º a 171.º	CDADC
Transformação	68.º,2	CDADC
Transmissão ou oneração parciais	43.º	CDADC
Transmissão total	44.º	CDADC
Usucapião	55.º	CDADC
Usufruto	45.º	CDADC
Usurpação	195.º	CDADC
Utilização da obra	68.º,1	CDADC
Utilizações livres	81.º	CDADC
Utilizações livres	75.º	CDADC
Venda	68.º,2	CDADC
Venda	3.º,a)	DL 332/97
Violação e defesa dos direitos de autor e conexos	195.º a 219.º	CDADC

Ver "Bases de Dados", "Cópia Privada", "Direitos Conexos", "Direitos Morais", "Domínio Público", "Execução", "Gestão Colectiva", "Produção de Cinema", "Programas de Computador", "Radiodifusão", "Representação Cénica", "Satélite e Cabo"

Direitos Afins
Ver "Direitos Conexos"

Direitos Conexos

Organismos de radiodifusão – direitos	187.º	CDADC
Aproveitamento de obra contrafeita ou usurpada	199.º	CDADC
Artistas – identificação	180.º e 205.º	CDADC

Artistas – poder de impedir	178.º	CDADC
Autorização dos produtores	184.º	CDADC
Autorização para radiodifundir	179.º	CDADC
Colocação à disposição do público	3.º e 5.º	Dir.2001/29/CE
Contrafacção	196.º	CDADC
Contra-ordenações	205.º e 206.º	CDADC
Cópia privada		L 62/98
Direito de reprodução	2.º e 5.º	Dir.2001/29/CE
Direito de aluguer	7.º	DL 332/97
Direito de comodato	7.º	DL 332/97
Direito irrenunciável a remuneração pelo aluguer.	8.º	DL 332/97
Duração	183.º	CDADC
Duração – contagem e aplicação no tempo	3.º e 5.º	DL 334/97
Extensão da protecção	193.º	CDADC
Identificação de fonogramas e videogramas	185.º	CDADC
Informações para a gestão colectiva	7.º	Dir.2001/29/CE
Medidas de caracter tecnológico	6.º	Dir.2001/29/CE
Modos de exercício	192.º	CDADC
Não esgotamento dos direitos de aluguer e venda	7.º,2	DL 332/97
Noção	176.º	CDADC
Penalidades	197.º	CDADC
Presunção de anuência	191.º	CDADC
Representação de conjunto de artistas	181.º	CDADC
Reprografia		L 62/98
Requisitos da protecção	190.º	CDADC
Ressalva dos direitos dos autores	10.º	DL 332/97
Ressalva dos direitos dos autores	177.º	CDADC
Retroactividade	194.º	CDADC
Usurpação	195.º	CDADC
Utilizações ilícitas	182.º	CDADC
Utilizações livres	189.º	CDADC
Violação e defesa dos direitos de autor e conexos	195.º e 209.º	CDADC
Ver "Direito de Autor", "Artistas", "Fonogramas", "Gestão Colectiva", "Radiodifusão", "Videogramas"		

Direitos de Exploração

Requerimento de classificação de videogramas	3.º,2	DL 39/88

Direitos Morais
Ver "Direito de Autor"
Direitos Vizinhos
Ver "Direitos Conexos"
Domínio Público
Defesa da integridade e genuinidade das obras　　　　　DL 150/82
Ver "Direito de Autor"
Dramatização
Ver "Traduções" e "Teatro"

E

Empresário

Ver "Promotores de espectáculos de
natureza artística"
Encenador
Encenação	2.º,1c)	CDADC

Entidades de Gestão Colectiva
Ver "Gestão Colectiva do Direito de Autor"
Escalões de Classificação
Ver "Classificação de Espectáculos"
Esgotamento

Esgotamento comunitário	4.º	Dir.2001/29/CE
Não esgotamento dos direitos de aluguer e venda	4.º,1	DL 332/97
Não esgotamento na comunicação ao público	3.º, 3	Dir.2001/29/CE

Espectáculos de Natureza Artística

Afixações Obrigatórias	28.º	DL 315/95
Bilhetes	30.º e 31.º	DL 315/95
Em recintos de licença acidental – bilhetes	23.º	DL 315/95
Espectadores	34.º	DL 315/95
Espectáculos familiares	47.º	DL 315/95
Horas dos espectáculos	21.º	DL 396/02
Licença acidental de recinto	22.º	DL 315/95
Licença de recinto	7.º	DL 315/95
Licença de recinto de itinerantes ou improvisados	20.º e 21.º	DL 315/95
Licença de Representação	26.º e 27.º	DL 315/95
Livre Trânsito	33.º	DL 315/95

Necessidade de Piquete de Bombeiros 37.° DL 315/95
Promotores 24.° e 25.° DL 315/95
Publicidade 29.° e 43.° c) e d) DL 315/95
Quem pode permanecer nas coxias 34.°,6 DL 315/95
Regime jurídico 1.° DL 315/95
Reserva de lugares 32.° DL 315/95
Ver "Afixações Obrigatórias",
"Bilhetes", "Promotores de
espectáculos"
Espectadores
Obrigação de se manterem nos seus
    lugares e sanção 34.°,1 e 2 e 43.° d) DL 315/95
Proibição de entrada durante a actuação 34.°,5 e 43.° d) DL 315/95
Proibição de fumar 34.°,4 e 43.° d) DL 315/95
Proibição de levar animais ou objectos
    que incomodem 34.°,3 e 43.° d) DL 315/95
Estado
Isenção de taxas 39.° DL 315/95
Etiqueta
Ver "Videogramas"
Execução
Cópia do programa 122.°,2 CDADC
Equiparação a representação 121.° CDADC
Obrigações do promotor 122.°,1 CDADC
Executantes
Ver "Direitos Conexos", "Artistas"

F

Filme
Cessão dos direitos de aluguer ao
    produtor 8.° DL 332/97
Colocação à disposição do público 3.° e 5.° Dir.2001/29/CE
Definição 183.°,3 CDADC
Definição 2.° DL 350/93
Direito de reprodução 2.° e 5.° Dir.2001/29/CE
Direito de aluguer 5.° DL 332/97
Filme nacional 3.° DL 350/93
Ver "Cinema"
Filmes Anúncio
Classificação 10.°,1 DL 396/82

Fiscalização
Competência fiscalizadora do Dec-Lei n.º 315/95	35.º,*1*	DL 315/95
Do Dec-Lei n.º 39/88	12.º	DL 39/88
IGAC – de actividades relativas a fonogramas	1.º,*1*	DL 227/89
Obrigação de colaboração das entidades fiscalizadas	35.º,*3*	DL 315/95
Pelos autores	143.º	CDADC

Fonogramas
Aluguer	5.º e 7.º, 1*b*)	DL 332/97
Autenticação	2.º e 8.º,*1*	DL 227/89
Autenticação – instrução do pedido	3.º,*1* e 2	DL 227/89
Autores da obra fonográfica	24.º	CDADC
Autorização dos autores	3.º,*2*	DL 227/89
Cassettes áudio	1.º,*2*	DL 227/89
Colocação à disposição do público	3.º e 5.º	Dir.2001/29/CE
Comunicação pública – remuneração equitativa	184.º,*3*	CDADC
Condição de protecção – identificação	185.º e 205.º	CDADC
Contrato de fixação fonográfica	147.º	CDADC
Cópia – definição	176.º,*6*	CDADC
Definição	176.º,*4*	CDADC
Destino das coimas	11.º	DL 227/89
Difusão /execução públicas – autorização do produtor	184.º,*2*	CDADC
Direito de reprodução	2.º e 5.º	Dir.2001/29/CE
Direito de comodato	7.º,*1b*)	DL 332/97
Distribuição	1.º,*1*	DL 227/89
Distribuição – autorização do produtor	184.º,*1*	CDADC
Distribuição – definição	176.º,*8*	CDADC
Duração dos direitos conexos	183.º,*1b*) e 2	CDADC
Edição	1.º,*1*	DL 227/89
Exportação	1.º,*1*	DL 227/89
Fabrico	143.º,*3*	CDADC
Fabrico	1.º,*1*	DL 227/89
Fiscalização do Dec-Lei n.º227/89	9.º	DL 227/89
Fiscalização pelos autores	143.º	CDADC
Fixação fonográfica e videográfica	141.º a 148.º	CDADC
Identificação do autor e da obra	142.º e 205.º	CDADC
Importação	1.º,*1*	DL 227/89
Importação – autorização do produtor	184.º,*1*	CDADC
Impressão de capas	1.º,*1*	DL 227/89

Modelos de selos		P 58/98
Não esgotamento dos direitos de aluguer e venda	7.º,2	DL 332/97
Obras fonográficas	2.º,1f)	CDADC
Obras já fixadas	144.º	CDADC
Origem e destino dos fonogramas	6.º e 8.º, 3	DL 227/89
Origem e destino dos selos	6.º e 8.º, 3	DL 227/89
Poderes do pessoal de inspecção da IGAC	12.º	DL 227/89
Produção	1.º,1	DL 227/89
Produtor – definição	176.º,3	CDADC
Produtores – poder de fiscalizar	184.º,4	CDADC
Regiões Autónomas	14.º	DL 227/89
Reprodução – autorização do produtor	184.º,1	CDADC
Reprodução – definição	176.º,7	CDADC
Requerimento	7.º e 8.º, 4	DL 227/89
Requisitos da protecção	190.º,2	CDADC
Sanções por violação do Dec-Lei n.º 227/89	8.º e 10.º	DL 227/89
Selo	4.º	DL 227/89
Selos para capas ou lay-cards	1.º,1)	P 58/98
Selos para cassettes importadas	1.º,2)	P 58/98
Suportes- comunicação à IGAC	143.º,2	CDADC
Taxa de autenticação	5.º	DL 227/89
Transformações	146.º	CDADC
Valor da taxa de autenticação		P 801/94
Força Policial		
Requisição de força policial	38.º,1 e 2	DL 315/95
Ver "GNR" e "PSP"		

G

Gabinete do Direito de Autor		
Atribuições	1.º e 2.º	DL 57/97
Apoio à Comissão de Mediação e Arbitragem	33.º	L 83/2001
Parecer jurídico sobre recusa de registo	7.º	L 83/2001
Gestão Colectiva do Direito de Autor		
Actividades de natureza social ou cultural	3.º,1b)	L 83/2001
Adaptação dos estatutos	35.º	L 83/2001

Índice Remissivo 433

Âmbito da tutela	25.º	L 83/2001
Âmbito de aplicação da Lei n.º 83/2001	1.º	L 83/2001
Arbitragem voluntária	28.º	L 83/2001
Autonomia	5.º	L 83/2001
Capacidade judiciária	74.º,2	CDADC
Comissão de Mediação e Arbitragem	29.º a 34.º	L 83/2001
Composição dos órgãos sociais	19.º	L 83/2001
Constituição	2.º	L 83/2001
Contrato de gestão	12.º	L 83/2001
Defesa dos direitos morais	3.º,2	L 83/2001
Destituição dos corpos gerentes	26.º	L 83/2001
Dever de gestão	11.º	L 83/2001
Dever de informar	14.º	L 83/2001
Dever de informar a IGAC	24.º,2	L 83/2001
Direito da concorrência	16.º	L 83/2001
Direito subsidiário	17.º	L 83/2001
Entidades de gestão colectiva	218.º	CDADC
Entidades não registadas – sanções	10.º	L 83/2001
Estatutos	15.º	L 83/2001
Extensão dos acordos a não membros	6.º, 2	DL 333/97
Extinção das entidades de gestão	27.º	L 83/2001
Função social e cultural	13.º	L 83/2001
Funcionamento dos órgãos	20.º	L 83/2001
Gestão de direitos patrimoniais	3.º,1a)	L 83/2001
Informações para a gestão colectiva	7.º	Dir.2001/29/CE
Legitimidade	9.º	L 83/2001
Mandatos dos membros dos órgãos sociais	21.º	L 83/2001
Número mínimo de associados	2.º,3	L 83/2001
Objecto	3.º	L 83/2001
Órgãos da entidade	18.º	L 83/2001
Obrigatória, na retransmissão por cabo	7.º	DL 333/97
Poderes de gestão	72.º	CDADC
Princípios e critérios de gestão	4.º	L 83/2001
Recurso da decisões da arbitragem	29.º,2	L 83/2001
Recusa de registo	7.º	L 83/2001
Regime financeiro	23.º	L 83/2001
Registo da representação	74.º	CDADC
Registo na IGAC	6.º	L 83/2001
Representantes do autor	73.º	CDADC
Responsabilidade dos órgãos sociais	22.º	L 83/2001
Tarifas especiais	13.º,3	L 83/2001
Tutela inspectiva da IGAC	24.º,1	L 83/2001
Utilidade pública	8.º	L 83/2001

GNR
Fiscalização do Dec-Lei n.º 315/95	35.º,*1*	DL 315/95
Fiscalização do Dec-Lei n.º 196/2000	9.º	DL 196/2000
Fiscalização do Dec-Lei n.º 39/88	12.º	DL 39/88
Fiscalização do Dec-Lei n.º227/89	9.º	DL 227/89
Prazo para levantar o auto de notícia	35.º,*2*	DL 315/95
Promotor pode requisitar força policial	38.º,*1* e *2*	DL 315/95
Providência cautelar	209.º	CDADC

Governo Civil
Secretário do Governo Civil	41.º,*1*	DL 315/95

Guarda Nacional Republicana
Ver "GNR"

H

Humanitários
Isenção de registo	24.º,*5*	DL 315/95

I

IGAC
Aplicação das coimas	7.º,*3*	DL 306/91
Atribuições	2.º	DL 80/97
Autorização excepcional de touros de morte	3.º,*3* a 6.º	DL 92/95
Cartão de identificação	37.º	DL 80/97
Classificação das praças pela IGAC	20.º	RET
Colaboração com as Câmaras Municipais	40.º	DL 315/95
Competência fiscalizadora do Dec-Lei n.º 315/95	35.º,*1*	DL 315/95
Competência para aplicação das coimas	206.º	CDADC
Competência sancionatória	31.º	DL 396/82
Competência sancionatória	15.º	DL 39/88
Competência sancionatória	46.º	DL 315/95
Competência sancionatória	4.º	DL 150/82
Competência sancionatória	10.º	DL 227/89
Conselho de Inspecção	6.º	DL 80/97
Contra-ordenações a entidades de gestão colectiva	10.º	Lei n.º 83/2001

Contra-ordenações previstas no CDADC	206.º	CDADC
Corpo de delegados técnicos tauromáquicos	2.º	DL 306/91
Defesa da integridade e genuinidade das obras		DL 150/82
Delegados Municipais	18.º	DL 80/97
Delegados Municipais	41.º e 42.º	DL 315/95
Delegados técnicos tauromáquicos	14.º	RET
Destino dos materiais apreendidos	14.º,8	DL 39/88
Dever de cooperação	32.º	DL 80/97
Fiscalização de actividades relativas a fonogramas	1.º,1	DL 227/89
Fiscalização do Dec-Lei n.º 39/88	12.º	DL 39/88
Fiscalização do Dec-Lei n.º 227/89	9.º	DL 227/89
Inscrição de artistas tauromáquicos	48.º, 54.º e 99.º	RET
Inspector-Geral	4.º	DL 80/97
Nomeação de júris para provas de aptidão	61.º	RET
Órgãos	3.º	DL 80/97
Pessoal de inspecção – poderes	13.º	DL 39/88
Poderes do pessoal de inspecção e dirigente	31.º	DL 80/97
Registo da representação	74.º	CDADC
Registo das entidades de gestão colectiva	6.º	L 83/2001
Registo do processo do filme após classificação	8.º,2	DL 396/82
Serviço Regional do Porto	16.º	DL 80/97
Serviços	7.º	DL 80/97
Superintendência nos espectáculos tauromáquicos	1.º	DL 306/91
Tutela inspectiva sobre entidades de gestão colectiva	24.º,1	L 83/2001
Vistoria anual às praças pela IGAC	21.º	RET

Informática
Ver "Criminalidade Informática", "Programas de computador" — L 109/91

Instituições Particulares de Solidariedade Social
Isenção de taxas — 39.º — DL 315/95

Instrumentação
Ver "Traduções" e "Música"

Internet
    Colocação à disposição do público   3.º e 5.º   Dir.2001/29/CE
    Direito de reprodução   2.º e 5.º   Dir.2001/29/CE

J

Jogos de Computador
    Aplicação do DL 39/88   Desp. 5564/99
    Ver "Videogramas"

L

Lay-Cards
    Ver "Fonogramas"
Licença Acidental de Recinto
    Autenticação de bilhetes   23.º e 43.º, *b)*   DL 315/95
    Necessidade e competência municipal   22.º   DL 315/95
Licença de Distribuição
    Licença de Distribuição   19.º   DL 350/93
Licença de Recinto
    Condição de não emissão   8.º,*7*   DL 315/95
    Deferimento tácito   9.º,*2*   DL 315/95
    Itinerantes ou improvisados   20.º,21.º e 43.º, *c)*   DL 315/95
    Obrigatória para o funcionamento   6.º e 43.º, *a)*   DL 315/95
    Prazo de emissão   9.º,*1*   DL 315/95
    Prazo de validade   12.º,*1* e 43.º, *b)*   DL 315/95
    Renovação   12.º,*2* e 43.º, *b)*   DL 315/95
    Requerimento, emissão e vistoria   7.º   DL 315/95
    Vistoria para renovação   12.º,*3*   DL 315/95
    Ver "Alvará de licença de recinto",
        "Recintos de espectáculos de natureza artística"
Licença de Representação
    Afixação Obrigatória   28.º   DL 315/95
    Anúncio e realização de espectáculos   26.º,*1* e 43.º, *c)*   DL 315/95
    Falta de pagamento antecipado de direitos   27.º,*2*   DL 315/95
    Finalidade   26.º,*2*   DL 315/95
    Instrução do requerimento   27.º,*1*   DL 315/95

Pode abranger várias sessões	26.º,*3*	DL 315/95
Licença de Utilização		
Funcionamento dos recintos	3.º,*3*	DL 315/95
Literatura		
Actividade artística	4.º,*2*	DL 315/95
Lotação		
Afixação Obrigatória	28.º,*1*	DL 315/95

M

Música		
Actividade artística	4.º,*2*	DL 315/95
Arranjos	3.º,*1a)* e 169.º	CDADC
Classificação	4.º,*1a)*	DL 396/82
Composições musicais	2.º,*1e)*	CDADC
Cópia do programa	122.º,*2*	CDADC
Equiparação a representação	121.º	CDADC
Formas de utilização da obra	68.º	CDADC
Instrumentação	169.º	CDADC
Obrigações do promotor	122.º,*1*	CDADC
Músicos		
Ver "Artistas", "Direitos Conexos", "Música"		

O

Obras		
Ver "Direito de Autor"		
Ópera		
Classificação	4.º,*1a)*	DL 396/82
Formas de utilização da obra	68.º	CDADC
Obras Dramático-musicais	2.º,*1c)*	CDADC
Ver "Representação Cénica"		

P

Pessoas Colectivas		
de Utilidade Pública		
Isenção de taxas	39.º	DL 315/95
Piquete de Bombeiros		
Ver "Bombeiros"	37.º	DL 315/95

Pornográficos
Caracterização específica	7.º	P 245/83
Caracterização genérica	6.º	P 245/83
Proibição de venda a menores	9.º e 14.º,*1*	DL 39/88
Videogramas – capas	8.º e 14.º,*1,6*	DL 39/88
Videogramas – taxa	7.º,*2*	DL 39/88

Produção de Cinema
Autorização dos autores	124.º e 125.º	CDADC
Banda sonora	127.º,*4*	CDADC
Co-Produção	132.º	CDADC
Distribuição e exibição em salas	127.º,*2*	CDADC
Exclusivo	128.º	CDADC
Exploração sob forma de videograma	127.º,*3*	CDADC
Falência do produtor	138.º	CDADC
Identificação dos autores	134.º e 205.º	CDADC
Prazo para cumprir o contrato	136.º	CDADC
Processos análogos à cinematografia	140.º	CDADC
Produção do negativo, positivos e cópias	127.º,*1*	CDADC
Produtor	127.º	CDADC
Provas, matrizes e cópias	137.º	CDADC
Retribuição dos autores	131.º	CDADC
Tradução	129.º	CDADC
Transmissão de direitos	133.º	CDADC

Produtor de Filme
Direito de aluguer	7.º,*1c)*	DL 332/97
Direito de autorizar a reprodução	7.º,*3*	DL 332/97
Direito de comodato	7.º,*1c)*	DL 332/97
Não esgotamento dos direitos de aluguer e venda	7.º,*2*	DL 332/97

Produtor de Fonograma
Ver "Fonogramas", "Direitos Conexos"

Produtor de Videograma
Ver "Videogramas", "Direitos Conexos"

Programa do Espectáculo
Indispensável para a Licença de Representação	27.º,*1a)*	DL 315/95

Programas de Computador
Apreensão	13.º	DL 252/94
Autoria	3.º	DL 252/94
Danos em programas informáticos	5.º	L 109/91
Descompilação	7.º	DL 252/94
Direito de pôr em circulação	8.º	DL 252/94
Direito do titular originário	9.º	DL 252/94

Direitos do utente	6.º	DL 252/94
Limites	10.º	DL 252/94
Protecção análoga ás obras literárias	1.º, 2	DL 252/94
Registo	12.º	DL 252/94
Reprodução e transformação	5.º	DL 252/94
Reprodução ilegítima de programa	9.º	L 109/91
Tutela internacional	17.º	DL 252/94
Tutela penal	14.º	DL 252/94
Tutela por outras disposições legais	15.º	DL 252/94
Ver "Criminalidade Informática""		

Promotores de Espectáculos

Animais em espectáculo comercial	3.º, *1*	L 92/95
Colaboração com a IGAC e câmaras municipais	35.º,*3* e 43.º, *d)*	DL 315/95
Contrato de representação cénica	109.º	CDADC
Direitos dos autores na representação cénica	113.º	CDADC
Fraude na organização do programa	123.º	CDADC
Indispensável para a Licença de Representação	27.º,1c)	DL 315/95
Obrigação de se fazer representar durante o espectáculo	36.º	DL 315/95
Obrigações do empresário da representação cénica	115.ºe 205.º	CDADC
Obrigações dos promotores	25.ºe 43.º, *d)*	DL 315/95
Obrigações no caso de execução de obras musicais	122.º	CDADC
Prova de autorização dos autores	111.º	CDADC
Registo	24.º e 43.º *b)* e *d)*	DL 315/95
Representação do promotor	36.º e 43.º, *d)*	
Representação não autorizada	112.º	CDADC
Resolução do contrato de representação cénica	120.º	CDADC
Responsabilidade quanto ao acesso de menores	27.º	DL 396/82
Responsável pela manutenção da ordem	38.º,*3*	DL 315/95
Retribuição dos autores	110.º	CDADC
Sigilo sobre obra inédita	116.º	CDADC
Transmissão dos direitos do empresário	118.º	CDADC

PSP

Fiscalização do Dec-Lei n.º 315/95	35.º,*1*	DL 315/95
Prazo para levantar o auto de notícia	35.º,*2*	DL 315/95
Promotor pode requisitar força policial	38.º,*1* e 2	DL 315/95

Fiscalização do Dec-Lei n.º 196/2000	9.º	DL 196/2000
Fiscalização do Dec-Lei n.º 39/88	12.º	DL 39/88
Fiscalização do Dec-Lei n.º227/89	9.º	DL 227/89
Providência cautelar	209.º	CDADC
Ver "PSP"		

Publicidade

A espectáculos tauromáquicos	8.º e 66.º	RET
Cartazes, prospectos e publicidade	20.º e 25.º	DL 396/82
Sanção por publicidade enganosa em tauromaquia	81.º	RET
Conformidade com a licença de representação	29.º,*1*	DL 315/95
Conformidade da publicidade ao RET	66.º,*2*	RET
Excepções à proibição de publicidade	29.º,*3b)*	DL 315/95
Proibição de publicidade sonora	29.º,*2*	DL 315/95

Q

Qualidade

Videogramas – taxa	7.º,*4*	DL 39/88

R

Radiodifusão

Âmbito	153.º	CDADC
Autorização	149.º	CDADC
Colocação à disposição do público	3.º e 5.º	Dir.2001/29/CE
Comunicação pública de obra radiodifundida	155.º	CDADC
Direito de reprodução	2.º e 5.º	Dir.2001/29/CE
Identificação do autor e da obra	154.º	CDADC
Limites	152.º	CDADC
Pressupostos técnicos	151.º	CDADC
Radiodifusão de obra fixada	150.º	CDADC
Regime aplicável	156.º	CDADC
Ver "Satélite e Cabo"		

Recintos

Itinerantes ou improvisados	20.º e 21.º	DL 315/95
Resultantes de obras não sujeitas a licenciamento municipal	14.º a 16.º	DL 315/95

**Recintos de Espectáculos
de Natureza Artística**
Aprovação pela Câmara Municipal	4.º,*1*	DL 315/95
Autorização de actividades diferentes	17.º e 43.º, *d)*	DL 315/95
Embargo de obra a decorrer	19.º	DL 315/95
Encerramento	18.º,*3 e 4*	DL 315/95
Funcionamento depende de Licença de Recinto	6.º	DL 315/95
Itinerantes ou improvisados	20.º,21.º e 43.º, *c)*	DL 315/95
Livre trânsito, regras	33.º,*2* e 43.º, *b)*	DL 315/95
Obras não sujeitas a licenciamento municipal	13.º a 16.º e 43.º, *b)*	DL 315/95
Parecer obrigatório da IGAC	4.º e 5.º	DL 315/95
Projecto de arquitectura	4.º,*1*	DL 315/95
Requisição de bilhetes para titulares de livre trânsito	33.º,*1*	DL 315/95
Reserva de lugares	32.º	DL 315/95
Condições Técnicas e de Segurança	2.º	DL 315/95
Funcionamento	11.º e 3.º,*3*	DL 315/95
Instalação	1.º	DL 315/95
Licenciamento Municipal de obras particulares	3.º,*1*	DL 315/95
Pedidos de licenciamento – instrução	3.º,*2*	DL 315/95
Ver "Teatro", "Cinema"		

Registo
Das entidades de gestão colectiva do direito de autor	6.º	L 83/2001
De actividades relativas a fonogramas	1.º,*1*	DL 227/89
Nome literário ou artístico	216.º	CDADC
Objecto do registo	215.º	CDADC
Registo constitutivo	214.º	CDADC
Registo da propriedade literária e artística		D 4114
Regra geral	213.º	CDADC

Registo de Promotor
Isenção de registo	24.º,*5*	DL 315/95
Obrigação	24.º e 43.º, *b)* e *d)*	DL 315/95
Prazo de validade	24.º,*3*	DL 315/95
Taxas	24.º,*4*	DL 315/95

Representação Cénica
Amadores	108.º,*3*	CDADC
Autorização dos autores	108.º	CDADC

Contrato de representação 109.º CDADC
Definição 107.º CDADC
Direitos dos autores 113.º CDADC
Obra não divulgada 119.º CDADC
Obrigações do empresário 115.º CDADC
Prova de autorização dos autores 111.º CDADC
Representação não autorizada 112.º CDADC
Resolução do contrato 120.º CDADC
Retribuição dos autores 110.º CDADC
Sigilo sobre obra inédita 116.º CDADC
Supressão de passos da obra 114.º CDADC
Transmissão dos direitos do empresário 118.º CDADC
Transmissão, reprodução e filmagem 117.º CDADC

Reprografia
Ver "Cópia privada"

RET – Regulamento do Espectáculo Tauromáquico
Ver "Tauromaquia"

S

Sanções
Contra-ordenações do DL 350/93 36.º DL 350/93
Fiscalização e sanções do DL 396/82 22.º a 31.º DL 396/82
Penas na criminalidade informática 10.º L 109/91
Sanções do DL 150/82 4.º DL 150/82
Sanções do DL 227/89 9.º a 13.º DL 227/89
Sanções do DL 39/88 12.º a 15.º DL 39/88
Sanções no DL 315/95 43.º a 46.º DL 315/95
Sanções por infracções ao CDADC 195.º a 212.º CDADC
Sanções por infracções ao RET 7.º DL 306/91
Sanções por infracções ao RET 65.º a 98.º RET

Satélite e Cabo
Autorização do autor 6.º DL 333/97
Comunicação por satélite 4.º DL 333/97
Definições 3.º DL 333/97
Em país terceiro 5.º DL 333/97
Extensão aos titulares de direitos
  conexos 8.º DL 333/97
Obrigação de negociar 9.º DL 333/97
Regime aplicável 2.º DL 333/97
Retransmissão por cabo 7.º DL 333/97

Segurança
Necessidade de Piquete de Bombeiros   37.º   DL 315/95
Selo
Ver "Videogramas", "Fonogramas"
Sessões
Indispensável para a Licença de Representação   27.º,1b)   DL 315/95

T

Tauromaquia

Acesso a cavaleiro e bandarilheiro	57.º	RET
Acesso a novilheiro	59.º	RET
Acesso do público à praça	11.º	RET
Actividade artística	4.º,2	DL 315/95
Afixações sobre o touril	47.º	RET
Alterações ao espectáculo anunciado	9.º	RET
Apartação	37.º	RET
Aplicação das coimas	7.º,3	DL 306/91
Artistas e suas categorias	49.º	RET
Artistas tauromáquicos – inscrição na IGAC	48.º	RET
Avisador	14.º,3	RET
Balanças e esconderijos	22.º	RET
Banda de música	12.º	RET
Certificação de inspecção das reses	30.º	RET
Classificação das praças pela IGAC	20.º	RET
Classificação de espectáculos tauromáquicos	4.º,1b)	DL 396/82
Coimas	2.º	DL 196/2000
Comissão de Tauromaquia	62.º, 63.º e 101.º	RET
Competências do director de corrida	16.º e 17.º	RET
Condições para inscrição de artistas tauromáquicos	55.º	RET
Contra-ordenações	65.º a 98.º	RET
Cornetim	14.º,7	RET
Corridas mistas	5.º	RET
Corridas de toiros	3.º	RET
Datas e locais das provas	60.º	RET
Delegados técnicos	2.º	DL 306/91
Delegados técnicos tauromáquicos	14.º	RET

Delegados Técnicos Tauromáquicos		
– remuneração		P 419/92
Delegados técnicos tauromáquicos	2.º e 3.º	DL 306/91
Director de corrida – norma transitória	99.º	RET
Director de corrida – poder exclusivo	10.º	RET
Documento oficial de trânsito	28.º	RET
Elenco	50.º	RET
Elenco nas variedades taurinas	53.º	RET
Embolação	34.º	RET
Encerramento do recinto	8.º	DL 196/2000
Espectáculos não previstos	2.º,*2*	RET
Espectáculos tauromáquicos – definição	1.º	RET
Falta de director de corrida	14.º,*4*	RET
Ferragem	43.º	RET
Festivais taurinos	102.º	RET
Fiscalização do Dec-Lei n.º 196/2000	9.º	DL 196/2000
Forcados – seguro obrigatório	5.ºe 7.º	DL 306/91
Hastes despontadas	32.º	RET
Identificação dos delegados técnicos tauromáquicos	18.º	RET
IGAC designa delegados técnicos	3.º,*1*	DL 306/91
Infracções ao RET	7.º	DL 306/91
Inscrição na IGAC dos artistas tauromáquicos	54.º	RET
Inspecção das reses	27.º	RET
Interdição da actividade do artista tauromáquico	6.º	DL 196/2000
Interdição de fornecimento de reses	7.º	DL 196/2000
Isolamento das reses	38.º	RET
Jogo de cabrestos	42.º	RET
Júris	61.º	RET
Lide e Pegas	44.º	RET
Limite de pessoas entre barreiras	46.º	RET
Lugares privativos para os delegados técnicos	14.º,*6*	RET
Motivos de rejeição das reses	29.º	RET
Novilhadas	4.º	RET
Novilhadas populares	6.º	RET
Obrigação de incluir forcados	3.º,*2*	RET
Obrigações do director de corrida	15.º	RET
Obrigatoriedade de reses puras	24.º	RET
Perda de objectos do agente	5.º	DL 196/2000
Permissão se publicidade sonora	29.º,*3c)*	DL 315/95

Peso das reses	31.º	RET
Poder de orientação do director de corrida	13.º	RET
Poderes de inspecção dos delegados técnicos tauromáquicos	14.º,5	RET
Posto de socorros e assistência médica	23.º	RET
Praticantes	51.º	RET
Proibição de acesso aos curros	39.º	RET
Proibições durante a lide	45.º	RET
Provas de alternativa	58.º	RET
Provas de aptidão	56.º	RET
Publicidade – elementos de inclusão obrigatória	8.º e 66.º	RET
Quadrilhas	52.º	RET
Recurso	62.º	RET
Regiões Autónomas	8.º	DL 306/91
Regulamentação da Lei n.º 12-B/2000	1.º a 13.º	DL 196/2000
Regulamento do Espectáculo Tauromáquico – RET	6.º	DL 306/91
Remuneração dos delegados técnicos tauromáquicos	4.º	DL 306/91
Requerimento a solicitar delegado técnico	3.º,2	DL 306/91
Requisitos do despontar das hastes	35.º	RET
Rês de reserva	41.º	RET
Rês inutilizada	40.º	RET
Reses emboladas	33.º	RET
Reses para corridas	25.º	RET
Reses para novilhadas	26.º	RET
Responsabilidade das pessoas colectivas	3.º	DL 196/2000
RET- Regulamento do Espectáculo Tauromáquico	6.º	DL 306/91
Sanções	65.º a 98.º	RET
Sanções	7.º	DL 306/91
Sanções acessórias	4.º	DL 196/2000
Seguro obrigatório para forcados	5.º e 7.º	DL 306/91
Sorte de varas – proibição	3.º, 3	L 92/95
Sorteio das reses	36.º	RET
Superintendência da IGAC	1.º	DL 306/91
Taxa pela designação de delegado técnico	3.º,3	DL 306/91
Taxas	3.º,2	DL 306/91
Taxas – delegados técnicos tauromáquicos		P 932/94

Tipos de espectáculos tauromáquicos	2.º,*1*	RET
Touros de morte – proibição		L 12-B/2000
Touros de morte – proibição	3.º, *3*	L 92/95
Touros de morte – autorização excepcional	3.º a 6.º	L 92/95
Trajes tradicionais	2.º,*3*	RET
Variedades taurinas	7.º	RET
Veterinário	14.º,*1*	RET
Veterinário – competências	19.º	RET
Vistoria anual às praças pela IGAC	21.º	RET

Taxa de Exibição

Sobre filmes publicitários		L 7/71

Taxas

De autenticação de fonogramas – valor		P 801/94
De classificação de videogramas		P 531/90
De registo de Promotor	24.º,*4*	DL 315/95
De vistoria	8.º,*2* e *3*	DL n.º 315/95
De vistoria		P 510/96
Isenções da taxa de registo	5.º	P 510/96
Isenções da taxa de registo e de vistoria	39.º	DL 315/95
De autenticação de fonogramas	6.º	DL 227/89

Teatro

Actividade artística	4.º,*2*	DL n.º 315/95
Cedência a companhias itinerantes	Base XXII	L 8/71
Cessão de teatros do Estado	Base XXI	L 8/71
Classificação	11.º a 14.º	DL 396/82
Demolição ou desafectação	Base XXIII	L 8/71
Dramatização	3.º, 1a) e 169.º	CDADC
Formas de utilização da obra	68.º	CDADC
Obras dramáticas	2.º,*1c)*	CDADC
Obras Dramático-musicais	2.º,*1c)*	CDADC
Requisição de teatros não explorados	Base XX	L 8/71
Ver "Representação Cénica"		

Televisão

Obras televisivas	2.º,*1f)*	CDADC
Ver "Radiodifusão", "Satélite e Cabo"		

Traduções

Autorização do autor	169.º	CDADC
Compensação suplementar	170.º	CDADC
Indicação do nome	171.º e 205.º	CDADC

Tradutor

Ver "Traduções"

V

Vídeo
  Ver "Videogramas"
Videoclube
  Ver "Videogramas"
Videogramas
  Aluguer – classificação   3.º,*1*   DL 39/88
  Aluguer – registo   2.º   DL 39/88
  Autores da obra videográfica   24.º   CDADC
  Capa – transcrições obrigatórias   6.º e 14.º,*4*   DL 39/88
  Capas dos pornográficos   8.º e 14.º, *2 e 6* DL 39/88
  Classificação   DL 39/88
  Colocação à disposição do público   3.º e 5.º   Dir. 2001/29/CE
  Comunicação pública – remuneração
    equitativa   184.º,*3*   CDADC
  Condição de protecção – identificação   185.º e 205.º   CDADC
  Contrato de fixação videográfica   147.º   CDADC
  Cópia – definição   176.º,*6*   CDADC
  Custo da etiqueta   3.º   P 32-A/98
  Definição   176.º,*5*   CDADC
  Definição   1.º,*1*   DL 39/88
  Definição   2.º   DL 350/93
  Difusão ou execução públicas – auto-
    rização do produtor   184.º,*2*   CDADC
  Direito de reprodução   2.º e 5.º   Dir. 2001/29/CE
  Direito de aluguer   5.º e 7.º,*1b)*   DL 332/97
  Direito de comodato   7.º,*1b)*   DL 332/97
  Distribuição – classificação   3.º,*1* e 14.º, *1* DL 39/88
  Distribuição – registo   2.º   DL 39/88
  Distribuição – autorização do produtor   184.º,*1*   CDADC
  Distribuição – definição   176.º,*8*   CDADC
  Duração dos direitos conexos   183.º,*1b)* e *2* CDADC
  Edição – registo   2.º   DL 39/88
  Etiqueta (selo) – custo   5.º,*2*   DL 39/88
  Etiqueta (selo) – modelo   5.º,*1*   DL 39/88
  Etiqueta para "venda directa"   2.º   P 32-A/98
  Exibição pública   10.º,*1,4 e 5*   DL 39/88
  Exibição pública – classificação   3.º,*1*   DL 39/88
  Exploração de filme sob forma de
    videograma   127.º,*3*   CDADC
  Fabrico   143.º,*3*   CDADC
  Fiscalização   12.º   DL 39/88

Fiscalização pelos autores	143.º	CDADC
Fixação fonográfica e videográfica	141.º a 148.º	CDADC
Identificação do autor e da obra	142.º e 205.º	CDADC
IGAC – competência sancionatória	15.º	DL 39/88
Ilegalmente produzidos	14.º,*1* e *5*	DL 39/88
Importação – autorização do produtor	184.º,*1*	CDADC
Instrução do pedido de classificação	3.º,*3*	DL 39/88
Já classificados – taxa	7.º,*3*	DL 39/88
Materiais e equipamentos	14.º,*7*	DL 39/88
Modelo da etiqueta	1.º	P 32-A/98
Não classificados	14.º,*1*	DL 39/88
Não esgotamento dos direitos de aluguer e venda	7.º,*2*	DL 332/97
Obras videográficas	2.º,*1f)*	CDADC
Origem e destino	11.º e 14.º,*4*	DL 39/88
Perda a favor do Estado	14.º,*5,7* e *8*	DL 39/88
Pornográficos – taxa	7.º,*2*	DL 39/88
Pornográficos – venda a menores proibida	9.º e 14.º,*1*	DL 39/88
Primeira fixação	1.º,*2*	DL 39/88
Produtor – definição	176.º,*3*	CDADC
Produtores – poder de fiscalizar	184.º,*4*	CDADC
Qualidade – isenção de taxa	7.º,*4*	DL 39/88
Reprodução – registo	2.º	DL 39/88
Reprodução de obra cinematográfica	4.º	DL 39/88
Reprodução – autorização do produtor	184.º,*1*	CDADC
Reprodução – definição	176.º,*7*	CDADC
Requisitos da protecção	190.º,*2*	CDADC
Sanções	14.º	DL 39/88
Suportes- comunicação à IGAC	143.º,*2*	CDADC
Taxa de classificação	7.º,*1*	DL 39/88
Titulares dos direitos de exploração	3.º,*2*	DL 39/88
Transformações	146.º	CDADC
Troca – registo	2.º	DL 39/88
Valor da taxa		P 531/90
Venda – classificação	3.º,*1*	DL 39/88
Venda – registo	2.º	DL 39/88
Vídeo comunitário	10.º,*5*	DL 39/88
Vistoria		
Auto de vistoria	8.º,*6*	DL 315/95
Comissão de vistoria de recintos resultantes de obras não sujeitas a licenciamento municipal	16.º	DL 315/95

Constituição da comissão de vistoria	8.º,*5*	DL 315/95
Finalidade	8.º,*1*	DL 315/95
Prazo de realização	8.º,*4*	DL 315/95
Prévia à emissão da Licença de Recinto	7.º,*2*	DL 315/95
Taxa	8.º,*2*	DL 315/95
Vistorias extraordinárias	18.º	DL 315/95